Gunthard Weber (Hrsg.)

Zweierlei Glück

Die systemische Psychotherapie Bert Hellingers

Dreizehnte Auflage, 2000

Satz und Diagramme: Drißner-Design u. DTP, Meßstetten
Umschlaggestaltung: Drißner-Design u. DTP, Meßstetten
Printed in Germany
Druck und Bindung: Kösel, Kempten

Dreizehnte Auflage, 2000

Die Deutsche Bibliothek - CIP-Einheitsaufnahme

Zweierlei Glück : die systemische Psychotherapie Bert Hellingers / Gunthard Weber (Hrsg.).– 13. Aufl.,
– Heidelberg : Carl-Auer-Systeme, Verl. und Verl.-Buchh., 2000
ISBN 3-89670-005-7
NE: Weber, Gunthard [Hrsg.]

Meinen Eltern in Liebe und Dankbarkeit

Inhalt

Einleitung des Herausgebers

In dem Gedicht „Legende von der Entstehung des Buches Taoteking auf dem Weg des Laotse in die Emigration" – ich habe erst später erfahren, daß dieses ein wichtiges Buch für Bert Hellinger ist – beschreibt Bert Brecht, wie ein Zöllner Laotse seine Weisheit entreißt, bevor dieser sich in die Berge zurückzog:

. . .
Doch am vierten Tag im Felsgesteine
Hat ein Zöllner ihm den Weg verwehrt:
„Kostbarkeiten zu verzollen?" – „Keine"
Und der Knabe, der den Ochsen führte, sprach:
„Er hat gelehrt."
Und so war das auch erklärt.

Doch der Mann in einer heitren Regung
Fragte noch: „Hat er was rausgekriegt?"
Sprach der Knabe: „Daß das weiche Wasser in Bewegung
Mit der Zeit den mächtigen Stein besiegt.
Du verstehst, das Harte unterliegt."
. . .

Schon viele Jahre bedauerte ich, daß es über Bert Hellingers Arbeit so gut wie nichts Nachlesbares gab, und ich wußte, daß es vielen anderen genauso ging. Verstehen konnte ich sein Zögern, etwas niederzuschreiben, an dem sich andere wie an Offenbarungen festhalten oder sich an ihrem Mißverstehen laben könnten. „Der Geist weht", sagt er. Schriftlich Geronnenes verliert allzuleicht den Bezug zum Lebendigen, wird verdinglicht, vereinfacht, unreflektiert verallgemeinert und so zu Schablonen und Leersätzen.

Meine Zweifel, ob das, was Bert Hellinger in den vielen Jahren, in denen er mit Gruppen arbeitete, entwickelte, in seinem Gehalt auch schriftlich mitteilbar ist, verringerten sich in dem Maße, in dem ich in meiner eigenen therapeutischen Arbeit feststellte, wie nützlich und bereichernd sich seine Ideen für mich und meine Klienten erwiesen.

Seine Absicht, sich mit 65 Jahren mehr aus seinem Berufsleben zurückzuziehen, verstärkte mein ganz persönliches Interesse, ihm noch einmal genau zusehen zu können, und bestärkte mich zu der vorliegenden Dienstleistung. Nun fragte ich ihn also 1990, ob er mir erlaube, ein „Zöllner" zu sein, und er stimmte zu.

Mein erster Plan war es, eines seiner mehrtägigen Lehrseminare mit Tonband und Video aufzuzeichnen und ein Transkript des Verlaufs herauszugeben. Nachdem ich aber ein zweites Seminar aufgenommen hatte, er mir sein Vortragsmanuskript „Ordnungen der Liebe" freundlicherweise zur Verfügung gestellt hatte und ich noch mehrere andere Quellen anzapfen konnte, ließ sich dieser Plan nicht mehr verwirklichen. Der vorliegende Band ist jetzt das Ergebnis des Versuchs, seine Ideen über Familienbeziehungen und über seine systembezogene Psychotherapie zusammenzufassen und einige Eindrücke von und Einblicke in sein konkretes therapeutisches Vorgehen zu geben.

Seine Ausführungen und seine Arbeit zu unterschiedlichsten Themenkreisen habe ich in sieben Kapiteln collagenhaft zusammengefügt. Dabei war mein Bestreben, Bert Hellinger selbst sozusagen im Originalton „sprechen" zu lassen, also so weit wie möglich die wörtliche Rede aus den Seminaren zu erhalten. Das habe ich auch deshalb getan, um die Leser immer wieder darauf aufmerksam zu machen, daß sie kein Lehrbuch lesen, sondern von mir ausgewählte Ausschnitte und Zusammenfassungen aus wenigen Seminaren. Ich habe mich jeder persönlichen Kommentierung auch dann enthalten, wenn sich seine Beschreibungen von meinen unterschieden. So kann sich jeder auf seine Weise mit dem Text auseinandersetzen. Alle Veränderungen, die ich vornahm, dienten ausschließlich der Verdichtung und der besseren Lesbarkeit des Textes.

Was hat mich nun bewogen, gerade die systemische Psychotherapie Bert Hellingers zu beschreiben? In den 70er Jahren nahm ich an vielen unterschiedlichen Workshops und Seminaren unterschiedlichster psychotherapeutischer Schulrichtungen und mit sehr unterschiedlichen Leitern und Leiterinnen teil. Die drei Seminare bei Bert Hellinger sind mir jedoch in unauslöschlicher Erinnerung geblieben. In jedem der Seminare erfuhr ich etwas, was mich noch Jahre später bewegte, was weiterwirkte und etwas in mir ins Lot brachte oder an den richtigen Platz rückte. Mich beeindruckte sein genaues Hinschauen – ich empfand ihn als Schauenden –, und ich kenne keinen Therapeuten, der so schnell und präzise problemerhaltende Muster erkennt, effektiv unterbricht und zur rechten Zeit humor-, respekt- und liebevoll wichtige Veränderungen bewirkt und Erfahrungen in seelischen Bereichen ermöglicht, die sonst selten in der Psychotherapie angesprochen werden.

Als Teilnehmer in seinen Gruppen hatte ich aber zu wenig Abstand, mich darauf zu konzentrieren, wie er das bewirkte: Wie er zum Beispiel in den Runden „Gutes im Vorübergehen" anstößt, wie seine Geschichten aufgebaut sind, auf welche Weise er das Aufstellen von Familienkonstellationen (s. S. 239 ff.) auf das Notwendigste vereinfacht und verdichtet und so zu einem hochwirksamen therapeutischen Verfahren werden läßt. Auch seine Ideen über die Dynamik und die Hintergründe von tragischen Verstrickungen waren mir anfangs fremd, und ich stieß mich lange an der Art seiner Formulierungen, statt mich auf den Gehalt zu konzentrieren.

Menschen, die an seinen Seminaren teilnehmen, werden vor allem durch eine klare, herausfordernde, zumutende und orientierungsgebende, zugleich absichtslos-achtsame Begegnung mit ihm angesprochen. Er läßt sich aus der Distanz ganz ein. So kommt es zu keinen Verwicklungen. Man wird aber auch deshalb so nachhaltig bewegt und erfaßt, weil er bei jedem einzelnen Grundthemen seines Menschseins in den Vordergrund rückt wie Zugehörigkeit, Bindungsliebe, das Gelingen und Scheitern von Beziehungen und Gegenseitigkeit, das Annehmen des Schicksals und der Vergänglichkeit und weil er mit sparsamsten Mitteln oft etwas sagt, was den Kern der Seele bewegt.

So sehr das, was er sagt, oft vergangenheitsbezogen erscheint, orientiert sich sein Gefühls- und Intuitionsradar immer in Richtung der befreienden Lösung, in Richtung dessen, was das noch nicht Verwirklichte möglich macht.

Die Aufstellungen der Familienkonstellationen entfalten ihre elementare Wirkkraft, weil dort eine präverbale Bildersprache gesprochen wird und weil dort wie in einem Übergangsritus Vergangenes, Abschied und Neuorientierung in einem verdichteten Zeitrahmen vereint sind.

Wie ich schon angedeutet habe, sind die Inhalte des Buches aber auch geeignet, Anlaß zu Mißverständnissen und zu skeptischen oder empörten Distanzierungen zu geben. Leichtgläubige können zudem verleitet werden, sich das Gelesene unreflektiert als Wissen anzueignen. Bert Hellinger zitierte einmal: „Das Beste kann man nicht sagen, und das Zweitbeste wird mißverstanden." Die inhaltlichen Ausführungen Bert Hellingers sind von ihm oft so formuliert, als seien sie zeitlos und absolut gültig und als hätten sie ehernen Wahrheitscharakter. Schaut man ihm länger zu, stellt man fest, daß seine Aussagen nahezu immer von seiner Lebensweisheit und seiner Intuition geleitete, kontextbezogene therapeutische Handlungen sind, die ganz auf die jeweilige Person und die jeweiligen Vorgänge bezogen sind. Verfestigt man sie pauschal zu allgemeingültigen Aussagen und Rezepten, hat man von der Frucht nur noch die Schale. Wie er nach den Aufstellungen von Familienkonstellationen rät, das Lösungsbild erst einmal auf sich wirken zu lassen und nicht gleich etwas damit zu machen, ist es auch hier sinnvoll, seine Ideen erst einmal auf sich wirken zu lassen.

Beim Lesen der Fallbeispiele im Text können die Leser nachvollziehen, wie Bert Hellinger sich regelmäßig entzieht, wenn jemand das von ihm Gesagte vorschnell verallgemeinern will. Er wehrt sich allgemein dagegen, wenn man seine Gedanken und Vorgehensweisen in eine theoretische Form gießen will. „Die Theorie stört die Praxis." Ich selbst enthalte mich auch eines solchen Versuches. Er selbst sieht seinen Ansatz als einen phänomenologischen. Für ihn ergibt die Anschauung der Vorgänge, was zu tun ist. „Ich stelle mich einer Situation, die dunkel ist und von der ich nicht weiß, was ist. Die Frage ist: Wie komme ich an eine Wirklichkeit, die dunkel ist? Ich tauche in ein schwingendes Feld, mit dem ich verbunden bin und das über mich hinausreicht. Etwas tritt dann in den lichten Bereich und offenbart etwas von dem Seienden. Ich setze mich dem aus und warte, daß mir etwas zukommt. Ein Bild dafür ist: Ich tappe im Dunkeln, taste die Wände entlang, bis ich eine Tür finde. Kommt eine ‚Lichtung', suche ich das, wovon ich erleuchtet werde, in einem vollen Wort zu sagen, einem gefüllten Wort. Wenn das eine Form gefunden hat, wird der, der es hört, auf einer Ebene jenseits des Denkens erfaßt. Es wirkt etwas Gemeinsames und bewegt, ohne daß er weiß wieso."

Ich freue mich, wenn der Text Sie anregt, bewegt und vielleicht auch erfaßt.

Gunthard Weber
Heidelberg, Dezember 1992

Danksagung
Mein Dank gilt vor allem Bert Hellinger, der mich in meinem Vorhaben immer ermutigt und freundschaftlich unterstützt hat. Die Zusammenarbeit mit ihm hat mich bereichert und verändert. Danken möchte ich auch besonders den Kursteilnehmern und Kursteilnehmerinnen, die mir erlaubten, die Seminare aufzunehmen und für das Buch zu verwenden.

Viele andere haben ganz Wichtiges zu dem Buch beigetragen: Meine Frau, Nele Weber-Jensen, hat die Entstehung des Manuskriptes kritisch und liebevoll begleitet und mir viele Hinweise für eine Verdichtung des Textes gegeben. Gespräche mit Bernd Schmid, der sich selbst intensiv mit den Ideen Bert Hellingers auseinandersetzte, haben mir sehr geholfen, eine Außenperspektive zu bewahren. Otto Brink und Friedrich Ingwersen haben für mich Korrektur gelesen und mir wichtige Rückmeldungen gegeben. Wertschätzen möchte ich auch die Geduld und Bereitschaft zur Auseinandersetzung über die Inhalte, die mir Weiterbildungsteilnehmer entgegenbrachten, die in den Jahren 1991 und 1992 an Seminaren bei mir teilnahmen und die ich manchmal mit den neuen Ideen über Gebühr strapazierte. Margit Rodig schrieb alle Transkripte der Seminare. Maria Syska hat mit großer Kompetenz das Manuskript erstellt, und Susanne Guski hat der Endfassung den letzten Schliff gegeben. All diesen danke ich ebenso wie Melonie Drißner für die gute Satzgestaltung.

Zur zweiten Auflage:
Ich freue mich, daß das Buch eine so große Resonanz gefunden hat, daß wir schon jetzt eine zweite Auflage herausbringen können. Aufgrund von Fragen, die sich ergeben haben, haben wir den Text noch einmal überarbeitet, teilweise verdichtet und teilweise ergänzt.

Um das Buch benutzerfreundlicher zu gestalten wurde vorne das Inhaltsverzeichnis ergänzt, und hinten ein Verzeichnis aller Geschichten und ein Stichwortverzeichnis angefügt.

Die inhaltlichen Bereicherungen verdanke ich vor allem der sorgfältigen Überarbeitung durch Bert Hellinger selbst. Norbert Linz gab viele Anregungen zu sprachlichen und gestalterischen Verbesserungen. So hat das Buch noch einmal an Prägnanz gewonnen.

Gunthard Weber
Heidelberg, September 1993

I. Bedingungen für das Gelingen von Beziehungen

Beziehungen dienen unserem Überleben und unserer Entfaltung, und sie nehmen uns zugleich für Ziele in die Pflicht, die jenseits unseres Wünschens und Wollens sind. Daher walten in Beziehungen Ordnungen und Mächte, die fördern und fordern, treiben und steuern, beglücken und begrenzen, und ob wir wollen oder nicht, wir sind ihnen ausgeliefert durch Trieb und Bedürfnis, durch Sehnsucht und Furcht und durch Leid.

Unsere Bezüge vergrößern sich in sich erweiternden Kreisen. Wir werden in eine enge Gruppe, die Ursprungsfamilie, hineingeboren, und das bestimmt unsere Beziehungen. Dann kommen weitere Systeme und schließlich ein universelles. In jedem dieser Systeme wirken die Ordnungen anders. Zu den uns vorgegebenen Bedingungen für das Gelingen von Beziehungen zwischen Eltern und Kindern gehören: die Bindung, der Ausgleich zwischen Nehmen und Geben und die Ordnung.

1. Die Bindung

Wie ein Baum den Standort nicht bestimmt, auf dem er wächst, und wie er sich auf freiem Feld anders als im Wald entwickelt und im geschützten Tal anders als auf ungeschützter Höhe, so fügt ein Kind sich fraglos in die Ursprungsgruppe und hängt ihr an mit einer Kraft und Konsequenz, die nur mit einer Prägung zu vergleichen sind. Diese Bindung wird vom Kind als Liebe und als Glück erlebt, wie immer es in dieser Gruppe wird gedeihen können, oder auch verkümmern muß und wie immer die Eltern und was sie sind. Das Kind weiß, daß es dort dazugehört, und dieses Wissen und diese Bindung ist Liebe. Ich nenne das Urliebe oder primäre Liebe. Diese Bindung geht so tief, daß das Kind sogar bereit ist, sein Leben und sein Glück der Bindung zuliebe zu opfern.

2. Der Ausgleich von Geben und Nehmen

„... Und Gewinn und Verlust wäget ein sinniges Haupt
Wohl zufrieden zu Haus"
(Aus ‚Brot und Wein' von Friedrich Hölderlin)

In allen lebenden Systemen gibt es einen beständigen Ausgleich von antagonistischen Tendenzen. Das ist wie ein Naturgesetz. Der Ausgleich von Nehmen und Geben ist sozusagen nur eine Anwendung auf soziale Systeme.

Das Bedürfnis nach Ausgleich von Geben und Nehmen macht den Austausch in menschlichen Systemen möglich. Dieses Wechselspiel wird durch Nehmen und Geben in Gang gesetzt und gehalten und durch das allen Mitgliedern eines Systems gemeinsame Bedürfnis nach einem Gerechtigskeitausgleich reguliert. Sobald ein Ausgleich erreicht ist, kann eine Beziehung zu Ende gehen. Das geschieht zum Beispiel, wenn man genau dasselbe zurückgibt, was man bekommen hat, oder sie kann durch erneutes Geben und Nehmen wieder aufgenommen und fortgesetzt werden.

Der Vorgang ist folgender: Der Mann zum Beispiel gibt der Frau, und jetzt kommt die Frau dadurch, daß sie genommen hat, unter Druck. Wenn wir vom anderen also etwas bekommen haben, und sei es noch so schön, verlieren wir etwas von unserer Unabhängigkeit. Das Bedürfnis nach Ausgleich meldet sich sofort, und um den Druck loszuwerden, gibt die Frau dann dem Mann etwas zurück. Zur Vorsicht gibt sie ihm ein bißchen mehr, was wieder ein Ungleichgewicht entstehen läßt, und so setzt sich das fort. Geber und Nehmer haben beide keine Ruhe, bis es zu einem Ausgleich kommt, bis auch der Nehmer etwas gibt und der Geber etwas nimmt.

Dazu ein Beispiel:
In Afrika wurde ein Missionar in eine andere Gegend versetzt. Am Morgen der Abreise kam ein Mann zu ihm, der schon mehrere Stunden zu Fuß unterwegs gewesen war, um ihm zum Abschied ein kleines Geldgeschenk zu machen. Der Wert des Geldgeschenkes war

etwa dreißig Pfennige. Der Missionar sah, daß der Mann ihm danken wollte, denn er hatte ihn während einer Krankheit ein paarmal in seinem Kral besucht, und er wußte auch, daß diese dreißig Pfennige für ihn eine große Summe waren. Er war schon versucht, es ihm zurückzugeben, ja, ihm sogar noch einiges dazuzuschenken. Doch dann besann er sich, nahm das Geld und dankte.

a. Das Glück richtet sich nach der Menge von Geben und Nehmen

Das Glück in einer Beziehung hängt ab vom Umsatz von Nehmen und Geben. Der kleine Umsatz bringt nur kleinen Gewinn. Je größer der Umsatz, desto tiefer das Glück. Das hat aber einen großen Nachteil – es bindet noch mehr. Wer Freiheit will, darf nur ganz wenig geben und nehmen und ganz wenig hin- und herfließen lassen.

Das ist wie beim Gehen. Wir bleiben stehen, wenn wir das Gleichgewicht festhalten und wir schreiten voran, wenn wir es dauernd verlieren und wiedergewinnen.

Der große Umsatz von Nehmen und Geben wird von einem Gefühl der Freude und der Fülle begleitet. Dieses Glück fällt einem nicht in den Schoß, es wird gemacht. Wenn der Austausch bei großem Umsatz ausgeglichen ist, haben wir ein Gefühl von Leichtigkeit, von Gerechtigkeit und Frieden. Von den vielen Möglichkeiten, Unschuld zu erfahren, ist sie die wohl befreiendste und schönste.

b. Wenn ein Gefälle von Nehmen und Geben besteht

Geben ohne zu nehmen

Einen Anspruch zu haben, ist ein schönes Gefühl, und weil es so ein schönes Gefühl ist, halten es manche gern fest. Lieber halten sie den Anspruch aufrecht, als sich von anderen etwas geben zu lassen, gleichsam nach dem Motto: Lieber sollst du dich verpflichtet fühlen, als ich. Oft geschieht das sogar in bester Absicht, und diese Haltung steht hoch im Ansehen. Wir kennen es als Helferideal. Auch bei Psychotherapeuten ist es verbreitet. Sie sind zum Beispiel nicht bereit, sich in Psychotherapien zu freuen, als kleinen Ausgleich für die Mühe, die sie sich machen. Dann wird es mühsam, und dann ist es auch nicht mehr ausgeglichen. Wenn jedoch jemand gibt, ohne zu nehmen, wollen andere nach einer Weile nichts mehr von ihm haben. Diese Haltung ist also beziehungsfeindlich, denn wer nur geben will, hält an einer Überlegenheit fest und verweigert den anderen so die Ebenbürtigkeit. Für Beziehungen ist sehr wichtig, daß man nicht mehr gibt, als man bereit ist zu nehmen und der andere fähig ist, zurückzugeben. Dadurch wird sofort ein Maß gesetzt, wie weit man gehen kann.

Wenn zum Beispiel eine reiche Frau einen armen Mann heiratet, dann geht das oft nicht gut, weil sie immer die Gebende ist und der Mann nicht zurückgeben kann; er wird dann böse. Böse wird immer der, der den Ausgleich nicht erreichen kann. Bezahlt eine Frau ihrem Mann das Studium, wird der Mann, wenn er mit dem Studium fertig ist, die Frau verlassen. Er kann nämlich nicht mehr ebenbürtig werden, es sei denn, er zahlt alles mit Heller und Zinsen zurück. Dann ist er wieder frei, dann kann die Beziehung weitergehen. Heiratet ein Mann, der die Zukunft hinter sich hat, eine Frau, die die Zukunft vor sich hat, dann geht das schief. Die Frau wird sich an dem Mann rächen. Der Mann weiß, daß sie das kann, und deshalb wird er auch nicht eingreifen. Umgekehrt gilt natürlich das gleiche.

Die Weigerung zu nehmen

Manche wollen ihre Unschuld bewahren, indem sie sich weigern zu nehmen. Dann sind sie zu nichts verpflichtet, und oft kommen sie sich dann besonders oder besser vor. Sie leben aber auf Sparflamme und fühlen sich dementsprechend leer und unzufrieden. Dieser Haltung begegnen wir bei vielen Depressiven. Ihre Weigerung zu nehmen bezieht sich zuerst auf einen ihrer Eltern und überträgt sich später auf andere Beziehungen und die guten Dinge der Welt. Deshalb sind auch viele Vegetarier depressiv, und manche Aussteiger nehmen auch nicht, damit sie nicht geben müssen.

Kleine Makel

Ein Gefälle besteht bezüglich des Ausgleichs auch dann, wenn nur einer der Partner bei der Eheschließung einen „Makel" hat. Eine Frau, die zum Beispiel ein uneheliches Kind mit in die Ehe bringt, heiratet am besten auch jemanden, der auch einen Makel hat. Dann können sie glücklich werden. Hat er aber keinen Makel, wird sie ihm böse werden, weil sie nie ebenbürtig werden kann. Drum prüfe, wer sich ewig bindet ...

c. Wenn ein Ausgleich nicht möglich ist

Zwischen Eltern und Kindern

Der bisher beschriebene Ausgleich von Nehmen und Geben ist nur unter Ebenbürtigen möglich. Zwischen Eltern und Kindern ist das anders. Kinder können Eltern nichts Gleichwertiges zurückgeben. Sie möchten es gerne, können es aber nicht. Es herrscht ein nicht aufhebbares Gefälle von Nehmen und Geben. Zwar bekommen Eltern auch etwas von ihren Kindern und Lehrer etwas von ihren Schülern, das Ungleichgewicht wird dadurch aber nicht aufgehoben, sondern nur gemildert. Den Eltern gegenüber bleiben die Kinder immer in der Schuld, und daher kommen sie auch nicht von ihnen los. So wird die Bindung der Kinder an die Eltern durch das Bedürfnis nach Ausgleich, gerade weil es unerfüllbar bleibt, zusätzlich gefestigt und gestärkt. Die andere Wirkung ist, daß die Kinder später aus der Verpflichtung herausdrängen, und das hilft dann bei der Trennung von den Eltern. Wenn einer etwas nicht ausgleichen kann, drängt er weg.

Der Ausweg ist, daß Kinder das, was sie von den Eltern bekommen haben, weitergeben, und zwar in erster Linie an die eigenen Kinder, also an die nächste Generation, oder in einem Engagement für andere. Wer diesen Ausweg wahrnimmt und weitergibt, kann viel von den Eltern nehmen.

Was zwischen Eltern und Kindern und zwischen Lehrern und Schülern gilt, das gilt auch sonst. Wo immer ein Ausgleich durch Zurückgeben und Austausch nicht (mehr) möglich und angemessen ist, können wir uns von Verpflichtung und Schuld doch noch entlasten, wenn wir von dem Empfangenen weitergeben. So fügen sich alle, ob sie nun geben oder nehmen, der gleichen Ordnung und dem gleichen Gesetz.

Börries von Münchhausen beschreibt das in einem Gedicht:

Der goldene Ball

Was auch an Liebe mir vom Vater ward,
Ich hab's ihm nicht vergolten, denn ich habe
als Kind noch nicht erkannt den Wert der Gabe
und ward als Mann dem Manne gleich und hart.

Nun wächst ein Sohn mir auf, so heißgeliebt
wie keiner, dran ein Vaterherz gehangen,
und ich vergelte, was ich einst empfangen,
an dem, der mir's nicht gab – noch wiedergibt.

Denn wenn er Mann ist und wie Männer denkt,
wird er, wie ich die eignen Wege gehen,
sehnsüchtig werde ich, doch neidlos sehen,
wenn er, was mir gebührt, dem Enkel schenkt. –

Weithin im Saal der Zeiten sieht mein Blick
dem Spiel des Lebens zu, gefaßt und heiter,
den goldnen Ball wirft jeder lächelnd weiter,
– und keiner gab den goldnen Ball zurück!

Danken als Ausgleich

Eine letzte Möglichkeit des Ausgleichs von Nehmen und Geben ist das Danken. Dabei muß man beachten, daß das Danke-Sagen oft ein Ersatz für Danken ist. Das „Dankeschön" ist die billige Art des Dankens. Danken heißt: Ich nehme es mit Freude, und ich nehme es mit Liebe, und das ist dann eine hohe Würdigung des anderen. Wenn ich jemand etwas schenke, und er packt es aus, und seine Augen strahlen, dann genügt es oft. Ein „Dankeschön" fügt dem dann oft kaum noch etwas hinzu. Im Danken drücke ich mich nicht vor dem Geben, und doch ist es manchmal die dem Nehmen einzig angemessene Antwort, zum Beispiel für einen Behinderten, für einen Kranken, für einen Sterbenden, für ein kleines Kind und manchmal auch für einen Liebenden.

Hier kommt neben dem Bedürfnis nach Ausgleich auch jene elementare Liebe mit ins Spiel, welche die Mitglieder eines sozialen Systems anzieht und zusammenhält. Diese Liebe begleitet das Nehmen und Geben, und sie geht ihm voraus. Wer dankt, der anerkennt: Du gibst mir, unabhängig davon, ob ich es dir je zurückgeben kann, und ich nehme es von dir als ein Geschenk. Wer den Dank annimmt, sagt: Deine Liebe und die Anerkennung meiner Gabe sind mir mehr als alles, was du sonst noch für mich tun magst. Im Danken bestätigen wir uns daher nicht nur mit dem, was wir einander geben, sondern auch mit dem, was wir füreinander sind.

Hierzu eine kleine Geschichte:

Gottes würdig

Jemand fühlte sich Gott zu großem Dank verpflichtet, weil er aus lebensbedrohender Gefahr gerettet worden war. Er fragte einen Freund, was er nun tun solle, damit sein Dank auch gotteswürdig sei. Der aber erzählte ihm eine Geschichte:
Ein Mann liebte von Herzen eine Frau, und er bat sie, sie möge ihn doch heiraten. Sie aber hatte anderes im Sinn. Als sie eines Tages zusammen die Straße überqueren wollten, hätte ein Auto die Frau fast überfahren, wenn ihr Begleiter sie nicht noch geistesgegenwärtig zurückgerissen hätte. Darauf wandte sie sich ihm zu und sagte: Jetzt werde ich dich heiraten.
„Was denkst du, wie dieser Mann sich da gefühlt hat ?", fragte jetzt der Freund. Der andere aber, statt zu antworten, verzog nur unwillig seinen Mund. „Siehst du", sagte der Freund, „vielleicht ergeht es so auch Gott mit dir."

Wenn Wiedergutmachung nicht mehr möglich ist

Schuld und Schaden nehmen ein schicksalhaftes Ausmaß an, wenn jemand an Leib und Leben oder Eigentum so sehr zu Schaden kam, daß kein Ersatz mehr möglich ist. Keine Sühne oder sonstige Tat kann dann wieder Ausgleich schaffen, hier bleiben dem Täter wie dem Opfer nur die Ohnmacht und die Unterwerfung, was immer auch das eigene Los ist.

d. Der Ausgleich im Negativen

Ich wiederhole: Schuld als Verpflichtung und Unschuld als Anspruch und Entlastung stehen im Dienste des Austausches und halten unsere Beziehungen in Gang. Es ist eine gute Schuld und eine gute Unschuld, durch die wir uns gegenseitig fördern und im Guten verbinden. Das Bedürfnis nach Ausgleich und ausgleichender Gerechtigkeit wirkt aber nicht nur im Positiven, sondern auch im Negativen. Also, wenn mir jemand etwas antut im System, gegen das ich mich nicht wehren kann, oder wenn er etwas für sich in Anspruch nimmt, was mir schadet oder wehtun muß, habe ich das Bedürfnis nach Ausgleich. Beide, Täter und Opfer, unterliegen diesem Bedürfnis. Das Opfer hat darauf Anspruch, und der Täter weiß sich dazu verpflichtet. Doch diesmal ist der Ausgleich zum gegenseitigen Schaden, denn nach der Tat sinnt auch der Unschuldige Böses. Er will dem Schuldigen schaden, wie der ihm geschadet hat, und ihm ein Leid antun, das seinem eigenen entspricht, vielleicht sogar etwas mehr. Das verbindet auch sehr innig.

Erst wenn sie beide, der Schuldige und sein Opfer, gleichermaßen böse waren und gleich viel gelitten und verloren haben, sind sie sich wieder ebenbürtig. Dann ist zwischen ihnen wieder Frieden und Versöhnung möglich.

Ein Beispiel:

Ein Mann erzählte einem Freund, seit zwanzig Jahren trage seine Frau ihm nach, daß er nur wenige Tage nach der Hochzeit mit seinen Eltern sechs Wochen in Urlaub gefahren war und sie allein zurückgelassen hatte. Alles gute Zureden und sich entschuldigen und um Verzeihung bitten habe nichts gebracht. Der Freund erwiderte: Am besten sagst du ihr, sie darf sich etwas wünschen oder etwas für sich tun, das dich nicht weniger kostet, als was es sie damals gekostet hat. Der Mann begriff sofort und strahlte. Jetzt hatte er den Schlüssel, der auch schloß.

Beim Schlimmen darf es etwas weniger sein

Auch hier gilt: Wenn mir jemand etwas antut und ich tue ihm genau soviel an, ist die Beziehung zu Ende. Tue ich ihm ein bißchen weniger an, ist nicht nur der Gerechtigkeit Genüge getan, sondern auch der Liebe. Manchmal muß man jemand böse sein, um die Beziehung zu retten. Das ist dann aber ein Bösewerden mit Liebe, weil ihm die Beziehung wichtig ist. Wer böse wird mit Haß, der überschreitet die Grenze und gibt dem anderen das Recht, sein Bösesein zu steigern. Wenn es um den negativen Ausgleich geht, fühlen wir die Unschuld als Recht auf Rache und Schuld als Furcht vor Rache.

Ich wiederhole: Damit Beziehungen weitergehen können, gilt der einfache und plausible Grundsatz: Beim Positiven gibt man zur Vorsicht ein bißchen mehr, beim Negativen zur Vorsicht ein bißchen weniger zurück. Wenn Eltern den Kindern etwas antun, dürfen Kinder den Eltern nicht zum Ausgleich auch etwas Schlimmes antun. Das Kind hat kein Recht dazu, was immer die Eltern tun. Dafür ist das Gefälle zu groß.

Das Fordern von Sühne

Wir halten den Schuldigen für um so schuldiger und seine Tat für um so schlimmer, je wehrloser und ohnmächtiger sein Opfer ist. Doch nach der bösen Tat bleibt auch das Opfer selten wehrlos. Es könnte handeln und vom Täter Recht und Sühne fordern, die der Schuld ein Ende setzen und einen neuen Anfang möglich machen würde. Oft pflegt es aber den Anspruch und das Recht, dem anderen dafür zu grollen.

Wenn es aber nicht selbst handelt, dann übernehmen andere das für ihn, doch mit dem Unterschied, daß dann sowohl Schaden wie Unrecht, das andere in seinem Namen und für ihn stellvertretend anderen antun, viel größer werden, als wenn es selbst sein Recht und seine Rache in die Hand genommen hätte. Wo Unschuldige lieber leiden als handeln, gibt es daher bald mehr Opfer und Böse als zuvor. Die Vorstellung ist illusorisch, wir könnten unbeteiligt bleiben und der Schuld entgehen, wenn wir nur an der Unschuld und an ihrer Ohnmacht festhalten, statt uns der Schuld und ihren Folgen so zu stellen, daß sie zu Ende kommen und dann auch ihre gute Kraft entfalten kann.

e. Das schlimme und das gute Verzeihen

Eine ähnliche Wirkung wie die Aufrechterhaltung der Ohnmacht hat auch das *schnelle Verzeihen*, das zum Ersatz für eine fällige Auseinandersetzung wird und den Konflikt, statt ihn zu lösen, zudeckt und verschiebt. So wirkt auch das überhebliche Verzeihen, wenn jemand mit dem Anspruch moralischer Überlegenheit dem Schuldigen die Schuld erläßt, als hätte er ein Recht dazu. Wenn zum Beispiel der eine dem anderen etwas antut und der verzeiht ihm, dann muß der Sünder gehen. Er bleibt sonst nur ein kleines Licht, das nicht mehr ebenbürtig werden kann. Wenn es zu einer wirklichen Versöhnung kommen soll, dann hat der Unschuldige nicht nur den Anspruch auf Wiedergutmachung und Sühne, er hat auch die Pflicht, sie zu fordern. Sonst wird er selbst am Schuldigen schuldig. Und der Schuldige hat nicht nur die Pflicht, die Folgen seiner Tat zu tragen, er hat auch das Recht darauf.

Ein Beispiel:

Ein Mann und eine Frau, schon verheiratet, verlieben sich. Als die Frau bald schwanger wird, lassen sie sich von ihren früheren Partnern scheiden und gehen eine neue Ehe miteinander ein. Die Frau war vorher kinderlos. Der Mann jedoch hatte aus erster Ehe eine kleine Tochter, die er bei der Mutter ließ. Beide fühlten sich der ersten Frau des Mannes und seinem Kind gegenüber schuldig, und ihre große Sehnsucht war, die Frau möge ihnen doch verzeihen. In Wahrheit war sie ihnen böse, denn für ihrer beiden Vorteil bezahlte sie mit ihrem Kind den Preis.

Als sie nun mit einem Freunde über ihre große Sehnsucht redeten, bat er sie, sie möchten sich doch einmal vorstellen, wie es ihnen erginge, wenn ihnen diese Frau wirklich verzeihen würde. Da merkten sie, daß sie den Folgen ihrer Schuld bis jetzt noch ausgewichen waren und daß ihr Wunsch, Verzeihung zu erhalten, der Würde und dem Anspruch aller widersprach. Sie entschlossen sich, der ersten Frau und ihrem Kind gegenüber zuzugeben, daß sie ihnen um ihres neuen Glückes willen das höchste abverlangt hatten, und daß sie sich ihren Forderungen stellen würden. Doch sie blieben auch bei ihrer Wahl.

Es gibt auch ein *gutes Verzeihen*, das dem Schuldigen seine Würde läßt und auch die eigene wahrt. Dazu gehört, daß der Unschuldige in seiner Forderung nach Ausgleich nicht an die äußerste Grenze geht und daß er die Wiedergutmachung und Sühne des Schuldigen auch annimmt. Ohne dieses gute Verzeihen gibt es keine Versöhnung.

Auch dazu ein Beispiel:
Eine Frau hatte ihren Mann wegen eines Liebhabers verlassen, und es kam zur Scheidung. Nach vielen Jahren tat es der Frau leid. Sie spürte, wie sehr sie ihren Mann noch liebte, und sie wäre gerne wieder seine Frau geworden, zumal er seitdem allein geblieben war. Da sie sich schuldig fühlte, traute sie sich nicht, ihn darum zu bitten. Als sie dann doch mit ihm darüber sprach, wollte er sich nicht äußern, nicht dafür und nicht dagegen. Sie einigten sich aber, die Sache mit einem Dritten zu besprechen. Dieser fragte zu Beginn den Mann, was er in der Sitzung für sich haben wolle. Der lächelte nur hintergründig und sagte: Ein Aha-Erlebnis. Dann fragte er die Frau, was sie dem Mann zu bieten habe, damit er wieder gerne zu ihr ziehen würde. Sie hatte sich das Ganze allzu einfach vorgestellt, und ihr Angebot blieb unverbindlich. Kein Wunder, daß das auf den Mann ganz ohne Eindruck blieb.

Der Dritte zeigte ihr, daß sie vor allem anerkennen müsse, daß sie ihrem Mann damals wehgetan hatte. Und er müsse sehen, daß sie bereit sei, das ihm geschehene Unrecht wieder gutzumachen. Die Frau besann sich eine Weile, blickte ihrem Mann in die Augen und sagte: Es tut mir leid, was ich dir angetan habe. Ich möchte wieder deine Frau sein, und ich werde dich so lieben und für dich sorgen, daß du dich freuen und dich auf mich verlassen kannst.

Doch der Mann rührte sich noch immer nicht. Da sagte der andere zu ihm: Es muß dir damals sehr wehgetan haben, und du willst es nicht ein zweites Mal erleben. Da wurden seine Augen langsam feucht und der andere fuhr fort: Jemand wie du, dem soviel Schlimmes zugemutet wurde, der fühlt sich oft dem anderen moralisch überlegen, der nimmt für sich das Recht in Anspruch, den anderen zurückzuweisen, so als brauche er ihn nicht. Und er fügte hinzu: Gegen solche Unschuld hat der Schuldige keine Chance. Da riß es ihn und er lächelte, als fühle er sich ertappt. Er wandte sich seiner Frau zu und schaute ihr in die Augen.

Es kostet fünfzig Mark, sagte der Dritte, denn er war Psychotherapeut, und jetzt verschwindet, und ich will nicht wissen, wie es ausgegangen ist.

Es ist aber schlimm ausgegangen. Ein Jahr später rief sie mich an und sagte, sie habe Krebs, ob sie zu einer Sitzung kommen könne. Sie kamen beide, und ich fragte sie, ob sie eine Vorstellung davon habe, was ihre Krankheit auslöste. Da sagte sie, sie habe immer nur wie eine Maschine funktioniert, und ich sagte: „Nein, das ist es nicht. Noch etwas anderes?“ Sie überlegte und sagte dann: „Ja, ich wurde von meinem Mann schwanger. Er wollte, daß ich das Kind abtreibe, und ich habe es gemacht.“ Da sagte ich: „Das ist es! Du hättest ihn in diesem Moment verlassen müssen.“ Jetzt war die Situation genau umgekehrt. Jetzt war sie die Unschuldige und er der Schuldige. Er hat von ihr etwas verlangt, was über ihre Kräfte ging, und sie hat dem zugestimmt, um die Beziehung nicht zu gefährden. Das habe ich ihnen dargelegt und ihr gesagt: „Du mußt dich jetzt von dem Mann trennen und zu deiner Schuld stehen und zu deinem Schmerz und im Andenken an das Kind was Gutes tun.“ Sie fragte mich: „Können wir das nicht gemeinsam?“ Ich sagte: „Ja.“ Er aber rührte sich nicht und zeigte keine Bewegung. Dann sind sie gegangen. Sie meldete sich dann noch einmal für einen Kurs bei mir an. Vier Wochen vor dem Kurs rief mich der Sohn an und teilte mit, daß sie gestorben sei. Das war das Ende.

f. Vorbeugendes Leiden bei Trennungen

Aus Angst vor Vorwürfen und aus Angst, dem anderen wehzutun, lassen sich manche, bevor sie sich trennen, lange Zeit leiden, soviel, daß es den Schmerz des anderen aufwiegt, als hätten sie dann mehr Berechtigung zu dem Schritt. Deshalb dauern die Scheidungsprozesse so lange. Meistens will derjenige ja für sich nur einen größeren, neuen Bereich, ein größeres, neues Territorium, und er fühlt sich unfrei und gefangen, weil er das nicht beginnen kann, ohne einem anderen zu schaden oder ihm wehzutun.

Wenn er sich dann endlich trennt, hat nicht nur er die Chance und das Risiko des neuen Anfangs, auch der andere hat unversehens neue Möglichkeiten. Verschließt sich der andere aber und verharrt in seinem Schmerz, macht er es damit dem anderen schwerer, seinen neuen Weg zu gehen. Nimmt er jedoch die neue Chance wahr, dann gibt er auch dem anderen Freiheit und Entlastung. Von allen Weisen, anderen zu verzeihen, ist sie für mich die schönste. Sie versöhnt, selbst wenn die Trennung bleibt.

g. Verzicht auf Glück als Versuch des Ausgleichs

Was innerhalb von Beziehungen für das Gelingen richtig und wichtig ist, wird oft in unzulässiger Weise auf andere Zusammenhänge übertragen, in denen es absurd wird, zum Beispiel auf Gott und das Schicksal. Wenn einer einen Gewinn hat und ein anderer in dem selben Zusammenhang einen Verlust, wird das in der Seele miteinander in Verbindung gebracht, und es entsteht ein Bedürfnis nach Ausgleich, als sei das eine auf Kosten des anderen da. Dann geschehen schlimme Dinge.

Kommt zum Beispiel ein Vater gesund aus dem Krieg oder aus der Gefangenschaft heim, wo andere umkamen, kommt plötzlich eine Tochter auf die Idee, dafür zu bezahlen, daß der Vater heimkehrte, oder der Vater selbst nimmt nicht mehr viel vom Leben. Oder jemand wird aus Lebensgefahr gerettet und fängt dann an, mit einem Symptom zu bezahlen, oder er schränkt sich ein. Weitverbreitet sind diese Vorgänge auch bei Juden, die das Naziregime überlebten und sich nun nicht mehr trauen, das Glück zu nehmen, wo so viele ein schlimmes Schicksal hatten. Gibt es in der Familie ein behindertes Kind, trauen sich die anderen gesunden Geschwister oft nicht, ihre Gesundheit und ihr Glück zu nehmen, weil sie die Phantasie entwikkeln, sie hätten ihre Gesundheit und ihr Glück auf Kosten des kranken Kindes. Sie versuchen das dann auszugleichen, indem sie sich auch krank (z. B. depressiv) zeigen oder sich auf andere Weise in ihren Möglichkeiten einengen. Diese Dynamik ist wie eine innere Entlastung. Solchen Vorgängen begegnen wir häufig in Psychotherapien.

Der Verzicht auf diese Art Ausgleich fordert, daß ich auf eine Metaebene gehe und trotz des Drucks auf Ausgleich eine ganz andere Lösung suche. Die Lösung ist, das Leben, das Glück, die Gesundheit als Geschenk zu nehmen, ohne dafür zu bezahlen. Das ist eine demütige Position. Die Position, es ausgleichen zu wollen, ist anmaßend. Derjenige maßt sich an, für etwas, das geschenkt ist, zu bezahlen.

Eine kleine Geschichte dazu:

Der doppelte Ausgleich

Eine Frau hatte einen guten Mann, und er schenkte ihr zu Weihnachten eine wunderschöne goldene Halskette. Sie packte sie aus und sagte: „Eine wunderschöne Kette!" Dann fragte sie: „Was hat die denn gekostet?" Er sagte: „Fünftausend Mark." – „Und wo hast du sie gekauft?" – „Beim Juwelier Bernhard."
Nach den Festtagen ist sie zum Juwelier Bernhard gegangen und hat ihm noch einmal fünftausend Mark gegeben. (Pause) So etwas gibt es – in bezug auf das Schicksal.

Es entsteht also Verwirrung, wenn etwas Gültiges über den Kreis hinaus angewandt wird, in dem es sinnvoll ist. Ähnlich ist es auch, wenn jemand eine fremde Schuld auf sich nimmt und dafür bezahlt.

Ein Beispiel:
Ein Ehepaar zeugt vorehelich einen Sohn, und es kommt zur Muß-Heirat. Die Eltern sind in der Ehe unglücklich. Jetzt nimmt der Sohn die Schuld auf sich und läßt sich leiden, um als Ausgleich für das Unglück der Eltern, das sie durch ihn haben, zu bezahlen.

Das Nehmen und Danken, es als Geschenk nehmen, ohne dafür zu bezahlen, ist die Lösung und ein ganz besonderer Vollzug. Dieses Danken ist eine innere Haltung. Es geht nicht auf irgendetwas oder irgendjemand hin. Ein Bild, das ich dafür gebrauche, ist: Jemand steigt in einen Fluß, und der Fluß trägt ihn ans andere Ufer, und dann steigt er wieder ans Land und verneigt sich vor dem Fluß. Doch dem Fluß ist das egal. Das ist Danken.

Ein Beispiel:

Jugendfreunde mußten zusammen in den Krieg, erlebten unbeschreibliche Gefahren, und zwei von ihnen kamen unversehrt zurück. Doch der eine war sehr still geworden, denn das Wichtigste, was er erlebt hatte, war die Errettung. Ihm war das ganze weitere Leben wie ein Geschenk. Der andere aber saß oft am Stammtisch und prahlte mit seinen Heldentaten und den Gefahren, denen er entronnen war. Es war, als hätte er das alles umsonst erlebt.

Petra: Ich kenne jemand, der ist als kleiner Junge von seinem Bruder aus dem Schnee gerettet worden. Dieser ältere Bruder ist später von den Nazis umgebracht worden. Der jüngere Bruder hatte dann immer das Gefühl, er kann nicht leben und er darf nicht leben.
Bert Hellinger: Das hat aber nur damit zu tun, daß der eine umgekommen ist. Da ist der Satz wichtig: Du bist tot. Ich lebe noch ein bißchen, dann sterbe ich auch. Und da wäre noch möglich, daß er sagt: Ich verneige mich vor deinem Schicksal, und du bleibst immer mein Bruder."

Sühnen als blinder Ausgleich: wenn eine Mutter bei der Geburt eines Kindes stirbt

Das Sühnen ist auch ein Versuch des Ausgleichs, aber es ist ein blinder, ein triebhafter, der ohne Steuerung geschieht. Besonders häufig sieht man diesen Ausgleichsversuch in Familien, in denen eine Mutter bei der Geburt eines Kindes starb. Das Kind, das überlebt, ist natürlich unschuldig am Tod der Mutter. Niemand käme auf den Gedanken, es deswegen zur Rechenschaft zu ziehen, und doch bringt dem Kind das Wissen um seine Unschuld keine Erleichterung. Als soziales Wesen weiß es, daß es in ein System eingebunden ist, in welchem es sein Leben auf Kosten des Lebens seiner Mutter bekommen hat. Es kann nicht anders, als sein Leben immer im Zusammenhang mit dem Tod seiner Mutter zu sehen, und es wird den Druck der Schuld nie los. Was nach solch einem tragischen Ereignis oft passiert, ist eine schlimme Dynamik. Die Situation wird so gedeutet, als habe der Mann mit seiner Triebhaftigkeit die Frau umgebracht, sie sozusagen seinen Trieben geopfert. Dabei sind sich ja die Eltern des Risikos des Vollzugs der Liebe bewußt und haben dem Risiko bewußt zugestimmt. Diese Mordphantasien entwerten auch die Frauen und sind ein Vergehen an deren Würde. Bei der Aufstellung solcher Konstellationen haben die Frauen keine Anklage gegen den Mann und sind sich ihrer Würde voll bewußt.

Die Vorstellung von Mord aber führt dazu, daß Jungen in nachfolgenden Generationen – und dieses Ereignis wirkt oft über viele Generationen nach – dafür sühnen. Oft bringen sich noch Enkel und Urenkel wegen des Todes einer solchen Frau um. Das ist eine primitive, uralte und blinde Form des Ausgleichs: Einer geht, und zum Ausgleich muß ein anderer gehen. Sobald man etwas zur Sühne tut, geht die Achtung verloren. Manche verzichten dann auf Partnerschaft und Kinder, indem sie zum Beispiel Priester werden oder eine Frau heiraten, die keine Kinder mehr bekommen kann. Ein solcher Tod im System macht Angst, und aus Angst wird das Ereignis häufig verschwiegen. Das ist die schlimmste Ausklammerung in einem System und die folgenschwerste.

Schränkt sich das geborene Kind aber nun ein oder bringt es sich um, dann war das Opfer der Frau ja umsonst, und sie wird dann auch noch für das Unglück des Kindes verantwortlich gemacht.

Die Lösung ist, daß in dem System diese Frau einen geachteten Platz bekommt und das Kind zur Mutter sagt: Wenn du schon dein Leben bei meiner Geburt verloren hast, dann soll es nicht umsonst gewesen sein. Gerade weil es dich soviel gekostet hat, zeige ich dir, daß es sich gelohnt hat. Ich nehme das Leben zu dem Preis, den es dich gekostet hat und den es mich kostet, und mache etwas daraus, dir zum Andenken.

Das ist die gleiche Liebe, aber in einer anderen Richtung. Dann wird der Druck der schicksalhaften Schuld zum Motor und zu einer Kraft für das Leben, und dann sind Taten möglich, die andere niemals zustande brächten. Das bringt Versöhnung und Frieden und dann hat das Opfer der Mutter eine gute Wirkung.

Ein Beispiel aus einem Seminar:

Alexis erzählt, daß sein Vater schon einmal verheiratet war und die Frau bei der Geburt des ersten Kindes zusammen mit dem Kind starb.

In der Konstellation der Ursprungsfamilie schauen beide Söhne und die Eltern in eine Richtung.
Bert Hellinger: Das ist ganz klar, die Eltern und die beiden Söhne schauen auf die erste Frau und das Kind (er holt diese Mutter und das Kind in die Konstellation und stellt sie gegenüber den Eltern und Söhnen auf. Die Familie nickt erleichtert). Das ist schon die Lösung.

Später stellt er das Kind und die Mutter rechts neben den Vater und die Söhne gegenüber, und schließlich stellt er das gestorbene Kind als ältestes rechts neben den Söhnen auf. Er kommt dann auf die lebensgefährliche Krankheit des Bruders von Alexis zu sprechen.
Bert Hellinger: Aus der Konstellation kann man sehen, daß die Krankheit deines Bruders vielleicht eine systemische Bedeutung hat, und es würde deinem Bruder helfen, wenn du ihm davon erzählst. Der ist vielleicht mit dem Verstorbenen verbunden. Und wenn der im Bild steht, kann er vielleicht auch stehen.

h. Die Zustimmung zum Schicksal

Es gibt auch einen Anteil des schicksalhaften Schlimmen, der zu mir selbst gehört, zum Beispiel eine Erbkrankheit, eine Kriegsverstümmelung oder schlimme Umstände in der Kindheit. Begehre ich gegen dieses nicht veränderbare Schicksal auf und hadere ich mit ihm, indem ich Ärger und Anspruch wachhalte oder nach Schuldigen suche oder es nicht in mein Leben hineinnehme, kann es auch nicht seine Kraft entfalten.

So wie ich in unverdienter Weise und ohne mein Zutun gerettet werden kann, also ein Geschenk erhalten kann, das andere nicht bekommen, muß ich auch zustimmen, wenn von mir gefordert wird, die Folgen von Negativem, das ohne mein Verschulden geschah, zu tragen. Das Schicksal kümmert sich weder um unsere Ansprüche noch um unsere Wiedergutmachung.

Als einziger Ausweg bei schicksalhafter Schuld bleibt mir die Unterwerfung, das Sich-Fügen in einen undurchschaubaren, übermächtigen Zusammenhang, sei es nun zu meinem Glück oder Unglück. Die solchem Handeln zugrundeliegende Haltung nenne ich *Demut*. Sie erlaubt es mir, mein Leben und mein Glück so zu nehmen, wie es mir zufällt und solange es dauert, unabhängig von dem Preis, den andere dafür bezahlt haben. Sie läßt mich auch dem schweren Schicksal zustimmen, wenn ich an der Reihe bin. Diese Demut macht

Ernst mit der Erfahrung, daß nicht ich das Schicksal bestimme, sondern das Schicksal mich. Und sie ist die der schicksalhaften Schuld und Unschuld gemäße Antwort und macht mich den Opfern ebenbürtig. Sie erlaubt mir, sie zu ehren, nicht indem ich das wegwerfe oder einschränke, was ich auf ihre „Kosten" bekommen habe, sondern gerade dadurch, daß ich es trotz des hohen Preises auch nehme und dann anderen davon etwas weitergebe. *Sühnen macht Achtung zunichte, und Achtung macht Sühne überflüssig*. Der Ausgleich ist dann, daß das Sich-Fügen in mir zu einer Kraftquelle wird. Das ist dann der positive Ausgleich, und das ist immer etwas, was zum Guten wirkt.

Ein Beispiel:
Ein junger Mann, Unternehmer und Alleinvertreter eines Produktes in seinem Land, kommt mit einem Sportwagen vorgefahren und erzählt von seinen Erfolgen. Es ist offensichtlich, daß er etwas kann, und er hat einen unwiderstehlichen Charme. Aber er trinkt, und sein Buchhalter macht ihn darauf aufmerksam, daß er zuviel Geld für private Zwecke aus der Firma nimmt und das Unternehmen dadurch gefährdet. Trotz seiner bisherigen Erfolge hat er es insgeheim doch darauf abgesehen, wieder alles zu verlieren. Es stellt sich heraus, daß seine Mutter ihren ersten Mann weggeschickt hatte, weil sie ihn für einen Schlappschwanz hielt. Dann heiratete sie den Vater dieses jungen Mannes und brachte den Sohn aus der ersten Ehe in die neue Ehe mit. Dieser durfte seinen leiblichen Vater nicht mehr sehen und hatte bis zu diesem Tag keine Verbindung zu ihm aufgenommen. Er wußte nicht einmal, ob er noch lebte.

Der junge Unternehmer merkte, daß er sich nicht traute, auf Dauer Erfolg zu haben, weil er meinte, daß er sein Leben dem Unglück seines Bruders verdanke. Er fand folgende Lösung: Als erstes konnte er anerkennen, daß die Ehe seiner Eltern und sein eigenes Leben in einem schicksalhaften Zusammenhang standen mit dem Verlust, den sein Bruder und dessen Vater erleiden mußten. Zweitens konnte er sein Glück trotzdem bejahen und den anderen sagen, daß auch er sich ihnen als gleichberechtigt und ebenbürtig zumuten werde. Drittens war er bereit, seinem Bruder einen besonderen Dienst zu erweisen als Anerkennung seiner Bereitschaft, Nehmen und Geben auszugleichen. Er nahm sich vor, den verschollenen Vater seines Bruders ausfindig zu machen und ein Wiedersehen der beiden zu vermitteln.

Jetzt komm' ich noch einmal zu der Dynamik, die vorher angesprochen wurde. Du hast geschildert, daß deine Mutter depressiv geworden ist nach deiner Geburt. Dann ist die Tendenz, daß das Kind dafür bezahlt.

Manuela: Ist das ähnlich, wenn die Mutter eine Wochenbettpsychose bekommt?

Bert Hellinger: Ja, das kann ähnlich sein, daß das Kind dann meint, dafür bezahlen zu müssen. Es fühlt sich immer dann schuldig, wenn die Mutter bei seiner Geburt einen Schaden erleidet.

Ich habe noch ein anderes Beispiel:

Ein Gruppenmitglied, ein Mann mittleren Alters, ließ es sich in der Gruppe nicht gutgehen. Er verhielt sich merkwürdig und zeigte wenig Einfühlungsvermögen. Heraus kam, daß seine Mutter bei seiner Geburt einen Beckenbruch erlitten hatte. In der Aufstellung seiner Herkunftsfamilie stellte er sich ganz nach außen. Die Mutter war jedoch bereit, den Preis dafür zu bezahlen, aber das Kind konnte das nicht annehmen, weil der Preis so hoch war.

Was das Kind dann tun kann, ist, es zu würdigen. Also: „Liebe Mama, ich nehm es zu dem Preis, den es dich gekostet hat, und gerade deshalb halte ich es in Ehren und mache etwas daraus, dir zur Freude. Es soll nicht umsonst gewesen sein. Gerade weil es dich soviel gekostet hat, zeige ich dir, daß es sich gelohnt hat." So ist es auch für die Mutter viel entlastender. Sonst ist es ja doppelt schlimm für sie. Wenn es gut ausgegangen ist, kann sie auch leichter tragen, was war.

Nicht selten kommt es auch vor, daß jemand nach einer überraschenden Errettung wie tot weiterlebt, so, als habe er das Leben schon abgeschlossen.

Ein Beispiel:

In einem Kurs war ein netter Kerl, er saß aber meist wie leblos da. Dann hab' ich mit ihm eine Altersregression gemacht, und als er fünf Jahre alt war, sah er sich im Bett liegen, und an seiner Schulter war eine große Geschwulst gewachsen. Die Ärzte standen mit besorgter Miene um das Bett herum, und in diesem Augenblick ist er innerlich gestorben. Er wurde dann operiert, und es stellte sich heraus, daß der Tumor gutartig war. Er hatte innerlich aber schon mit seinem Leben abgeschlossen und lebte leblos weiter. Gemäß ist dann, daß so einer für seine Errettung dankt, indem er das Geschenk des Lebens neu annimmt und etwas damit macht.

i. Zum Ausgleich ein Kind als Ablöse

Es kommt relativ häufig vor, daß bei einer Trennung zum Ausgleich ein Kind abgegeben wird, zum Beispiel, daß eine Tochter aus zweiter Ehe zum ersten Mann geht. Wenn sich die Mutter einen anderen Mann nimmt, dann muß dafür bezahlt werden. Eine Möglichkeit ist, daß sie dem ersten dafür die Tochter gibt. Damit ist es sozusagen beglichen. Oft wird ein Kind auch als Ablöse bezahlt, wenn die Eltern der Frau sie nicht heiraten lassen wollten. Sie gibt dann manchmal ihren Eltern ihr erstes Kind. Keiner weiß wieso, es ist aber die Ablöse, die sie zahlt. Dann darf die Frau ihren Mann behalten. Das Kind kann dann sagen: Ich tue es gerne, aber du bist meine Oma, und das ist meine Mutter. Wir werden dieser Dynamik noch einmal beim Inzest begegnen.

Alexis: Was ich in Griechenland oft gesehen habe, ist, daß ein Kind an eine kinderlose, aber reiche, verheiratete Schwester abgegeben wird, eine Schwester, die die ganze Familie unterstützt.

Bert Hellinger: Das Kind muß dann sagen: Ich tu's gerne für euch alle. Dann kann es das machen und wird auch frei von einem eventuellen Vorwurf.

3. Die Ordnung

Die dritte Grundbedingung für das Gelingen von Beziehungen ist die Ordnung. Damit meine ich zuerst die Regeln, die das Zusammenleben einer Gruppe in feste Bahnen lenken. In allen längerdauernden Beziehungen entwickeln sich gemeinsame Normen, Riten, Überzeugungen und Tabus, die dann für alle verbindlich werden. So wird aus Beziehungen ein System mit Ordnung und Struktur. Das ist die eher vordergründige und vereinbarte Ordnung. Dahinter wirken Ordnungen, die vorgegeben sind und die sich der Vereinbarkeit entziehen.

II. Das Gewissen als Gleichgewichtssinn in Beziehungen

Wenn immer wir in Beziehungen treten, werden wir gesteuert von einem inneren Sinn, der automatisch reagiert, wenn wir etwas tun, was der Beziehung schaden oder sie gefährden könnte. Es gibt also so etwas wie ein inneres Organ für systemisches Verhalten, ähnlich wie wir ein inneres Organ haben für das Gleichgewichtsverhalten. Sobald wir aus dem Gleichgewicht fallen, bringt uns das Unlustgefühl, das aus dem Fallen kommt, zurück ins Gleichgewicht. Also, das Gleichgewicht wird geregelt durch Unlust und Lust. Wenn wir im Gleichgewicht sind, ist es angenehm, ein Lustgefühl. Wenn wir aus dem Gleichgewicht fallen, ist das ein Unlustgefühl, und das Unlustgefühl zeigt uns die Grenze auf, an der wir uns verändern müssen, damit kein Unglück passiert. Ähnliches gilt in Systemen und Beziehungen.

In Beziehungen gelten gewisse Ordnungen. Wenn ich mit denen im Einklang bin und in Folge dessen in der Beziehung bleiben darf, fühle ich mich unschuldig und im Gleichgewicht. Sobald wir aber von den Bedingungen für das Gelingen abweichen und die Beziehung gefährden, entstehen Unlustgefühle, die wie ein Reflex wirken und uns zur Umkehr zwingen. Das wird dann als Schuld erlebt. Die Instanz, die darüber wacht, wie ein Ausgleichsorgan, nennen wir Gewissen.

Man muß wissen, daß wir Schuld und Unschuld in der Regel nur in Beziehungen erfahren. Schuld ist also auf den anderen bezogen. Schuldig fühle ich mich, wenn ich etwas tue, was der Beziehung zu anderen schadet, und unschuldig, wenn ich etwas tue, was der Beziehung zu anderen nützt. Das Gewissen bindet uns an die für das Überleben wichtige Gruppe, was immer die Bedingungen sind, die sie uns setzt. Es steht nicht über dieser Gruppe und nicht über ihrem Glauben oder Aberglauben. Es steht in ihren Diensten.

1. Das Gewissen wacht über die Bedingungen für Beziehungen

Das Gewissen wacht über die Bedingungen, die für Beziehungen wichtig sind, nämlich über die Bindung, über den Ausgleich von Nehmen und Geben und über die Ordnung. Eine Beziehung kann nur gelingen, wenn diese drei Bedingungen zugleich erfüllt sind. Es gibt keine Bindung ohne Ausgleich und ohne Ordnung. Es gibt keinen Ausgleich ohne Bindung und Ordnung, und es gibt keine Ordnung ohne Bindung und Ausgleich. Diese Bedingungen werden in der Seele als elementare Bedürfnisse erlebt. Das Gewissen steht im Dienste aller drei Bedürfnisse, und jedes dieser drei Bedürfnisse wird durch ein eigenes Gefühl von Schuld und Unschuld durchgesetzt. Deshalb unterscheidet sich unsere Erfahrung von Schuld je nachdem, ob sich die Schuld auf die Bindung, auf den Ausgleich oder auf die Ordnung bezieht, und daher fühlen wir die Schuld und Unschuld anders, je nach dem Ziel und dem Bedürfnis, dem sie dienen.

a. Gewissen und Bindung

Das Gewissen reagiert hier auf alles, was die Bindung fördert und gefährdet. Daher haben wir ein gutes Gewissen, wenn wir uns so verhalten, daß wir uns sicher sind, wir dürfen noch dazugehören, und wir haben ein schlechtes Gewissen, wenn wir so von den Bedingungen der Gruppe abgewichen sind, daß wir befürchten müssen, wir hätten das Recht auf Zugehörigkeit ganz oder teilweise verspielt. Wir fühlen Schuld hier also als Furcht vor Verlust und Ausschluß und als Ferne, und Unschuld als Geborgenheit und Nähe. Das ist vielleicht das schönste und tiefste Gefühl, das wir kennen: das Dazugehörendürfen auf einer elementaren Erlebnisebene.

Nur wer die Sicherheit der Unschuld als Recht auf Zugehörigkeit erfährt, weiß um die Furcht oder um den Schrecken vor Ausschluß und Verlust. Geborgenheit kann nur mit Angst erlebt werden. So ist es auch völlig unsinnig zu sagen, Eltern seien schuld, daß man Angst habe. Je besser die Eltern sind, um so größer wird die Angst, sie zu verlieren.

Geborgenheit und Nähe, das ist der große Traum, dem wir mit vielen unserer Handlungen folgen. Der Traum ist jedoch unerfüllbar, weil die Zugehörigkeit immer gefährdet ist. Manche sagen, man muß den Kindern Sicherheit geben. Je mehr Sicherheit man den Kindern gibt, desto mehr Angst bekommen sie vor dem Verlust der Sicherheit, denn die Sicherheit ist nicht erlebbar ohne die Furcht des Gegenteils. Die Zugehörigkeit muß also immer wieder neu errungen werden, sie ist nie ein fester Besitz, deshalb wird Unschuld gefühlt als das Recht, *noch* dazuzugehören, man weiß nicht, wie lange es dauert. Diese Unsicherheit gehört zum Leben. Auffällig ist auch, daß das Gewissen die Eltern in ihrer Beziehung zu ihren Kindern weniger belastet, als es die Kinder in ihren Beziehungen zu den Eltern drückt. Vielleicht hat das etwas damit zu tun, daß die Eltern die Kinder weniger brauchen als die Kinder die Eltern. Auch können wir uns vorstellen, daß zwar die Eltern ihre Kinder opfern, nicht aber umgekehrt. Merkwürdig.

Beide Seiten des Gewissens, das gute und das böse, dienen einem Ziel. Wie Zuckerbrot und Peitsche ziehen sie und treiben sie uns in die gleiche Richtung: Sie sichern unsere Bindung an die Wurzeln und den Stamm, unabhängig davon, was diese Liebe uns in dieser Gruppe abverlangt.

Die Bindung an die Ursprungsgruppe hat für das Gewissen Vorrang vor jeder anderen Vernunft und vor jeder anderen Moral. Das Gewissen orientiert sich an der Wirkung unseres Glaubens oder Handelns auf die Bindung, ohne Rücksicht darauf, ob dieser Glaube und dieses Handeln unter anderen Gesichtspunkten vielleicht verrückt oder verwerflich erscheinen. Wir können uns also nicht auf das Gewissen verlassen, wenn es um die Erkenntnis von gut und böse in einem größeren Zusammenhang geht (s. Kapitel III, 3). Weil die Bindung Vorrang hat vor allem, was danach vielleicht noch folgt, erleben wir die Bindungsschuld auch als die schwerste Schuld und ihre Folgen als die schlimmste Strafe. Und die Bindungsunschuld erleben wir als tiefes Glück und als unserer Kindersehnsucht letztes Ziel.

Bindungsliebe und die Opferbereitschaft der Schwachen

Das Gewissen bindet uns am stärksten, wenn wir in einer Gruppe unten stehen und ihr ausgeliefert sind. In der Familie sind das die Kinder. Aus Liebe ist ein Kind bereit, alles dranzugeben, selbst das eigene Leben und Glück, wenn es den Eltern und der Sippe dadurch bessergeht. Das sind dann die Kinder, die für ihre Eltern oder Ahnen in die Bresche springen, vollbringen, was sie nicht geplant, sühnen, was sie nicht getan (indem sie z. B. ins Kloster gehen), tragen, was sie nicht verschuldet haben oder für erlebtes Unrecht anstelle ihrer Eltern Rache üben.

Ein Beispiel:
Ein Vater hatte einst seinen Sohn, als dieser trotzig war, bestraft, und in der Nacht darauf hat sich der Sohn erhängt. Nun war der Vater schon alt, und noch immer trug er schwer an seiner Schuld. Dann, im Gespräch mit einem Freund, erinnerte er sich, daß dieses Kind nur wenige Tage vor dem Selbstmord, als seine Mutter am Tisch erzählte, daß sie wieder schwanger war, wie außer sich gerufen hatte: „Um Gottes willen, wir haben doch gar keinen Platz!“ Und er begriff: Das Kind hat sich erhängt, um seinen Eltern ihre Sorge abzunehmen, es hat für das andere Platz gemacht.

Sobald wir in der Gruppe Macht gewinnen oder wir unabhängig werden, lockert sich die Bindung, und mit ihr lockert sich auch das Gewissen. Die Schwachen aber sind gewissenhaft und bleiben treu. Sie zeigen den selbstlosesten Einsatz, weil sie gebunden sind. In einem Betrieb sind es die unteren Arbeitnehmer, in einer Armee die gemeinen Soldaten und in der Kirche das glaubende Volk. Zum Wohl der Starken in der Gruppe riskieren sie gewissenhaft Gesundheit, Unschuld, Glück und Leben, auch wenn die Starken sie vielleicht für das, was sie die höheren Ziele nennen, gewissenlos mißbrauchen. Da sie dem eigenen System verhaftet bleiben, können sie außenstehenden Systemen gegenüber auch rücksichtslos eingesetzt werden. Das sind dann die Kleinen, die für die Großen ihren Kopf hinhalten, die Henker, die die schmutzige Arbeit tun, die Helden auf verlorenem Posten, die Schafe hinter ihrem Hirten, wenn er sie zur Schlachtbank führt, die Opfer, die die Zeche zahlen.

b. Gewissen und Ausgleich

Wie das Gewissen über die Bindung an die Eltern und an die Sippe wacht, sie mit Hilfe eines eigenen Gefühls von Schuld und Unschuld steuert, so wacht es auch über den Austausch und steuert ihn mit Hilfe eines anderen Gefühls der Unschuld und der Schuld.

Mit Bezug auf den positiven Austausch von Geben und Nehmen erfahren wir die Schuld als Verpflichtung, und Unschuld wird als Freiheit von Verpflichtung erlebt. Es gibt also kein Nehmen ohne

Preis. Wenn ich aber dem anderen gleich viel zurückgegeben habe, bin ich frei von einer Verpflichtung. Wer frei ist von Verpflichtung, fühlt sich leicht und frei, er hat aber auch keine Bindung mehr. Es gibt noch eine Steigerung dieser Freiheit von Verpflichtung, wenn man nämlich mehr gibt als das, zu dem man verpflichtet ist. Dann erfahren wir Unschuld als Anspruch. Das Gewissen bewirkt also, daß wir nicht nur gebunden sind, sondern als Bedürfnis nach Ausgleich regelt es den Austausch innerhalb einer Beziehung und innerhalb einer Familie. Man kann die Rolle dieser Dynamik in Familien gar nicht hoch genug einschätzen.

c. Gewissen und Ordnung

Dient das Gewissen der Ordnung, also den Spielregeln, die untereinander gelten, fühlen wir die Schuld als Übertretung und als Furcht vor Strafe, und die Unschuld als Gewissenhaftigkeit und Treue. Die Spielregeln sind in jedem System anders, und jeder, der Teil des Systems ist, kennt die Regeln. Wenn er die Regeln verinnerlicht und anerkennt und sich daran hält, kann das System funktionieren und er gilt als tadellos. Wer gegen sie verstößt, wird schuldig, selbst wenn niemand ein Schaden oder ein Leid geschieht. Im Namen des Systems wird er dann auch bestraft, in schweren Fällen sogar ausgestoßen und vernichtet, wie zum Beispiell bei „politischen Verbrechen" oder „Ketzerei".

Schuld in bezug auf Ordnung trifft nicht unser Zentrum. Wir können uns diese Art von Schuld oft leisten, ohne daß wir uns in unserem Wert gemindert fühlen, auch wenn wir wissen, daß wir eine Verpflichtung haben oder eine Strafe zahlen müssen. Verstoßen wir dagegen gegen Bindung und Ausgleich, fühlen wir uns minderwertiger. Schuld wird hier also nicht gleich erlebt. Das hängt vielleicht auch damit zusammen, daß wir zwar ein Bedürfnis nach Ordnung haben, Einzelheiten aber weitgehend selbst entscheiden können.

Das Gewissen bestimmt auch, was man wahrnehmen darf und was nicht.

Dazu ein Beispiel:

Ein Arzt erzählt in einer Gruppe, eines Morgens habe ihn seine Schwester angerufen und ihn gebeten, er solle doch mal vorbeikommen, sie möchte mit ihm ein medizinisches Problem besprechen.

Dann ist er hingegangen und sie haben eine Stunde miteinander geredet. Dann hat er gesagt: „Vielleicht ist es doch besser, wenn du zu einem Gynäkologen gehst". Sie ist hingegangen und wurde dort eines gesunden Knaben entbunden. Der Arzt hatte nicht wahrgenommen, daß seine Schwester schwanger war. Die Schwester hatte es auch nicht wahrgenommen, daß sie schwanger war, und auch sie war Ärztin.

In diesem System war es verboten, Schwangerschaften wahrzunehmen, und das ganze akademische Studium hatte beiden nichts geholfen, um diesen Wahrnehmungsblock zu überwinden.

Der Eisbär

Da war einmal ein Eisbär, den haben sie im Zirkus mitgefahren. Die haben ihn aber nicht für die Vorstellungen gebraucht, sondern nur zur Ausstellung. Er war also immer in dem Wohnwagen drin. Der war aber so eng, daß er sich nur zwei Schritte vorwärts und zwei Schritte rückwärts bewegen konnte. Dann haben sie Mitleid gehabt mit dem Eisbären und haben sich gesagt: „Den verkaufen wir jetzt in einen Zoo." Dort hatte er nun ein großes freies Areal. Doch auch da ging er immer nur zwei Schritte vor und zwei Schritte zurück. Da fragte ihn ein anderer Eisbär: „Ja, warum machst du das?" Da sagte er: „Das kommt daher, weil ich so lange in dem Wohnwagen war."

2. Das Zusammenspiel der Bedürfnisse nach Bindung, Ausgleich, Ordnung

Das Gewissen dient den Bedürfnissen nach Bindung, Ausgleich und Ordnung in unterschiedlicher Weise. So fordert es vielleicht im Dienste der Bindung, was es uns im Dienste des Ausgleichs und der Ordnung verbietet, und was es uns um der Ordnung willen erlaubt, will es vielleicht mit Rücksicht auf die Bindung uns verwehren. Wenn sich eines der Bedürfnisse allein durchsetzt, kommen die anderen zu kurz. Wenn man sich jedoch allen drei Bedingungen gleichzeitig fügen will, bleibt man jeder etwas schuldig. Wie immer wir dem Gewissen folgen, es spricht uns auf der einen Seite schuldig und auf der anderen Seite frei. Deshalb haben wir nie ein ganz gutes Gewissen.

Schuld und Unschuld treten also meist gemeinsam auf. Wer nach der Unschuld greift, der rührt auch an die Schuld. Und wer im Haus der Schuld zur Miete wohnt, entdeckt als seine Untermieterin die Unschuld. Auch tauschen Schuld und Unschuld öfters das Gewand, so daß die Schuld im Kleid der Unschuld kommt und Unschuld im Kleid der Schuld. Dann trügt der Schein und erst die Wirkung zeigt, was wirklich war. Das Erreichbare ist, daß wir nach allen Seiten möglichst wenig Schuld haben.

Ein Beispiel:
Wenn eine Mutter einem Kind, das etwas angestellt hat, sagt: „Jetzt mußt du eine Stunde lang auf deinem Zimmer allein spielen", dann verhängt sie die Strafe um der Ordnung willen. Setzt sie nun aber die Ordnung voll durch, das heißt: läßt sie das Kind eine ganze Stunde in seinem Zimmer allein, ist das Kind danach der Mutter böse, und zwar mit Recht. Denn während sie gerecht war, hat sie die Bindung und die Liebe vergessen. Deshalb erlassen Eltern den Kindern oft einen Teil der Strafe. Sie verletzen dann die Ordnung, weil ihnen auch die Bindung wichtig ist. Strafen die Eltern nicht, steht die Bindung im Vordergrund, aber die Ordnung wird beeinträchigt. Auch dann wird das Kind den Eltern böse, weil es nicht weiß, wo die Grenzen sind.

3. Jedes System hat sein eigenes Gewissen

Wir haben festgestellt, daß der Maßstab für das Gewissen das ist, was in der Gruppe, der wir angehören, gilt. Doch jeder Mensch steht nun in unterschiedlichen Beziehungen, deren Interessen sich widersprechen, und gehört mehreren Systemen an. Menschen, die aus unterschiedlichen Gruppen zusammenfinden, haben also verschiedene Gewissen, und wer mehreren Gruppen angehört, der hat für jede Gruppe auch ein anderes Gewissen, und die Gesetze der Bindung, des Ausgleichs und der Ordnung sind in jedem System anders.

In einer Gruppe von Dieben muß man stehlen, damit man in der Gruppe bleiben kann, und in einer anderen Gruppe darf man gerade das nicht tun. Beide aber machen das mit dem gleichen Gewissen und der gleichen Inbrunst. Der Inhalt des Gewissens hat also nichts mit gut und böse zu tun, sondern mit dem, was in der Gruppe als Wert gilt.

Wer in eine jüdische Familie hineingeboren wird, der fühlt sich gut und sicher, wenn er ihren Glauben annimmt, und wenn er diesen

Glauben aufgibt, fühlt er sich böse und bedroht. Dasselbe Gefühl der Schuld und Unschuld haben auch die Christen und die Moslems, wenn sie ihrem Glauben folgen oder ihn verlassen.

Das Gewissen hält uns bei der Gruppe, wie ein Hund die Schafe bei der Herde. Doch wenn die Umgebung wechselt, wechselt es wie ein Chamäleon zu unserem Schutz die Färbung. Daher haben wir ein anderes Gewissen bei der Mutter und ein anderes beim Vater, ein anderes in der Familie und ein anderes im Beruf, ein anderes in der Kirche und ein anderes am Stammtisch. Was dem einen System dient, kann dem anderen schaden, und was uns in einem Unschuld bringt, stürzt uns in einem anderen in Schuld. Dann stehen wir vielleicht für eine Tat vor vielen Richtern, und während einer uns verurteilt, spricht ein anderer uns frei.

Es ist also hoffnungslos, auf die Unschuld zu bauen. Wenn man weiß, daß die Gefühle von Schuld und Unschuld Hilfsmittel sind, um uns zu orientieren, damit wir in bestimmten Beziehungen zurechtkommen, dann kommt es nicht darauf an, daß wir schuldig oder unschuldig sind, sondern daß wir uns gemäß der Umgebung verhalten können. Dieses Dilemma habe ich in einer kleinen Geschichte zusammengefaßt. Wenn ich diese Geschichte erzähle, bleiben die meisten am Vordergrund hängen. Die Geschichte hat aber noch einen Mittel- und einen Hintergrund.

Die Spieler
Sie stellen sich als Gegner vor.
Dann sitzen sie sich gegenüber
Und spielen
Auf dem gleichen Brett
Mit vielerlei Figuren
Nach komplizierten Regeln,
Zug um Zug,
Das gleiche königliche Spiel.

Sie opfern beide ihrem Spiel
Verschiedene Figuren
Und halten sich gespannt in Schach,
Bis die Bewegung endet.
Wenn nichts mehr geht,
Ist die Partie vorbei.

Dann wechseln sie die Seite
Und die Farbe,
Und es beginnt vom gleichen Spiel
Nur wieder eine andere Partie.

Wer aber lange spielt
Und oft gewinnt
Und oft verliert,
Der wird auf beiden Seiten
Meister.

4. Das Ausgrenzen durch das Gewissen und seine Überwindung

Wo das Gewissen bindet, grenzt es auch ein und aus. Oft müssen wir daher, wenn wir bei einer Gruppe bleiben wollen, dem anderen, der anders ist, die Zugehörigkeit, die wir für uns in Anspruch nehmen, verweigern oder aberkennen. Dann werden wir durch das Gewissen für den anderen furchtbar, denn was wir für uns selbst als schlimmste Folgen einer Schuld und als die äußerste Bedrohung fürchten, das müssen wir im Namen des Gewissens dem anderen, der von dem abweicht, wünschen oder antun: den Ausschluß aus der Gruppe.

Alle schlimmen Taten, die wir anderen antun, werden mit gutem Gewissen in bezug auf die eigene Gruppe ausgeführt. Indem uns das Gewissen für die eigene Gruppe, der wir angehören, wachmacht, macht es uns blind für andere Gruppen. Je mehr es uns an die eine Gruppe bindet, desto mehr trennt es uns von den anderen. Je freundlicher es uns für die eine Gruppe stimmt, desto feindlicher macht es uns für die Gruppen außerhalb.

Doch so, wie wir mit ihnen, verfahren andere im Namen des Gewissens auch mit uns. Dann setzen wir uns gegenseitig für das Gute eine Grenze, und für das Böse heben wir im Namen des Gewissens diese Grenze auf. Wer diese Unschuld festhalten will, der bleibt sein Leben lang entweder eng oder böse. Jede Weiterentwicklung kann nur dadurch geschehen, daß einer auch in eine andere Gruppe hineingeht und dort Gewissen ganz anders erlebt. Jetzt muß er, damit er in den beiden Gruppen bleiben kann, sich neu orientieren. Das kann er blind machen, indem er zwischen den beiden Gruppen ausgleicht, er kann es aber auch bewußt machen auf einer höheren

Ebene über Einsicht, das ist dann eine persönliche Entwicklung. Die Einsicht wirkt auch als ein Gewissen, aber als ein anderes Gewissen: als Wahrnehmung für einen größeren Zusammenhang.

Das Gute, das versöhnt und Frieden stiftet, muß daher die Grenzen überwinden, die uns das Gewissen durch die Bindung an die Einzelgruppen setzt. Es folgt einem anderen, verborgenen Gesetz, das in den Dingen wirkt, nur weil sie sind. Im Gegensatz zur Art und Weise des Gewissens wirkt es still und unauffällig, wie Wasser, das verborgen fließt. Wir nehmen seine Gegenwart nur an der Wirkung wahr.

Die Erkenntnis

Jemand will es endlich wissen. Er schwingt sich auf sein Fahrrad, fährt in die offene Landschaft und findet, abseits vom Gewohnten, einen anderen Pfad. Hier gibt es keine Schilder, und so verläßt er sich auf das, was er mit seinen Augen vor sich sieht und was sein Schritt durchmessen kann. Ihn treibt so etwas wie Entdeckerfreude, und was ihm vorher eher Ahnung war, wird jetzt Gewißheit.

Doch dann endet dieser Pfad an einem breiten Strom, und er steigt ab. Er weiß, wenn er noch weiter will, dann muß er alles, was er bei sich hat, am Ufer lassen. Dann wird er seinen festen Grund verlieren und wird von einer Kraft getragen und getrieben werden, die mehr vermag als er, so daß er sich ihr anvertrauen muß. Und daher zögert er und weicht zurück.

Als er dann wieder heimwärts fährt, da wird ihm klar, daß er nur wenig weiß, was hilft, und daß er es den anderen nur schwer vermitteln kann. Zu oft schon war es ihm wie jenem Mann ergangen, der einem anderen Fahrrad hinterherfährt, weil dessen Schutzblech klappert. Er ruft ihm zu: „He, du, dein Schutzblech klappert!" – „Was?" – „Dein Schutzblech klappert!" – „Ich kann dich nicht verstehen", ruft der andere zurück, „mein Schutzblech klappert!"

Irgendetwas ist hier schiefgelaufen, denkt er sich. Dann tritt er auf die Bremse und kehrt um.

Ein wenig später fragt er einen alten Lehrer: „Wie machst denn du das, wenn du anderen hilfst? Oft kommen zu dir Leute und fragen dich um Rat in Dingen, von denen du nur wenig weißt. Doch nachher geht es ihnen besser." Der Lehrer sagt ihm: „Nicht am Wissen liegt es, wenn einer auf dem Wege stehenbleibt und nicht

mehr weiter will. Denn er sucht Sicherheit, wo Mut verlangt wird, und Freiheit, wo das Richtige ihm keine Wahl mehr läßt. Und so dreht er sich im Kreis. Der Lehrer aber widersteht dem Vorwand und dem Schein. Er sucht die Mitte, und dort gesammelt wartet er – wie einer, der die Segel ausspannt vor den Wind –, ob ihn vielleicht ein Wort erreicht, das wirkt. Wenn dann der andere zu ihm kommt, findet er ihn dort, wohin er selber muß, und die Antwort ist für beide. Beide sind Hörer."
Und er fügte hinzu: „Die Mitte fühlt sich leicht an."

5. Die Grenzen der Freiheit

Die Schuld zeigt die Grenze an, wieweit ich gehen kann und wo ich umkehren muß, damit ich noch dazugehören darf. Der Freiraum innerhalb der Grenzen, in denen ich mich ohne Schuld und ohne Gefahr, den Anschluß an die Gruppe zu verlieren, bewegen kann, ist die eigentliche Freiheit. Die Grenzen sind jedoch dynamisch und unterschiedlich. Und der Spielraum ist in jeder Beziehung anders. Deshalb ist es das allererste, was in einer Gruppe passiert, daß diese herausfindet, wo die Grenze ist. Die Schuld wird ausprobiert: Wo fängt die Schuld an, und wo hört sie auf. Für Lehrer ist das natürlich ganz deutlich, und in der Erziehung ist es so, daß die Grenzen immer weiter werden für das Kind.

In Paarbeziehungen werden die Grenzen manchmal sehr eng gesetzt, und dann nimmt sich einer von beiden einen Geliebten oder eine Geliebte, und dadurch werden die Grenzen erweitert, und sie haben neuen Freiraum. Werden die Grenzen dann zu weit, werden sie auch unsicherer und müssen wieder enger gesetzt werden. Freiheit ist also hier eine Weise des Bezugs, und sie ist eine andere Freiheit als die Entscheidungsfreiheit. Zwar können wir die gesetzten Grenzen, wenn wir wollen, überschreiten, doch nicht ohne den Preis der Schuld und nicht ohne Folgen für unser und der anderen Glück.

Die große Seele

Das Gewissen kennen wir, so wie ein Pferd die Reiter, die es reiten kennt, und wie ein Steuermann die Sterne, an denen er den Standort mißt und Richtung nimmt. Doch ach! Es reiten leider viele Reiter auf dem Pferd, und auf dem Schiff richten viele Steuerleute sich nach vielen Sternen. Die Frage ist, wem fügen sich vielleicht die Reiter, und welche Richtung weist dem Schiff der Kapitän.

Die Antwort

Ein Jünger wandte sich an einen Meister: „Sage mir, was Freiheit ist!"

„Welche Freiheit?" fragte ihn der Meister.

„Die erste Freiheit ist die Torheit. Sie gleicht dem Roß, das seinen Reiter wiehernd abwirft. Doch umso fester spürt es nachher seinen Griff."

Die zweite Freiheit ist die Reue. Sie gleicht dem Steuermann, der nach dem Schiffbruch auf dem Wrack zurückbleibt, statt daß er in die Rettungsboote steigt.

Die dritte Freiheit ist die Einsicht. Sie kommt nach der Torheit und der Reue. Sie gleicht dem Halm, der sich im Winde wiegt, und, weil er, wo er schwach ist, nachgibt, steht."

Der Jünger fragte: „Ist das alles?"

Darauf der Meister: „Manche meinen, sie selber suchten nach der Wahrheit ihrer Seele. Doch die große Seele denkt und sucht durch sie. Wie die Natur kann sie sich sehr viel Irrtum leisten, denn falsche Spieler ersetzt sie laufend mühelos durch neue. Dem aber, der sie denken läßt, gewährt sie manchmal etwas Spielraum, und wie ein Fluß den Schwimmer, der sich treiben läßt, trägt sie ihn mit vereinter Kraft ans Ufer."

*

Unterschiedliche Ordnungen der Liebe

Die Ordnungen der Liebe, nach denen unsere Beziehungen gelingen, sind uns im wesentlichen vorgegeben. Beziehungen der gleichen Art folgen, wenn sie gelingen, der gleichen Ordnung und dem gleichen Muster. Die Widersprüche im Gewissen, die es uns unmöglich machen, die unterschiedlichen Gefühle von Schuld und Unschuld zu entwirren, erfahren wir aber nicht nur als Widerstreit der Bedürfnisse nach Bindung, Ausgleich und Ordnung, wir erfahren sie in gesteigerter Form in den unterschiedlichen Forderungen, die unterschiedliche Beziehungen und Gruppen an uns stellen.

Wenn wir daher das, was in den Beziehungen zu den Eltern galt, auch auf die Sippe übertragen, werden wir dieser nicht gerecht. Und übertragen wir das, was in der Beziehung zur Sippe galt, auch auf die freigewählten Bünde, schaffen wir Verwirrung und gefährden unsere Ziele. Die Ordnungen der Liebe sind also anders für die Beziehungen des Kindes zu seinen Eltern, anders für die Beziehungen in einer Sippe und anders für Beziehungen in den Gruppen, deren Ziele frei bestimmbar sind. Sie sind anders in der Paarbeziehung zwischen Mann und Frau und anders für eine zweite Ehe als für eine erste und anders als unsere Beziehungen zum Leben und zur Welt als Ganzes, also für das, was wir, wenn auch sehr unterschiedlich, als geistig oder religiös erfahren.

Was in einer früheren Beziehung Unschuld war, wird oft in einer späteren zur Schuld, und was uns in einer früheren Beziehung schuldig werden ließ, das gilt in einer späteren als Unschuld (z. B. Sexualität). In jede spätere Beziehung fließen Ordnungen der früheren mit ein, und frühere werden durch spätere ersetzt. Wir müssen deshalb immer wieder neu entscheiden, was wir aus einer früheren Ordnung und Beziehung in eine spätere übernehmen und was wir vielleicht lassen müssen.

Hier treten also Schuld und Unschuld ebenfalls gemeinsam auf, denn was der einen Gruppe und Beziehung dient, das kann der anderen schaden. Und was uns in der einen Gruppe Unschuld bringt, stürzt uns in der anderen in Schuld. Das Gewissen wacht auch über die Ordnung der Beziehungen, doch in unterschiedlichem Maße. Am deutlichsten und stärksten erfahren wir das Gewissen in den Beziehungen zu den Eltern und am schwächsten in den frei gewählten Bünden.

Wie ein anderes Gewissen in der Sippe wirkt, wird später dargestellt. Wir wenden uns nun zuerst den Beziehungen zwischen Eltern und Kindern zu, dann der Paarbeziehung und schließlich den Beziehungen in der Sippschaft. Ganz zum Schluß wird noch zu unseren Beziehungsversuchen zur Welt als Ganzes eingegangen.

III. Die Beziehungen zwischen Eltern und Kindern

1. Die Eltern geben den Kindern das Leben

Zu den Ordnungen der Liebe zwischen den Eltern und Kindern gehört als erstes, daß die Eltern geben und die Kinder nehmen. Es handelt sich hier aber nicht um irgendein Geben und Nehmen, sondern um das Geben und Nehmen des Lebens. Die Eltern geben den Kindern, wenn sie ihnen das Leben geben, nicht etwas, was ihnen gehört. Sie geben, was sie selber sind, und dem können sie weder etwas hinzufügen noch etwas davon weglassen oder für sich zurückbehalten. Sie geben sich mit dem Leben den Kindern so, wie sie sind, ohne Zusatz und ohne Abstrich. Dementsprechend können die Kinder die Eltern nur nehmen, wie sie sind, wenn sie das Leben von den Eltern bekommen, und sie können dem weder etwas hinzufügen noch etwas weglassen oder etwas davon zurückweisen. Das hat also eine ganz andere Qualität, als wenn ich jemandem etwas schenke, denn die Kinder haben die Eltern nicht nur, sie sind ihre Eltern. Die Eltern geben ihren Kindern, was sie selbst vorher von ihren Eltern genommen haben, und auch von dem, was sie vorher als Paar, der eine vom anderen, nahmen. Zusätzlich zum Geben des Lebens sorgen die Eltern noch für die Kinder. Dadurch entsteht zwischen Eltern und Kindern ein riesiges Gefälle von Nehmen und Geben, das die Kinder, selbst wenn sie es wollten, nicht ausgleichen können.

Dazu ein kleines Beispiel:

Da war einmal ein Unternehmer in einem Kurs, den hat seine Mutter weggegeben, weil sie ein lockeres Leben führte. Er ist in einer Pflegefamilie aufgewachsen und hat die Mutter erst kennengelernt, als er zwanzig Jahre alt war. Das war jetzt ein Mann von etwa vierzig Jahren, und er hatte seine Mutter nur drei- oder viermal in seinem

Leben gesehen. Dann erinnerte er sich, daß sie in der Nähe wohnte. Er fuhr abends hin zu ihr und kam am nächsten Morgen zurück, und er erzählte, er sei nur reingegangen und habe seiner Mutter gesagt: Ich freue mich, daß du mich geboren hast. Und die alte Frau war selig.

2. Das Ehren der Geber und der Gaben

Zu den Ordnungen der Liebe zwischen Eltern und Kindern und zwischen den Geschwistern gehört als zweites, daß jeder, der nimmt, die Gabe, die er bekommen hat, und den Geber, von dem er genommen hat, ehrt. Wer so nimmt, der hält die empfangene Gabe ins Licht, bis sie leuchtet, und obwohl sie auch von ihm weiter nach unten fließt, fällt ihr Glanz auf den Geber zurück.

3. Die Rangfolge in der Familie

Als drittes gehört zu den Ordnungen der Liebe in der Familie eine Rangfolge, die wie das Geben und Nehmen von oben nach unten verläuft, gemäß dem Früher und dem Später. Daher haben Eltern Vorrang vor den Kindern, und das erste Kind hat Vorrang vor dem zweiten.

Diese Ordnung gilt auch für das Geben und Nehmen zwischen den Geschwistern. Wer früher da war, muß dem Späteren geben, und wer später kommt, muß vom Früheren nehmen. Wer gibt, der hat vorher genommen, und wer nimmt, der muß später auch geben. Daher gibt das erste Kind dem zweiten und dem dritten, und das zweite nimmt vom ersten und gibt dem dritten, und das dritte nimmt vom ersten und vom zweiten. Das ältere Kind gibt mehr, und das jüngere nimmt mehr. Dafür pflegt das jüngste oft im Alter die Eltern.

Der Fluß des Gebens und Nehmens von oben nach unten und der Fluß der Zeit von früher nach später kann weder aufgehalten noch rückgängig gemacht, noch in seiner Richtung verändert, noch von unten nach oben oder von später nach früher zurückgelenkt werden. Daher stehen die Kinder immer unter den Eltern, und daher kommt der Spätere immer nach dem Früheren. Das Geben und Nehmen fließt wie die Zeit immer weiter, aber niemals zurück.

Zwischen den Eltern gibt es noch eine eigene Rangfolge, die unabhängig von der Zugehörigkeit ist. Da die Beziehung der Eltern gleichzeitig beginnt, sind sie im Sinne der Ursprungsordnung immer ebenbürtig. Ihre Rangfolge ergibt sich aus der Funktion, zum Beispiel daraus, wer für die Sicherheit zuständig ist.

4. Störungen der Ordnung zwischen Eltern und Kindern

a. Die Umkehrung der Ordnung von Nehmen und Geben

Die Ordnung des Gebens und Nehmens in der Familie wird auf den Kopf gestellt, wenn ein Späterer, statt daß er vom Früheren nimmt und ihn dafür ehrt, dem Früheren geben will, als sei er ihm gleich oder gar überlegen. Wenn zum Beispiel Eltern von ihren Kindern nehmen und Kinder ihren Eltern geben wollen, was diese von ihren Eltern und von ihrem Partner nicht genommen haben, dann wollen Eltern nehmen wie Kinder und Kinder wollen geben wie Partner und Eltern. Dann soll das Geben und Nehmen, statt von oben nach unten entgegen der Schwerkraft von unten nach oben fließen. Doch es kommt wie ein Bach, der bergauf statt bergab fließen will, dort, wo es hin will und hin soll, nicht an.

Sobald es einmal so eine Abweichung gibt, sobald die Eltern nehmen wollen und die Kinder geben oder geben müssen, gibt es eine Verfälschung der Ordnung.

Dazu ein Beispiel:

In einem Kurs war ein Ehepaar, das hatte sich vor einem halben Jahr für eine Zeit getrennt und war jetzt wieder zusammengekommen. Sie hatten ein Mädchen adoptiert und hatten dann zwei eigene Kinder, eine Tochter und einen Sohn. Der kleine sechsjährige Sohn galt als sehr schwierig. Unter der Anleitung von Irina Prekop, einer Therapeutin, die mit Festhaltetherapie arbeitet, hat der Vater den Jungen festgehalten. Das ging ziemlich lange und ziemlich dramatisch. Eine der Anweisungen war, daß der Vater dem Kind sagt, wie er sich fühlt. Er redete dann so, als wäre er selbst ein Kind und als müßte sich das Kind ihm zuwenden wie der Vater einem Sohn. Das war also völlig umgekehrt, und es gab keine Lösung.

Da habe ich mich hinter den Vater gesetzt und habe gesagt: Ich bin jetzt mal dein Vater, lehn dich an mich an und rede mal zu dem Sohn als Vater. Das hat er dann auch gemacht, und es gab dann sehr schnell eine Lösung. Dann saß er schließlich mit seinem Sohn an der Hand, und ihm gegenüber die Frau mit den Töchtern. Die Männer waren also zusammen und die Frauen auch. Das war ein schönes Bild. Am nächsten Morgen lag der Mann auf dem Rücken auf dem Boden und spielte mit dem kleinen Sohn. Der turnte auf ihm herum, und auf einmal lief der Sohn wütend aus der Tür. Ich hatte zugehört und merkte, daß das Kind in dem Augenblick wütend wurde, als er wieder zu dem Kind redete, als sei er selbst ein Kind und als müßte der Sohn ihm etwas geben wie ein Vater. Da war die Ordnung wieder gestört.

Wenn die Eltern etwas brauchen, wenden sie sich an den Partner oder an ihre Eltern. Wenden sich die Eltern mit Ansprüchen an die Kinder, die der Beziehung nicht gemäß sind (z. B. daß die Kinder die Eltern trösten sollen), dann ist das eine Umkehrung, eine Perversion des Verhältnisses, eine Parentifizierung. Die Kinder können sich aber nicht dagegen wehren. Sie werden dann in etwas verstrickt und kommen in eine Anmaßung hinein, für die sie sich anschließend bestrafen. Das kann jedoch später, wenn das Kind einsichtig wird, rückgängig gemacht werden. Das nennt man dann Therapie!
Frage: Kannst du noch einmal sagen, was Parentifizierung ist?
Bert Hellinger: Ja, wenn Kinder für ihre Eltern in die Rolle der Eltern der Eltern kommen.
Frage: Also, wenn eine Tochter die Mutter der Mutter sein muß oder die Mutter des Vaters sein muß?
Bert Hellinger: Ich habe es genauer gesagt: Wenn es in die Rolle kommt. Das ist vielschichtiger. Wenn zum Beispiel die Mutter ihre eigene Mutter ablehnt, lehnt sie ein Kind ab, wie sie die Mutter ablehnt. Das ist Parentifizierung. Die Gefühle, die der Elternteil seinen Eltern gegenüber gehabt hat, hat er dann einem Kind gegenüber, und das Kind kann dann nicht Kind sein, sondern gerät in die Rolle eines Elternteils. Du mußt das also umfassender sehen. In den Aufstellungen kann man das sofort sehen. Oft ist es so, daß ein Kind in der Aufstellung unruhig wird, und ich frage dann die Eltern, was mit ihren Eltern ist, und der fehlende oder abgelehnte Elternteil wird dann dazugestellt. Dann wird das Kind sofort ruhig. Das ist dann ein Zeichen, daß dieses Kind parentifiziert war. Oft ist es auch so, daß jemand von seinen Eltern nicht genommen hat und dieses dann von seinem Kind haben will.

b. Das Ablehnen eines Elternteils

In einem Seminar bringt ein Teilnehmer einen Fall zur Supervision ein.

Arndt: Ich habe eine Frage zur Würdigung des Vaters durch die Kinder. Ich beschäftige mich seit Jahren beruflich intensiv mit einer Familie. Die Eltern leben jetzt in Scheidung, und die Kinder lehnen in unbeschreiblichem Haß den Vater ab, der jetzt weggegangen ist. Der Grund dafür ist, daß der Vater die Mutter vor den Augen der Kinder immer wieder geschlagen und Terror ausgeübt hat. Die Kinder wissen jetzt, daß er mit Schuljungen Päderastie getrieben hat. Jetzt wollen die Kinder gar nichts mehr von dem Vater wissen, obschon er sich sehr um sie bemüht, ihnen schreibt und Geschenke schickt. Sie aber zerreißen die Fotoalben und merzen den Vater aus.

Bert Hellinger: Wie alt sind die Kinder?

Arndt: Sie sind zwischen zehn und achtzehn Jahre alt und leben noch bei der Mutter. Sie hassen den Vater und sprechen aus, daß sie den Vater nie mehr sehen wollen.

Bert Hellinger: Also das erste ist: Die Kinder bringen den Haß der Mutter zum Ausdruck. Eine strategische Intervention wäre, daß du den Kindern sagst, sie sollen der Mutter sagen: „Das mit dem Haß gegen den Vater erledigen wir für dich", und dann keine Erklärungen abgeben. Das wäre der erste Schritt, damit alle anfangen zu denken.

Ich erzähle dir dazu eine Geschichte, die du ihnen als abschrekkendes Beispiel weitererzählen kannst:

Ich habe einmal gemeinsam mit meiner Frau in Heidelberg auf Einladung des Oberarztes in einer psychosomatischen Abteilung Primärtherapie für psychosomatische Patienten angeboten. Vierzehn Tage lang fand jeden Tag eine Primärsitzung mit denen statt. Morgens hatten sie ein anderes Programm. Am ersten Tag ging meine Frau zu einer dieser Patientinnen, die schwer depressiv war. Sie hat mit ihr gearbeitet, und dann schrie die ganz laut zu ihrem Vater „Wärst du doch im Krieg verreckt!", und das in ganz kalter Wut. Am folgenden Tag hab' ich mit ihr gearbeitet. Dann habe ich sie gefragt, was mit dem Vater war. Der hatte im Krieg einen Kopfschuß erhalten. Als er dann zurückkam, hatte er öfters einen Rappel, und die Mutter und die beiden Töchter litten darunter.

Am nächsten Tag habe ich sie gefragt, ob sie Kinder habe. Sie sagte, sie habe zwei Söhne. Ich sagte ihr: Einer deiner Söhne wird deinen Vater nachahmen. Da hat sie mich angeschaut, aber nichts gesagt. Dann hab' ich sie gefragt, wie ihre Ehe sei. Da sagte sie, sie sei schlecht, ihr Mann sorge aber gut für sie, deshalb bleibe sie bei ihm. Sie möge ihren Mann aber nicht.

Ein paar Tage später war sie sehr bedrückt und aufgeregt, und ich fragte sie, was los sei. Sie sagte, sie habe einen Brief von einem Heim für gestörte Kinder bekommen, in dem ihr jüngster Sohn sei. Er habe dort was angestellt. Und dann sagte sie: Ich hab' ihn doch so lieb. Da sagte ich: Okay, stell dich mal auf mit dem Gesicht zur Wand, schau deinen Sohn an und sag ihm: Ich hab' dich doch so lieb. Das hat sie gesagt und das klang ganz falsch. Ich sagte ihr, das stimmt nicht, das kann ich nicht mit anhören. Da wurde sie wütend auf mich.

Am folgenden Tag ging ich wieder zu ihr. Sie wunderte sich, daß ich überhaupt kam. Ich forderte sie auf, sich noch einmal zur Wand aufzustellen sich den Sohn vorzustellen und ihm zu sagen: „Deinen Vater lehne ich ab, dich liebe ich." Sie sagte es. Ich fragte: „Wie würde der Sohn reagieren, wenn er das hörte?" Sie sagte: „Weiß ich nicht." Darauf ich: „Dürfte er überhaupt reagieren, könnte er sich das überhaupt leisten?" Da sagte sie: „Nein." Ich: „Drum wird er verrückt."

In dem gleichen Raum war einer, den hat seine Mutter im Hospital zurückgelassen und ist dann einfach abgehauen. Der ist dann in unterschiedlichen Pflegefamilien gewesen und war richtig in seinem Schmerz. Dann sagte ich ihr: Schau, dem ist es zwar schlechtgegangen, aber der wird nie verrückt, weil er weiß, wo er dran ist. Diese abschreckende Geschichte könntest du, Arndt, der Familie erzählen, damit die Dynamik deutlich wird. Die Wut der Kinder wirkt sich ganz schlecht aus. Wie geht man nun damit um?

Das erste ist, daß Vater sein und Vater werden nichts mit Moral zu tun hat. Er ist nicht Vater der Kinder, weil er gut oder weil er schlecht ist, sondern Vater werden und Mutter werden ist ein Vorgang jenseits der moralischen Unterscheidung. Dieser Vorgang zieht seine Würde nicht aus einer moralischen Eigenschaft.

Ein Beispiel:

Es war einmal ein Arzt hier, dessen Vater war Reichsarzt der SS und an vielen Experimenten in den KZs beteiligt. Nach dem Kriege wurde er zum Tode verurteilt und kam auf irgendeine Weise wieder frei. Die Frage des Sohnes war: Was soll ich mit meinem Vater machen? Da habe ich ihm gesagt: Als dein Vater dich gezeugt hat, war er kein SS-Mann. Das hat nichts damit zu tun. Das kann man trennen, und das muß man auch trennen. Ein Kind kann seinen Vater als Vater anerkennen, ohne daß es für seine Handlungen verantwortlich ist und deren Folgen tragen muß oder ihn wegen seiner Handlungen als Vater ablehnen muß. Es braucht das nicht zu billigen. Es kann sagen: Das ist schlimm, ich habe damit nichts zu tun, aber du bist mein Vater und als Vater achte ich dich. Was will denn ein Kind auch sonst tun?!

Diese Unterscheidung ist also wichtig. Was da vorgegangen ist, machte schon eine Trennung vom Vater notwendig. Sie braucht aber nicht im Haß zu sein, denn der Haß bindet. Die Kinder können sagen: Das ist schlimm, aber wir achten dich als Vater.

Noch etwas zu der Familie, die du, Arndt, eingebracht hast. Der Haß, den die Kinder gegenüber ihrem Vater zeigen, ist also der Haß der Mutter. Das verschont sie aber nicht vor den Folgen. Das ist ganz wichtig. Was immer einer macht, ob es nun aus Verstrickung ist oder auch nicht, es hat die gleichen Folgen für ihn und vielleicht auch für seine Kinder. Er kann sich da nicht rausreden und meinen, nur weil er verstrickt ist, würde sich dadurch an den Folgen etwas ändern. Dieser Haß hat aber noch eine andere Folge. Die Kinder haben zwar jetzt die Gefühle der Mutter, werden aber später den Vater im Verhalten nachahmen. Sie werden so werden wie er. Die einzige Lösung wäre, daß die Mutter sagt: Ich habe euren Vater geheiratet, weil ich ihn geliebt habe, und wenn ihr so werdet wie euer Vater, stimme ich dem zu. Dann wären die Kinder frei. (Zu Arndt) Das wirst du aber nicht wagen.

Arndt: Stimmt.

Bert Hellinger: Das wäre eine strategische Intervention von großer Tragweite. Da müßtest du aber selbst davon überzeugt sein.

Arndt: In diesem Fall ist noch die Tragik, daß die Gerichte darüber entscheiden werden, ob überhaupt Kontakte zwischen den Kindern und dem Vater bestehen dürfen. Die Mutter ficht nämlich das Besuchsrecht an.

Bert Hellinger: Ich würde das auch vertreten, daß keine Kontakte bestehen dürfen. Ich würde dem Vater sagen, es sei jetzt gemäß zu verzichten. Er trägt damit die Folgen seines Verhaltens, und das wird es den Kindern eher ermöglichen, ihn in Ehren zu halten. Die Gerichte entscheiden ja nicht nach psychologischen Kriterien, sondern nach rein rechtlichen, und am Ende kommt oft das gleiche heraus. Da würde ich keinen Gegensatz aufbauen.

(zu Arndt in einer späteren Runde):
Ich wollte dir noch etwas zu der Familie sagen, die du vorgestellt hast. Du mußt davon ausgehen, daß bei der Frau die Dynamik der doppelten Verschiebung (s. S. 154) abläuft und daß der Haß aus dem System übernommen ist. Wenn sie in einer solchen Verstrickung drin ist, ist es schwer, zu ihr einen direkten Kontakt zu finden. Da kann man dann gar nicht viel anderes machen als zu schauen und zu suchen, was in ihrem Herkunftssystem los war. Das könnte helfen.

c. Wenn ein Kind ins Vertrauen gezogen wird

Als es in einem Seminar um die Würdigung der Eltern ging, machte ein Teilnehmer die folgende Bemerkung:
Ludwig: Meine Mutter hat mir einmal gesagt, daß sie meinetwegen bei meinem Vater geblieben ist, und ich glaube, ich habe das nicht genügend gewürdigt.
Bert Hellinger: Das darfst du auch nicht, jedenfalls nicht in diesem Sinne. Wenn die Mutter sagt, daß sie deinetwegen beim Vater geblieben ist, dann ist das falsch. Das stimmt nicht. Sie ist beim Vater geblieben, weil sie sich zu den Folgen ihres Handelns bekannte. Das ist etwas völlig anderes. Du bist da kein Vertragspartner, und du darfst würdigen, daß sie zu den Folgen ihres Handelns steht, aber nicht, daß sie es deinetwegen machte. Sonst verfälschst du das. Diese Unterscheidung ist eine Würdigung der Mutter. Sonst nimmst du dich zu wichtig. Anstatt es nämlich eine Vertrautheit zwischen ihr und deinem Vater schafft, schafft es sonst eine Vertrautheit zu dir.

Das ist genauso bei einer Muß-Heirat. Die Eltern heiraten nicht wegen des Kindes, sondern weil sie zu den Folgen ihres Handelns stehen. Das Kind hat keinen Anteil am Kontrakt zwischen den Eltern, es fühlt sich aber bei einer Muß-Heirat schnell schuldig, besonders wenn diese unglücklich wird. Es ist aber völlig unschuldig und braucht dafür keine Verantwortung zu übernehmen. Es tut es aber und fühlt sich dann zu wichtig.

(Zu Ludwig): Wie war die Ehe der Eltern?
Ludwig: Zum Teil sehr innig, ich habe oft gesehen, daß meine Mutter bei meinem Vater auf dem Schoß saß. Sexuell war es aber anscheinend schwierig zwischen ihnen. Sie hat ihn dann irgendwann einmal

abgelehnt und sich später dann bei mir darüber beklagt, daß mein Vater nicht mehr will.

Bert Hellinger: Ich will dir etwas sagen über Ins-Vertrauen-gezogen-Werden und über Kinder als Vertraute von Vater oder Mutter: Das, was zwischen den Eltern war, geht dich nichts an. Die therapeutische Maßnahme ist, daß du es völlig vergißt, so daß deine Seele wieder rein wird.

Ludwig (nickt sofort): Ja.

Bert Hellinger: Das geht zu schnell, das ist ein Ersatz für den Vollzug. (Zur Gruppe): Noch irgendwelche Fragen dazu?

Alfred: Ist das in jedem Alter so?

Bert Hellinger: Ja, das ist in jedem Alter gefährlich, zum Beispiel wenn eine Mutter der heranwachsenden Tochter erzählt, was mit dem Vater im Ehebett ist. Noch schlimmer ist es, wenn die Mutter es dem Sohn erzählt. Das geht Kinder überhaupt nichts an. Kinder dürfen in die Dinge, die nur die Eltern etwas angehen, nicht hineingezogen werden. Sie können sich nicht dagegen wehren, aber sie können es dann vergessen. Dann schadet's nicht. Wenn man sich mit der guten inneren Instanz verbündet, sorgt die dafür, daß man es wirklich vergißt.

Albert: Ich hatte einen Fall, da hat der Vater seine Freundin mit nach Hause gebracht, und die Mutter war zu schwach, die abzuwehren. Dürfen die Söhne dann handeln und sagen, der Vater solle die Frauen draußen lassen?

Bert Hellinger: Nein, sie müssen davon ausgehen, daß es der Mutter recht ist. Aber die Söhne können möglichst bald aus dem Haus gehen, das ist dann günstig.

Ernst: Meine erste Frau wertet mich bei meinen Töchtern immer wieder ab. Daß ich in bezug auf meine erste Frau nichts tun kann, ist mir klar. Kann ich etwas bei meinen Töchtern tun?

Bert Hellinger: Gar nichts, überhaupt nichts. Aber vielleicht kannst du ihnen schon einmal eine Geschichte erzählen, wie jemand etwas vergißt. Das sind natürlich ganz schlimme Verletzungen, wenn ein Partner mit den Kindern über den andern Partner oder draußen etwas sagt. An dieser Stelle ist jeder am verletzlichsten. Wenn das zwischen Partnern nicht geachtet wird, ist es aus.

Edda: Ich wollte noch einmal fragen, wie ist das, wenn meine Mutter mir intime Sachen über die Beziehung zu ihrem ersten Mann erzählt?

Bert Hellinger: Das ist genau das gleiche. Du kannst ihr sagen: Für mich ist nur der Papa zuständig, aber was zwischen dir und dem ersten Mann war, will ich nicht wissen.
Lars: Wie ist das, wenn man in einer neuen Beziehung etwas über die vorherige erzählt?
Bert Hellinger: Nein, das darf man nicht. Das muß genauso gehütet werden als Geheimnis, sonst würde es auch das Vertrauen in der zweiten Beziehung zerstören.
(In einer späteren Runde)
Brigitte: Wenn Eltern Nebenbeziehungen haben, geht das die Kinder auch nichts an?
Bert Hellinger: Nein, das geht die Kinder auch nichts an.
Brigitte: Und wenn daraus Halbgeschwister entstehen?
Bert Hellinger: Ja, dann geht es sie was an.
Albert: Manchmal gibt es Eltern, die Liebesbriefe des anderen Elternteils an die Kinder weitergeben.
Bert Hellinger: Ich würde die nicht lesen. Das gehört zur Achtung. Geheimnisse sind dazu da, daß man sie hütet und nicht aufdeckt.

5. Das Nehmen von Vater und Mutter

Weit verbreitet ist die Haltung, daß Eltern es sich erst verdienen müssen, daß die Kinder sie nehmen und anerkennen. Sie werden wie vor ein Tribunal zitiert, und das Kind schaut sich die Eltern dann an und sagt: „Das mag ich nicht an dir, deshalb bist du nicht mein Vater", oder: „Du verdienst es nicht, meine Mutter zu sein". Sie begründen also ihre Weigerung zu nehmen mit dem Vorwurf, das, was sie bekommen hätten, sei nicht das Richtige oder zu wenig gewesen. Sie rechtfertigen das Nichtnehmen mit Fehlern des Gebers und machen es von gewissen Qualitäten der Eltern abhängig, ob sie die Eltern sein dürfen, ersetzen also das Nehmen durch Fordern und die Achtung durch Vorwurf. Das wird noch durch Psychotherapien, zum Beispiel à la Alice Miller, gefördert. Es ist verrückt und eine völlige Verkehrung der Wirklichkeit. Das Ergebnis ist immer das gleiche: Die Kinder bleiben untätig und fühlen sich leer.

Von Aristoteles wird berichtet, daß er einen neuen Schüler schon nach wenigen Tagen mit der Begründung nach Hause schickte: „Ich kann ihm nichts vermitteln, er liebt mich nicht."

Wenn jemand einen Vater hat, dann hat er ihn so, wie er ist, und so, wie er ist, ist er auch genau der Richtige. Und wenn er eine Mutter hat, dann ist sie so, wie sie ist, und so, wie sie ist, ist sie genau die Richtige. Sie braucht nicht anders zu sein. Denn Vater und Mutter wird man, wie gesagt, nicht durch moralische Eigenschaften, sondern durch einen gewissen Vollzug, und der ist vorgegeben. Wer sich diesem Vollzug stellt, ist eingebunden in eine große Ordnung, der er dient, unabhängig von seinen moralischen Qualitäten. Die Eltern verdienen die Anerkennung als Eltern durch den Vollzug und nur durch den Vollzug. Was die Eltern am Anfang machen, zählt mehr, als was sie später machen. Das Wesentliche, das von den Eltern kommt, kommt durch die Zeugung und durch die Geburt. Alles, was dann folgt, ist Zugabe und kann von jemand anderem übernommen werden.

Ein Kind kann nur dann mit sich selbst im reinen sein und seine Identität finden, wenn es mit seinen Eltern im reinen ist. Das heißt, daß es sie beide nimmt, wie sie sind, und sie anerkennt, wie sie sind. Wenn einer der Eltern ausgeklammert ist, ist das Kind halb und leer, und es spürt den Mangel, und das ist die Grundlage der Depression. Die Heilung der Depression ist, daß der ausgeklammerte Elternteil hereingenommen wird und seinen Platz bekommt und seine Würde. Wenn jemand an das Nehmen eines Elternteils herangeführt wird, dann hat er oft Angst, daß er so werden könnte wie dieser Elternteil und daß er gewisse Eigenschaften, die er dem Elternteil zuschreibt, übernehmen könnte. Diese Angst ist eine Schande, die er auf seine Eltern bringt. Im Gegenteil, er muß sagen: Ja, ihr seid meine Eltern, und ich bin wie ihr, und ich will es sein. Ich stimme dem zu, daß ihr meine Eltern seid mit allen Folgen, die es für mich hat.

Das Nehmen von Vater und Mutter ist ein Vorgang unabhängig von ihren Eigenschaften, und es ist ein heilender Vorgang. Es geht nicht, daß man unterscheidet: Das will ich nehmen, und das nehme ich nicht. Die Eltern werden genommen, wie sie sind. Oft nennen wir das gut, was bequem für uns ist, und das schlecht, was unbequem für uns ist. Doch dies ist eine billige Unterscheidung.

Manchmal macht Bert Hellinger eine Übung, in der einer seine Geburt wiedererlebt. Dann wird er von ihm durch Festhalten aufgenommen, und wenn er sich ganz angenommen fühlt, wiederholt er das ihm vorgesprochene Morgengebet. Das ist die Zustimmung zu seinen Eltern und zu seinem Leben. Es entfaltet dann seine ganz tiefe Kraft.

Gebet am Morgen des Lebens

Liebe Mama/liebe Mutti,
ich nehme es von Dir, alles, das Ganze,
mit allem Drum und Dran,
und ich nehme es zum vollen Preis, den es Dich gekostet hat
und den es mich kostet.
Ich mache was daraus, Dir zur Freude
(und zum Andenken).
Es soll nicht umsonst gewesen sein.
Ich halte es fest und in Ehren,
und wenn ich darf, gebe ich es weiter, so wie Du.
Ich nehme Dich als meine Mutter,
und Du darfst mich haben als Dein Kind
(als Deinen Sohn, als Deine Tochter).
Du bist für mich die Richtige, und ich bin Dein richtiges Kind.
Du bist die Große, ich der (die) Kleine.
Du gibst, ich nehme.
Liebe Mama!
Ich freue mich, daß Du den Papa genommen hast.
Ihr beide seid für mich die Richtigen. Nur ihr!

(Es folgt das gleiche in bezug auf den Vater.)

Aus den Seminaren:
Albert: Es geht mir gut, die Anerkennung der Eltern meiner Mutter führt mich zu der Anerkennung meiner Mutter, und es ist mir, als wäre ich bisher auf drei Zylindern gefahren und merke jetzt, daß da noch drei Zylinder sind.
Bert Hellinger: Sehr gut, ein schönes Bild! Da läuft der Motor auch viel ruhiger.
Rüdiger: Ich finde es immer mehr okay, daß meine Eltern mich gekriegt haben.
Bert Hellinger: Ja, wenn man dich anschaut, waren sie auch gar nicht so schlecht. Die dritte Seite finde ich auch noch sehr wichtig: Es gibt Mutters Seite, es gibt Vaters Seite, und es gibt etwas Neues, Eigenes.

Stephen Lankton, ein amerikanischer Hypnotherapeut, hat einmal mit einer Gruppe eine schöne Übung gemacht. Jeder sollte sich vorstellen, daß er die allerschlechtesten Eltern hat, die es gibt, und sich überlegen, wie er dann handeln würde. Dann sollte er sich vorstellen, er hätte die besten Eltern, die es gibt, und wie er dann handelte. Schließlich sollte er sich die Eltern vergegenwärtigen, wie sie sind und wie sie handeln – es machte überhaupt keinen Unterschied!

Es gibt zwei Grundbilder von den Eltern zu den Kindern und den Kindern zu den Eltern. Wenn einer sich seine Eltern vorstellt und sie vor sich sieht, dann ist noch etwas zu erledigen mit den Eltern. Wer aber seine Eltern genommen hat und mit ihnen im reinen ist, der kann sie hinter sich sehen. Hat jemand noch die Eltern vor sich, ist die Wirkung, daß er nicht gehen kann. Er stößt dann an die Eltern an. Wenn er sie hinter sich hat, dann kann er gehen, alles ist frei. Geht er dann vorwärts, bleiben die Eltern stehen und schauen ihm wohlwollend nach.

6. Der Umgang mit den Verdiensten und den Verlusten der Eltern

Zusätzlich zu dem, was sie sind, haben die Eltern auch etwas, was sie als Verdienst erworben oder als Verlust erlitten haben. Das gehört zu ihnen persönlich und ist nicht auf die Kinder bezogen, zum Beispiel eine persönliche Schuld oder eine Verstrickung. An dem haben die Kinder nicht teil, die Eltern können und dürfen es ihren Kindern weder geben, noch dürfen es die Kinder von den Eltern nehmen, weil es ihnen nicht zusteht. Sie dürfen weder die Schuld nehmen noch deren Folgen oder eine Krankheit, ein Schicksal, eine Verpflichtung oder ein erlittenes Unrecht und auch nicht die Verdienste der Eltern. Denn der Frühere hat es nicht von einem Früheren als gute Gabe genommen, um es an Spätere weiterzugeben, sondern es gehört zu seinem persönlichen Schicksal und bleibt in seiner Verantwortung. Es gehört auch zu seiner Würde und es hat, wenn er es nimmt und andere es ihm lassen, eine besondere Kraft und ein besonderes Gutes, und dieses Gute kann er ohne den Preis, den er dafür bezahlt hat, einem Späteren weitergeben. Wenn nun ein Späterer für einen Früheren – und sei es aus Liebe – ein Schlimmes übernimmt, dann mischt sich ein Nachgeordneter in das Persönlichste eines Vorgeordneten ein und nimmt ihm und dem Schlimmen seine Würde und Kraft, und von dem Guten bleibt ohne die Sache für beide nur noch der Preis. Nimmt ein Späterer ohne Leistung und ohne erlittenes Schicksal die Verdienste und den persönlichen Anspruch eines Früheren, dann wirkt sich das auch schlimm aus, denn dann nimmt er den Anspruch ohne den Preis.

Hier müssen sich die Kinder also abgrenzen, und das ist auch eine Art Achtung vor den Eltern.

Das Kind kann natürlich gewisse Vorteile durch die Verdienste der Eltern haben, die gehören aber in den Bereich dessen, was die Eltern den Kindern geben. Sie können mit dem, was sie von den Eltern bekamen, etwas Neues machen, und das sind dann ihre Verdienste.

Auch hat niemand einen Anspruch auf ein Erbe. Das Erbe ist ein Geschenk in der Verfügung der Eltern. Es wird wie ein unverdientes Geschenk genommen, wie die Eltern das wollen. Auch wenn ein Kind alles bekommen hat und seine Geschwister gar nichts, darf niemand die Eltern kritisieren. Weil das Erbe immer unverdient ist, darf man auch nicht klagen, wenn man weniger bekommt. Die Beschenkten müssen jedoch von sich aus den Geschwistern den ihnen gemäßen Teil geben. Dann ist Frieden im System.

7. Zu einigen Stationen des gemeinsamen Weges

a. (Nicht)-Werden wie die Eltern

Die Leben der Eltern wirken sehr stark als Vorbilder für die Kinder.

Ich bringe ein Beispiel:

In Chicago kam eine Frau in eine Gruppe und teilte mit, daß sie sich jetzt scheiden lasse. Sie war bisher glücklich verheiratet und hatte drei Kinder, ließ nicht mit sich reden, war unerreichbar und fest entschlossen, sich scheiden zu lassen. In der folgenden Gruppensitzung hatte ich den Einfall, sie nach ihrem Alter zu fragen. Sie war fünfunddreißig Jahre alt, und ich fragte sie: „Was war mit deiner Mutter, als sie fünfunddreißig Jahre alt war?" Da antwortete sie: „Da hat meine Mutter meinen Vater verloren." Der Vater starb, als er versuchte, auf einem Flugzeugträger andere zu retten. Ich sagte: „Genau, ein anständiges Mädchen in eurer Familie verliert den Mann mit fünfunddreißig."

Hier begegnet uns wieder das magische Denken des Kindes, das Liebe versteht als „Werden wie ..." oder „Leben wie ...". Später wird das überdeckt, wirkt aber in der Seele nach. Die Eltern ihrerseits hoffen und wünschen, daß es ihren Kindern besser geht. Das, was die Eltern sich wünschen, steht also im Widerspruch zu dem, was sich die

Kinder unter Liebe vorstellen. Selbst wenn die Eltern abgelehnt werden, besteht eine heimliche Verbundenheit. Man ahmt sie heimlich nach und läßt es sich ergehen, wie es den Eltern ergangen ist. Wenn ein Kind sagt: „Wie ihr will ich unter keinen Umständen werden", folgt es ihnen heimlich und wird gerade durch die Ablehnung so wie die Eltern. Die Furcht, so wie die Eltern zu werden, führt dazu, daß das Kind die Eltern dauernd anschaut. Das, was ich nicht will, muß ich dauernd im Blick haben. Es ist dann kein Wunder, daß das Einfluß gewinnt.

Man kann das Kind aus dieser magischen Haltung erlösen, indem man es zu dem hinführt, was die Eltern sich für das Kind wünschen, und indem man ihm nahebringt, daß das der Liebe keinen Abbruch tut, sondern daß es dadurch vielleicht seine Liebe sogar noch mehr zeigen kann.

b. Du darfst so werden wie dein Vater/deine Mutter

In einer Familie ist es so, daß der Mann aus seiner Familie Wertvorstellungen mitbringt in die Familie und die Frau Wertvorstellungen aus ihrer Familie. Und die sind unterschiedlich. Setzt sich nun zum Beispiel der Vater mit seinen Wertvorstellungen den Kindern gegenüber durch – das geschieht eher selten, meist setzt sich nach meiner Erfahrung die Mutter mit ihren Wertvorstellungen durch – dann folgt das Kind vordergründig dem Vater und hintergründig folgt es der Mutter oder umgekehrt. Das Kind ist dem vordergründig gehorsam, der gewinnt, und heimlich dem, der verliert. Das ist sein Ausgleich. Deshalb gibt es keinen Triumph, und es ist völlig sinnlos, den Sieg anzusteuern. Das Kind schlägt immer dem Elternteil nach, der zum Beispiel bei einer Trennung im Schicksal verloren hat.

Folgt ein Kind nicht, folgt es meist den Wertvorstellungen des anderen Partners. Dieses Nichtfolgen ist wieder nur eine andere Art des Gehorsams und der Loyalität. Teilt ein Elternteil einem Kind direkt oder indirekt mit „Werde nicht wie deine Mutter/dein Vater", folgt das Kind dem anderen Elternteil.

Dazu ein Beispiel:

Eine Frau war mit einem Mann verheiratet, der als Alkoholiker galt, und hatte sich von ihm scheiden lassen. Sie hatten einen gemeinsamen Sohn, und der lebte bei der Mutter, und die Mutter hatte Angst, daß der Sohn wie der Vater würde. Da habe ich gesagt: Der Sohn hat das Recht, seinem Vater zu folgen, und du mußt dem Sohn sagen: „Du darfst alles nehmen, was ich dir gebe, und du darfst alles nehmen, was dein Vater dir gibt, und du darfst so werden wie ich, und du darfst so werden wie dein Vater." Da fragte die Frau: „Und wenn er Alkoholiker wird?" Ich antwortete: „Ganz genau, auch dann. Du sagst ihm: „Ich stimme zu, wenn du wirst wie dein Vater." Das ist der Test.

Die Wirkung einer solchen Erlaubnis und der Achtung vor dem Mann ist, daß der Junge seinen Vater nehmen kann, ohne daß er das, was das Leben seines Vaters schwermacht, auch nehmen muß. Wenn die Mutter sagt „Werde nur nicht wie dein Vater", wird er wie er. Dann kann er sich nicht wehren.

c. Regeln für die richtige Erziehung

Die Lösung bei Erziehungsproblemen ist, daß die Eltern sich auf ein Wertesystem einigen, in dem die unterschiedlichen Werte beider Herkunftsfamilien mit aufgehoben sind. Das ist dann ein übergeordnetes System, und jeder muß seines auf gewisse Weise aufgeben. Jeder wird dann seiner Ursprungsfamilie gegenüber schuldig, das macht es so schwer. Die Vorstellung, daß das eigene richtig und das andere falsch ist, hindert eher. Wenn die Eltern sich einigen, können sie den Kindern gemeinsam gegenübertreten. Dann fühlen sich die Kinder sicherer, und sie folgen dem gemeinsam gefundenen Wertesystem gerne.

Dazu ein Beispiel:

Ein Mann und eine Frau fragten einen Lehrer, was sie mit ihrer Tochter machen sollten, denn die Frau mußte ihr jetzt öfters Grenzen setzen, und sie fühlte sich dabei vom Mann zu wenig unterstützt.

Als erstes erklärte der Lehrer ihnen in drei Sätzen die Regeln für die richtige Erziehung:

1. In der Erziehung ihrer Kinder halten der Vater und die Mutter unterschiedlich das für richtig, was in ihrer eigenen Familie entweder wichtig war oder gefehlt hat.
2. Das Kind folgt und anerkennt als richtig, was seinen beiden Eltern entweder wichtig ist oder fehlt.

3. Wenn sich einer der Eltern gegen den anderen in der Erziehung durchsetzt, verbündet sich das Kind mit dem, der unterliegt.

Als nächstes schlug der Lehrer ihnen vor, sie sollten sich erlauben wahrzunehmen, wo und wie ihr Kind sie liebt. Da blickten sie sich in die Augen, und ein Leuchten ging über beider Gesicht.

Als letztes riet der Lehrer noch dem Vater, er möge seine Tochter manchmal spüren lassen, wie er sich darüber freut, wenn sie zu ihrer Mutter gut ist.

d. Die Lösung von den Eltern und das Eigene

Wenn ein Kind den Eltern gegenüber einklagt: Das, was ihr mir gegeben habt, war erstens zu wenig und zweitens das Falsche, und ihr schuldet mir noch eine Menge, dann kann es nicht von den Eltern nehmen und sich auch nicht von den Eltern trennen. Sein Anspruch würde ja sonst erlöschen, und das Nehmen würde seinen Anspruch entwerten. Dieser Anspruch bindet es an die Eltern, doch es bekommt nichts. So ist es innigst mit den Eltern verbunden, aber so, daß es die Eltern nicht hat und sie das Kind auch nicht haben.

Das Nehmen hat also die seltsame Wirkung, daß es trennt. Nehmen heißt: Ich nehme, was du mir geschenkt hast; es ist eine Menge und reicht, und den Rest mache ich selbst, und jetzt lasse ich euch in Frieden. Ich nehme also, was ich bekommen habe, und obwohl ich dann von den Eltern weggehe, habe ich meine Eltern, und meine Eltern haben mich.

Jeder hat aber auch noch etwas Eigenes, das nur ihm zugeteilt ist, und das er nehmen und entwickeln muß, unabhängig von den Eltern. Das ist dann aber nichts gegen die Eltern, sondern etwas, was das noch abrundet.

Es war mal einer hier, ein Arzt, etwa vierzig Jahre alt, lange verheiratet, und fragte: Was soll ich machen, meine Eltern mischen sich in alles ein. Und da sagte ich ihm: Ja, deine Eltern dürfen sich in alles einmischen, und du darfst machen, was dir recht erscheint.

e. Die Suche nach Selbstverwirklichung und Erleuchtung

Ein Kind, das sich weigert, seine Eltern zu nehmen, fühlt sich unvollständig und ist mit sich selbst nicht im reinen. Es sucht diesen Mangel auszugleichen, und oft ist dann die Suche nach Selbstverwirklichung und nach der Erleuchtung nur die Suche nach dem noch nicht genommenen Vater und der noch nicht genommenen Mutter. Auch eine sogenannte Midlife-crisis ist oft vorbei, wenn es gelingt, das, was von dem bisher abgelehnten Elternteil kommt, zu nehmen.

f. Sorgen für die alten Eltern

Kinder sind sehr entlastet, wenn Eltern zeigen, daß sie auch von ihnen etwas nehmen. Es hebt die grundsätzliche Wichtigkeit des Nehmens der Eltern nicht auf. Auch das Nehmen, das den Abschied ermöglicht, enthebt das Kind nicht von der Verpflichtung des Gebens, zum Beispiel, daß es weitergibt.

Vor allen Dingen enthebt es das Kind nicht davon, daß es für seine Eltern sorgt, wenn sie in Not und alt sind. Das letzte ist etwas ganz Wichtiges für den Abschied: Die Eltern können das Kind ziehen lassen, wenn das Kind ihnen versichert, daß es für die Eltern da ist, wenn sie es brauchen.

Viele fürchten, daß das einmal auf sie zukommt, wenn die Eltern alt sind. Das liegt daran, daß die Kinder sich vorstellen, sie müßten für die Eltern sorgen, wie die Eltern das fordern. Dann sind sie mit Recht auf diese Weise besorgt. Sie müssen den Eltern sagen: Wir werden für euch sorgen, wie es richtig ist. Das ist etwas völlig anderes. Wenn die Kinder sich entschlossen haben, das zu tun, fühlen sie sich gut und frei.

Die Dynamik, die dahinterliegt, ist folgende: Das Kind kann seine Eltern nicht wahrnehmen, wie sie sind. Sobald ein Kind seine Eltern sieht, fühlt es sich mit gewissen Ausnahmen als fünf- bis siebenjähriges Kind, ganz gleich, wie alt es ist. Umgekehrt sehen die Eltern ihre Kinder immer als fünf- bis siebenjährige Kinder und fühlen entsprechend. Die einzige Ausnahme war eine Psychiaterin aus Hamburg, eine nette Frau, die sagte: „Ich und meine Tochter, wir sind auf der gleichen Ebene." Beim Kaffeetrinken redete sie dauernd von „meiner Mücke", bis sie einer gefragt hat, wer das denn sei. Da sagte sie: „Meine Tochter." Das ist die einzige Ausnahme, die ich gefunden habe.

Das Kind, das mit der alten Mutter oder dem alten Vater konfrontiert ist, braucht also eine große Anstrengung, daß es sich zur Geltung bringt und nicht als Kind reagiert, sondern als Erwachsener, der das macht, was richtig ist. Dazu ist ein Bewußtseinswandel notwendig. Was richtig ist, läßt sich meistens auch tun.

Ein Beispiel:
Vor kurzem war eine Frau hier, die war Steuerbevollmächtigte und hatte zwei großes Büros in Hamburg und Frankfurt. Als sie hier war, sagte sie, sie müsse ihre Mutter anrufen. Ihre Mutter, die in Frankfurt im Krankenhaus liege, wolle unbedingt, daß sie für sie sorge. Sie könne das aber nicht, sie sei doch so eingespannt in ihrem Geschäft. Da habe ich gesagt: „Das hat Vorrang, erst kommt die Mutter, und du sorgst für sie, und dann schaust du nach deinem Geschäft." Sie wehrte sich und ich sagte ihr: „Laß das doch einmal in dich sinken, das hat Priorität. Das weißt du auch ganz genau, daß das wichtig ist." Sie läßt es sinken, und wie es so ist, ruft am nächsten Tag jemand aus Frankfurt an und sagt, eine sehr tüchtige Altenpflegerin in Frankfurt suche einen Job, sie sei zwar ein bißchen teuer, aber sehr tüchtig. An Geld fehlte es der Frau nicht. Das war die Lösung.

8. Spezielle Themen und Bereiche der Eltern-Kind-Beziehung

a. Das Verschweigen der Herkunft der Kinder

Josef: Mich beschäftigt, daß Eltern verschweigen, wenn Kinder unehelich oder unterschoben sind. Ich verstehe den Grund nicht.
Bert Hellinger: Es besteht eine gesellschaftliche Tendenz, diese Vorkommnisse abzuwerten und eine Scheu, darüber zu reden. Wenn wir uns diese Vorgänge einfach nur anschauen, wie wir es hier tun, stellt sich heraus, daß es für alle Beteiligten so gut ist, wie es ist. Oft kommt bei den Sünden etwas Gutes heraus, und das ist für Moralisten schlimm. Solche Dinge kann man nicht vor jemandem äußern, der abwertet und schaut, ob es falsch ist. So ist es auch gut und angebracht, ein bißchen Mitgefühl mit diesen Eltern zu haben.

b. Der Uneheliche, der seine Brüder nicht kannte

Thomas: Ich bin ein uneheliches Kind und bei meiner Mutter aufgewachsen. Vor fünf Jahren habe ich meinen Vater aufgesucht. Diesen Teil kenne ich jetzt. Ich kenne aber die Söhne meines Vaters nicht, und mein Vater traut sich nicht, denen zu sagen, daß es mich gibt.
Bert Hellinger: Vor einem Monat habe ich einen Kurs gehabt. In diesem Kurs war eine Frau, die in der gleichen Situation lebte. Sie ist unehelich. Der Vater ist verheiratet und hat noch Söhne. Auch dieser Vater traute sich nicht, diese Tochter seinen Söhnen zu zeigen. Da

hab' ich ihr gesagt, sie solle die Söhne aufsuchen und sich vorstellen als Schwester, einfach so. Später rief sie mich dann an und berichtete mir: Sie war auf einem Fest, und da stand der Vater in der Nähe, und ihre Halbbrüder waren in der Nähe. Am Ende des Festes war dann auf einmal niemand mehr da außer dem Vater, den Brüdern und ihr, und die konnten auf einmal miteinander reden. (Zu Thomas) Die würde ich aufsuchen. Die Gefahr ist dann allerdings, daß du deinen Pastorenberuf verlierst.

Thomas: Warum?

Bert Hellinger: Eine häufige Motivation für die Gottsuche ist, daß jemand keinen Vater hat und ihn sucht, und wenn er ihn gefunden hat, hört seine Gottsuche auf. Es fängt ja mit Jesus an, der auch keinen Vater hatte, jedenfalls keinen, von dem wir etwas wissen.

Der Weg

Zum alten Vater fand der Sohn und bat:
„Vater, segne mich, bevor du gehst!"
Der Vater sprach: „Mein Segen sei,
daß ich dich auf dem Weg des Wissens
zu Beginn ein Stück begleite."

Am nächsten Morgen traten sie ins Freie,
und aus der Enge ihres Tales stiegen sie
auf einen Berg.
Der Tag ging schon gekrümmt, als sie zur Höhe kamen,
doch nun lag das Land nach allen Seiten
bis an den Horizont
im Licht.

Die Sonne sank,
und mit ihr sank die pralle Pracht;
es wurde Nacht.
Doch als es dunkel war, leuchteten
die Sterne.

Es war mal einer hier und hat gesagt: Unser erster Sohn ist vorehelich gezeugt und fängt jetzt an zu rechnen, und er fragte, was er sagen soll, wenn der Sohn nachfragt. Da hab ich ihm gesagt, er soll ihm sagen: Wir haben es nicht mehr ausgehalten. Da hat er gelacht. Ja, das ist ehrenhaft.

c. Zu wem kommen die Kinder nach der Scheidung?

Die Frage, wohin die Kinder nach der Scheidung sollen, ist ganz einfach zu lösen: Die Kinder müssen zu dem Elternteil, der in den Kindern den anderen Elternteil am meisten achtet. Meist achtet der Vater die Mutter in den Kindern mehr als die Frau den Mann. Das ist ein Erfahrungswert von mir, (H. lächelnd) aber die Frau kann es sich verdienen, daß sie die Kinder haben darf.

Frage:

Klaus: Woran merkt man es, welcher Elternteil den anderen am meisten in den Kindern achtet?

Bert Hellinger: Das siehst du sofort, und das wissen die auch selbst sofort. Wenn du die Frage stellst, brauchst du die Eltern nur anzuschauen, und du weißt es gleich, wer es ist.

Klaus: Das könnte ja auch mal gleich sein?

Bert Hellinger: Das ist jetzt ein Einwand! Wenn es gleich ist, gibt es keine Scheidung.

Ludwig: Sind die beiden Sätze „Die Kinder sollte der bekommen, der den Partner in den Kindern am meisten achtet" und „Wer die Partnerschaft verläßt, sollte nicht mit den Kindern belohnt werden" gleichwertig?

Bert Hellinger: In dieser krassen Form möchte ich das nicht unterzeichnen. Oft ist es aber so, daß es zu weit geht, wenn einer den anderen reinlegt und ihm dann auch noch die Kinder wegnimmt. Das ist dann gewöhnlich auch der, der den anderen nicht achtet. Das sind aber unterschiedliche Gesichtspunkte, und da gibt es eine Menge Ausnahmen. Es ist also wichtig, genau hinzuschauen. Diese Vielfalt kann man nicht in zwei Sätzen einfangen.

Die Eltern entscheiden auch, zu wem die Kinder kommen und ob sie wieder heiraten. Wenn ein Mann zum Beispiel geschieden ist, die Kinder bei sich hat und wieder heiraten will und er dann die Kinder fragt, ob er das tun soll, ist das schlimm. Das geht die Kinder überhaupt nichts an. Der macht das, und die Kinder müssen das hinnehmen. Kinder dürfen bei so etwas nicht gefragt werden. Sie brauchen aber die späteren Partner der Eltern nicht lieben.

Petra: Aber das Gericht fragt doch.

Bert Hellinger: Weiß ich, aber das spielt keine Rolle. Ich rede hier von Psychologie. Wenn die Eltern das miteinander ausmachen, wird den Kindern erspart, sich zwischen den Eltern entscheiden zu müssen.

Dann existiert auch oft die Vorstellung, daß, wenn einem die Kinder zugesprochen werden, daß er sie dann hat und sie dem anderen wegnimmt. Das kann er nicht. Dieser Elternteil hat die Kinder nur bei sich wohnen. Er kann aber dem anderen nicht die Kinder wegnehmen. Die Kinder gehören immer beiden Eltern, und es muß so verhandelt werden, daß die Kinder wissen, daß beide Eltern ihnen als Eltern erhalten bleiben, selbst wenn sie kein Paar mehr sind.

d. Die ehrenvolle und die gefährliche Adoption

Wenn ein Kind von seinen Eltern nicht aufgezogen werden kann und andere Eltern braucht, dann ist die erste Suche bei den Großeltern. Das liegt am allernächsten. Wenn die das Kind nehmen, ist es dort gut aufgehoben. Dann ist auch der Weg zurück zu den Eltern einfacher, falls sich die Situation ändert. Wenn die Großeltern nicht können oder nicht mehr da sind, dann schaut man nach Onkeln oder Tanten. Die kommen als nächste. Nur wenn niemand aus der Familie da ist, kann man nach Adoptiv- oder Pflegeeltern Ausschau halten. Dann wird es auch eine Aufgabe, die sich lohnt. Dann können sich die Pflegeeltern sicher sein, daß sie am rechten Platz sind und sie für das Kind die Eltern vertreten. Sie erfüllen eine wichtige Aufgabe, aber als Stellvertreter kommen sie an den zweiten Platz. Erst kommen die wahren Eltern, wie immer diese sind. Wird diese Ordnung eingehalten, kann das Adoptivkind die Adoptiveltern achten und von ihnen nehmen, was es von ihnen bekommt.

Sobald diese sich aber an die Stelle der Eltern setzen und als die besseren Eltern auftreten, zeigt das Kind oft Solidarität mit den abgewerteten Eltern und wird den Adoptiveltern böse. Geben Eltern ohne Not ein Kind zur Adoption frei, ist das Kind seinen Eltern böse, und zwar mit Recht. Dieses böse Gefühl bekommen die Adoptiveltern ab, wenn sie sich an die Stelle der wahren Eltern stellen. Wenn sie aber nur Stellvertreter sind, dann richten sich diese Gefühle auf die Eltern, und das gute Gefühl geht auf die Adoptiveltern. Das ist also auch für die Adoptiveltern eine große Entlastung.

Adoptiert aber ein Paar ein Kind um seinetwillen und nicht um des Kindes willen, nehmen sie also sozusagen den Eltern ein Kind weg, weil sie es haben wollen, wird als Sühne etwas Gleichwertiges geopfert: entweder ein eigenes Kind oder die Beziehung zum Partner. Das ist dann ein Ausgleich für den Kindesraub. Das ist ein ganz schlimmer Zusammenhang. Manchmal bringt sich auch ein eigenes Kind um, wenn ein anderes Kind widerrechtlich adoptiert wird, und manchmal kommt es dann paradoxerweise auch zu Abtreibungen.

Beispiel:
Bei einem Gruppenteilnehmer, der von seiner Frau getrennt lebte, ging es um den Platz eines Pflegekindes. In der Aufstellung stand es zwischen den Pflegeeltern. Da fragte ich: „Wer wollte die Adoption?" Er sagte: „Eigentlich meine Frau." Da sagte ich: „Ja, dafür hat sie den Mann geopfert." Der Junge, der dazwischen stand, bekam weiche Knie. Er sagte, er möchte sich am liebsten hinknien, und ich sagte: Tu das. Dann hat er sich hingekniet, und hinter ihm stand seine leibliche Mutter. Ich sagte: Jetzt wende dich deiner Mutter zu. Die ging auf ihn zu, und das war es. Dann habe ich die Pflegeeltern so zusammengestellt, daß sie von hinten zuschauten, wie der Sohn vor seiner Mutter kniete, und sie waren wieder ein Paar.

Werden Kinder adoptiert, sind klare Unterschiede in der Wortwahl wichtig, das heißt, daß ein adoptiertes Kind seine Eltern anders benennt als seine Adoptiveltern: zum Beispiel Vater und Mutter und Papa und Mama. Die Adoptiveltern dürfen auch nicht sagen „Mein Sohn" oder „Meine Tochter", sondern eher: Das ist das Kind, um das wir uns kümmern und bei dem wir die Eltern vertreten. Das hat eine andere Qualität. Da gibt es jedoch keine eindeutige und allgemeine Lösung. Es ist auch besser, wenn das Kind seinen ursprünglichen Nachnamen behält. Dann ist gleich klar, daß es adoptiert ist.
Birgit: Wie ist es denn, wenn Kinder so heißen wollen wie die Adoptiveltern oder wie der Stiefvater?
Bert Hellinger: Ich würde mich durch solche Wünsche nicht irremachen lassen. Die Kinder merken, was die Adoptiveltern sich wünschen. Die Adoptiveltern müssen herausfinden, was für das Kind gut ist, dann will es auch das Kind. Bei einem Stiefvater ist es so: Wenn die Mutter den ersten Mann ehrt, dann ist da überhaupt kein Problem, und umgekehrt bei einer Stiefmutter.
Inge: Wenn ein Ehepartner ein Kind mit in die Familie bringt, ist es dann gut für den neuen Elternteil, es zu adoptieren oder nicht?
Bert Hellinger: Nein, das ist schlimm, weil es dann seinen Vater oder seine Mutter verleugnen muß. Ich rate grundsätzlich davon ab.

Ein Beispiel:
Vor einiger Zeit hatte mich aus Basel eine Frau angerufen, sie war ganz verzweifelt. Ihr Adoptivvater liege im Sterben, und sie seien so im Clinch. Sie erzählte, daß ihre Mutter sich habe scheiden lassen und dann einen neuen Mann geheiratet habe. Der habe sie adoptiert. Da habe ich gesagt, sie könne die Adoption von sich aus rückgängig machen. Sie stutzte, bedankte sich und legte auf. Später rief sie mich an: Sie habe es getan. Die Situation habe sich schlagartig geändert, sie habe dem Stiefvater beim Sterben beistehen können. Er sei gestorben, und sie fühle sich jetzt gut. Es war ganz klar, sie hatte etwas in Ordnung gebracht und jetzt wieder ihren Platz. Es ist ganz schlimm für ein Kind, seine Eltern verleugnen zu müssen.

Josef: Bei einem Verkehrsunfall sind die Eltern und Großeltern von zwei Kindern ums Leben gekommen, und die Onkel und Tanten sind jeweils nur bereit, eines der beiden Kinder aufzunehmen. Ist es dann wichtiger, daß die Kinder in der Familie bleiben und getrennt sind oder beide zusammen in einer Pflegefamilie sind?
Bert Hellinger: Das ist sehr schwer zu sagen. Wenn die aber nur bereit sind, jeweils nur ein Kind zu nehmen, dann habe ich eher die Idee, daß die sich nicht richtig um das Kind kümmern. Sonst wären sie bereit, sie zusammen zu nehmen. Das ist mein Bild, daß sie eher besser in der Pflegefamilie aufgehoben sind, in der sie als Geschwister zusammen leben können.

Ich habe noch eine Beobachtung gemacht und zwar, daß ein Kind, das in Pflege oder adoptiert war, selbst den Drang hat, andere Kinder aufzunehmen und zu pflegen. Die sind da auch gut aufgehoben. Die geben als Ausgleich weiter, was sie bekommen haben, und können das oft auch gut. Das ist eine gute Dynamik und keine selbstsüchtige.

Schau auf die Kinder!
Thomas bringt einen Fall ein:
Ein Ehepaar bei mir im Ort, das keine Kinder haben konnte, ist mehrfach nach Kolumbien gefahren, um sich für teures Geld ein Kind zu besorgen. Kaum war es da, wurde der Mann verrückt. Er ist Architekt und verbrachte ein Vierteljahr in einer Heilanstalt. Kaum war er wieder raus, haben sie sich ein zweites Kind geholt. Für mich ist schrecklich, was dort passiert.
Bert Hellinger: Ach, wer weiß. Schau auf die Kinder und sag zu dir: Die schlagen sich schon durch.

Thomas: Ich habe aber noch eine Frage, Freunde von mir ...
Bert Hellinger (unterbrechend): Nee, nee, nee! Was habe ich gesagt?
Thomas: Die Kinder schlagen sich schon durch.
Bert Hellinger: Vorher habe ich noch etwas gesagt. (Pause) Du sollst auf die Kinder schauen. Und auf wen schaust du?
Thomas: Ja, das stimmt, auf die Eltern.
Bert Hellinger: Die verdienen es nicht besser, die wissen, was sie tun. Es ist merkwürdig, was es alles gibt.

Vor vielen, vielen Jahren, ich glaube, es ist schon achtzehn Jahre her, habe ich einmal ein Organisationstraining gehalten, und da war einer, der hieß Peter. Als der zwei Jahre alt war, bekam seine Mutter einen schizophrenen Schub und hat ihn an die Wand geknallt. Dann kam der Vater dazu und hat die Frau und den Jungen sofort zum Arzt gebracht. Dem Kind ist nicht viel passiert. Dessen Knochen waren wahrscheinlich noch flexibel genug. Dann sind die Eltern mit dem Arzt ins Sprechzimmer verschwunden. Da lag er jetzt allein im Wartezimmer. Auf einmal geht die Tür auf, und der Arzt guckt rein, schaut ihn an, und den Blick hat er nicht vergessen. In dem Blick war drin: Du machst das schon. Das war der Anker, an dem er sich sein ganzes Leben festgehalten hat. Siehst du, der Arzt hat das richtig gemacht, der hat auf das Kind geschaut.

Der arme Neffe und die gute Gelegenheit

Martha: Mein Neffe, der Sohn meines Bruders, ist von seinem Stiefvater adoptiert worden. Er hat dann den Namen des Stiefvaters bekommen, und die neue Familie hat dann den Kontakt zu meinem Bruder und zu unserer Familie ganz abgebrochen. Meine Frage ist, ob ich irgendwas für den Jungen tun könnte.
Bert Hellinger: Wenn du überlegst, was du für ihn tun kannst, ist ja Liebe in deinem Herzen für ihn. Wenn du dieses Gefühl wirken läßt, dich gleichzeitig zurückhältst, ohne etwas zu tun, und wartest, bis sich eine gute Gelegenheit fügt, dann wirkt das schon jetzt gut für deinen Neffen. Das kann jedoch Jahre dauern, bis das Richtige getan werden kann.

Der Vorteil der SOS-Kinderdörfer

Voriges Jahr hab' ich einmal für SOS-Kinderdorfmütter einen Kurs gegeben, der mir größtes Vergnügen bereitet hat. Die waren so aufmerksam! Unter denen gab es die Vorstellung: Das beste für ein

Kind ist die eigene Familie, das zweitbeste die Adoptivfamilie und als letzter Ersatz kommt das SOS-Kinderdorf.

Da hab' ich ihnen gesagt: „Nein, erst kommt die richtige Familie, dann kommt das SOS-Kinderdorf und weit abgeschlagen kommt die Adoptivfamilie." Die Verstrickungen, die wir oft in Adoptivfamilien sehen, die gibt es in den SOS-Kinderdörfern nicht. Die SOS-Kinderdorfmütter haben nicht den Anspruch, die richtigen Mütter zu sein. Jede weiß, daß sie nur eine Kinderdorfmutter ist. Diese Kinder werden lebenstüchtig, die müssen auch eine ganze Menge selber dafür machen.

Karl: Schwierig finde ich, daß man in manchen Kinderdörfern nicht über die Ursprungsfamilie der Kinder sprechen darf.

Bert Hellinger: Nein, das finde ich gut. Sonst können die keine Familie werden. Also innerhalb der Familie nicht darüber reden, aber mit jedem Kind einzeln schon über seine Eltern und die Herkunftsfamilie reden.

Karl: Ich meinte nicht, daß das in den Ersatzfamilien besprochen werden sollte, sondern daß das Kind überhaupt etwas erfahren darf über seine Herkunft und auch mit der eigenen Herkunft verbunden sein kann und darf.

Bert Hellinger: Ja, das wäre schlimm, wenn es das nicht darf, aber das war in dem Kinderdorf, das ich kenne, nicht so. Da hatte ich noch eine schöne Erfahrung: Eine Kinderdorfmutter erzählte, daß ein Mädchen von seiner Mutter aufgesucht wurde. Das Kind ist jetzt zehn oder zwölf Jahre alt, und die Mutter wollte wieder Kontakt haben zu ihrem leiblichen Kind und lud es über das Wochenende ein. Die Kinderdorfmutter fühlte sich zurückgedrängt. Da haben wir die Situation aufgestellt: Die leibliche Mutter, die Kinderdorfmutter und das Kind. Das war herzzerreißend, wie das Kind umhergeirrt ist, um seinen Platz zu finden. Schließlich hatte es sich ein bißchen näher zur Kinderdorfmutter gestellt, und das war genau gemäß. Und die Kinderdorfmütter haben an diesem Beispiel richtig ihre Würde und ihre Wichtigkeit erleben dürfen.

... wie der Räuber seine Taler!

Ein ausführliches Fallbeispiel

Gerhard nahm an einem der Sechs-Tage-Seminare teil. Er ist verheiratet, und da das Ehepaar keine Kinder bekam, hat es ein jetzt zehn Monate altes Kind in Pflege genommen, das es demnächst adoptieren will.

Genogramm von Gerhards Familie:*

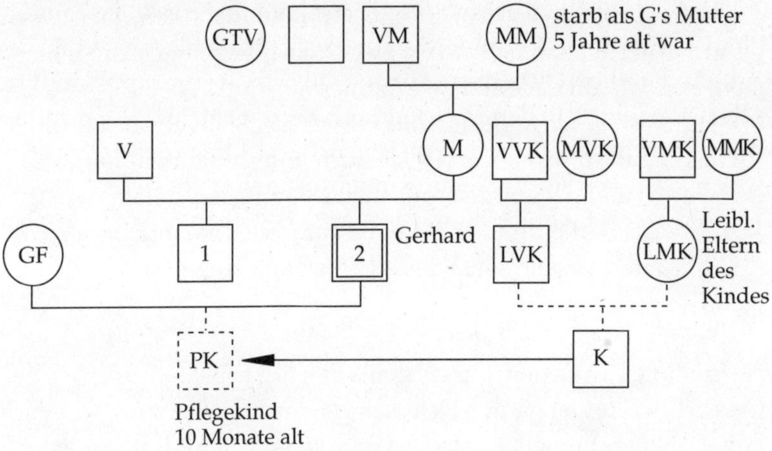

Wir begleiten Gerhard durch diese Woche:

Am zweiten Tag

Gerhard: Ich bin beschäftigt mit meinen Eltern. Die sind mitgekommen, um meinen kleinen Sohn zu versorgen. Einerseits finde ich das toll und schön und denke auch, daß meine Beziehung zu meinen Eltern im großen und ganzen in Ordnung ist, und gleichzeitig merke ich, daß ich gereizt bin. Ich denke, es hat schon damit zu tun, daß ich möchte, daß sie anerkennen, daß ich das gut mache.

Bert Hellinger: Nein, nein, nein! Das ist genau umgekehrt. Du weigerst dich, anzuerkennen, daß sie dir etwas Großes freiwillig tun, ohne daß sie dazu verpflichtet sind. Wenn du das anerkennst, hast du Frieden. Die Eltern brauchen die Kinder nicht anzuerkennen, aber umgekehrt.

---

* *Abkürzungen:*

V	Vater	GTV	Großtante väterls.	VVK	Vater des Kindvaters
M	Mutter	GF	Gerhards Frau	MVK	Mutter des Kindvaters
1	Erstes Kind, Sohn	PK	Pflegekind	VMK	Vater der Kindmutter
2	2. Kind, Gerhard	LMK	leibl. Mutter d. Kindes	MMK	Mutter der Kindmutter
MM	Mutter der Mutter	LVK	leibl. Vater d. Kindes		
VM	Vater der Mutter	K	Kind		

Am vierten Tag morgens

Gerhard: Mir ist ganz komisch, schlecht, kribbelig und traurig. Ich dachte heute morgen noch: Da ist noch ein anderer Mann, der ist noch wichtiger als du, nämlich mein Vater. Mein Eltern sind ja mitgekommen, um sich um das Kind zu kümmern.
Bert Hellinger: Ja, ich fühle mich als sein kleiner Stellvertreter. So fühle ich mich, und so verhalte ich mich auch. Einverstanden, Gerhard?
Gerhard: Ja, und ich würde gerne meine Familie aufstellen.
Bert Hellinger: Ja, heute mach' ich es bestimmt. Ich möchte aber erst die Runde weitermachen, sonst dauert es jetzt zu lange.

Später am vierten Tag

Aufstellung des Gegenwartssystems von Gerhard:
Gerhard will anfangs nur sich, seine Frau und den zur Adoption vorgesehenen Jungen aufstellen. Bert Hellinger fordert ihn jedoch dazu auf, auch Stellvertreter/innen für die leiblichen Eltern des Jungen und dessen vier Großeltern auszuwählen.

Wir erfahren, daß es sich bei der Mutter des Kindes um eine 21jährige Frau handelt, die während des Abiturs schwanger wurde und diese Schwangerschaft geheimgehalten hat. Ihre Eltern erfuhren nichts von der Geburt des Kindes. Vier Wochen vor der Geburt habe sie sich an eine Sozialarbeiterin gewandt, die wiederum Gerhard und seine Frau kennt. Gerhard und seine Frau kennen das Kind seit der Geburt und haben es bald danach zu sich genommen. Der Vater des Kindes ist ein Italiener, der vor dem Sozialamt die Vaterschaft für das Kind anerkannt hat. Seine Eltern leben in der Nähe. Gerhard bringt öfters Rechtfertigungen. Er berichtet zum Beispiel, daß seine Frau den Arzt, der das Kind entbunden habe, kennt und dieser gesagt habe, er kenne die Familie der Mutter, und er könne gut verstehen, daß sie den Eltern davon nichts erzählt habe.

Als Bert Hellinger die Information über die Großeltern bekommt, sagt er: „Also, diese Adoption ist zum Scheitern verurteilt."

Konstellation des Gegenwartssystems Gerhards:

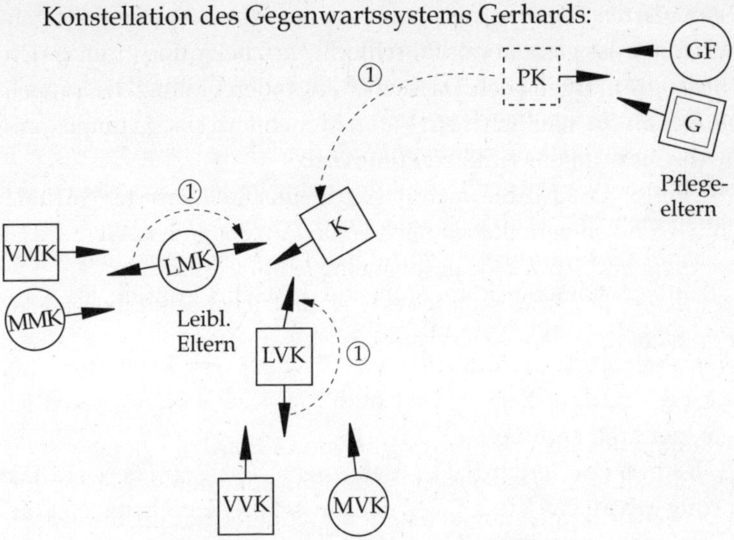

Bert Hellinger: Nachdem die Konstellation steht (zur leiblichen Mutter): Wie geht's dir?

Leibliche Mutter (zögernd): Ich kann das nicht verstehen. Mir ist es völlig unverständlich, warum das Kind weg ist.

Bert Hellinger: Wer hat das betrieben, daß das Kind zur Adoption freigegeben wird?

Gerhard: Sie selber. Sie ist ganz kurz vor der Entbindung zur Sozialarbeiterin gegangen. Mein Gedanke war, sie war einfach hilflos.

Leiblicher Vater: Also ich fühle mich von hinten (Eltern) sehr stark in die Familie eingebunden, ich spüre nicht viel nach hier (zu leiblicher Mutter) aber viel zum Kind.

Großvater väterlicherseits: Also ich habe Kontakt zu meiner Frau und meinem Sohn, das andere ist ziemlich unbedeutend.

Großmutter väterlicherseits: Ich habe auch Kontakt zum Mann und zum Sohn und sonst nicht viel.

Großvater mütterlicherseits: Ich komme mir ziemlich mächtig vor, auch mit ihr (seiner Frau). Ich spüre so einen Anspruch da (zeigt nach vorne auf das Kind), nicht auf sie (Tochter), sondern durch sie hindurch aufs Kind.

Großmutter mütterlicherseits: Das geht mir auch so (in Richtung des Mannes), da fühle ich mich ganz untergeordnet, aber auch zugehörig. Das Kind hab' ich klar im Blick, die Tochter ist nicht so wichtig, das Kind ist viel wichtiger.

Leibliche Mutter: Das deckt sich mit meiner Wahrnehmung: Da geht eine Verbindung durch mich durch, direkt zum Kind.
Bert Hellinger: (stellt das Kind vor die leiblichen Eltern, Bewegung 1; zum Kind): Wie geht es denn dir?
Kind: Ich fühle mich da sehr wohl (vor den Eltern). Am Anfang war es schlimmer (vor Pflegeeltern). Am Anfang hatte ich das Gefühl, die schauen mich an, als ob ich etwas ausgefressen habe.
Pflegemutter: Es ist mir hier vorne heiß, und ich meine, ich müßte zurücktreten. Ich sehe die anderen, und das ist in Ordnung. Da spielt sich nichts ab (zum Ehemann).
Stellvertreter Gerhard: Zum einen viel Trauer, wenn ich dieses Kind anschaue, und dann hab' ich das Gefühl, das Kind verhindert, daß ich zu meiner Frau komme.
Bert Hellinger (zu Gerhard): Der (der Junge) ist parentifiziert. Du hast ein Anliegen an das Kind. Das Anliegen gehört eigentlich woanders hin, vielleicht zu deinen Eltern. Das Kind ist benutzt, und das ist denkbar schlecht für das Kind und für eure Beziehung. Da gehört er hin (leibliche Mutter lacht erleichtert; zu Großvater väterlicherseits): Na, Benno, du bist ja ganz gerührt.
Großvater väterlicherseits: Tatsächlich, das ist so. Es ist völlig unmöglich, das Kind da wegzunehmen, von einem solchen starken Clan.
Großmutter mütterlicherseits: Das beruhigt mich jetzt auch.
Bert Hellinger: Jeder einzelne von denen kann das besser als ihr beide. – Okay, das haben wir jetzt mal aufgestellt. Da ist ein Problem. Und jetzt kommt es auf dich an, was du damit machst. Und später werden wir dann mal dein Ursprungssystem aufstellen, einverstanden, Gerhard?
(Nachdem sich die Mitwirkenden gesetzt haben)
Bert Hellinger: Irgend etwas nachzutragen zu der Konstellation von Gerhard?
Birgit: Wie ist das generell mit Adoptionen, kann das gutgehen?
Bert Hellinger: Ja, natürlich, überall dort, wo es notwendig ist. Wenn die Eltern ausgefallen sind, zum Beispiel wenn sie tot sind oder es sonstwie verunmöglicht ist. Dann ist es sehr gut, eine große Aufgabe und eine große Würde. Wo sich aber die Adoptiveltern sozusagen vordrängen als die besseren Eltern, obwohl die Eltern da sind und der ganze Clan da ist, da geht das nicht. Wenn, dann kommen doch zuerst einmal die Großeltern in Frage.

Gerhard: Wir haben die Leute ja nie gesehen.
Bert Hellinger: Das ist es ja gerade, ihr müßt ihnen einmal das Kind zeigen, ja, mal hinfahren und ihnen das Kind zeigen.
Gerhard: Also, die Eltern des Kindes haben entschieden, es zu verheimlichen.
Bert Hellinger: Die können das nicht entscheiden, auch nicht nach deutschem Recht. Ein Kind hat das Recht, erstens zu wissen, wer die Eltern sind und wer die Großeltern sind. Und es hat ein Recht, diese kennenzulernen. Übrigens war das ein schönes Bild für die heilige Zahl Sieben: Ein Kind, zwei Eltern und vier Großeltern, da war die ganze Wucht zu spüren. Das ist die Zahl der Fülle: sieben. Man muß das auf Einfaches zurückführen. Hast du noch Fragen, Gerhard?
Gerhard: Natürlich ist es so, daß mir klar ist, daß das Kind ein Recht hat, seine Eltern zu kennen, und ich denke, das wird auch so laufen, daß das Kind dann erfährt, wer seine Eltern sind, damit es zu ihnen Kontakt aufnehmen kann, wenn es das will.
Bert Hellinger: Gerhard, du bist ja ein gescheiter Mann und sehr feinfühlig in jeder Hinsicht. Hier bist du verstrickt, und du merkst es nicht, und deshalb bist du hier nicht handlungsfähig. Schon deine Bezeichnung „mein Sohn" zeigt, daß du völlig weg bist von der Wirklichkeit. Du hast das allen Ernstes gesagt. Das ist eine Verstrickung. Da bist du nicht klar, und da wirken andere Kräfte. Ich will dir damit nur sagen, daß dein Wissen hier nichts hilft. Die Lösung ist auf einer anderen Ebene.

Sarah stellt eine Frage zu Kommentaren nach Konstellationen und danach, ob die auch störend wirken können.
Bert Hellinger: Sobald einen Schritt weitergegangen wird als notwendig, wird das Erreichte in Frage gestellt. Sobald ich jemand mehr sage, als es notwendig für ihn ist, wird das Erreichte in Frage gestellt. Das ist eine sehr gefährliche Intervention, besonders gefährlich, wenn ich meine Assoziationen ungesammelt mitteile, zum Beispiel: „Mir ist noch eingefallen ...". Jetzt muß der sich mit mir befassen, statt daß er bei sich bleibt. Ich nehme sozusagen die Energie, die er gesammelt hat, weg und heimse sie selber ein. Das ist eine Art emotionaler Diebstahl. Es gibt aber auch wichtige Mitteilungen nach Konstellationen aus dem eigenen Erleben, die helfen. Da sind dann aber keine Deutungen drin.

Ich bringe ein Beispiel:
Ein Kind geht in den Garten, staunt über das, was wächst, lauscht einem Vogel im Gebüsch. Dann kommt die Mutter und sagt: Das ist schön. Jetzt muß das Kind, statt daß es staunt und lauscht, auf Worte hören, und der Bezug zu dem, was ist, wird jetzt ersetzt durch Stellungnahmen. Die unmittelbare Wahrnehmung wird gestört, wenn man hineinredet. Die Wirkung davon ist schlimm.

Die Regel ist ganz einfach: Wenn einem was einfällt, schaut man die Person an und prüft: Ist das ein Geschenk, wenn ich es ihr sage? Stärkt es und nährt es oder stört es? Dementsprechend kann ich handeln. Da gibt es also keine feste Regel, sondern der einzelne muß das entsprechend seiner Wahrnehmung verantwortlich tun.

Gerhard saß danach etwas betroffen da. Da darf man dann nicht hingehen und ihn auch nicht berühren, sonst muß er Bezug aufnehmen zu jemand anderem. Es ist etwas anderes, wenn er wirklich Hilfe braucht.

Am vierten Tag nachmittags
Aufstellung des Ursprungssystems von Gerhard. Zum engeren Ursprungssystem gehören die Eltern von Gerhard, ein fünf Jahre älterer Bruder und er selbst.

Ausgangskonstellation der Herkunftsfamilie Gerhards:

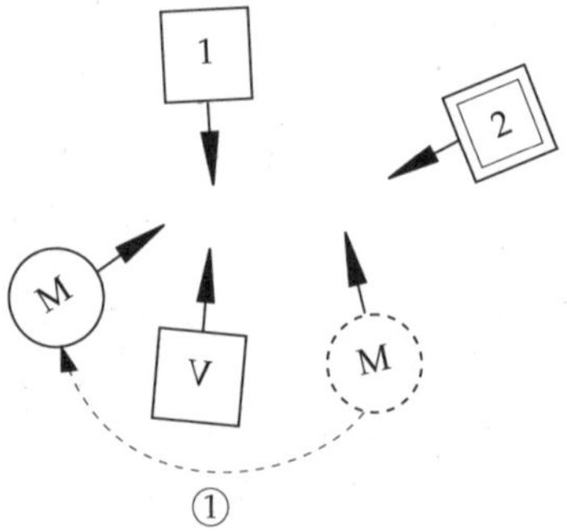

Nach Stellen der ersten Konstellation:
Vater: Ich erlebe eine starke Beziehung zu meinem ältesten Sohn, eine geringere zu Gerhard und fast keine zu meiner Frau. Das ist so.

Mutter: Ich fühle mich etwas unverbunden, denn ich habe wenig Beziehung zu meinem Mann, mehr Beziehung zu meinem ältesten Sohn und nicht genug zu meinem jüngsten Sohn.
Bruder: Am wohlsten ist mir zur Mutter. Zum Vater hab' ich eine starke Beziehung, aber fast zu stark, und der Bruder ist fast ganz weg.
Stellvertreter Gerhard: Viel Sehnsucht, mehr dahinzukommen, zur Mutter.
Bert Hellinger (stellt die Mutter links neben den Vater, Bewegung 1): Was ist verändert?
Bruder: Für mich ist das besser, aber ich möchte weiter weg.
Bert Hellinger: Ja, tu's. (Bruder tritt einen Schritt zurück)
Stellvertreter Gerhard: Ich hätte auch gehen können jetzt, da war Traurigkeit. Die beiden (Eltern) haben sich jetzt gefunden, aber wo ist mein Platz? (lehnt sich nach außen) Ich falle hier nach links hinweg. (zum Bruder; fühlt sich dort aber auch nicht wohl).
Bert Hellinger: Wenn es so ist in einer Konstellation, wird man annehmen, daß da ein ungelöstes Problem in der Familie des Vaters oder der Mutter ist.
Gerhard: Die Mutter meiner Mutter ist ganz früh gestorben, als meine Mutter sieben Jahre alt war. Da gab es eine Epidemie.
Bert Hellinger (wechselt Position der Eltern und stellt die Großmutter mütterlicherseits zwischen Mutter und Gerhard. Die Mutter möchte sie dicht hinter sich stehen haben): Was ist jetzt verändert?
Stellvertreter Gerhard: Ja, ich kann sie jetzt gut so lassen, aber ich möchte den Platz mit meinem Bruder tauschen.
Vater: Ich bekomme auf einmal eine Beziehung zu Gerhard.
Bert Hellinger (stellt die Söhne gegenüber den Eltern auf und die Großmutter mütterlicherseits zwischen Gerhard und die Mutter): Da bricht Gerhard nicht mehr aus. Das ist eine Identifizierung mit der Mutter deiner Mutter, das ist der Grund deiner Sorge für Kinder. Du spielst mit deinem Pflegekind, was die Großmutter mit deiner Mutter machen wollte. (Zur Mutter) Wie geht es dir jetzt?
Mutter: Gut.
Vater: Also, mit meiner Frau stimmt irgend etwas in der Beziehung nicht.
Mutter: Da hab' ich jetzt nicht drauf geachtet, das stimmt, da ist nichts.
Bert Hellinger (zu Gerhard): Ist das für dich in Ordnung so?
Stellvertreter Gerhard: Ja, wobei ich mir die Eltern näher zueinander wünsche.

Bert Hellinger: Da ist vielleicht noch etwas. Was hat denn der Vater der Mutter gemacht, nachdem seine Frau gestorben ist?
Gerhard: Der hat nicht wieder geheiratet, sondern mit seiner Schwester und seinem Bruder zusammen einen Bauernhof gehabt.
Bert Hellinger: Dann nehmen wir noch einmal den Großvater hinzu (stellt Großvater links neben die Großmutter). Wer hat sich denn nach dem Tod der Großmutter um die Mutter gekümmert?
Gerhard: Das war die Großtante, das war die einzige Frau im Haushalt.
Bert Hellinger (stellt die Großtante zwischen den Großvater und die Mutter; zeigt auf Großtante, Großmutter und Großvater): Das ist, glaube ich, eine Gruppe, vor der man großen Respekt haben muß.
Bruder: Das ist jetzt für mich verwirrend, daß die Mutter da noch so dazugehört und sich dort anlehnt.
Bert Hellinger: Das mußt du als einen Prozeß sehen, dort ist was nachzuholen, und dort muß noch etwas anerkannt werden, dann kann sie sich vielleicht anders verhalten. (stellt Mutter zu Großtante und ihren Eltern und dem Vater gegenüber auf)
Vater: Das ist jetzt etwas klarer in der Beziehung zur Frau. Das stimmt mehr, das war keine Beziehung. Jetzt ist der Abstand größer, und das ist für mich richtiger.
Bert Hellinger: Ja, das ist richtig, die kann aus der Schicksalsgemeinschaft nicht raus.
Mutter: So hab' ich mehr Beziehung zu meinem Mann, und jetzt könnte er sogar ein bißchen näherrücken. Das ist jetzt ein bißchen zu weit weg.

Lösungskonstellation der Herkunftsfamilie Gerhards:

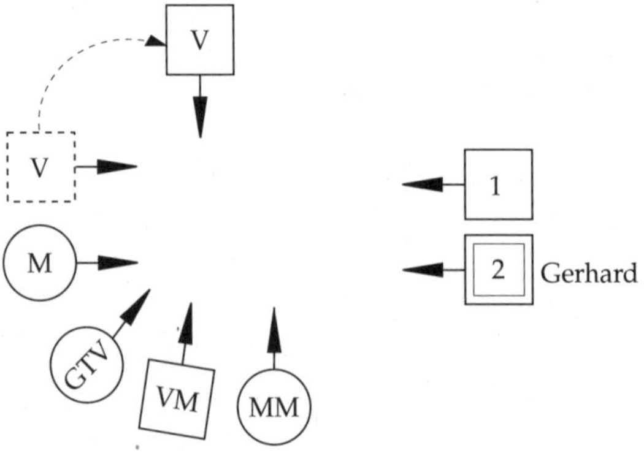

Gerhard: Darf ich etwas dazu sagen? – Mein Vater würdigt die Familie meiner Mutter zu wenig.
Bert Hellinger (zu Gerhard): Stell dich jetzt mal an deinen Platz, Gerhard! (Gerhard stellt sich an seinen Platz)
Bert Hellinger (zu Gerhard): Wenn du diese Seite würdigst (die der Mutter), dann brauchst du kein Kind zu adoptieren. Dann mußt du die nicht auf diese Weise würdigen. Du bist frei, das auf andere Art und Weise weiterzugeben. Ist das einfühlbar für dich?
Gerhard: Ja. – Und ich würde gerne sagen: Aus meinen Gründen darf ich dann das Kind vielleicht trotzdem adoptieren, wenn ich es nicht für die mache.
Bert Hellinger: Nein, nein, mach es nicht. Kümmere dich anderweitig um Kinder, das ist okay, das mache ich ja auch. (allgemeine Heiterkeit).

Während einer Runde am fünften Tag

Gerhard: Ich fühle mich noch traurig, und ich wünsche mir so sehr, du hättest eine Zauberformel.
Bert Hellinger: Für dich? - Habe ich nicht. Und wenn ich dir eine geben würde, was würde passieren?
Gerhard: Weiß ich nicht. Ich bin so ratlos. (beginnt zu weinen) Ich mag dieses Kind so.
Bert Hellinger (schaut ihn ernst an): Eben nicht, wie der Räuber seine Taler. (Pause) Das ist die Zauberformel.
Gerhard: Die letzten Tage ...
Bert Hellinger (unterbricht ihn): Nein, nein, das bringt nichts ... Was war die Zauberformel?
Gerhard: Wie der Räuber seine Taler ...
Bert Hellinger: Was?
Gerhard: ... mag ich das Kind.
Bert Hellinger: Genau. (Pause, längeres Schweigen)
Gerhard: Du hast gesagt, wir haben uns vorgedrängt. Das geht mir noch durch den Kopf. Ich habe Einwände dagegen.
Bert Hellinger: Ihr habt es schlau gemacht, damit die Verantwortung dafür nicht bei euch liegt. Das macht aber keinen Unterschied.
Gerhard: Womit ich rummache, das ist das mit den Großeltern.
Bert Hellinger: Ja, das ist der Zugang. Du kannst ihnen wenigstens mal das Enkelkind zeigen, das ist Liebe!
Gerhard: In ein paar Jahren kann ich mir das gut vorstellen.
Bert Hellinger: Nein, nein, wenn sie ganz klein sind, sind sie am

süßesten und bewegen am meisten die Herzen. Es gibt ein Kriterium für die Qualität der Liebe: Die Liebe ist stark wie der Tod (längeres Schweigen). Das war jetzt das gute Wort.

Später am fünften Tag

Gerhard: Ich bin nicht mehr richtig dabei, bin draußen, zurückgenommen. In der Nacht war ich auch teilweise böse mit dir, mit mir und mit dem Leben.

Bert Hellinger: Das sind die Rückzugsgefechte. Bei verlorener Schlacht bietet man dem Feind noch ein bißchen Widerstand (lächelt liebevoll).

Gerhard: Bei dem, was du mit dem schiefen Bild gesagt hast, habe ich mir gesagt, man könnte es ja auch so machen, daß man die Möbel absägt ... (alle lachen).

Bert Hellinger: In Amerika gibt es so Vergnügungsparks, da kommt man in ein Haus rein, und da ist alles schief, da kann man sich nicht mehr orientieren, sowas ist das dann.

Gerhard: Ja, ich bin mir noch nicht darüber im klaren, was ich damit anfangen werde, was gestern war.

Bert Hellinger: Natürlich, du bist dir völlig klar.

Gerhard: Ich werde es wichtignehmen, und ich denke auch, da gibt es einen Haufen Fakten, die auch zu berücksichtigen sind.

Bert Hellinger: Nein, das einzige, was jetzt noch wichtig ist, ist, daß du wartest, bis du die Kraft hast zum richtigen Handeln. Und das ist etwas anderes. Wenn du jetzt gleich handeln würdest, hast du wenig Kraft. Du mußt das wirken lassen, bis es voll integriert ist, und dann kommen natürlich noch die anderen Fakten hinzu, und dann siehst du auf einmal, was richtig ist. Das ist ein klein bißchen anders, als ich es gesagt habe, aber nicht viel.

Gerhard: Der letzte Satz, den du mir gesagt hast, den mit der Liebe, der war gut.

Bert Hellinger: Ja, das wirkt dann, wenn du das im Blick hast. ...

Am sechsten Tag

Gerhard: Mir geht es wieder besser. Ich habe die Hoffnung, daß sich ein Weg finden läßt, bei dem wir auch noch eine Rolle spielen.

Bert Hellinger: Ja, wenn Ihr das Kind dorthin zurückführt, wo es hingehört, spielt ihr eine sehr große Rolle. Ihr macht dann das Unrecht wieder gut, und das Kind wird euch ein Leben lang dankbar sein. Dann hat eure Liebe ein Ziel, und ihr könnt wieder zurücktreten. Die Liebe bleibt, aber die Liebe muß soweit gehen, daß ihr euch dann nicht mehr erkundigt. Das ist dann vorbei. Wenn die gute Tat getan ist, darf es vorbei sein. „Der Berufene verweilt nicht bei dem, was gewirkt hat.“ Gut so.

Gerhard: Das ist schwer, sehr schwer.

Bert Hellinger: Ja, das soll es auch sein, sonst ist es auch nichts wert. Aber dein Gesicht hat sich sehr schön verändert, klar und schön. Für mich ist es auch gut so, daß ich das so klargemacht habe. Schonung wäre ein Bärendienst gewesen.

Gerhard: Ich denke, mir steht noch einiges bevor.

Bert Hellinger: Ja, das ganze Leben.

Gerhard: Ich mag noch einen andern Gedanken sagen, der durch diese Geschichte so in den Hintergrund gerückt ist. Du hast etwas von der Skala der Grundstimmung gesagt, und ich bin in der Minusskala. Ich denke, das hat viel zu tun mit der Trauer meiner Mutter um ihre Mutter. Ich kann das jetzt auch so lassen.

Bert Hellinger: Die Mutter der Mutter kann hinter dir stehen als eine gute Kraft. – Man muß sich davor hüten, es einzuengen. Oft ist hinter einem Mann eine mütterliche Kraft gut, zum Beispiel eine Frau, die ein schweres Schicksal hatte. Das wirkt sich gut aus.

e. Eine mutige Hilfe für sexuell mißbrauchte Kinder

Die Dynamik

Inzest ist nur möglich, wenn beide Eltern heimlich verbündet sind. Es sind also immer beide Eltern beteiligt, und zwar der Vater im Vordergrund und die Mutter im Hintergrund. Demnach muß das Kind auch beiden Eltern die Schuld zumuten. Solange das Geschehen nicht im Gesamtzusammenhang gesehen wird, gibt es keine Lösung.

Inzest ist oft ein Versuch des Ausgleichs bei einem Gefälle von Nehmen und Geben in der Familie. Den Tätern, seien es Väter, Großväter, Onkel oder Stiefväter, wurde etwas vorenthalten, oder es wird etwas nicht gewürdigt, und der Inzest ist dann ein Versuch, dieses Gefälle auszugleichen.

Ein Beispiel:

Eine Mutter mit einer Tochter heiratet in zweiter Ehe einen anderen Mann. Würdigt die Frau dann nicht, daß der zweite Mann das Kind, das sie mit in die Ehe gebracht hat, versorgt und sich um es kümmert, entsteht eine Unausgeglichenheit von Nehmen und Geben. Der Mann muß mehr geben, als er bekommt. Je mehr die Frau erwartet, daß er das tut, um so größer wird die Diskrepanz von Gewinn und Verlust. Ein Ausgleich käme zustande, wenn sie dem Mann sagen würde: Ja, das ist so, du gibst und ich nehme, aber ich achte und anerkenne das bei dir. Dann braucht der Ausgleich nicht auf dieser dunklen Ebene abzulaufen.

Kommt hinzu, daß es auch noch einen Mangel an Austausch und Ausgleich bei den Partnern gibt, zum Beispiel in der sexuellen Beziehung, entsteht in diesem System ein unwiderstehliches Bedürfnis nach Ausgleich, das sich wie eine Triebkraft durchsetzt und der naheliegende Ausgleich ist, daß die Tochter sich anbietet oder die Frau dem Mann die Tochter überläßt oder anbietet. Das ist eine häufige, weitgehend unbewußte Dynamik von Inzest. Es gibt jedoch auch andere Zusammenhänge.

Was dann noch geschieht ist, daß das Kind die Folgen und die Schuld auf sich nimmt. Viele ergreifen einen Opferberuf und gehen ins Kloster, um dafür zu sühnen, andere werden in solch einem Zusammenhang verrückt, zahlen mit Symptomen oder bringen sich um. Wieder andere zeigen sich liederlich und sagen: Ich bin wirklich eine Hure, ihr braucht kein schlechtes Gewissen zu haben ,– und entlasten dadurch die Täter.

Ein Beispiel:

Im letzten Kurs war eine Frau, die war lange Zeit verwirrt und hatte viele Selbstmordversuche hinter sich und war als Kind von ihrem Vater und einem Onkel mißbraucht worden. Sie hatte die Phantasie, daß, wenn sie in einer Gruppe ist, alle sehen, daß sie eine Verbrecherin ist und daß sie sie umbringen wollen. Dann hab' ich sie in das Gefühl gehen lassen, und sie hat dagesessen und immer unter sich geschaut. Sie sah dann den Onkel, der sich umgebracht hatte, der Onkel, der sie mißbraucht hatte. Sie schaute nach unten, und sie hatte dabei ein altes und hartes Gesicht. Das war nicht sie. Ich fragte: „Wer schaut so runter auf ihn? So böse und triumphierend?" Es war die Mutter. Da hab' ich das dann abgebrochen, und später haben wir das System aufgestellt. Da wurde deutlich, daß der Onkel ihr Vater ist und daß die Mutter froh war, daß er weg war. Daß diese Tochter sich dann schuldig an seinem Tod fühlte, war auch klar.

Die Lösung für das Kind

Es geht immer darum, eine Lösung für den zu finden, der da ist, und ich gehe nicht über das Unmittelbare hinaus und strebe keine allgemeine Lösung an. Die Lösung schaut jedoch für jedes Mitglied anders aus.

Die Lösung für das Kind ist, daß das Kind der Mutter sagt: „Mama, für dich tue ich es gerne", und dem Vater: „Papa, für die Mama tue ich es gerne". Wenn der Mann dabei ist, lasse ich das Kind sagen: „Ich tu' es für die Mama, für die Mama tue ich's gerne". Das ist aber eine so große Mutprobe für das Kind, das den Eltern zu sagen, daß es kaum jemand schafft. Das Leiden ist leichter.

Der Mann kann der Versuchung schwer widerstehen, weil er das Bedürfnis nach Ausgleich hat. Wenn man das jetzt vordergründig als Trieb sieht im Sinne von „Er vergeht sich an der Tochter", erfaßt man eine wesentliche Grunddynamik nicht. Auch hier gilt die Devise: Nur die Deutung, die jedem seine Würde läßt, stimmt. Eine Deutung, bei der einer der Böse ist, bewirkt keine Lösung. Wenn so etwas geschieht, sind alle in einem tiefen Einverständnis, die Frau, die Tochter und der Mann, um einen Ausgleich von Nehmen und Geben herzustellen.

Fragen zum Thema Inzest

Friedemann: Bei mir ist noch etwas vom Morgen hängengeblieben. Du hast gesagt: Wenn sich die Frau in der Sexualität verweigert ... Das impliziert für mich eine Schuldzuschreibung. Ich denke, daß das eine gestörte Beziehung ist, an der beide beteiligt sind, und daß sich beide dem nicht stellen. Das hat dann diese Folgen.

Bert Hellinger (bestimmt): Nein, die Frau verweigert sich.

Friedemann: Darf ich noch fragen, warum?

Bert Hellinger: Spielt überhaupt keine Rolle. Die Wirkung ist die gleiche. Die Ursache spielt keine Rolle, aber es gibt natürlich Bedingungen. Die Frau ist natürlich verstrickt, wenn sie sich verweigert, aber es ist unfair, dann die Schuld beim Mann zu suchen.

Friedemann: Damit bin ich einverstanden, aber es ist auch unfair, ... nein, es ist unklug, die Schuld wie einen Schwarzen Peter herumzuschieben.

Bert Hellinger: Ja, aber wer hat denn den Schlüssel, wenn sich etwas verändern soll? Den hat nur die Frau. Sie hat dann auch die Verantwortung, und nicht der Mann.

Vera: Es könnte auch sein, daß der Mann sich verweigert, daß er sich nicht mehr durch die Frau ansprechen läßt und nur noch von der Tochter.

Bert Hellinger: Das ist jetzt ein hypothetischer Einwand. Das müßte man nachprüfen, ob das wirklich stimmt. Was denkbar ist, ist öfters falsch. Beim Denkbaren kannst du „Ja" oder „Nein" sagen und hast dann keinen Hinweis, und es wird ein Problem geschaffen, das es in der Realität nicht gibt. Es ist also viel besser, wenn man ein reales Problem nimmt und an ihm abliest, was dort abläuft. Für mich hat die Frau in dieser Situation den Schlüssel und damit auch die Verantwortung.

Karl: Du setzt häufig in einem zirkulären Geschehen die Frau an den Anfang. Was der Mann dazu beigetragen hat, daß die Frau sich so verhält, berücksichtigst du selten.

Bert Hellinger: Das liegt in der Natur der Frau. Frauen fühlen sich weniger unfertig als Männer. Männer sind in ihrer Position viel unsicherer als Frauen. Das hat etwas mit der biologischen Rolle der Frau zu tun, die eine andere Größe hat als die des Mannes. Es ist ganz eindeutig für mich, daß die gewichtiger ist. Auch das Engagement und die Bindung ist viel tiefer, und das gibt ihnen mehr Gewicht. Der Mann muß sich das außerhalb bitter erkaufen. Die armen Kerle werden dann Patriarchen genannt. Das tun sie, damit sie wenigstens etwas darstellen. Jedenfalls kann man es auch so sehen.

Karl: Es bleibt aber für mich, daß du etwas so beschreibst, daß der Mann sich an die Tochter wendet, weil die Frau sich entzieht. In dieser Beschreibung ist nicht berücksichtigt, was der Mann tat, daß die Frau sich ihm entzieht.

Bert Hellinger: Diese zusätzliche Überlegung bringt nichts hinsichtlich der Lösung für das Inzestopfer. Ich kann dir zustimmen, daß das vielschichtig ist und sich gegenseitig bedingt. Das übliche bei Inzest ist, daß die Tochter sagt: Der Scheißkerl, was der mir angetan hat, und viele andere denken auch so. Die Dynamik zeigt aber, daß die Mutter das Kind vorschiebt, um sich dem Mann entziehen zu können. Wenn jetzt die Tochter sagt: „Mama, für dich tue ich das gerne", kommt sie in einen anderen dynamischen Zusammenhang und kann sich leichter vom Vater lösen, kann sich von dem Trauma lösen, und sie kann sich von der Mutter lösen.

Die Wirkung der Lösungssätze

Systemisch gesehen lösen die Sätze die Tochter aus der Verstrickung in die Auseinandersetzung der Mutter mit dem Vater. Der Widerstand gegen diese Intervention seitens des Mädchens hängt wahrscheinlich auch damit zusammen, daß es sich jetzt auf eine demütige Position zurückziehen muß. Damit gibt sie die Rivalität mit der Mutter auf, wer die bessere Frau für den Vater ist. Die Mutter ist dann wieder die bessere Frau und das Kind ist wieder Kind. Das ist ein Unterschied zum Ödipuskomplex. Beim Ödipuskomplex steht die Rivalität im Vordergrund, und hier ist es die Liebe, die heimliche Verbindung zur Mutter. Diese Lösung stellt wieder Einvernehmen und Nähe zur Mutter her, und dann kann sie sich als Frau wieder entfalten. Andernfalls bleibt sie von der Mutter abgeschnitten. Diese Sätze bringen die hintergründige Dynamik sofort ans Licht. Keiner kann sich dann mehr so verhalten wie früher. Alle Beteiligten sind in die Verantwortung genommen, und das Kind muß sich nicht mehr schuldig fühlen. Das, was es getan hat, hat es aus Liebe getan. Plötzlich ist das Kind gut, und es weiß sich gut. Die Sätze übertragen also die Verantwortung für den Inzest und seine Folgen den Eltern, und sie entlasten das Kind, weil sie seine Liebe und Abhängigkeit und damit auch seine Unschuld erweisen. Es kann nicht das Interesse vom Therapeuten sein, die Täter zu verfolgen, weil das den Opfern überhaupt nichts hilft. Wichtig ist, daß dem Kind geholfen wird, zu seiner Würde zurückzufinden.

(Später)

Ruth: Mir sträubt sich immer noch alles dagegen, daß die Mutter den Kopf hinhalten soll.

Bert Hellinger: Das ist besonders so, wenn du dich dagegen wehrst, es anzuschauen.

Thomas: Und wohin fliehe ich dann, wenn ich so etwas das nächste Mal sage und die Frauen mich in Schnipsel zerreißen wollen?

Bert Hellinger: Das ist ein Geheimnis, das man nur unter der Hand weitergibt. Und wenn, sagt man es am besten mit Furcht und Zittern.

Friedemann: Wie ist es denn, wenn ein Mädchen ganz konkret in dieser Situation drinsteckt, zum Beispiel ein 16jähriges Mädchen, dem das gerade passiert ist. Was dann?

Bert Hellinger: Gerade dann wirken die Sätze am besten. Es muß das System in sich in Ordnung bringen.

Klaus: Aber das Bewußtsein des Mädchens wird sich doch mit aller Macht dagegen sträuben, weil es sich als Opfer erlebt.

Bert Hellinger: Die Opferrolle gibt ihr ja unerhörte Macht, bläht sie auf, und wenn sie den Satz jetzt sagt, dann hört das plötzlich alles auf.

Dann ist sie wieder ein ganz einfaches Familienmitglied. Dieser Satz entmachtet sofort sowohl die Mutter wie auch die Tochter. Was Lösung bringt, wird aber oft abgewertet.

Klaus: Aber für das Mädchen, besonders, wenn es noch klein ist, ist es doch eine tiefe Wunde. Anders kann ich mir das gar nicht vorstellen.

Bert Hellinger: Das ist eine Dramatisierung.

Klaus: Aber was macht der Satz mit dem Vater? Der Vater verkommt dann ja zum Statisten. Er ist ja auch jemand, der etwas tut, der sich an seinem Kind vergeht. Was macht der, um das Gleichgewicht wieder herzustellen?

Bert Hellinger (lächelnd): Das bringt mich jetzt in Verlegenheit, darüber habe ich noch nicht nachgedacht. Der Mann ist nur Blitzableiter, er ist in der Dynamik verstrickt, weil die alle gegen ihn zusammenwirken. Er ist sozusagen das arme Schwein ...

Klaus: Gibt es da einen Unterschied, ob der gewalttätig war oder nicht?

Bert Hellinger: Ja, natürlich! Wenn er gewalttätig war, war es auch eine andere Dynamik. Dann besteht oft eine große Wut auf seine Frau.

Angela: Ich habe es noch nicht verstanden. Was tut nun der Mann, um das Gleichgewicht wiederherzustellen? Heißt das, daß er geht?

Bert Hellinger: Das wäre die moralische Lösung, wenn er weggeht, wenn er sich schämen und die Familie verlassen muß. Er wird dann angezeigt, kommt ins Gefängnis. Dann ist er weg. Das ist aber eine schlimme Lösung, weil das keinen Frieden im System bringt.

Wenn es für das Kind auch lustvoll war

Für manche ist das Schlimme, was jetzt noch kommt, nämlich: Das Mädchen kann zugeben, daß es auch schön und lustvoll war, wenn es so war. Dann ist es nämlich etwas Gewöhnliches, das Drama hört auf, und die Wunde hört auf zu schmerzen. Für einige Kinder ist das Erleben lustvoll. Sie dürfen aber dieser Wahrnehmung nicht trauen, weil das Gewissen sagt, es sei böse. Sie brauchen dann die Zusicherung, daß sie unschuldig sind, auch wenn es lustvoll war. Das Mädchen darf anerkennen, daß es, trotz des berechtigten Vorwurfs gegen die Eltern, den Inzest auch faszinierend erlebte, denn das Kind verhält sich kindgemäß, wenn es neugierig ist und etwas erfahren will. Das Sexuelle kommt ja sonst in einen schrecklichen Zusammenhang. Wenn ich es einmal etwas frivol und provokativ sage: Die

Erfahrung als solche ist dabei ja nur etwas vorgezogen. Wenn ich das dem Kind sage, entlastet es das Kind.
Mirjam: Ich habe herausgehört, daß da eventuell auch eine kleine verführerische Frau ist, und ich finde es ganz wichtig, ihr zu sagen, daß sie unschuldig ist.
Bert Hellinger: Ja, sie kann verführerisch gewesen sein, aber das darf kein Vorwurf sein.
Vera: Mir macht es noch zwiespältige Gefühle, daß du meinst, daß es dem Mädchen auch Spaß bringen kann. Wir haben gerade vor einer Woche in der Klinik gemeinsam einen Film gesehen, in dem die Mädchen ganz anderes berichteten.
Bert Hellinger: Aber Vera, du bekommst doch die Wahrheit nicht in einem Film.
Vera: Das weiß ich auch. Meine Frage ist aber, ob es gut ist, sich auf die Seite der Wissenden zu stellen, die wissen, daß es Spaß gemacht hat.
Bert Hellinger: Das Kind darf zustimmen, daß es auch Spaß gemacht hat, *wenn es so war*, und dann kann der Therapeut dem Kind mitteilen, daß es unschuldig bleibt, auch wenn das etwas Faszinierendes hatte. Es ist doch ganz klar, daß die Schuld bei dem Erwachsenen ist!

Ein Beispiel:

Es war einmal eine Frau, die hatte während des Kurses öfters den Impuls, aus dem Fenster zu springen. Sie hatte als Skriptgeschichte (s. S. 239 ff.) Rotkäppchen. Rotkäppchen ist, verschlüsselt dargestellt, die Verführung der Enkelin durch den Großvater. Das hab' ich ihr gesagt, und dann hat sie gesagt, nein, da ist nichts. Am letzten Tag kommt sie rein und sagt: Klar, ich habe die Szene genau gesehen, und ich weiß es ganz genau, es war der Großvater. Er lebte noch bei ihrer Mutter und konnte nicht sterben. Sie vermutete, daß er ihrer Mutter auch zu nahe getreten ist. Dann ist sie heimgefahren, hat die Tür aufgemacht und hat gesagt: „Ich möchte euch nur sagen, ich weiß es!", hat die Tür zugemacht und ist raus. Jetzt sind die Folgen bei denen, und sie ist frei.

Ich habe oft noch eine kleine persönliche Intervention für Mädchen, die Opfer einer solchen Konstellation geworden sind. Denen erzähle ich eine Strophe aus Goethes Lied „Sah ein Knab ein Röslein stehn ... und der wilde Knabe brach's Röslein auf der Heiden; Röslein wehrte sich und stach, half ihm doch kein Weh und Ach, mußt es eben leiden

..." Und dann verrate ich ihnen ein Geheimnis: Das Röslein duftet noch. – Bei all diesen Sachen nur kein Drama.

Die Bindung durch den Inzest

Bert Hellinger geht später ausführlich darauf ein, daß der erste innige sexuelle Vollzug eine besonders intensive Beziehung herstellt, das heißt, durch diese sexuelle Erfahrung entsteht eine Bindung vom Mädchen zum Täter. Es kann später keinen neuen Partner haben, ohne daß es diesen ersten würdigt. Durch die Verfolgung und Abwertung findet sie dann oft keinen neuen. Wenn sie aber zu dieser ersten Bindung steht, zu dieser ersten Erfahrung, nimmt sie diese mit in eine neue, und die ist dann dort aufgehoben. So, wie es jetzt propagiert wird, nämlich, daß die Erfahrung nur schädlich ist und schlimme Folgen haben wird, ist es gegenläufig zur Lösung und nur zum Schaden der Opfer.

Die Verfolgung der Täter hilft niemandem

Die Täter zu verfolgen und zu bestrafen, hilft weder dem Opfer noch irgend jemand sonst. Wenn das Kind aber geschädigt worden ist, indem zum Beispiel Gewalt angewendet wurde, dann hat es ein Recht darauf, auf den Täter böse zu sein, aber nicht so, daß es ihm die Zugehörigkeit zum System abspricht. Es kann sagen: „Du hast mir großes Unrecht getan, und ich werde dir das nie verzeihen." Und sie kann gleichsam den Eltern ins Gesicht sagen: „Ihr seid's, nicht ich, und ihr müßt die Folgen tragen, nicht ich." In diesem Augenblick schiebt es die Schuld auf ihn oder sie und nimmt sich selbst raus. Und dabei ist es gar nicht wichtig, daß das Kind den Eltern große Vorwürfe macht. Die klare Abgrenzung ist wichtig, und dadurch wird es frei. Die Vorwürfe sind nur ein Scheingefecht und nicht ein Zumuten. Das Kind darf auch nicht verzeihen. Verzeihen ist eine Anmaßung, und das steht dem Kind nicht zu. Es kann sagen: „Es war schlimm für mich, und ich lasse die Folgen bei dir, und ich mache dennoch etwas aus meinem Leben."

Geht das Kind dann eine glückliche Partnerschaft ein, so ist das eine Entlastung für den Täter, läßt es sich selbst später schlechtgehen, ist das auch eine späte Rache am Täter.

Der Vater darf sich andererseits auch nicht beim Kind entschuldigen, das bringt eine ganz große Bürde für das Kind. Aber er kann sagen: „Es tut mir leid" oder „Ich habe dir Unrecht getan".

Lösung ist ein doppeldeutiges Wort. Lösung ist immer ein Sich-Wegbewegen-von. Der Kampf bindet. Das Zumuten der Verantwortung führt zu einer guten Trennung von der Familie. Bei einer Verstrickung in ein übergeordnetes System, hier das der Eltern, muß der Unterlegene die Verantwortung den Übergeordneten zumuten. Dann kann er sie lassen und gehen.

Fragen:

Jutta: Ich habe mich gewundert, daß es oft keine Lösung gibt, wenn es vor Gericht gerät.

Bert Hellinger: Ja, dadurch erreicht man keine Lösung. Hier gibt es ein wichtiges systemisches Gesetz zu beachten. Es gibt eine systemische Störung, wenn jemand in einem System verteufelt wird oder ihm die Zugehörigkeit abgesprochen wird. Die Lösung ist dann immer, daß derjenige, der ausgeschlossen wurde, wieder aufgenommen wird. Ich mache das hier im Seminar dauernd. Ich stelle mich auf die Seite der Ausgeklammerten und der Bösen.

Hannelore: Heißt das, daß es wurscht ist, was der Vater der Tochter angetan hat?

Bert Hellinger: Das ist nicht wurscht. Es gibt Situationen, in denen jemand die Zugehörigkeit zum System verspielt. Zum Beispiel, wenn jemand einen im eigenen System umbringt oder lebensgefährlich verletzt oder wenn ein dreijähriges Kind vergewaltigt wird. Diese Person hat ihr Recht verspielt. Dann wird auch kein Versuch mehr gemacht, sie wieder zu integrieren.

Jutta: Das hieße, wenn Kinder zu uns kommen und ein Mißbrauch aufgedeckt wird, dann kann man die Kinder den Eltern entziehen, sollte aber die Eltern nicht anklagen und vor Gericht bringen.

Bert Hellinger: Genau! Richtig! Man darf dann die Eltern vor dem Kind auch nicht schlechtmachen.

Der Platz des Therapeuten

Systemisch gesehen, sucht sich der Therapeut oder die Therapeutin immer mit dem zu verbünden, der verteufelt wird. Sie müssen in dem Augenblick, wenn sie damit arbeiten, dem Täter in ihrem Herzen einen Platz geben. Die größte Gefahr ist, daß der Therapeut im Feldzug gegen den Vater mitmacht, weil der „so verworfen" ist. Ich frage mich auch, woher der Affekt kommt und warum man sich das nicht ruhig anschauen kann? Dieser Affekt macht es schon verdächtig. Da stimmt etwas nicht, sonst wäre der nicht so stark. Da wird etwas überbewertet. Therapeuten, die sich mit dem Opfer verbünden, klammern den Täter aus dem System aus und tragen so zu einer Verschlimmerung der Situation bei. Das ist die Konsequenz, und das geht sehr weit.

Ich bringe einmal ein Beispiel:
In einer Gruppe von Therapeuten erzählte eine Psychiaterin voller Entrüstung, sie habe eine Klientin, die von ihrem eigenen Vater vergewaltigt worden sei. Sie war so richtig in Fahrt und hielt den Vater für einen Schuft und ein Schwein. Dann habe ich sie und das System aufstellen lassen und sie aufgefordert, sich dazuzustellen und ihren Platz im System als Therapeutin einzunehmen. Sie stellte sich neben die Klientin, und das ganze System wurde der Therapeutin böse und hat ihr nicht mehr getraut. Dann hab' ich sie neben den Vater gestellt, und alle wurden ruhig und hatten Vertrauen.

Täter und Opfer sind verstrickt, wie, weißt du nicht. Wenn die Verstrickung klar wird, verstehst du alles. Dann hast du ganz andere Möglichkeiten, gut damit umzugehen. Arbeite ich mit dem Täter, zum Beispiel einem Vater, konfrontiere ich ihn natürlich mit seiner Schuld, das ist keine Frage. Die Opfer gehen aber oft irrigerweise davon aus, daß sich bei ihnen etwas ändert, wenn sie die Schuld auf sich nehmen oder wenn derjenige, der als Böser dasteht, bestraft wird. Das Opfer kann aber selbst jederzeit handeln, unabhängig davon, ob der andere zur Rechenschaft gezogen wird. Es muß aber auf die Rache verzichten.
Adrian: Jay Haley und Cloe Madanes machen es so, daß sie die Täter auffordern, sich vor dem Opfer niederzuknien und sich zu verneigen. Das Opfer muß das dann aber nicht annehmen.
Bert Hellinger: Ich würde es umgekehrt machen, daß das Opfer sich vor dem Täter verneigt. Wie du das schilderst, sind die Therapeuten auf der Seite des Opfers, und das ist, wie gesagt, die schlimmste Position für den Therapeuten.
Jens: Gibt es einen übergeordneten Gesichtspunkt, weshalb gerade in dieser Zeit dieses Thema so in Erscheinung tritt?
Bert Hellinger: Wenn du mich herausforderst ... Also in den Familienkonstellationen ist ja die Frau dem Mann böse, verweigert sich ihm und sucht gleichzeitig Rechtfertigungen, dem Mann böse zu sein. Sie

findet einen Grund, wenn er den Inzest begeht. Das ist ein Triumph für die Frau. Diese Familienkonstellationen werden jetzt in die Öffentlichkeit verschoben. Da geht es dann nicht mehr um die Frau und den Mann, sondern um die Frauen und die Männer. Dann wird das ungut. Auf der Strecke bleiben die Opfer. Die werden diesem Machtkampf sozusagen zum Fraß vorgeworfen. Denen bringt das nämlich gar nichts.

9. Eltern und Kinder als Schicksalsgemeinschaft

Eltern und Kinder bilden zusammen eine Schicksalsgemeinschaft, in der jeder in vielfältiger Weise auf den anderen angewiesen ist und in der jeder nach seinem Vermögen zum gemeinsamen Wohl beitragen muß und auch seine Pflichten hat. Hier gibt jeder und nimmt jeder. Deshalb müssen Kinder auch geben in der Familie, entsprechend der Notwendigkeit, die sich ergibt. Die Eltern können auch fordern, daß die Kinder geben, und die Kinder können auch von sich aus geben.

Das Rasthaus

Jemand wandert durch die Straßen seiner Heimat. Alles scheint ihm hier vertraut, und ein Gefühl von Sicherheit begleitet ihn und auch von leichter Trauer. Denn vieles blieb ihm auch verborgen, und immer wieder stieß er an verschlossene Türen. Manchmal hätte er am liebsten alles hinter sich gelassen und wäre fortgegangen, weit weg von hier. Doch irgend etwas hielt ihn fest, als ringe er mit einem Unbekannten und könne sich von ihm nicht trennen, bevor er nicht von ihm gesegnet war. Und so fühlt er sich gefangen zwischen vorwärts und rückwärts und zwischen Gehen und Bleiben.

Er kommt in einen Park, setzt sich auf eine Bank, lehnt sich zurück, atmet tief und schließt die Augen. Er läßt es sein, das lange Kämpfen, verläßt sich auf die innere Kraft, spürt, wie er ruhig wird und nachgibt wie ein Schilf im Wind, im Einklang mit der Vielfalt, dem weiten Raum, der langen Zeit.

Er sieht sich wie ein offenes Haus. Wer hinein will, darf auch kommen, und wer kommt, der bringt etwas, bleibt ein wenig und geht. So ist in diesem Haus ein ständiges Kommen, Bringen,

Bleiben und Gehen. Wer als Neuer kommt und Neues bringt, wird alt, indem er bleibt, und es kommt die Zeit, da wird er gehen. Es kommen in sein offenes Haus auch viele Unbekannte, die lange vergessen oder ausgeschlossen waren, und auch sie bringen etwas, bleiben ein wenig und gehen. Und auch die schlimmen Gesellen, denen er am liebsten die Türe weisen würde, kommen, und auch sie bringen etwas, fügen sich ein, bleiben ein wenig und gehen. Wer es auch sei, der kommt, er trifft auf andere, die vor ihm kamen und die nach ihm kommen. Und da es viele sind, muß jeder teilen. Wer seinen Platz hat, hat auch seine Grenze. Wer etwas will, muß sich auch fügen. Wer gekommen ist, der darf sich auch entfalten, solange er noch bleibt. Er kam, weil andere gingen, und er wird gehen, wenn andere kommen. So bleibt in diesem Haus genügend Zeit und Platz für alle.

Wie er so dasitzt, fühlt er sich wohl in seinem Haus und weiß sich eins mit allen, die kamen und kommen und brachten und bringen und blieben und bleiben und gingen und gehen. Ihm ist, als sei, was vorher unvollendet war, nun ganz; er spürt, wie ein Kampf zu Ende geht und Abschied möglich wird. Ein wenig wartet er noch auf die rechte Zeit. Dann öffnet er die Augen, blickt sich noch einmal um, steht auf und geht.

IV. Über das Gelingen und Mißlingen von Paarbeziehungen

1. Wie wir Männer und Frauen werden

Was müssen wir nun tun, um zu lernen, das eigene Geschlecht zu entwickeln und zu ihm zu stehen? Fangen wir beim Jungen an: Der Junge ist als Kind im Bannkreis seiner Mutter und erfährt das Weibliche von ihr. Bleibt er dort, überschwemmt das Weibliche seine Seele, und er erlebt die Frau übermächtig. Das hindert ihn, den Vater zu nehmen, und das Männliche wird bei ihm eingeengt und geht immer mehr verloren. Im Bannkreis der Mutter bringt es der Sohn oft nur zum Jüngling, zum Frauenliebling oder Liebhaber und nicht zum Mann. Um Mann zu werden, muß er der Versuchung widerstehen, selber eine Frau werden oder sein zu können. Daher muß er auf die erste Frau in seinem Leben verzichten und schon früh aus dem Bannkreis der Mutter in den des Vaters treten. Er muß sich von ihr lösen und sich neben den Vater stellen. Das ist für den Sohn ein großer Verzicht und ein tiefer Einschnitt. Früher wurde das mit den Initiationsriten bewußt gemacht und vollzogen. Danach konnte der Junge nicht mehr zur Mutter zurück. In unserer Kultur geschah der Übergang der Loslösung von der Mutter, wenn der Jüngling zum Militär eingezogen wurde. Dort wurden die Jünglinge zu Männern. Heute gehen sie vielleicht zum Zivildienst und bleiben dafür Muttersöhne.

Beim Vater wird der Sohn zum Mann, der auf das Weibliche in sich verzichtet hat. Dann kann er sich das Weibliche von einem Gegenüber, einer Frau schenken lassen, und so kommt eine Beziehung zustande, die trägt.

Die Tochter ist ebenfalls am Anfang bei der Mutter und erlebt sie stark, anders als der Sohn. Sie strebt zum Vater. Sie erlebt das Männliche zuerst in der Beziehung zum Vater, und das fasziniert sie.

Bleibt sie in seinem Bannkreis, überschwemmt das Männliche ihre Seele. Sie bringt es dann nur zum Mädchen und zur Geliebten, aber nicht zur Frau. Sie kann dann später nicht vollwertig auf einen anderen Mann zugehen, ihn würdigen und ebenbürtig behandeln.

Um Frau zu werden, muß die Tochter auf den ersten Mann in ihrem Leben, nämlich den Vater, verzichten, sich von ihm zurückziehen und zur Mutter zurückkehren, sich neben sie stellen. Dort wird sie zur Frau, und dann findet sie später auch zum eigenen Mann, von dem sie sich das Männliche schenken lassen kann. Das ist genau das Gegenteil zur narzißtischen Vorstellung, daß die Frau das Männliche in sich selbst entwickeln sollte.

Die beste Ehe ist, wenn Vaters Sohn Mutters Tochter heiratet. Häufig heiratet aber Vaters Tochter Mutters Sohn. Dann wird es kompliziert, und es fehlt die Spannung und die Kraft. Das Thema des Verzichtes taucht also schon ganz früh auf. Ich denke da so an ein Alter von sechs bis sieben Jahre. All das kann ich aber nicht beweisen, und es gibt auch keinerlei wissenschaftliche Untersuchungen dazu.

Lars: Das haben wir alles doch schon einmal gehabt, Ödipus-Schnödipus. Was ist da der Unterschied?

Bert Hellinger: Das ist es eben nicht. Das ist ein Denkfehler, den du machst. Ich habe einen Vorgang geschildert, und du ordnest den Vorgang in etwas Bekanntes ein. Sobald du Ödipus sagst, ist der Vorgang nicht mehr nachzuvollziehen, und die Dynamik ist plötzlich gestoppt. Wo es um neue Erkenntnis geht, ist es wichtig, daß man mit der Dynamik mitgeht, und dann spürt man genau, wo es stimmt und wo nicht. Das ist der Erkenntnisweg. Anderenfalls habe ich Worte, und das ist zu wenig. Vor allen Dingen ist es zu wenig, um jemandem zu helfen.

Ein Beispiel:

Es fährt jemand auf dem Fahrrad vorbei und du sagst ihm: Das ist Radfahren. Weiß er dann was? – Wenn er weiterfährt, dann erfährt er etwas. Das Wissen, daß er radfährt, hilft ihm überhaupt nichts bei dem, was er tut.

Bruno: Was ist deiner Meinung nach das Weibliche im Mann und das Männliche in der Frau? Was ist überhaupt das Männliche und das Weibliche, deiner Meinung nach?

Bert Hellinger: Ich glaube, ich habe es noch nicht erfaßt (Lachen), denn für den Mann bleibt das Weibliche immer ein Geheimnis und umgekehrt. Ich verstehe nicht einmal das Männliche richtig. Es geht hier nicht ums Verständnis, sondern darum, daß man gewissen Erfahrungen Raum gibt, und wenn ich etwas genau erfassen will, dann habe ich vom Feuer nur die Asche. Das Feuer wärmt, und die Asche kann ich fassen.

Adelheid: Kann die Beziehung zu Vater und Mutter nicht auch ausgewogen sein?

Bert Hellinger: Es ist ja so, daß der Sohn, der zum Vater kommt, eine höhere Achtung vor seiner Mutter hat als der, der im Bannkreis der Mutter bleibt. Die Mutter verliert nichts dadurch. Und die Tochter, die aus dem Bannkreis des Vaters zurück in den Bannkreis der Mutter geht, verliert den Vater nicht. Sie entwickelt eine höhere Achtung für den Vater. Vor allem ist die Beziehung der Eltern intensiver, wenn die Töchter bei der Mutter sind und die Söhne beim Vater. Es gibt dann keine Verwirrungen.

Arnold: Kannst du nochmal mit anderen Worten sagen, was du mit Bannkreis meinst?

Bert Hellinger: Nein. – Hier geht es nicht um wahr und falsch, sondern um Blickwinkel, um gewisse Dinge eher zu verstehen und vielleicht leichter damit umzugehen. Mehr ist nicht dahinter. Sobald es jetzt als Wahrheit verkündet würde, wäre es eine falsche Theorie, dann würde ich sie sofort abstreiten. Ich lasse es mal so.

Frage: Die Tochter erlebt das erste, was sie bekommt, ja auch von der Mutter. Sie muß dann doch schon vorher einmal den Schritt von der Mutter zum Vater getan haben.

Bert Hellinger: Genau, deshalb hat die Frau es ja auch leichter. Der Sohn erlebt das Weibliche so übermächtig, daß er dem nicht gewachsen ist. Deshalb ruht ein Mann auch nicht in sich allein. Damit ein Mann sein Männliches ganz entwickeln kann, muß er bei dem Vater sein. Das ist nämlich der, der mit der anderen Frau fertig wurde (Heiterkeit in der Gruppe).

Frage: Ja, aber wenn das Mädchen gleich bei der Mutter bleibt, dann fehlt ihr doch auch wieder irgendwie was?

Bert Hellinger: Ja, das stimmt. Sie muß zum Vater hin und dann zur Mutter zurück. Wenn sie ganz bei der Mutter bleibt, erlebt sie gar nicht erst die Attraktivität des Männlichen beim Vater.

Gabriele: Du hast gestern gesagt, daß es eine Frau schwer hat, auf einen Mann zuzugehen, wenn der Verzicht auf den Vater nicht gelungen ist. Das geht mir nach.

Bert Hellinger: Ein Satz, der für den Verzicht der Tochter auf den Vater hilfreich ist, ist, wenn sie zum Vater sagt: Mutter ist ein bißchen besser.
Adelheid: Habe ich das richtig verstanden, daß, wenn ich meiner Mutter das Recht auf Frausein zugestehe, dann habe ich mich neben sie gestellt?
Bert Hellinger: Nein, wer seiner Mutter das Recht auf Frausein zubilligt, hat sich über sie gestellt.
Frage: Und wenn ich sie akzeptiere?
Bert Hellinger: Nein, akzeptieren ist gnädig. Das Nehmen ist demütig.
Frage: Du hast gesagt, daß es wichtig für eine Tochter ist, sich neben die Mutter zu stellen, und ich habe festgestellt, daß es mir weder als Kind noch als Mädchen noch als Frau gelungen ist, mich neben die Mutter zu stellen. Da frage ich mich nun, kann ich da noch was machen?
Bert Hellinger: Ja, das kann man nachholen. Man kann sich auch später noch innerlich neben die Mutter stellen.
Frage: Und wenn nicht mehr viel kommt, das ich nehmen kann?
Bert Hellinger: Was hier noch zu nehmen ist, kommt nicht von den realen Eltern, denn was die gegeben haben, haben sie schon alles gegeben. Man muß dem nur noch in der Seele einen Platz geben.
Frage: Kann man solche Beziehung auch bei jemand anderem nachholen?
Bert Hellinger: Das geht nicht. Das Wesentliche kann ich nur dort haben, wo es ursprünglich fließt, und das ist bei Vater und Mutter. Man geht mit dem Klienten in der Phantasie zurück in die frühe Zeit. Er ist noch einmal ein Kind und geht als dieses Kind auf den ausgeklammerten Elternteil zu, bis er dort ankommt. Wenn er das bei den jetzigen Eltern versucht, sind es nicht die Eltern, die ihm gefehlt haben. Ich muß ihn zurück führen und es in der damaligen Zeit lösen.
Rainer: Es ist ja seltsam, daß es sehr viele Literatur über Mutter-Kind-Beziehung gibt und nur relativ wenig über Kind-Vater-Beziehungen.
Bert Hellinger: Es gibt eine Verwirrung der Werte, weil der Anfang, die Zeugung, als das Wichtigste in der Werteskala ganz unten steht statt ganz oben. Einen Unterschied macht es auch, ob ein Vater einen Sohn hat oder eine Tochter. Du, Rainer, hast eine Tochter? Wie alt ist die?
Rainer: Acht Jahre.
Bert Hellinger: Dann wird es höchste Zeit, daß du sie aufgibst.

Rainer: Ja, der Verzicht auf meine Tochter beschäftigt mich auch. Gleichzeitig weiß ich, daß das keine Handlungsanweisung ist.
Bert Hellinger: Doch, doch!
Rainer: Ich meine, es ist nicht unmittelbar in Handlung überzuführen.
Bert Hellinger: Doch, doch, natürlich!
Rainer: Ich will das aber nicht!
Bert Hellinger: Das ist eine klare Aussage. Was ich gesagt habe, ist eine klare Handlungsanweisung, was denn sonst? Sonst hätte ich mir den Satz ja sparen können.
Rainer: Was könnte das denn sein?
Bert Hellinger: Zum Beispiel, daß du in ihr deine Frau bewunderst.
Rainer: Das finde ich toll, ja.
Bert Hellinger: Oder wenn du zur Tochter sagst, sie sei fast so gut wie ihre Mutter.
(längeres Schweigen)
Rainer: Die zweite Sache, die mich bewegt, ist, ...
Bert Hellinger (zur Gruppe): Jetzt lenkt er ab. Das ist aber auch völlig okay. Da wird es jetzt ernst. Er merkt, was auf ihn zukommt. Die Tochter ist, verglichen mit der Frau, ein Trostpreis.

Das kleine Glück

Rainer (in einer späteren Runde): Mir geht noch nach, daß ich bei dem Morgengebet zu meinem Vater nicht sagen konnte: „Schön, daß du die Mama geheiratet hast." Und ich von dir, Bert, das Echo bekommen habe: „Ja, du hast das kleine Glück gewählt." Das arbeitet seit anderthalb Jahren in mir.
Bert Hellinger: Das kleine Glück ist ja auch etwas.

Ich habe kürzlich im Fernsehen einen Sketch gesehen von Marty Feldman. Das ist ein Engländer mit Kulleraugen. Der spielte ein vierzigjähriges kleines Kind bei der Mama. Er ist da zu der Mama gegangen und hat gesagt: Jetzt mache ich mich selbständig. Die Mama sagte: Geh nur, hast ja gar kein Geld. Da sagte der Sohn: Doch, steckte sein Spielzeuggeld ein und ging. Die Mama hat in der Zwischenzeit weitergekocht. Nach einer Weile kam er zurück und sagte: Mama, ich bleibe immer bei dir. Das war sein kleines Glück. Noch was, Rainer?
Rainer: Nein, ich gebe erst einmal weiter. (Heiterkeit im Kreis)

a. Anima und Animus

Das Weibliche in der Seele des Mannes nennt C. G. Jung die Anima und das Männliche in der Seele der Frau nennt er den Animus. Der Mann entwickelt seine Anima bei der Mutter, und die Anima entfaltet sich stärker, wenn er als Sohn im Bannkreis seiner Mutter bleibt. Doch merkwürdigerweise hat er dann weniger Verständnis und Mitgefühl für andere Frauen, und er findet bei Frauen und Männern weniger Anklang. Ein Macho ist immer einer mit einer starken Anima, und er ist immer muttergebunden. Er ist ein Jüngling oder ein Held, aber kein Mann.

In der Seele der Frau entfaltet der Animus sich stärker, wenn die Tochter im Bannkreis ihres Vaters bleibt, doch merkwürdigerweise hat sie dann weniger Verständnis, Mitgefühl und Achtung für andere Männer, und sie findet bei Männern und Frauen weniger Anklang. Je länger sie beim Vater bleibt, desto unfähiger wird sie für eine Beziehung zu einem Mann. Das sind natürlich Hirngespinste, erzählt sie ja nicht weiter.

Die Wirkung der Anima in der Seele des Mannes hält sich in Grenzen, wenn er schon früh hinüber in den Bannkreis seines Vaters trat. Doch merkwürdigerweise hat er dann mehr Mitgefühl und Verständnis für die Eigenart und die Werte der Frauen; und die Wirksamkeit des Animus in der Seele der Frau hält sich in Grenzen, wenn sie schon früh zurück in den Bannkreis ihrer Mutter trat. Doch merkwürdigerweise hat auch sie dann mehr Mitgefühl und Verständnis für die Eigenart und die Werte der Männer.

Die Anima ist also das verinnerlichte Resultat des Nichtnehmens des Vaters durch den Sohn; und der Animus ist das Ergebnis des Nichtnehmens der Mutter durch die Tochter.

Ich teile hier nur einen Gesichtspunkt mit, den man in Therapien beachten kann. Der Mann wird mit sich identisch beim Vater und die Frau wird mit sich bei der Mutter identisch. In der Jungschen Psychologie sind aber Anima und Animus auch kosmische Prinzipien und haben dort wieder eine ganz andere Bedeutung. Man darf diese Prinzipien also nicht zu sehr auf das Gesagte reduzieren. Damit würde man C. G. Jung nicht gerecht werden.

Fragen:

Albert: Ich habe mich gestern Abend noch mit den Bannkreisen beschäftigt. Du hast da den Macho erwähnt, der zu lange im Bann-

kreis der Mutter geblieben sei. Dann gibt es ja auch noch den Softie. Kann man da analog sagen, daß der zu lange im Bannkreis eines starken Vaters geblieben ist?
Bert Hellinger: Nein, die sind auch immer im Bannkreis der Mutter. Auch Don Juan ist ein Muttersohn, der nicht zum Mann geworden ist. Er hofft, durch viele Frauen vielleicht doch noch eine Frau zu werden. Es gehört zum Jüngling, viele Frauen zu haben. Der Mann kann die Frau nehmen und ist dann ihr Mann. Die Helden, die so angeben, sind alles Muttersöhne und Jünglinge. Der Mann ist vorsichtig, wenn er wagt. Er geht Wagnisse ein, wo es angebracht ist.

b. Von wegen kleiner Unterschied

Die Erfahrung, die Männer und Frauen miteinander machen, die sich in eine innige Beziehung einlassen, ist, daß sie das Männliche und das Weibliche als zwei menschliche Verwirklichungsmöglichkeiten erleben, die völlig verschieden sind. Die Frau ist nämlich in jeder Hinsicht vom Mann verschieden. Von wegen kleiner Unterschied. Alles ist unterschiedlich zwischen Mann und Frau: das Denken, das Fühlen, die Sicht der Welt und die Art zu reagieren und an die Dinge heranzugehen. Aber beide Lebens- und Seinsformen sind vollgültige und gleichwertige menschliche Formen der Verwirklichung, und das ist für beide, Mann und Frau, eine große Herausforderung.

2. Das Fundament der Partnerschaft von Mann und Frau

Der Mann erlebt sich als unvollkommen angesichts der Frau, und weil ihm als Mann die Frau fehlt, zieht es ihn zur Frau, und die Frau erlebt sich als unvollkommen angesichts des Mannes, und weil ihr als Frau der Mann fehlt, zieht es sie zum Manne. Weil jedem der andere fehlt, zieht es sie zueinander. Das ist für beide ein großer Energieschub. Der Mann wird also erst zum Mann, wenn er sich eine Frau zur Frau nimmt, und die Frau wird erst zur Frau, wenn sie sich einen Mann zum Manne nimmt. Sind sie dann ein Paar, haben sie dadurch ein höheres spezifisches seelisches Gewicht als vorher. Ein verheirateter Mann hat ein höheres spezifisches Gewicht als ein unverheirateter, und eine verheiratete Frau hat ein höheres spezifisches Gewicht als eine unverheiratete. Das ist die Regel, es gibt auch da Ausnahmen, da es auch andere Wege gibt, dieses Gewicht zu erlangen.

Der Mann hat also etwas, was die Frau nicht hat, und die Frau hat etwas, was der Mann nicht hat. Sie sind sich gleich wert im Mangel und in der Fähigkeit, dem anderen etwas Wesentliches zu schenken und ihn zu ergänzen.

Damit die Paarbeziehung zwischen Mann und Frau hält, was sie verspricht, muß der Mann ein Mann sein und ein Mann bleiben und muß die Frau eine Frau sein und eine Frau bleiben. Wenn der Mann in sich das Weibliche entwickelt, braucht er die Frau nicht mehr, und wenn die Frau in sich das Männliche entwickelt, braucht sie den Mann nicht mehr. Da gibt es ein Buch mit einem Titel, der lautet etwa: „Ich finde mich so wunderbar, warum bin ich noch Single?" Ja, weil er sich so wunderbar fühlt. Wenn er wüßte, daß ihm etwas Wesentliches fehlt, würde er sich einen Partner suchen. Verwirklicht man sich, indem man das Gegengeschlechtliche in sich hineinnimmt, macht man sich single und einsam. Daher leben viele Männer und Frauen, die in sich die Eigenschaften des anderen Geschlechts entwikkeln, allein und genügen sich selbst.

a. Der Verzicht auf das andere Geschlecht in sich

Die Paarbeziehung gründet auf der gegenseitigen Bedürftigkeit und auf dem Verzicht auf das andere Geschlecht. Der Mann muß darauf verzichten, sich das Weibliche als etwas Eigenes anzueignen und es zu haben, als könne er selbst eine Frau werden oder sein. Die Frau muß darauf verzichten, sich das Männliche als etwas Persönliches anzueignen und es zu haben, als könne sie selbst ein Mann werden oder ein Mann sein und zwar im vollen auch physischen Sinne.

Um Mann zu sein, muß der Mann auf das Frausein in sich verzichten, und es sich von einer Frau schenken lassen, und umgekehrt. Beide müssen ihrer Begrenztheit zustimmen und werden dann beziehungsfähig, weil sie dann aufeinander angewiesen sind und sich ergänzen können.

b. Die Ebenbürtigkeit als Voraussetzung einer dauerhaften Paarbeziehung

Der systemischen Abfolge nach kommt als erstes die Ordnung zwischen Mann und Frau, dann folgt die zwischen Eltern und Kindern und die zwischen Kindern und Eltern. Schließlich kommt die Ordnung der Sippe und die der freien Bünde. In der persönlichen Entwicklung sind wir zuerst Kind und Mitglied einer Sippe. Weil das uns sehr einbindet und drückt, weichen wir dann oft zur Entlastung in die freigewählten Bünde aus, damit es da ein Gegengewicht gibt. Später kommt es dann zur Paarbeziehung und schließlich zur Beziehung von Eltern und Kindern. Die Paarbeziehungen und die Beziehungen von Eltern und Kindern sind also für uns die spätesten Beziehungen. In diese fließt deshalb am meisten aus den früheren Ordnungen ein, und das kann sich auf die Ordnung dieser Beziehung störend auswirken.

Das Gemeinsame an der Beziehung sowohl des Kindes zu den Eltern als auch zwischen Mann und Frau ist das Bedürfnis nach Bindung, nach Zugehörigkeit und nach Dauer. Die Partner nehmen aus der Beziehung zu ihren eigenen Eltern das in die Paarbeziehung mit hinein, was sie dort im Überfluß erfahren und bekommen haben, um es jetzt an einen ebenbürtigen Partner und an die eigenen Kinder weiterzugeben.

Die Partnerbeziehung gründet auf der Voraussetzung der Ebenbürtigkeit. Beide sind ebenbürtig gut und schlecht in dem, was sie haben, und in dem, was ihnen fehlt. In der Partnerschaft verbünden sich zwei Ebenbürtige, und jeder Versuch, sich entweder wie Eltern oder ausgeliefert und angewiesen wie Kinder zu verhalten, führt in der Partnerschaft zu Krisen.

Sucht in einer Paarbeziehung der eine Partner für sein Bedürfnis nach Bindung und Zugehörigkeit auf die gleiche Weise Erfüllung, wie ein Kind den Eltern gegenüber (z. B., indem er beim anderen Partner eine Sicherheit erwartet, wie sie nur Eltern ihren Kindern geben können), dann wird die Ordnung dieser Partnerschaft belastet und gestört. Dann verhindert er den Austausch und den Ausgleich, wie er ebenbürtigen Erwachsenen angemessen ist. Die folgende Krise endet dann gewöhnlich damit, daß sich der, von dem zuviel erwartet wurde, zurückzieht oder geht. Und das mit Recht, denn durch die Übertragung einer Ordnung aus der Kindheit auf die Partnerschaft überfordert er den anderen. Wenn zum Beispiel ein Mann seiner Frau sagt: „Ohne dich kann ich nicht leben" oder: „Wenn du gehst, bringe ich mich um, dann hat das Leben keinen Sinn mehr für mich", dann muß die Frau gehen. Die Partnerschaft wird scheitern, denn das ist eine Zumutung, die kein Mensch lange ertragen kann. Sagt das ein kleines Kind zu seinen Eltern, ist es stimmig, denn das Kind fühlt sich berechtigterweise auf die Eltern angewiesen. Es gibt jedoch auch in der Partnerschaft eine innige Bindung (z. B. die, die durch den Vollzug entsteht), die hat aber eine andere Qualität als die Bindung des Kindes an die Eltern.

Ebenso ist aber eine Partnerschaft gefährdet, wenn ein Partner in Erinnerung an die Rechte, die Eltern gegenüber Kindern haben, sich so verhält, als sei er dem anderen gegenüber erziehungsberechtigt, und meint, den anderen in bestimmten Bereichen nacherziehen zu müssen. Das hat der andere nämlich schon einmal gehabt, und das ist der sicherste Weg, ihn loszuwerden. Kein Wunder, wenn der sich dann dem Druck wie ein Kind entzieht und außerhalb der Partnerschaft Erleichterung und Ausgleich sucht. Machtspiele zwischen Ehepartnern entstehen vor allem, wenn der andere wie ein Elternteil erlebt wird oder versucht wird, den anderen zu Mutter oder Vater zu machen.

Zur Ordnung zwischen Mann und Frau gehört weiter, daß der Mann die Frau zur Frau und die Frau den Mann zum Mann will. Außerdem ist wichtig, daß es zwischen ihnen zu einem Austausch kommt, bei dem beide gleichermaßen geben und nehmen. Beide müssen, wenn es zum Austausch kommen soll, geben, was sie haben, und nehmen, was ihnen fehlt. Das heißt, der Mann gibt sich der Frau zum Mann und nimmt sie zur Frau; und die Frau gibt sich dem Mann zur Frau und nimmt ihn zum Manne.

Der Basso continuo

Eine Paarbeziehung wird aufgeführt wie ein Barockkonzert. In der Höhe klingt eine Vielfalt schönster Melodien und darunter ein Basso continuo, der die Melodien führt und trägt und ihnen ihr Gewicht und ihre Fülle gibt. In der Paarbeziehung lautet der Basso continuo: Ich nehme dich, ich nehme dich, ich nehme dich. Ich nehme dich zu meinem Mann und gebe mich als deine Frau. Ich gebe mich dir als dein Mann und nehme dich zu meiner Frau. Ich nehme dich und gebe mich mit Liebe.

c. Die Frau folgt dem Mann, und der Mann muß dem Weiblichen dienen

Die Beziehung zwischen Mann und Frau gelingt, wenn die Frau dem Mann folgt. Das heißt, sie folgt ihm in seine Familie, an seinen Ort, in seinen Kreis, in seine Sprache, in seine Kultur, und sie stimmt zu, daß auch die Kinder ihm dorthin folgen. Man braucht nur Familien, in denen die Frau dem Mann und die Kinder dem Vater folgen, mit Familien zu vergleichen, in denen der Mann seiner Frau und die Kinder ihrer Mutter folgen, um den Unterschied zu erfahren. Wenn der Mann zum Beispiel einheiratet, dann folgt er der Frau. Das führt zu keiner erfüllten Beziehung und geht schief, weil der Mann sich dort nicht entfalten kann. Das ist eine Beschreibung dessen, was ich gesehen habe. Vielleicht gibt es auch Gegenbeispiele. Ich lasse mich gerne belehren. Ich habe das bisher noch nicht gesehen.

Allerdings gibt es auch hier einen Ausgleich, ein Gegengewicht: Zur Ordnung der Liebe zwischen Mann und Frau gehört als Ergänzung: der Mann muß dem Weiblichen dienen.

d. Das Verhältnis von Liebe und Ordnung

Mich beschäftigt seit einiger Zeit noch etwas. Es ist in vieler Hinsicht noch unausgegoren, erscheint mir aber für diese Art von Arbeit wichtig. Ich beobachte und denke darüber nach, daß es Beziehungen gibt, die trotz großer Liebe scheitern. An der Liebe kann es also nicht liegen, daß sie scheitern.

Von einem gewissen Augustinus gibt es den verhängnisvollen Satz: „Dilige et fac quod vis." Das heißt: Liebe und dann tue, was du willst. Dann geht es aber ganz bestimmt schief, denn Liebe ohne Köpfchen geht immer schief. Es ist ein weit verbreiteter Irrtum, daß die Liebe alles andere, was fehlt, ergänzt, ersetzt oder darüber hinweghilft. Viele Schwierigkeiten in Beziehungen entstehen dadurch, daß einer nicht wahrhaben will, was offenkundig ist, und er annimmt, er könnte es mit Überlegung oder Anstrengung oder mit Liebe doch noch in Ordnung bringen. Die Ordnung läßt sich dadurch jedoch nicht beeinflussen. Das ist illusorisch, das geht nicht. Die Liebe ist ein Teil der Ordnung und entwickelt sich im Rahmen der Ordnung. Wer versucht, das Verhältnis umzukehren und die Ordnung durch die Liebe verwandeln will, muß scheitern. Sich einfügend kann die Liebe in einer Ordnung gedeihen wie ein Same. Der fügt sich ein in den Grund und versucht nicht, diesen zu verändern, und so wächst er.

Betrachtet man es philosophisch, ist die Liebe Teil einer größeren Ordnung. Sie ist etwas, was sich zwischen Menschen verwirklicht und dort eine gewisse Funktion hat, aber in dem größeren Ganzen eine untergeordnete Rolle spielt.

Ich kann zum Beispiel zwei Menschen betrachten und sehen, was zwischen den beiden abläuft. Klammere ich aus, wie sich deren Handeln auf ihre Umgebung oder ihre Kinder auswirkt, erfasse ich etwas Wesentliches nicht. Die beiden mögen sich gut fühlen, und gleichzeitig kann ihr Verhalten sich schlimm auf ihre Kinder oder

Enkelkinder auswirken. Ordnung hat immer mit der Einbeziehung vieler zu tun und heißt eigentlich – so verstehe ich das –, daß Unterschiedliches so zusammenwirkt, daß es gut für alle ist. Ordnung geschieht nicht auf Kosten von irgend jemandem, sondern auf gleiche Kosten, zu gleichem Vorteil für alle Beteiligten oder zumindestens zu einem ähnlichen. Es geht darum, daß man aus dem engen Gesichtskreis in einen größeren tritt, alle Betroffenen anschaut und die Wirkung, die ein bestimmtes Verhalten hat.

e. Wann ist die Partnerschaft auf Sand gebaut ?

Wenn in einer Paarbeziehung der Mann oder die Frau den anderen nicht zuerst als Frau oder Mann, sondern mehr aus anderen Gründen will, zum Beispiel zum Vergnügen oder zur Versorgung oder weil der andere reich ist oder arm, gebildet oder einfach, katholisch oder evangelisch oder weil er ihn erobern, schützen, bessern oder retten will oder weil er ihn, wie man so schön sagt, als Vater oder Mutter seiner Kinder will, dann ist das Fundament auf Sand gebaut und im Apfel schon der Wurm.

Aus den Erfahrungen mit frei gewählten Bünden betrachten andere ihre Partnerschaft, als könnten ihre Ziele beliebig festgelegt und ihre Dauer oder Ordnung je nach dem eigenen Wohlbefinden aufgegeben und verändert werden. Dadurch liefern sie die Partnerschaft jedoch dem Leichtsinn aus. Daß hier aber eine Ordnung herrscht, die wir nicht ungestraft verletzten können, erkennen wir vielleicht zu spät. Wenn ein Partner die Beziehung rücksichtslos und leichten Herzens löst, dann verhält sich oft ein Kind aus dieser Partnerschaft, als müßte es ein Unrecht sühnen. In Wirklichkeit sind uns die Ziele einer Partnerschaft vorgegeben, und sie fordern, wenn wir sie erreichen wollen, Beständigkeit und Opfer.

f. Die Verliebtheit ist blind, die Liebe ist wach

Kommentar einer Teilnehmerin nach Bert Hellingers Ausführungen über die Paarbeziehung.

Angela: Ich bin sehr in Kontakt gekommen mit meiner Bedürftigkeit, dem Bedürfnis nach Zärtlichkeit und Gehalten-Werden. Damit im Zusammenhang steht, daß ich die Augen offenhalte nach einem lieben Mann. Das ist mir deutlich geworden.

Bert Hellinger: Das ist riskant. Die meisten Partnerschaften beginnen so, daß man Ausschau hält nach jemandem, von dem wir endlich das kriegen, was wir uns schon immer gewünscht haben. Die Schwierigkeit dabei ist, daß der andere genau die gleiche Ausschau hält. Die Verliebtheit dient dazu, die Illusion, daß man's bekommt, aufrechtzuerhalten. Die Verliebtheit – das ist natürlich wieder eine reine Spekulation – belebt die Bedürftigkeit des Kindes wieder, und der andere kommt dadurch leicht in die Position von Vater und Mutter. Das tiefste Bedürfnis der Frau, wenn sie einen Mann trifft, ist, die Mutter zu haben. Das tiefste Bedürfnis eines Mannes, wenn er eine Frau trifft ist ebenfalls, die Mutter zu haben. Das muß notwendig zur Enttäuschung führen.

Die Beziehung ist ein Unternehmen, und sie ist etwas völlig anderes als eine Liebschaft und auch keine verlängerte Liebschaft, sondern etwas ganz anderes. Das hat eine ganz andere Tiefe. Wie du das gesagt hast, Angela, wirst du einen finden, den du für zwei Monate hast, und der Mann wird dich nicht ernstnehmen, ernstnehmen in dem Sinne, daß er ein Leben lang mit dir verbringen will, sondern der es eher als eine Gelegenheit sieht, weil du ihn als eine Gelegenheit nehmen willst. Dein Bild ist zu klein für eine Dauerbeziehung. Dieses Bild reicht nur für eine Liebschaft. Wenn du nun in dir ein anderes Bild hochkommen läßt, das deiner Würde entspricht und deiner Kraft, vielleicht auch deiner Berufung, dann tritt da jemand hinein, wo das zusammenwirkt, und wenn dann Liebe hinzukommt und ein bißchen Verliebtheit –, gut. Die Verliebtheit ist blind, und die Liebe ist wach. Für die Liebe ist der andere so recht, wie er ist. Gerade damit wird das Tiefste im anderen angerührt, und es kann sich entfalten.

Das war jetzt von einem alten Herrn zu einer jungen Dame.

Durchschaut!

Bruno: Da wir gerade bei Gefühlen sind: Ich hätte auch gern ein Gefühl geklärt, das ich einer Frau gegenüber habe. Das ist ein Gefühl, das ich noch nie gehabt habe, und ich kann es einfach nicht einsortieren. Es ist das Gefühl: Das ist die richtige Frau. Einfach so. Da ist keine Leidenschaft dabei, einfach nur dieser Satz.

Bert Hellinger: Ich würde dem Satz nicht trauen. Sie ist gut, das würde genügen. – „Die richtige Frau" heißt: Bei der brauche ich mich am wenigsten zu verändern.

Bruno: Durchschaut! (Heiterkeit) Es ist aber auch andererseits ganz schön, weil man so bleiben darf, wie man ist.

Bert Hellinger: Nein, das ist nicht schön. Es wird sehr schnell belastend. Das Gefühl, das ist der Richtige, belastet den Partner in einer Weise, die für die Beziehung nicht dienlich ist. Wenn die Frau nur gut ist und du bist auch gut, dann ist das in Ordnung.

g. Wenn zwei Familientraditionen aufeinandertreffen

Wenn sich zwei (Ehe-)Partner zusammentun, bringen sie beide aus ihren Herkunftsfamilien Modelle für die Partnerschaft mit, und beide folgen gewohnheitsmäßig den Grundannahmen, Normen und Werten, die in ihren Familien galten. Wenn sie alte Muster übernehmen, fühlen sie sich, auch wenn diese schlimm sind, gut, und wenn sie schlimme Muster lassen, fühlen sie sich, auch wenn die neuen besser sind, schuldig. So wird ihr Fortschritt und ihr neues Glück oft nur mit Schuld erkauft. Aus der Verbundenheit mit der eigenen Sippe ergeben sich für eine Partnerschaft die schlimmsten Folgen vor allem dann, wenn einer von beiden zur Lösung vergangener Konflikte stellvertretend in die Pflicht genommen wird, ohne daß er es merkt.

Ein Beispiel:

Ein Mann und eine Frau wissen sich einander sehr verbunden, und doch kommt es zwischen ihnen zu Konflikten, die sie nicht verstehen. So hatten sie sich vor einiger Zeit einmal ein halbes Jahr getrennt, obwohl sie drei Kinder haben. Als sie sich dann eines Tages gegenüberstanden, bemerkte ein Therapeut, daß sich das Gesicht der Frau veränderte, bis sie aussah wie eine alte Frau. Dann warf sie dem Mann Dinge vor, die sich nicht auf ihn beziehen konnten. Der Therapeut fragte: Wer ist die alte Frau? Sie erinnerte sich dann, daß ihre Großmutter, die eine Wirtin war, vom Großvater oft vor allen Gästen an den Haaren durch die Gaststube gezogen worden war, und ihr wurde klar, daß die Wut, die sie gegen ihren Mann zum Ausdruck brachte, die damals unterdrückte Wut der Großmutter gegen den Großvater war. Auf diese Dynamik der doppelten Verschiebung kommen wir später noch ausführlich zurück.

Damit eine Partnerschaft gelingen kann, müssen zwar beide die Herkunftsfamilie des anderen sozusagen mitheiraten und anerkennen. Beide, Mann und Frau, müssen aber auch die von ihren Eltern und ihrer Sippe vorgegebenen Modelle prüfen und, indem sie sich vielleicht von alten Mustern lösen, neue für die Partnerbeziehung finden. Gehören beide zum Beispiel unterschiedlichen Kirchen an, ist eine Lösung – und die ist heute eher möglich als früher – daß jeder seine Kirche verläßt und sie auf einer höheren Ebene beide würdigen.

Mir ist zu dem Prozeß einmal ein Bild gekommen: Nehmen wir einmal Mann und Frau. Der eine steht auf der rechten Seite des Flusses, der andere auf der linken Seite. Beide haben einen Standpunkt, jeder an einem anderen Ufer. Es nützt nun überhaupt nichts, wenn sie ihre Standpunkte verkünden. Der Fluß fließt die ganze Zeit an ihnen vorbei. Um wirklich zu wissen, was Ordnung ist, müssen beide ihre Standpunkte aufgeben, in den Fluß steigen und sich in den Strudel begeben. Dann merken sie, was Leben ist, und was die Ordnung ist, die sich für sie daraus ergibt.

3. Die Bindung an den Partner

a. Die Bedeutung des Vollzugs der Liebe mit dem ganz Fleischlichen und Triebhaften

Worüber ich jetzt spreche, ist ein Vorgang, dem ich nachspüre und den ich noch nicht genau erfasse. In der katholischen Kirche und im katholischen Eherecht hat das Vollziehen der Ehe eine besondere Bedeutung. Die Ehe gilt erst, wenn sie vollzogen ist, das heißt, wenn auch die körperliche Vereinigung stattgefunden hat. Da ist was dran! Der Vollzug schafft eine Bindung, die unauflöslich ist. Deshalb ist es auch leicht möglich, daß Menschen, die sich vorher noch nicht kannten, den Vollzug erleben und sich dann gebunden fühlen. Es ist nicht die Entscheidung und die Absicht, die die Bindung bringen, sondern der elementare Vollzug. Das hat etwas Tröstliches, und da ist auch Größe drin, finde ich. Deshalb gilt es, Abwertungen zu widerstehen. Die durch den Vollzug entstehende Bindung ist stärker als die zu den Eltern. Das ist eine Hypothese, und ich bringe sie mit aller Vorsicht.

Die Scheu, unser Intimstes beim Namen zu nennen und es in einer Paarbeziehung als erstes und nächstes zu wollen, hängt damit zusammen, daß in unserer Kultur der Vollzug der Liebe von Mann und Frau vielen fast wie etwas Unanständiges und wie unwürdige Notdurft erscheint, und doch ist es der größtmögliche menschliche Vollzug. Kein anderes menschliches Tun ist mehr im Einklang mit der

Ordnung und der Fülle des Lebens und nimmt uns umfassender für das Ganze der Welt in die Pflicht. Kein anderes menschliches Tun bringt uns solch selige Lust und in ihrem Gefolge solch liebendes Leid. Kein anderes menschliches Tun ist folgenschwerer und risikoreicher, trotzt uns das Letzte noch ab und macht uns so wissend und weise und menschlich und groß, als wenn ein Mann eine Frau und eine Frau einen Mann liebend nimmt und erkennt. Dem gegenüber erscheint alles andere menschliche Tun nur als Vorbereitung und Hilfe oder als Folge, vielleicht noch als Zugabe, oder aber wie Mangel und Ersatz.

Der Vollzug der Liebe von Mann und Frau ist zugleich unser demütigstes Tun. Nirgendwo sonst geben wir uns solche Blöße und offenbaren so schutzlos die Stelle, an der wir am verletzlichsten sind. Nichts schützen wir daher auch mit solch tiefer Scham als den Ort, an dem Mann und Frau sich liebend begegnen und sich ihr Intimstes zeigen und anvertrauen. Durch den Vollzug der Liebe verläßt der Mann nach einem schönen Wort der Bibel Vater und Mutter und hängt seinem Weib an, und beide werden zu einem Fleisch. Dasselbe gilt auch für die Frau.

Wie gesagt, die besondere und in einem tiefen Sinn unauflösliche Bindung zwischen Mann und Frau entsteht durch den Vollzug der Liebe. Nur er macht den Mann und die Frau zum Paar, und nur er macht das Paar auch zu Eltern. Geistige Liebe allein und die öffentliche Anerkennung ihrer Beziehung genügen dazu nicht. Wenn daher dieser Vollzug beeinträchtigt wird, zum Beispiel weil der Mann oder die Frau sich schon vor der Beziehung sterilisieren ließen, entsteht auch keine Bindung, selbst wenn die Partner es wollten. Ebenso geht es auch bei einer platonischen Beziehung, auf die sich beide ohne das Risiko des Vollzugs einlassen. Daher bleiben solche Beziehungen unverbindlich, und die Partner trifft, wenn sie sich trennen, weder Verpflichtung noch Schuld. Hat es einen ernsthaften Vollzug gegeben – und das wird in den Aufstellungen deutlich, ob der- oder diejenige noch eine Rolle spielt –, ist eine Trennung schwerer, und man kann über diese Bindung nicht hinweggehen, als hätte es sie nicht gegeben. Ist ein Kind aus dieser Beziehung hervorgegangen oder hat eine Abtreibung stattgefunden, ist die Beziehung immer bedeutsam.

Wenn der Vollzug der Liebe nachträglich beeinträchtigt wird, zum Beispiel durch eine Abtreibung, dann entsteht ein Bruch in der

Beziehung, obwohl die Bindung bleibt. Wenn der Mann und die Frau dennoch zusammenbleiben wollen, dann müssen sie sich ein zweitesmal füreinander entscheiden und miteinander leben, als sei es ihre zweite Beziehung, denn die erste ist in der Regel vorbei.

Die Überlegenheit des Fleisches über den Geist

Im Vollzug der Liebe zeigt sich die Überlegenheit des Fleisches über den Geist und seine Wahrhaftigkeit und Größe. Zwar sind wir manchmal versucht, das Fleisch gegenüber dem Geist abzuwerten, so als sei, was aus Trieb und Bedürfnis und Sehnsucht und Liebe geschieht, geringer als was uns Vernunft und sittlicher Wille gebietet. Doch das Triebhafte erweist seine Weisheit und Kraft dort, wo das Vernünftige und Sittliche an seine Grenzen stößt und versagt. Denn durch den Trieb wirkt ein höherer Geist und ein tieferer Sinn, vor dem unsere Vernunft und unser sittliches Wollen zurückschreckt und flieht.

Die Einsicht

Eine Gruppe Gleichgesinnter, die sich noch am Anfang wähnten, fand zusammen, und sie besprachen ihre Pläne für eine bessere Zukunft. Sie kamen überein, daß sie es anders machen würden. Das Gewöhnliche und das Alltägliche und dieser ewige Kreislauf waren ihnen zu eng. Sie suchten das Erhabene, das Einzigartige, das Weite, und sie hofften zu sich selbst zu finden, wie noch nie ein anderer zuvor. Im Geiste sahen sie sich schon am Ziel, malten sich aus, wie es sein würde, spürten, wie ihr Herz höher schlug und ungeduldig wurde, und sie entschlossen sich zu handeln. „Als erstes" sagten sie, „müssen wir den großen Meister suchen, denn damit fängt es an." Dann machten sie sich auf den Weg.

Der Meister wohnte in einem anderen Land und gehörte einem fremden Volke an. Viel Wunderliches hatte man von ihm berichtet, doch keiner schien es je genau zu wissen. Dem Gewohnten waren sie schon bald entronnen, den hier war alles anders: die Sitten, die Landschaft, die Sprache, die Wege, das Ziel. Manchmal kamen sie an einen Ort, von dem es hieß, daß dort der Meister sei. Doch wenn sie Näheres erfahren wollten, hörten sie, er sei gerade wieder fort, und niemand wußte, welche Richtung er genommen hatte. Dann, eines Tages, fanden sie ihn doch.

Er war bei einem Bauern auf dem Feld. So verdiente er sich seinen Unterhalt und ein Lager für die Nacht. Sie wollten es zuerst nicht glauben, daß er der lang ersehnte Meister sei, und auch der Bauer staunte, daß sie den Mann, der mit ihm auf dem Felde war, für so besonders hielten. Er aber sagte: „Ja, ich bin ein Meister. Wenn ihr von mir lernen wollt, bleibt noch eine Woche hier, dann will ich euch belehren." Sie verdingten sich beim gleichen Bauern und erhielten dafür Speise, Trank und Unterkunft. Am achten Tag, als es gerade dunkel wurde, rief sie der Meister zu sich, setzte sich mit ihnen unter einen Baum, schaute eine Weile in den Abendhimmel und erzählte ihnen eine Geschichte.

„Vor langer Zeit dachte ein junger Mann darüber nach, was er mit seinem Leben machen wolle. Er stammte aus vornehmer Familie, war verschont vom Zwang der Not und fühlte sich dem Höheren und Besseren verpflichtet. Und so verließ er Vater und Mutter, schloß sich drei Jahre den Asketen an, verließ auch sie, fand dann den Buddha in Person und wußte: auch das war ihm noch nicht genug. Noch höher wollte er hinauf, bis dorthin, wo die Luft schon dünn wird und der Atem schwerer geht: wo niemand vor ihm jemals hingekommen war. Als er dort ankam, hielt er inne. Es war das Ende dieses Weges, und er sah, daß es ein Irrweg war.

Jetzt wollte er die andere Richtung nehmen. Er stieg hinunter, kam in eine Stadt, eroberte die schönste Kurtisane, wurde Teilhaber eines reichen Kaufmanns und war bald selber reich und angesehen. Doch er war nicht ganz ins Tal hinabgestiegen, er hielt sich nur am oberen Rand auf: zum vollen Einsatz fehlte ihm der Mut. Er hatte eine Geliebte, aber keine Frau, bekam einen Sohn, war aber kein Vater. Die Kunst der Liebe und des Lebens hatte er gelernt, doch nicht die Liebe und das Leben selbst. Was er nicht angenommen, begann er zu verachten, bis er es überdrüssig wurde und auch das verließ."

Hier machte der Meister eine Pause: „Vielleicht erkennt ihr die Geschichte", sagte er, „und ihr wißt auch, wie sie ausgegangen ist. Es heißt, der Mann sei am Ende demütig und weise geworden und dem Gewöhnlichen zugetan. Doch, was heißt das schon, wenn zuvor so vieles versäumt ist. Wer dem Leben traut, dem ist das Nahe nicht der Brei, um den er in der Ferne schleicht. Er meistert das Gewöhnliche zuerst, denn sonst ist auch sein Ungewöhnliches – vorausgesetzt, daß es das gibt – nur wie der Hut auf einer Vogelscheuche."

Es war still geworden, und auch der Meister schwieg. Dann stand er wortlos auf und ging.

Am nächsten Morgen war er nicht zu finden. Noch in der Nacht hatte er sich wieder auf den Weg gemacht und nicht gesagt, wohin.

Jetzt waren die so lange Gleichgesinnten wieder auf sich gestellt. Einige von ihnen wollten es nicht glauben, daß der Meister sie verlassen hatte, und sie brachen auf, ihn noch einmal zu suchen. Andere konnten zwischen ihren Wünschen oder Ängsten kaum noch unterscheiden und gingen wahllos irgendeinen Weg.

Einer aber besann sich. Er ging noch einmal zu dem Baum, setzte sich und schaute in die Weite, bis es in seinem Inneren ruhig wurde. Was ihn bedrängte, stellte er aus sich hinaus und vor sich hin, wie einer, der nach langem Marsch den Rucksack abnimmt, bevor er rastet. Und ihm war leicht und frei.

Das standen sie nun vor ihm: seine Wünsche, seine Ängste, seine Ziele, sein wirkliches Bedürfnis. Und ohne daß er näher hinsah oder ganz Bestimmtes wollte – eher wie einer, der sich Unbekanntem anvertraut – wartete er, daß es geschehe wie von selbst, daß jedes dort sich füge auf den Platz, der ihm im Ganzen zukam, gemäß dem eigenen Gewicht und Rang.

Es dauerte nicht lange, und er bemerkte, daß es dort draußen weniger wurde, als ob sich einige wegschlichen wie entlarvte Diebe, die das Weite suchen. Und ihm ging auf: was er als seine eigenen Wünsche angesehen hatte, als seine eigenen Ängste, als seine eigenen Ziele, das hatte ihm ja nie gehört. Das kam ja ganz woanders her und hatte sich nur eingenistet. Doch jetzt war seine Zeit vorbei.

Bewegung schien in das zu kommen, was dort vor ihm noch übrig war. Es kam zu ihm zurück, was wirklich ihm gehörte, und jedes stellte sich auf seinen rechten Platz. Kraft sammelte sich in seiner Mitte, und dann erkannte er sein eigenes, sein ihm gemäßes Ziel. Ein wenig wartete er noch, bis er sich sicher war. Dann stand er auf und ging.

*

Angela: Mich hat diese Geschichte in mein Drama gebracht, nämlich auch zu dem Schmerz zwischen den Schulterblättern. Ich merke den Widerstand und den Trotz, den ich gegen die Ehe habe, wenn ich an die Ehe denke. Wie schwer es mir fällt, einer Ehe Raum zu geben (kriegt eine Unsicherheit in die Stimme), das macht mich traurig und ich spüre, die Verneigung ist vor der Ehe fällig.
Bert Hellinger: Wenn, dann muß sie vor deinen beiden Eltern als einem Ehepaar sein, und vielleicht verschwindet der Schmerz zwischen den Schulterblättern, wenn du dich genau zwischen die beiden Eltern stellst und mit dem einen Schulterblatt den Vater und mit dem anderen die Mutter berührst. Du kannst es dir ja mal vorstellen, es schadet ja nichts.
Angela (lacht): Ja, ich bin jetzt bereit (stellt sich das Bild mit geschlossenen Augen vor). Und wenn ich dann die Augen gar nicht mehr aufmache?
Bert Hellinger: Genau – also, vor der Ehe kann man sich nicht verneigen, das geht nicht. Man kann auch eine glückliche Ehe nicht planen. Wenn es gelingt, ist es eine Gnade, und wenn es eine Zeitlang gut war, ist es auch gut.

b. Das Begehren und das Gewähren

Ich möchte in diesem Bereich noch etwas über die Ebenbürtigkeit in der Paarbeziehung sagen. Wer begehrt, ist in seiner Beziehungsposition schwach, weil der andere dann die Macht hat, ihn zurückweisen zu können. Der, der gewährt, braucht kein Risiko einzugehen. In unserer Kultur ist es vorwiegend so, daß der Mann eher begehrt und die Frau eher gewährt. Damit ist bereits der Keim zu einer möglichen Störung der Partnerschaft gelegt, denn das Begehren erscheint wie klein und das Gewähren wie groß. Dann erweist sich der eine als bedürftig und wie einer, der nimmt, und der andere, obwohl vielleicht liebend, erweist sich als helfend und wie einer, der gibt. Wer nimmt, muß dann vielleicht danken, als hätte er genommen, ohne zu geben, und wer gibt, der fühlt sich vielleicht überlegen und frei, als hätte er gegeben, ohne zu nehmen. Dadurch wird aber der Ausgleich verweigert und der Austausch gefährdet. Manche halten aber in der Partnerschaft an dieser überlegenen und machtvollen Position des Gewährenden mit Genuß fest, und dann geht die Beziehung schief.

Vor einiger Zeit hat mir eine Frau eine Heiratsannonce geschickt, die sie aufgegeben hatte. Sie wollte wissen, ob es eine gute Annonce sei. Da stand etwa drin: „Frau, bereit, auch Witwer mit Kindern zu heiraten." Was bekommt die für einen Mann?! Die Beziehung wäre von vorneherein zum Scheitern verurteilt. Der Partner, der dem anderen etwas schuldig ist, wenn er heiratet, wird sich später dafür rächen. Ich habe ihr gesagt, sie soll schreiben: „Frau begehrt Mann – wer will kommen?" (Heiterkeit) Darauf reagiert ein Mann und fühlt sich geehrt.

Damit eine Beziehung gelingt, muß das Risiko des Zurückgewiesenwerdens geteilt werden. Für viele Frauen ist das Begehren schwieriger, weil sie ein kulturelles Tabu durchbrechen müssen und verachtet werden, wenn sie begehren. Sie dürfen aber angesichts ihrer Mütter sagen: Ich begehre meinen Mann.

Die Partner können eine Übereinkunft treffen, daß wenn einer sein Innerstes offenbart und ins Spiel bringt – und das macht er, wenn er begehrt –, der andere das achtet, auch wenn er es nicht erfüllt. Das Begehren darf nicht zu einer entwürdigenden Abweisung führen, weil wir an diesem Punkt besonders verletzlich sind. Dann kann es das nächste Mal wieder gewagt werden, und dann wird eine tiefe Beziehung möglich. Damit Austausch und Ausgleich gelingen, müssen beide begehren und beide, was der andere bedürftig begehrt, mit Achtung und Liebe gewähren.

Eine Schwierigkeit ist in vielen Partnerschaften auch, daß die Sexualität einen zu hohen Stellenwert in der Gesamtbeziehung bekommen hat. Die Sexualität wird dann zum Ziel der Beziehung, statt daß sie im Dienste der Beziehung steht. Wenn sie im Dienste der Beziehung steht, ist sie inniger und auch variabler.

c. Der Verlust an Männlichem und Weiblichem in einer langdauernden Partnerschaft

Jetzt wird es vielschichtig, und wenn man das nur in Gedanken nimmt, ist es falsch, läßt man es aber wirken, macht man vielleicht eine besondere Erfahrung und gewinnt eine besondere Einsicht.

Gehen Mann und Frau in ihrer Unterschiedlichkeit aufeinander zu, stellt jeder den anderen in seinem Ursprung und in seiner Seinsweise in Frage. Die Frau nimmt dem Mann seine Sicherheit, und der Mann nimmt der Frau ihre Sicherheit. Der Mann wird im Laufe der Ehe oder Partnerschaft weniger Mann, und die Frau wird im Laufe der Partnerschaft weniger Frau. Sie verringern sich gegenseitig in der Beziehung zueinander in diesem spezifischen Sinne. Beide bringen das Eigene, das Männliche und Weibliche ein, es geht ihnen aber davon in der Beziehung verloren. Beide verlieren etwas von ihrem eigenen, von ihrer Identität.

Für den Mann bleibt das Weibliche immer unerreichbar, und es bleibt immer ein Geheimnis, er kann es nicht fassen, und für die Frau ist es umgekehrt ebenso. Das ist der Aspekt des Verzichtes in der Beziehung. Ehepaare, die lange zusammenbleiben, leisten diesen Verzicht schrittweise, und das hat was Schönes. Ältere Ehepaare haben oft einen Ausdruck von Verzicht im Gesicht. Das steht ihnen aber gut. In jeder Krise in der Ehe gibt jeder etwas auf, und doch gibt es auf einer anderen Ebene etwas Neues und Tiefes, was vorher nicht da war, und das ist etwas ganz allgemein Menschliches, das jenseits von männlich und weiblich ist. Die Liebe kann dann größer sein, viel größer, aber sie hat eine andere Qualität.

Je weiter eine Beziehung voranschreitet, desto stärker wird der Aspekt des Sterbens. Wir gehen zwar mit der Vorstellung in die Beziehung hinein, daß sie unsere größte Erfüllung wird. Das Versprechen, das sich die Partner zu Beginn der Ehe geben, ist aber trügerisch und nicht einlösbar, weder für den einen noch für den anderen. Die Realität ist, daß wir in der Beziehung sterben, sie fordert uns zum letzten Verzicht heraus und verlangt von jedem das allerletzte und allerschwerste.

Wenn einer in einem Dorf im Gebirge lebt, ist alles eng da unten. Dann geht er hoch und hat einen immer weiteren Überblick. Aber je höher er steigt, desto einsamer ist er gleichzeitig. Trotzdem ist er auf einmal in einem größeren Zusammenhang. Also die Lösung von Nahem bringt eine Verbindung mit dem größeren Zusammenhang.

Jede enge Beziehung drängt danach, sich aufzulösen, um einer weiteren Platz zu machen. Deswegen nimmt die enge Partnerschaftsbeziehung ab, wenn sie ihren Höhepunkt erreicht. Der Höhepunkt ist die Geburt des ersten Kindes. Dann geht die Beziehung auf Weite hin. Es kommen andere Dinge, die dann eine Rolle spielen, und die Innigkeit nimmt ab, muß abnehmen.

Das ist eine Sichtweise. Man kann auch zu ganz anderen kommen. Durch diese Sichtweise bekommt die Beziehung aber eine Tiefe und einen Ernst, die ihrer würdig sind.

Ähnlich erleben es Mann und Frau auch, wenn ein Kind geboren wird und sie Eltern werden. Sie erleben, daß sie Platz machen werden, und mit dem Glück des Kindes werden sie daran erinnert, daß das Kind ihren Platz einnehmen wird. Das große Glück, ein Kind zu haben, und die damit verbundene Erfüllung ist gleichzeitig ein Verzicht, der den Eltern abverlangt wird. Das ist gemäß, und dann sind wir aber auch von den Träumen weg, was Beziehung sein könnte. Das ist mehr als eine Liebesbeziehung. Eine Liebesbeziehung ist etwas Vordergründiges, das das niemals erfassen kann, was in diesem Bereich abläuft. Beide Partner leisten den Verzicht schrittweise, und mit dem Verlust kommt etwas anderes in die Beziehung, etwas Bescheideneres und Gelasseneres und gleichzeitig eine andere Fülle als bei einem jungen Paar.

Die Fülle

Ein Junger fragte einen Alten: „Was unterscheidet dich, der fast schon war, von mir, der ich noch werde?"

Der Alte sagte: „Ich bin mehr gewesen.

Zwar scheint ein junger Tag, der kommt, mehr als der alte, weil der alte vor ihm schon gewesen. Doch kann auch er, obwohl er kommt, nur sein, was er schon war, und er wird mehr, je mehr auch er gewesen.

Wie einst der alte, steigt auch er am Anfang steil zum Mittag auf, erreicht noch vor der vollen Hitze den Zenit und bleibt, so scheint es, eine Zeitlang auf der Höhe bis er, je später desto mehr, als ziehe ihn sein wachsendes Gewicht, sich tief zum Abend neigt, und er wird ganz, wenn er, so wie der alte, ganz gewesen.

Doch was schon war, ist nicht vorbei. Es bleibt, weil es gewesen, wirkt, obwohl es war, und wird durch Neues nach ihm mehr. Denn wie ein runder Tropfen aus einer Wolke, die vorüberzog, taucht, was schon gewesen, in ein Meer, das bleibt.

Nur was nie etwas werden konnte, weil wir es nur versäumt, doch nicht erfahren, gedacht, doch nicht getan und nur verworfen, aber nicht als Preis für das, was wir erwählt, bezahlt, das ist vorbei: von ihm bleibt nichts.

Der Gott der rechten Zeit erscheint uns daher wie ein Jüngling, der vorne eine Locke und hinten eine Glatze hat. Von vorne können wir ihn bei der Locke fassen. Von hinten greifen wir ins Leere."

Der Junge fragte: „Was muß ich tun, damit aus mir, was du schon warst, noch wird?"

Der Alte sagte: „Sei!"

d. Die Erneuerung des Männlichen und des Weiblichen

Eine kleine Wiederholung: Wenn der Mann sich eine Frau zur Frau nimmt, wird er durch sie zum Mann, doch zugleich nimmt sie ihm auch das Männliche weg und stellt es in Frage, und so wird er in der Ehe auch weniger Mann. Und wenn die Frau sich einen Mann zum Mann nimmt, wird sie durch ihn zur Frau. Doch zugleich nimmt er ihr auch das Weibliche weg und stellt es in Frage, und so wird sie in der Ehe auch weniger Frau. Daher muß der Mann, damit die Beziehung ihre Spannung behält, sein Männliches erneuern, und die Frau muß ihr Weibliches erneuern.

Der Mann erneuert sein Männliches, indem er unter Männer geht, und die Frau ihr Weibliches, indem sie unter Frauen geht. Beide müssen also von Zeit zu Zeit ausscheren aus ihrer Beziehung, die Männer, um Männliches aufzutanken, und die Frauen, um Weibliches aufzutanken. Dann bekommt die Beziehung wieder Spannung und Kraft, und sie kann weitergehen und sich vertiefen. Diese Seite der Beziehung wird in der romantischen Liebe verkannt. Bei dem Auftanken kommt es überhaupt nicht auf den Inhalt an, der ausgetauscht wird (z. B. beim Männerstammtisch oder beim Frauenkaffeeklatsch), sondern nur auf das Zusammensein.

Man könnte einwenden, eine Scheidung und eine ihr folgende neue Beziehung würden beweisen, daß eine erste Bindung aufhebbar sei. Doch eine zweite Beziehung wirkt anders als eine erste. Ein zweiter Mann und eine zweite Frau spüren die Bindung ihres Partners an seine erste Frau oder an ihren ersten Mann. Das zeigt sich darin, daß ein zweiter Mann und eine zweite Frau sich nicht trauen, den neuen Partner als ihren Mann und als ihre Frau im vollen Sinne wie den ersten zu nehmen und ihn als ihren Mann oder als ihre Frau auch zu behalten. Denn beide Partner erfahren die zweite Beziehung der ersten gegenüber wie Schuld. Das gilt auch dann, wenn der erste Partner gestorben ist, denn wirklich getrennt werden wir vom ersten Partner nur durch den eigenen Tod. Eine zweite Beziehung gelingt nur, wenn die Bindung an frühere Partner anerkannt und gewürdigt wird, und wenn die neuen Partner wissen, sie bleiben den früheren nachgeordnet und bei ihnen in Schuld.

Die zweite Beziehung muß sich im Angesicht der ersten vollziehen. Sie hat nicht mehr die gleiche Tiefe wie die erste. Das kann sie nicht, und das braucht sie nicht. Das heißt aber nicht, daß sie weniger glücklich sein wird und weniger liebevoll. Es kann sogar sein, daß die Liebe in der zweiten Beziehung größer und tiefer ist. Nur eine Bindung im ursprünglichen Sinne wie in einer ersten Beziehung bleibt ihnen versagt. Deswegen sind bei der Trennung einer zweiten Beziehung Schuld und Verpflichtung in der Regel geringer als beim Bruch einer ersten Beziehung, und auch eine Trennung ist leichter möglich und mit weniger Schmerz und Schuld verbunden. Die Bindung nimmt also von Beziehung zu Beziehung ab. Die Tiefe einer Bindung kann man daran ablesen, wie groß die Schuld und der Schmerz bei der Trennung sind.

Hannelore: Ich fühle mich heute kraftvoll. Ich habe mir gestern nochmal bei meinem Mann Informationen über seine erste Frau geholt, und da kam bei mir ziemlich viel Schmerz hoch. Das hat mir aber gutgetan.

Bert Hellinger: Da war vor kurzem einmal ein Mann mit seiner Freundin hier. Die waren entschlossen zu heiraten. Er war schon verheiratet und hatte aus dieser Ehe ein Kind. Dann haben wir sein Gegenwartssystem aufgestellt: seine erste Frau, seinen Sohn und seine jetzige Freundin. Und dann habe ich gefragt: „Fehlt noch was?" Und er antwortete: „Ach, ja, ich war ja schon mal verheiratet, vorher, das war aber nur eine Studentenehe." Und ich sagte: „Nur?" Dann haben wir seine erste Frau aufgestellt, und dann war ganz klar, das war die entscheidende Person. Sie war nicht gewürdigt. In der Aufstellung war dann auch ganz klar, daß seine zweite Frau ihn verlassen hat aus Solidarität zur ersten. Jetzt war die dritte da, und die war mit im Kurs. Als auch sie dort stand, hat sie genau gemerkt, daß sie nur die dritte ist und daß sie die anderen achten muß. Am nächsten Morgen saß sie da und war ganz bedrückt. Sie hatte das Gefühl, daß, wenn sie an die anderen Frauen denkt, sie keine eigene Chance hat. Und dann hab' ich ihr gesagt: Es gibt drei Frauen, die gewürdigt werden müssen, die erste, die zweite *und* die dritte.

*

Birgit ist mit einem Mann verheiratet, der schon einmal verheiratet war und aus dieser Beziehung eine Tochter hat, die bei der Mutter lebt. Nachdem sie in ihrer Gegenwartskonstellation die Stelle ihrer Stellvertreterin eingenommen hat, sagt sie: Es fällt mir schwer, diese Nähe hier (zu dem Mann) einzugehen.
Bert Hellinger: Rück ein bißchen weg, wie es für dich richtig ist. Das ist die typische und korrekte Position, die eine zweite Frau einnimmt. (Zur Gruppe) Sie traut sich nicht, den Mann ganz zu nehmen wie eine erste Frau, weil sie ihn auf Kosten der ersten Frau und der Tochter hat. Das ist sozusagen der Preis. Das geschieht im Sinne des Bedürfnisses nach Ausgleich.
Ludwig: Gilt das auch, wenn er von der ersten Frau schon geschieden war?
Bert Hellinger: Das richtet sich ganz nach dem Gefälle von Gewinn und Verlust und ist losgelöst von der Motivation und der Moral der Geschichte. Die erste Frau hat den Mann verloren, und die zweite sieht, daß sie den Mann auf Kosten der ersten Frau hat. Vor allem hat auch die Tochter ihren Vater verloren, das wiegt besonders schwer. Die zweite Frau tritt dann an die Stelle der ersten Frau und traut sich nicht, ihn ganz zu nehmen. Es bessert sich, wenn sie anerkennt: Ich habe dich auf Kosten deiner ersten Frau. Die Würdigung ist der wichtigste Teil des Ausgleichs. Dann können sie enger zusammenrücken. Aber es bleibt immer noch eine Verpflichtung der ersten Frau gegenüber, und es ist nicht das gleiche wie eine erste Ehe. Natürlich gilt dasselbe auch von Seiten des Mannes, der die Frau auf Kosten des

ersten Mannes hat. Die neuen Beziehungen gelingen am ehesten, wenn die neuen Partner zu ihrer Schuld stehen und auch sehen, daß es nicht ohne diese Schuld geht. Die Beziehung gewinnt dann eine andere Tiefe, und es existieren weniger Illusionen.

Der zweite Mann von Birgit ist zuerst Vater seiner Tochter. Er ist zwar nicht mehr Mann von der ersten Frau, aber er bleibt Vater von der Tochter. Die Beziehung zu seiner Tochter geht der Beziehung zur zweiten Frau voraus und ist ihr vorgeordnet. Würde Birgit jetzt in Konkurrenz treten mit der Tochter und sagen: „Ich bin die Frau, ich bin wichtiger als die Tochter", ginge alles schief. Sie muß anerkennen, daß dem Mann seine Tochter wichtiger ist und diese für ihn an erster Stelle kommt; dann kommt Ordnung hinein. Und wenn die beiden nun gemeinsam Kinder hätten, kommen die an dritter Stelle. Das ist gemäß der Ursprungsordnung, und die war hier gut zu sehen.

Jutta: Den Satz, den du über die zweite Beziehung gesagt hast, der beruhigt mich. Das Thema der zweiten Wahl beschäftigt mich aber noch. Ich bin die zweite Frau meines Mannes und bei meinem Vater die zweite Tochter.

Bert Hellinger: Bei der Tochter gilt das nicht.

Jutta: Er war vorher schon einmal verheiratet und hatte eine Tochter, und das wurde totgeschwiegen.

Bert Hellinger. Deine Mutter ist die zweite Wahl

Jutta: Aber ich habe mich dann auch als zweite Wahl gefühlt.

Bert Hellinger: Na klar, so ist die Tradition. Das ist das vorgegebene Muster, dem du guten Gewissens nachfolgen darfst.

Jutta: Das macht mich auch betroffen.

Bert Hellinger: Ach, schau deine Mutter an und sag: Schau, wir zwei beiden.

Jutta: Nein, das kann ich nicht.

Bert Hellinger: Ja, das ist dann eine Identifizierung. Der Widerstand äußert sich genau dort, wo man identifiziert ist. Ich wehre mich gegen das, was ich bin oder mache. Oder das, was ich in mir ablehne, das bin ich. Was ich in mir liebe, das läßt mich los.

(Jutta wehrt sich mit einer unverständlichen Bemerkung)

Bert Hellinger: Ich will dir einmal eine schlimme Geschichte erzählen. Sie handelt von einer der eindrucksvollsten Familienkonstellationen, die ich gesehen habe:

Ein Gruppenteilnehmer wollte sein Gegenwartssystem aufstellen, und ich sagte ihm: Stell dein Ursprungssystem auf. Und da sagte

er: „Ich habe keines." Ich fragte ihn: „Was ist denn da los?" Da sagte er: „Meine Eltern haben mich sofort nach der Geburt weggegeben, damit ich überlebe. Sie waren Juden in Holland. Die Eltern wurden bald danach abgeholt und sind dann im Konzentrationslager umgekommen." Er wurde dann ins Ausland geschmuggelt und ist dort bei Pflegeeltern aufgewachsen. Ich forderte ihn auf, sein System aufzustellen. Da standen seine Pflegeeltern auf der einen Seite, und auf der anderen Seite stand er und wurde von einem Juden dargestellt, den er ausgesucht hatte. Er wußte vorher aber nicht, daß das ein Jude war. Und ganz in der anderen Ecke standen abgewandt seine Eltern. Dann habe ich seine beiden Eltern umgedreht, den Vater rechts neben die Mutter gestellt, und darauf fing der, der ihn darstellte, heftig zu weinen an. Dann habe ich die ausgetauscht und ihn selbst an diese Stelle gestellt und ihn dann ganz langsam zu den Eltern geführt. Die haben ihn in den Arm genommen, und das war ein sehr bewegendes Sich-Finden, eine sehr bewegende Szene. So hat er seine Eltern nehmen können. Ein Jahr später hab ich den Juden, der ihn vertreten hatte und mit dem ich befreundet bin, getroffen und habe ihn gefragt, ob er den anderen noch einmal getroffen habe. Da sagte er, ja, er habe ihn vor einigen Wochen angerufen, und der sei am Telefon ganz böse gewesen und habe von dem Kurs nichts mehr wissen wollen. – Den Eltern im schlimmen Schicksal zu folgen, war ihm wichtiger als die gute Lösung (langes Schweigen).
(Zu Jutta) Hast du die Geschichte verstanden?
Jutta: Ich erlebe das nicht so, daß ich das bewußt nachmache. Ich sage ja zu mir, ich will das nicht.
Bert Hellinger: Das klingt ein bißchen trotzig.
Jutta: Ja, da trotze ich auch.
Bert Hellinger: Das Leiden gemäß der Systemdynamik ist den meisten viel, viel wichtiger, und es ist auch viel leichter als die Lösung. Es ist so aus einem ganz einfachen Grund: Wenn der leidet und wenn's ihm schlecht geht, fühlt er sich unschuldig und mit seinen Eltern auf der Ebene der magischen Identifizierung verbunden. Wenn's ihm gutgeht, fühlt er sich schuldig. Vollzieht er die gute Lösung, selbst in Anerkennung seiner Eltern, erlebt er das als etwas, was ihm nicht zusteht. Mit dieser Dynamik muß man immer rechnen. Also, Jutta, es geht dir auf alle Fälle gut, wenn es dir schlecht geht. – Noch etwas?
Jutta: Also, ich fühle mich provoziert.
Bert Hellinger: Na und?

Jutta: Warum sagst du das? Das ist verletzend für mich. (Schaut ihn offen an)
Bert Hellinger: Ja, jetzt ist es besser. Ich arbeite nämlich mit allen schmutzigen Tricks, solange es hilft. (Als jemand Jutta unterstützen will) Nein, nein, nur keine Feuerwehr mit Ölschläuchen.

f. Dreiecksbeziehungen

Verhält sich eine Frau ihrem Mann gegenüber wie eine Mutter, indem sie weiß, was für ihn gut ist, oder ihn erziehen will, dann nimmt der Mann sich eine Geliebte. Die Geliebte ist dann die Ebenbürtige. Hat er eine gute Beziehung zu seiner Frau und trotzdem eine Geliebte, repräsentiert die Geliebte die Mutter.

Die Frau, die in einer Dreiecksbeziehung lebt, ist in der Regel Vaters Tochter. Die Lösung ist, daß sie aus dem Bannkreis des Vaters tritt und sich zur Mutter stellt.

Eine Beziehung außerhalb der Ehe wird oft als etwas ganz Schlimmes angesehen. Wenn einer der Partner eine Außenbeziehung hat, verhält sich der vermeintlich Unschuldige oft so, als hätte er ein Recht, den anderen immer für sich zu behalten. Das ist eine Anmaßung. Statt daß er den anderen durch Liebe zurückgewinnt, verfolgt er ihn oft. Und dann soll der noch einmal zurückkommen? Ich plädiere für das Menschlichere. Zwar habe ich hohen Respekt vor der Treue, aber nicht vor solcher mit dem Anspruch: Ich bin der einzige Mensch, der für dich bedeutsam sein kann. Oft ist es auch so, daß jemand einem anderen wichtigen Menschen begegnet, und das muß man dann achten. Diese Begegnung kann sehr positiv auf die Paarbeziehung zurückwirken. Die gute Lösung gibt es nur über die Liebe.

g. Eifersucht

Eine Frau erzählte in einer Gruppe, sie quäle ihren Mann mit ihrer Eifersucht, und obwohl sie das Widersinnige ihres Verhaltens erkenne, könne sie dem nicht widerstehen. Der Gruppenleiter zeigte ihr die Lösung. Er sagte: „Du wirst deinen Mann verlieren, über kurz oder lang. Genieße ihn in der Zwischenzeit!" Die Frau lachte und war erleichtert. Wenige Tage später rief ihr Mann den Gruppenleiter an und sagte: „Ich danke dir für meine Frau."

Der Mann hatte viele Jahre vorher mit einer Freundin bei diesem Gruppenleiter einen Kurs besucht. Während des Kurses erklärte er vor allen Teilnehmern und ohne auf den Schmerz seiner Freundin Rücksicht zu nehmen, er habe eine neue, jüngere Freundin und er werde sich von seiner jetzigen trennen. Mit ihr hatte er schon sieben Jahre zusammengelebt. Danach besuchte er wieder einen Kurs, diesmal mit seiner neuen Freundin. Sie wurde während des Kurses schwanger und wenig später heirateten sie.

Nun wurde dem Gruppenleiter der Sinn ihrer Eifersucht klar. Diese Frau hatte nach außen hin die Bindung ihres Mannes an die frühere Freundin geleugnet, und sie verlieh ihrem Anspruch auf ihn durch ihre Eifersucht auch öffentlich Nachdruck. Im geheimen aber anerkannte sie die frühere Bindung und ihre eigene Schuld. Ihre Eifersucht war daher nicht etwa der Beweis für die Untreue ihres Mannes ihr gegenüber, sondern ein heimliches Zugeständnis, daß sie seiner nicht würdig, und daß eine von ihr provozierte Trennung für sie der einzige Weg zur Anerkennung der noch bestehenden Bindung und ein Beweis ihrer Solidarität mit seiner früheren Freundin war.

h. Die Grenzen der Freiheit

In jeder Beziehung werden unterschiedlich weite oder enge Grenzen gesetzt. Die findet man durch die Schuld heraus. Wo die Schuld anfängt, ist die Grenze, und zwischen diesen Grenzen ist die Unschuld und die Freiheit. Das ist gleichbedeutend. Solange es keine Grenzen gibt, gibt es auch keine Freiheit. Dann zerfließt alles. Schüler zeigen sich zum Beispiel unglücklich, wenn ihnen Lehrer keine Grenzen setzen. Hat man getestet, wo die Grenzen sind, weiß man auch, wo die eigene Freiheit ist. Fülle ereignet sich in Grenzen.

In Paarbeziehungen verhalten wir uns oft, als wären sie wie freigewählte Bünde. Doch ein unbewußtes, unerbittliches Gewissen belehrt uns eines anderen. Wir erfahren es an seiner Wirkung, denn sonst gäbe es in den Paarbeziehungen nicht solches Leid. Friedrich Hölderlin beschreibt dieses doppelbödige Gewissen in dem Gedicht:

Die Liebenden
Trennen wollten wir uns, wähnten es gut und klug,
Da wirs taten, warum schröckt' uns, wie Mord, die Tat?
Ach! Wir kennen uns wenig,
Denn es waltet ein Gott in uns.

4. Die Hinordnung der Paarbeziehung auf Kinder

Finden sich Mann und Frau, werden sie zuerst ein Paar. Erst in zweiter Linie werden sie Eltern; das kommt später. Obwohl das Paarsein auf das Elternsein hingeordnet ist, hat es Vorrang. Zu der Ordnung der Liebe in der Beziehung zwischen Mann und Frau gehört es also, daß Mann und Frau zusammen auf ein Drittes hingeordnet sind, und daß ihr Männliches und Weibliches sich im Kind vollenden. Denn erst als Vater wird der Mann im vollen Sinn zum Mann, und erst als Mutter wird die Frau im vollen Sinn zur Frau, und erst im Kind werden Mann und Frau im vollen Sinn und für alle sichtbar unauflöslich eins. Dennoch gilt, daß ihre Liebe als Eltern zum Kind ihre Liebe als Paar nur fortsetzt und krönt. Denn ihre Liebe als Paar geht ihrer Liebe als Eltern voraus und, wie die Wurzeln den Baum, so trägt und nährt ihre Liebe als Paar auch ihre Liebe als Eltern zum Kind.

Geben in einer Familie die Eltern dem Elternsein den Vorrang vor dem Paarsein, ist die Ordnung gestört, und dann entstehen Probleme. Die Lösung ist dann, daß die Paarbeziehung wieder den Vorrang vor der Elternbeziehung bekommt. Geschieht das, kann man es sofort sehen: Die Kinder atmen auf, wenn sie ihre Eltern als Paar erleben. Dann geht es allen sofort besser.

Inge: Das, was du über das Risiko der Zeugung gesagt hast, berührt mich.

Bert Hellinger: Das schafft keiner mit Überlegung. Da muß eine höhere Macht eingreifen, und das nennt man Trieb. Manche Leute machen das ganz selbstverständlich und haben dann an der höchstmöglichen Geistigkeit teil. Vernünftige Überlegung allein bringt eine solche Entscheidung nicht zustande. Dazu reicht's nicht. Damit habe ich etwas gesagt über das Verhältnis von Geist und Fleisch: Der Geist ist willig, und das Fleisch ist weise.

a. Die Liebe zum Kind geht über die Liebe zum Partner

Die grundlegende Beziehung ist also die zwischen Mann und Frau, und sie ist auch die Grundlage für die Elternschaft. Die Kraft zur Elternschaft fließt aus der Paarbeziehung. Solange die Paarbeziehung Vorrang hat und als Grundlage wirkt, fühlt sich auch das Kind gut. Wenn es eine Störung und ein Unbefriedigtsein in der Paarbeziehung gibt und die Energie dann eher zum Kind statt zum Partner fließt, dann gibt es eine merkwürdige Verwirrung im Kind. Da sucht jetzt der Vater in ihm etwas, was der Beziehung nicht gemäß ist. Das muß das Kind verwirren. Einem Kind geht's am besten, wenn ein Mann im Kind sich und die Frau würdigt und achtet und die Frau im Kind sich und den Mann würdigt und achtet. So daß die Beziehung zum Kind sozusagen nur eine Fortsetzung der Paarbeziehung ist und nicht darüber hinausgeht, sondern sie krönt und abrundet. Dann ist es gut. Dann ist das Kind gleichzeitig von den Eltern frei. Es geht hier also um eine andere Richtung der inneren Energie: Die Liebe des Vaters zur Tochter führt über die Frau, nimmt den Umweg über die Frau, und bei der Frau ist es ebenso. Die Liebe der Frau zum Sohn geht über den Mann. Das führt die Eltern zusammen, und die Kinder fühlen sich frei und dennoch sicher.

Ernst: Es ist manchmal schwer, den Partner im Kind zu würdigen. Ich erlebe es so, daß es oft wie ein Stich ist, wenn ich meine Frau in den Töchtern erlebe.

Bert Hellinger: Ja, ich habe der Jutta einmal gesagt: Deine ganze Schwierigkeit kommt daher, daß du meinst, du seist besser. Du meinst wahrscheinlich auch, du seist besser. Wir reden jetzt einmal so ganz naiv miteinander (beide lachen).

Ernst: Ja, ich glaube, ich bin auch besser.

Bert Hellinger: Genau, daher kommt die ganze Schwierigkeit. Aber in Wahrheit bist du nur anders, und was ich über das Erweitern des Bereichs der Liebe gesagt habe, hieße bei dir, daß du das, was deine erste Frau vertritt, als deinem ebenbürtig und deinem gleich gültig würdigst, obwohl es völlig anders ist als deines. Dann merkst du, daß der Bereich der Liebe größer wird. Das kann geschehen, wenn das Unterschiedliche gleich gültig sein darf.

b. Der Verzicht auf Kinder

In einer Runde sagte Hannelore, daß sie eigentlich keine Kinder möchte.

Bert Hellinger: Ja, dann verzichte darauf, das ist gemäß.

Hannelore: Wobei ...

Bert Hellinger (unterbrechend): Nein, nein, ich will dir dazu noch etwas sagen. Zuerst etwas Grundsätzliches: Wenn sich jemand für etwas entscheidet, dann muß er dafür in der Regel etwas anderes lassen. Das, wofür er sich entscheidet, ist das, was verwirklicht wird, was ist. Jedes Sein ist also umgeben von einem Nicht, das dazugehört und aus all den Möglichkeiten besteht, die nicht verwirklicht werden.

Eine Frau findet ihre Erfüllung und erreicht ihre Größe und ihr größtmögliches spezifisches Gewicht durch viele Kinder. Das ist eine ganz normale Größe, aber es ist die größte Größe, die es gibt. Nichts anderes reicht da ran. Bei dem Mann, der viele Kinder hat, ist das ähnlich, wenn auch nicht in gleichem Maße. Solchen Eltern wird viel abverlangt. Das sind dann Menschen, die loslassen, geduldig sein und sich zurücknehmen können.

Dieser Weg ist in unserer Kultur verbaut. Er ist nicht mehr begehbar, weder für Frauen noch für Männer, und damit ist auch ein wesentlicher Weg menschlicher Erfüllung verbaut. Die Frauen streben deshalb vor allem in den Beruf und somit in eine andere Form von Verwirklichung. Dabei hilft eine evolutionäre Illusion. Wenn ich mir vorstelle, daß eine Sekretärin sich im Büro am Computer mehr Erfüllung erhofft als mit den Kindern zu Hause, dann stimmt für mich irgend etwas nicht mehr. Die Illusion ist aber wahrscheinlich notwendig, damit sie das Notwendige auch mit einer gewissen Zufriedenheit erfüllt. Die Frauen merken den Verlust oft nicht, oder sie wehren sich gegen den Verlust. Das gilt analog auch für Männer. Dann fangen die Frauen an, was als fraulich und weiblich galt, zu verteufeln und abzuwerten und das, was sie ließen, zu verachten und herabzusetzen: Kinder werden abgewertet, der Herd wird abgewertet, die Männer werden abgewertet.

So können sie sich zwar dem anderen Bereich leichter zuwenden, es geht ihnen dadurch aber das Weibliche verloren. Verachten sie das nicht Verwirklichte, nimmt dieses von dem, was sie wählten, etwas weg. Es wird weniger. Würdigen sie das nicht Verwirklichte, obwohl sie es nicht wählen, dann fügen sie dem, was sie gewählt haben, etwas hinzu. Frauen, die sich des Verlustes bewußt sind und bewußt darauf verzichten und die dem bewußt zustimmen, retten das Weibliche in das Neue hinüber. Das gewinnt dann eine andere Qualität. Durch den bewußten Verzicht wird also etwas gewonnen. Das, was ich nicht erwählt habe, wird wirksam, indem ich es würdige, auch wenn ich es nicht selber verwirkliche.

Eine Frau kann sich nur entfalten, wenn sie einen Mann hat. Was soll eine Frau ohne einen Mann!? Der Mann ist als Mann auch nur bedeutsam, wenn er eine Frau hat. Was soll ein Mann ohne Frau?

Es gibt jetzt aber Situationen, in denen ein Mann keine Frau haben kann oder eine Frau keinen Mann haben kann. Wenn sie das als Verlust anerkennen und dem Verzicht zustimmen, fügt das, auf das sie verzichtet haben, dem, was sie erwählt haben, etwas hinzu. Auf dem Wege der Anerkennung des Verlustes wird es in der Seele wirksam und kommt auf einer anderen Ebene zum Zuge.

c. Künstliche Befruchtung

Eine Frage während eines Seminars:
Thomas: Wie ist das bei der künstlichen Befruchtung. Ich habe da einen konkreten Fall, wo er keine Kinder bekommen kann, und das Ehepaar unternimmt große Anstrengungen, durch künstliche Befruchtung ein Kind zu bekommen. Welche Konsequenzen hat das für das Ehepaar?
Bert Hellinger: Wenn es der Samen vom Mann ist, ist es okay.
Thomas: Nein, sie wollen Samen von einer Samenbank nehmen.
Bert Hellinger: Wenn es der Samen von einem anderen Mann ist, dann geht die Ehe auseinander, nach meiner Erfahrung.

Ein Beispiel:
Es war einmal ein Ehemann, der konnte keine Kinder kriegen, weil er einmal eine Krankheit gehabt hat. Dann hat er der Frau gesagt, sie solle sich einen tüchtigen Mann suchen, der ihr ein Kind macht, und sie ziehen es gemeinsam auf. Das hat sie gemacht und hat jemand vom Fernsehen genommen. Mit dem hat sie dann ein Kind gezeugt. Kurz darauf ging die Ehe in die Brüche. Sie lernte aber einen anderen Mann kennen, wurde von diesem schwanger, und den hat sie geheiratet. Die erste Tochter dachte aber, daß der frühere Mann der Frau ihr Vater wäre. Aber, wenn immer sie Fernsehen geschaut hat und den leiblichen Vater im Fernsehen gesehen hat, sagte sie: Den werde ich mal heiraten. Inzwischen hat die Mutter das mit dem Kind in Ordnung gebracht.

d. Die Bedeutung von Abtreibungen und was dann fällig ist

Ich möchte jetzt etwas sagen über die Wirkung von Abtreibung und die Bedeutung, die sie in Systemen hat. Für die Kinder in einer Familie gehören abgetriebene nicht zum System, das ist meine bisherige

Beobachtung, es kann später auch andere Einsichten geben. Für die Eltern gehören die abgetriebenen dazu. Fehlgeburten gehören ganz selten, Totgeborene immer zum System, sowohl für die Eltern wie für die Kinder. In anderen Kulturen kann das anders sein als hier. In unserer Kultur wirkt die Abtreibung – wobei es von Familie zu Familie wieder sehr unterschiedlich sein kann – ganz tief in der Seele, und diese innere Instanz läßt sich durch Argumente nicht beeindrukken. Sie wirkt völlig unabhängig davon und auch unbewußt.

Die Schwierigkeit bei der Abtreibung ist, daß sie weitgehend mit der Illusion verbunden ist, man könnte etwas ungeschehen machen, und das stimmt nicht. Meine Beobachtung ist, daß die Abtreibung in der Regel viel folgenschwerer ist als die Zustimmung zum Kind. Was die, die eine Abtreibung vornehmen, als Last auf sich nehmen, ist viel schwerer, als das, was sie auf sich nehmen würden, wenn sie das Kind bekämen.

Es gibt Situationen, in denen eine Abtreibung vielleicht die Lösung ist. Es ist jedoch eine Lösung, die immer mit Schuld verbunden ist. Ich kann mir Situationen vorstellen, wo ich mich vor jemandem verneigen würde, der in einer solchen Situation war und sich so entschieden hat. Diese Entscheidung ist dann aber eine wissende, und die Folgen werden nicht verharmlost, sondern ihnen wird zugestimmt.

Eine wichtige Folge der Abtreibung ist, daß die Beziehung in der Regel durch die Abtreibung zu Ende ist. Wenn die Abtreibung in der Ehe geschieht, ist es häufig so, daß die sexuelle Beziehung aufhört. Es muß nicht immer so sein, es gibt auch Lösungen. Wenn es aber verdrängt wird, ist es oft so. Das Problem bei der Abtreibung ist, daß das Kind wie eine Sache behandelt wird, über die man beliebig verfügen kann. Es erscheint nicht als ein Gegenüber. Wenn es eine Entscheidung für Abtreibung gibt und sie wird im Gegenüber zum Kind entschieden mit all dem Schmerz, der dabei ist und der Schuld und der Zumutung an das Kind, die damit verbunden ist, dann ist es eine tiefe leidvolle Erfahrung, und das hat eine andere Qualität. Wenn es eine Abtreibung gegeben hat, wirkt sich das lange aus.

Häufig ist es bei der Abtreibung so, daß der Mann sich vor der Verantwortung drückt und sie der Frau zuschiebt. Bei einer Abtreibung ist aber die volle Verantwortung bei beiden Eltern. Es kann sie keiner auf den anderen abschieben. Die Frau kann es niemals, weil sie ja die letzte Entscheidung trifft. Der Mann ist frei, wenn er voll zu der

Frau stand und dem Kind gestanden wäre und wenn das glaubwürdig ist.
Klara: Und wenn er nichts davon wußte?
Bert Hellinger: Dann hat er keine Entscheidung treffen müssen, aber er ist trotzdem eingebunden. Wenn er davon erfahren würde, müßte er sich dem noch einmal stellen. Die Abtreibung ist ein Extremfall von Nehmen und Geben. Das Kind gibt alles, und die Eltern nehmen alles. Auch der Vater, der davon nichts weiß, hat alles genommen. Man schuldet es ihm, daß man es ihm sagt.

Manche verurteilen sich nach der Abtreibung zum Tode, und man muß das respektieren. Die Vollstreckung dieses Todesurteils ist der Gipfel dessen, was man dem Kind zumutet. Dann wird es noch einmal hineingenommen in einen Zusammenhang, der schlimm sein muß für das Kind. Nimmt man ein abgetriebenes Kind in eine Konstellation auf, hat es eine ganz besondere Wirkung. Klaus, wie ist es dir dabei ergangen? (bezieht sich auf eine Konstellation, in der Klaus die Position eines abgetriebenen Kindes einnahm)
Klaus: Ganz zuerst war ich sehr allein und ohne Sinn fürs Leben.
Bert Hellinger: Das ist die Wirkung, das Kind fühlt sich völlig allein, im Stich gelassen und ausgestoßen. Das ist die Situation, und die Wirkung ist, daß, wenn sich einer von den Eltern oder beide dem Kind zuwenden – und das geschieht symbolisch durch die Berührung –, dann wird das Kind aufgenommen in den Verband, und es kann dann seinem Schicksal zustimmen. Das geht aber nur, wenn bei den Eltern der Schmerz möglich wird. Der Schmerz ehrt das Kind, und er versöhnt es mit den Eltern. Kinder sind in der Grundstimmung so, daß sie für ihre Eltern auch bereit sind, das Leben zu geben. Das Kind hält das Leben nicht um jeden Preis fest, denn der Tod gehört zum Leben. Wir können nicht abschätzen, was der Gewinn und der Verlust dabei ist. Wenn es den Eltern gelingt, das Kind als Gegenüber zu sehen und anzuerkennen, daß es das Leben hergegeben hat und dieses als Geschenk zu nehmen, kommt am Ende der Friede. In dieser Situation ist es dann eine schöne Übung, wenn die Eltern das Kind eine Zeitlang mit sich tragen oder an der Hand nehmen und ihm die Welt zeigen, so ein Jahr lang oder zwei. Dann darf es wirklich tot sein und es darf vorbei sein. Das darf man aber nur selten tun und dann mit sehr viel Zurückhaltung und Respekt. Durch das Leid kommt dann wieder eine Fülle, die auf der Oberflächenebene der Heiterkeit und Freude oft nicht möglich ist. Und das ist dann der Lohn. Zum

Angedenken kann man etwas Gutes tun, was man sonst nicht getan hätte, und das muß nichts Großes sein.

Wenn in solchen Kursen das Thema Abtreibung aufkommt, vermeide ich es nach Kräften, und am liebsten würde ich mich da rausziehen aus dieser Situation, weil das so schwer ist, aber man muß sich dem stellen. Das sind einige Anhaltspunkte, und bei jedem ist das wieder anders. Das ist meine bisherige Erfahrung. Ich teile das jetzt so mal mit und will es nicht weiter behandeln, das ist mir zu schwer. Ich will es einfach mal so gesagt haben. (längeres Schweigen)
Ich lese euch jetzt eine meditative Geschichte vor.

Der Gast

Irgendwo weit weg von hier, da wo einmal der Wilde Westen war, wandert einer mit dem Rucksack auf dem Rücken durch weites, menschenleeres Land. Nach stundenlangem Marsch – die Sonne steht schon hoch und sein Durst wird groß –, sieht er am Horizont ein Farmhaus. Gott sei Dank, denkt er, endlich wieder mal ein Mensch in dieser Einsamkeit. Bei ihm kehre ich ein, bitte ihn um etwas zu trinken, und vielleicht setzen wir uns noch auf die Veranda und unterhalten uns, bevor ich wieder weiterziehe. Und er malt sich aus, wie schön es sein wird.

Als er aber näher kommt, sieht er, wie der Farmer sich im Garten vor dem Haus zu schaffen macht und ihn befallen erste Zweifel. Wahrscheinlich hat er viel zu tun, denkt er, und wenn ich sage, was ich möchte, falle ich ihm lästig; und er könnte meinen, ich sei unverschämt. Als er dann an die Gartentüre tritt, winkt er dem Farmer nur und geht vorbei.

Der Farmer seinerseits sah ihn schon von Ferne und freute sich. Gott sei Dank, denkt er, endlich wieder einmal ein Mensch in dieser Einsamkeit. Hoffentlich kommt er zu mir. Dann werden wir zusammen etwas trinken, und vielleicht setzen wir uns noch auf die Veranda und unterhalten uns, bevor er wieder weiterzieht. Und er ging ins Haus, um schon Getränke kaltzustellen.

Als er den Fremden aber näherkommen sah, begann auch er zu zweifeln. Er hat es sicher eilig, und wenn ich sage, was ich möchte, falle ich ihm lästig; und er könnte meinen, ich dränge mich ihm auf. Doch vielleicht ist er durstig und will von sich aus zu mir kommen. Am besten ist, ich gehe in den Garten vor dem Haus und tue so, als ob ich mir zu schaffen mache. Dort muß er mich ja sehen, und wenn er wirklich zu mir will, wird er es schon sagen. Als dann der andere nur herüberwinkte und seines Weges weiter zog, sagte er zu sich: Wie schade!

Der Fremde aber wandert weiter. Die Sonne steigt noch höher, und sein Durst wird größer, und es dauert Stunden, bis er am Horizont ein anderes Farmhaus sieht. Er sagt zu sich: Diesmal kehre ich bei dem Farmer ein, ob ich ihm lästig falle oder nicht. Ich habe solchen Durst, ich brauche etwas zu trinken.

Doch auch der Farmer sah ihn schon von Ferne und dachte: Der kommt doch hoffentlich nicht zu mir. Dies fehlte mir gerade noch. Ich hab' so viel zu tun und kann mich nicht auch noch um andere Leute kümmern. Und er machte weiter, ohne aufzublicken.

Der Fremde aber sah ihn auf dem Feld, ging auf ihn zu und sagte: Ich habe großen Durst. Bitte gib mir zu trinken. Der Farmer dachte: Abweisen darf ich ihn jetzt nicht, schließlich bin ich ja ein Mensch. Er führte ihn zu seinem Haus und brachte ihm zu trinken. Der Fremde sagte: Ich habe deinen Garten angeschaut. Man sieht, hier war ein Wissender am Werk, der Pflanzen liebt und weiß, was sie brauchen. Der Farmer sagte, ich sehe, auch du verstehst etwas davon; und er setzte sich, und sie unterhielten sich lange. Dann stand der Fremde auf und sagte: Jetzt ist es Zeit für mich zu gehen. Der Farmer aber wehrte ab und sagte: Die Sonne steht schon tief. Bleib diese Nacht bei mir, dann setzen wir uns noch auf die Veranda und unterhalten uns, bevor du morgen weiterziehst. Und der Fremde stimmte zu.

Am Abend saßen sie auf der Veranda, und das weite Land lag wie verklärt im späten Licht. Als es dann dunkel war, begann der Fremde zu erzählen, wie sich die Welt für ihn verändert habe, seitdem er innewurde, daß ihn auf Schritt und Tritt ein anderer begleite. Erst habe er es nicht geglaubt, daß einer dauernd mit ihm ging, daß, wenn er stehenblieb, der andere stand, und wenn er aufbrach, sich der andere mit erhob. Und er brauchte Zeit, bis er begriff, wer dieser, sein Begleiter, sei. Mein ständiger Begleiter, sagte er, das ist mein Tod. Ich habe mich so sehr an ihn gewöhnt, daß ich ihn nicht mehr missen will. Er ist mein treuester, mein bester Freund. Wenn ich nicht weiß, was richtig ist und wie es weitergehen muß, dann halte ich ein Weilchen still und bitte ihn um eine Antwort. Ich setze mich ihm aus als Ganzes, gleichsam mit meiner größten Fläche; weiß, er ist dort, und ich bin hier. Und ohne daß ich mich an Wünsche hänge, warte ich, daß mir von ihm zu mir ein Hinweis kommt. Wenn ich gesammelt bin und mich ihm mutig stelle, kommt mir nach einer Zeit von ihm zu mir ein Wort, wie wenn ein Blitz erhellt, was dunkel war –, und ich bin klar.

Dem Farmer war die Rede fremd, und er blickte lange schweigend in die Nacht. Dann sah auch er, wer ihn begleitet, seinen Tod – und er verbeugte sich vor ihm. Ihm war, als sei, was ihm von seinem Leben blieb, verwandelt. Kostbar wie Liebe, die um Abschied weiß, und wie die Liebe bis zum Rande voll.

Am nächsten Morgen aßen sie zusammen, und der Farmer sagte: Auch wenn du gehst, bleibt mir ein Freund. Dann traten sie ins Freie und gaben sich die Hand. Der Fremde ging seines Weges und der Farmer auf sein Feld.

Beispiele aus den Seminaren zu Vorgängen bei Abtreibungen:

Adrian (während einer Runde): Ich möchte einfach nur sagen, daß die Jennifer, meine Frau, heute wahrscheinlich abtreiben wird, und ich kann nichts machen. (Seine Stimme wird leiser) Es macht mich einfach sehr verzweifelt, und es lähmt mich, und ich würde so gerne was tun können. Jetzt sitz' ich hier fünfhundert Kilometer entfernt und muß das einfach hinnehmen.

Bert Hellinger: Was sich jetzt vollzieht, das ist ein Stück Sterben auch in dir, und dem mußt du zustimmen. (Pause) Das heißt, daß du Jennifer verlieren wirst, daß du deine Familie verlierst und daß du dem zustimmen mußt. Aus der Schuld, auch deiner Schuld, die da mit drin ist – aus dem Opfer des Kindes und aus dem Verlust deiner Familie kann sich dann eine neue Kraft auf einen neuen Vollzug hin sammeln. Wenn du dem zustimmst, wird es, als ob eine Menge Gepäck abfällt. Wenn du es aber managen willst, dann wird es schwer. Noch etwas, Adrian?

(Adrian atmet tief und schaut selbstmitleidig unter sich)

Bert Hellinger (zur Gruppe): Das, was er jetzt macht, schadet ihm. Es hat die Qualität der Schwere und ist unangebracht.

Adrian (mit leiser Stimme): Du verlangst ziemlich viel.
Bert Hellinger: Ja, das Richtige ist nicht immer leicht. (Pause) Bei dir ist eine Tragik drin, die nicht stimmt. Da geht die Energie eher ins Leiden als ins Handeln. Das bringt nichts. Da lasse ich es einmal.

(Später in einer Runde)

Frauke: Mich beschäftigt die Bedeutung der Ausgegrenzten in Familien, und ich frage mich, ob auch Geschwister wissen müssen, daß ein Kind abgetrieben wurde.
Bert Hellinger: Das geht die Kinder gar nichts an. Das ist etwas, was zwischen den Eltern ist, und es muß auch dort bleiben. Ich habe bisher noch nicht gesehen, daß das Schwierigkeiten für die Kinder gibt. Es mag vorkommen, ich habe es aber noch nicht gesehen.
Frauke: Ich hatte heute morgen beim Aufwachen an einem Punkt Kopfschmerzen, und ich glaube, das hat mit dem Abtreibungsthema zu tun. Ich habe nämlich mein drittes Kind abgetrieben. Das ist jetzt zwanzig Jahre her, und ich habe die ganze Zeit meine Entscheidung gewürdigt, aber nicht das Kind. Jetzt ist mir voller Erschrecken die Idee gekommen, daß meine Tochter mit diesem Kind identifiziert sein könnte, weil sie in ihrem Leben die Sexualität völlig verleugnet, und ich weiß nicht, wie ich damit umgehen soll.
Bert Hellinger: Laß es losgelöst von deiner Tochter. Du kannst den Punkt, der hier wehgetan hat, in deinen Schoß sinken lassen.
Jutta: ... und was mich sehr berührt hat, war das, was du gestern über Abtreibung gesagt hast. Da ist bei mir (beginnt zu weinen) Schmerz hochgekommen und viel Ärger.
Bert Hellinger: Der Ärger lenkt ab. Ärger heißt, daß jemand einem anderen Verantwortung zuschiebt, die er selber hat. Du mußt es auf dich nehmen, denn bei der Abtreibung ist die Verantwortung nicht geteilt. Vor allem die Frau kann sie nicht teilen. Der Mann hat manchmal nicht die volle Kraft, es zu verhindern. Wenn er das Kind will und die Frau nicht, kann er das nicht beeinflussen. Die Frau hingegen kann es immer beeinflussen, deshalb muß sie die volle Verantwortung übernehmen, was immer war.
Jutta: Ich habe mich da zurückerinnert, seit wann es ist, daß wir über Trennung reden, das ist seit genau eineinhalb Jahren, seit der Abtreibung, und das wäre unser drittes Kind gewesen.
Bert Hellinger (bezieht sich auf die Konstellation des Gegenwartssystems von Jutta, in der sie in eine andere Richtung schaute als ihr Mann): Dann geht dein Blick zum Kind (Jutta beginnt zu weinen). Das ist ein heilender Schmerz, der ehrt das Kind.

Bert Hellinger (nach einer Pause): Gibt es diesbezüglich noch Fragen?
Ludwig: Spielen Fehlgeburten eine Rolle in einem System?
Bert Hellinger: Fehlgeburten gehören nicht zum System. Ganz selten spielen sie eine Rolle in der Paarbeziehung. Man muß sie als Ereignis, wie ein Schicksal annehmen und darf nicht nach persönlicher Schuld suchen. Wenn zum Beispiel eine Mutter sagt: Was habe ich nur angestellt, daß ich eine Fehlgeburt bekommen habe, so ist das eine unzulässige Frage. Das ist anmaßend und kann nur verrückt machen. Wenn ein Therapeut suggeriert, jetzt haben die schon fünf Fehlgeburten gehabt, da muß doch mit ihnen etwas nicht stimmen, dann ist das eine schlimme Intervention, und das ist für mich nicht zulässig.
Ludwig: Ich frage deshalb, weil ich bei einem Klienten mal aufgrund eines Traums vermutet habe, daß in der Familie Fehlgeburten vorkamen. Er hat das dann auch bestätigt, und deshalb dachte ich, daß es von Bedeutung sein könnte.
Bert Hellinger: Waren das Geschwister von ihm?
Ludwig: Ja.
Bert Hellinger: Ja, das kann sein, daß sie eine Bedeutung haben. Die Lösung wäre in dem Fall, daß er sagt, ihr seid nicht zur Welt gekommen, ich bin zur Welt gekommen. Ihr seid tot, ich lebe. Dann muß er sich damit auseinandersetzen, mit dem Schuldgefühl, daß er gewinnt und die anderen verlieren, ohne daß er was machen konnte und ohne daß er einen Verdienst hatte. Ihr kennt die Zauberformel für die Lösung schon: Ihr seid tot, ich lebe noch ein bißchen, dann sterbe ich auch. Sie hebt das Gefälle auf, und das gibt dann keine Anmaßung bei dem Lebenden. Was du sagst, Ludwig, zeigt, daß es gefährlich ist, aus etwas eine immer gültige Theorie zu machen. Ich gebe euch nur Orientierungslinien, die aber nicht den Blick auf das, was gerade ist, verstellen dürfen.
Gabriele: Du hast gesagt, daß eine Beziehung kaputtgeht, wenn eine Abtreibung geschieht. Gilt das auch für das vierte oder fünfte Kind?
Bert Hellinger: Ja, das gilt auch da, das ist meine Beobachtung.
Frage: Und wenn das Kind aus einer Außenbeziehung stammte und nicht vom Ehemann?
Bert Hellinger: Dann geht gewöhnlich die Ehe kaputt.
Frage: Kannst du noch sagen, warum die Ehe kaputtgeht?
Bert Hellinger: Nein, das will ich nicht. Ich habe zwar Ideen dazu, aber das ist hier nicht wichtig, das ging dann schon in eine Vorstellung oder Ideologie, und das wäre gefährlich und angreifbar. Die Beschreibung ist nur eine Beschreibung ...

Wie kann man nach einer Abtreibung helfen

Ich will etwas über die Lösung sagen: Durch die Abtreibung wird ja ein Kind aus dem Verband ausgestoßen. Die Eltern nehmen alles, und das Kind gibt alles. Im Kind wird der Partner mit abgelehnt, abgestoßen und abgetrieben. Das ist der Vorgang, und der hat die Wirkung, daß die Beziehung zu Ende ist. Eine Lösung gibt es, wenn das Kind wieder hineingenommen wird. Es muß erst einmal ein Gegenüber werden für die Eltern. Dasselbe gilt für totgeborene Kinder, die nicht aufgenommen wurden. In einer Konstellation kann man das am besten tun, indem man das abgetriebene Kind vor die Eltern hinsetzt und es sich an diese anlehnen läßt. Dann legen die Eltern die Hand auf den Kopf des Kindes. Das hat eine schöne Wirkung, und dann gibt es oft tiefe Veränderungen. Es wird dadurch noch einmal lebendig. Wenn beide Eltern den Schmerz über den Verlust und über das, was sie dem Kind angetan haben, spüren, kommt es zur Versöhnung. Der Schmerz ehrt das Kind, und das Kind fühlt sich aufgenommen und findet seinen Platz und seinen Frieden. Durch das Annehmen der Schuld und das Stehen zur Schuld kommt aus dem Ganzen eine Kraft. Dann kann die Beziehung noch einmal gewinnen, aber auf einer völlig anderen Ebene als vorher. Sie wird dann nicht mehr so sein wie vorher. Wenn nur ein Partner den Schmerz fühlt und der andere nicht, geht die Beziehung auseinander.

Zum Frieden finden gehört auch, daß niemandem eine schlimme Wirkung zugeschoben wird, der selbst nicht gehandelt hat. Sobald zum Beispiel eine Mutter dauerhaft traurig ist wegen eines ungeborenen Kindes, ist das Kind sozusagen schuldig an dieser Trauer, und das Kind hat dann keinen Frieden. Es ist nicht so, daß man die Kinder hineinnimmt und festhält, sondern man nimmt sie hinein, um sie dann in Frieden zu lassen. Dann sind alle frei, und das Gute, das daraus entsteht, lebt weiter. Alles andere darf aber vorbei sein.

5. Trennungen

a. Wenn zwei nicht auseinandergehen können

Mißlingt eine Trennung, so wird oft nach Schuldigen gesucht, und sucht man in einer solchen Situation nach Schuld, entzieht man sich der Wucht des Schicksals.

Geht zum Beispiel eine Ehe auseinander, in der Kinder geboren wurden, dann ist das für den Mann und die Frau eine Katastrophe.

Ich nehme jetzt einmal nur diese beiden. Das ist dann ein tiefer Schmerz, weil die ja mit einer ganz anderen Hoffnung für die Ehe und die gemeinsame Unternehmung angetreten sind. Und auf einmal ist alles zu Ende. Meist geht es zu Ende, ohne daß einer Schuld hat, sondern es geht zu Ende, weil jeder in einer für ihn eigenen Weise verstrickt ist oder weil jemand auf einem anderen Weg ist oder auf einen anderen geführt wird.

Sobald ich aber eine Schuld ausmache, habe ich die Vorstellung oder Illusion, ich könnte etwas tun oder der andere oder ich bräuchten sich nur anders zu verhalten, und alles wäre gerettet. Dann wird die Größe und die Tiefe der Situation verkannt und verlagert sich auf die Schuldsuche und Vorwürfe, die sie sich gegenseitig machen. Die Lösung ist, daß sie sich beide ihrer Trauer überlassen, dem ganz tiefen Schmerz, der Trauer darüber, daß es vorbei ist. Diese Trauer dauert nicht sehr lange, geht aber sehr tief und tut sehr weh. Dann sind sie auf einmal voneinander gelöst, und dann können sie nachher gut miteinander reden und alles, was noch zu regeln ist, vernünftig und mit gegenseitigem Respekt lösen. Bei einer Trennung ist die Wut sehr häufig Ersatz für den Schmerz der Trauer.

Oft fehlt, wenn zwei nicht voneinander lassen können, das Nehmen. Dann muß der eine dem andern sagen: Ich nehme, was du mir geschenkt hast. Es war eine Menge, und ich werde es in Ehren halten und mitnehmen. Was ich dir gegeben habe, hab ich dir gern gegeben, und du darfst es behalten. Für das, was zwischen uns schief gelaufen ist, übernehme ich meinen Teil der Verantwortung und lasse dir deinen, und jetzt laß ich dich in Frieden. Dann können beide auseinandergehen.

In solchen Situationen erzähle ich manchmal eine einfache Geschichte:

Das Ende

Zwei machen sich mit vollgepacktem Rucksack auf den Weg. Der Weg geht durch blühende Gärten und Wiesen, und sie freuen sich. Dann geht es bergauf. Dann fangen sie mal an, etwas von den Vorräten aufzuzehren, die sie bei sich haben. Schließlich gehen dem einen die Vorräte aus, und er setzt sich hin. Der andere aber wandert noch ein bißchen weiter und noch ein bißchen höher hinauf. Es wird immer steiniger, und auch er verbraucht seinen letzten Vorrat. Er setzt sich hin und schaut zurück ins Tal und auf die blühenden Gärten – und beginnt zu weinen.

b. Leichtfertige Trennung und ihre Folgen

Ich habe schon gesagt, daß manche mit Beziehungen und Bindungen umgehen, als gingen sie in einen Club, in dem man jederzeit ein- oder austreten kann. Das geht aber nicht. Wer in einer wesentlichen Paarbeziehung war, ist gebunden und kann nicht mehr raus ohne Schmerz und ohne Schuld. Schlimme Folgen hat es auch, wenn sich ein Partner leichtfertig trennt mit einer Begründung wie: „Ich mache jetzt etwas für mich, zu meiner Selbstverwirklichung und was mit Euch ist, das ist Eure Sache." Oft stirbt dann ein Kind oder bringt sich um. Eine solche Trennung wird wie ein Verbrechen erlebt, für das einer sühnen muß.

Ein Beispiel:

Eine Frau trennte sich von ihrem Mann, und darauf wurde die Tochter todkrank. In der Konstellation wurde dann die Mutter nach außen gestellt und die Kinder aus dieser Familie in die des Vaters mit seiner neuen Frau. Als die Tochter zur Mutter sagen konnte: „Du mußt die Folgen tragen", war sie frei, und alle fühlten sich in Ordnung.

Frage: Wer entscheidet, wann eine Trennung leichtfertig ist?
Bert Hellinger: Darüber kann keiner entscheiden. Das wird erlebt. Wo es geschieht, weiß jeder sofort, ob es leichtfertig ist oder nicht.

V. Systemische Verstrickungen und ihre Lösungen

1. Die Sippschaft

Zusammen mit unseren Eltern und unseren Geschwistern bilden wir die Schicksalsgemeinschaft einer Familie. Als Familie gehören wir aber auch zu einer Sippschaft, in der sich beide Sippen der Eltern zu einem größeren System von Menschen verbinden, die wir vielleicht nicht alle kennen und die trotzdem bedeutsam für uns sind.

In der Regel gehören zur Sippe, unabhängig davon, ob sie noch leben oder schon gestorben sind:

1. das Kind und seine Geschwister;
2. die Eltern und ihre Geschwister;
3. die Großeltern;
4. manchmal noch der eine oder andere der Urgroßeltern;
5. alle, die für andere im System Platz gemacht haben, zum Beispiel ein erster Mann oder eine erste Frau der Eltern oder der Großeltern (oder eheähnliche Beziehungen, auch dann, wenn es zu einer Trennung oder Scheidung kam) oder eine frühere Verlobte, oder eine Frau oder ein Mann, mit denen jemand aus der Sippe ein Kind hat, und alle, durch deren Unglück, Weggang oder Tod andere in der Sippschaft einen Vorteil gezogen haben.

Beispiel:

Da war mal eine Klientin hier, deren Eltern von einem älteren Ehepaar ein Lebensmittelgeschäft erst gepachtet und dann gekauft haben. Dann kam raus, daß dieses Ehepaar das Geschäft seinem Sohn geben wollte, und der ist im Krieg gefallen. Obwohl die Eltern mit ihm überhaupt nicht verwandt sind, gehört er dazu, weil er zu ihrem Vorteil Platz gemacht hat.

2. Bedingungen für das Gedeihen der Sippschaft

Während in den persönlichen Beziehungen drei Bedingungen für das Gelingen erfüllt sein müssen: die Bindung, der Ausgleich von Nehmen und Geben und die Ordnung, wirken in der Sippe noch weitere Gesetze:

a. Das Recht auf Zugehörigkeit

Jeder, der zu einer Sippe gehört, hat gleiches Recht dazuzugehören, und niemand kann und darf ihm diesen Platz verweigern. Sobald einer in einem System auftritt und sagt: „Ich habe mehr Recht, in diesem System dazuzugehören, als du", verletzt er die Ordnung und das System ist gestört. Vergißt zum Beispiel jemand eine früh gestorbene Schwester oder einen totgeborenen Bruder und nimmt jemand ganz selbstverständlich den Platz eines früheren Ehepartners ein und geht er oder sie naiv davon aus, er oder sie habe jetzt mehr Recht dazuzugehören als der, der Platz gemacht hat, dann verstößt er gegen die Ordnung. Das wirkt sich dann oft so aus, daß in einer späteren Generation jemand, ohne daß er es merkt, das Schicksal der Person, der die Zugehörigkeit abgesprochen wird, nachahmt.

Das ist die Hauptschuld eines Systems, daß es jemand ausklammert, obwohl er das Recht auf Zugehörigkeit hat, und ein Recht auf Zugehörigkeit haben alle diejenigen, die im vorigen Kapitel aufgeführt sind.

b. Das Gesetz der vollen Zahl

Der einzelne in einem System fühlt sich ganz und vollständig, wenn alle Personen, die zu seinem System, seiner Sippschaft gehören, in seiner Seele und in seinem Herzen einen guten und ehrenvollen Platz haben und ihre volle Würde. Sie müssen alle dasein. Wer sich nur um sein Ich und sein enges individuelles Glück kümmert, fühlt sich nicht vollständig.

Ich will das beispielhaft verdeutlichen:

Jeder von uns hat in seinem Leben ein Grundgefühl oder eine Grundstimmung, an die er sich gewöhnt hat. Die Therapeuten, bei denen ich in Chicago war, nannten das home-base. Das ist der Ort, an dem man sicher sein kann. Der Ausdruck kommt vom Baseballspiel. Auf dieses

Grundgefühl zieht man sich zurück, und dort hat man den geringsten Streß. Jeder kann herausfinden, wo sein Grundgefühl ist. Man kann sich also eine Skala vorstellen, die von -100 bis +100 geht, und jeder kann darauf eintragen, wo sein Grundgefühl lokalisiert ist. Und die Grundstimmung ist nicht veränderbar. Das haben die jedenfalls gesagt. Ich aber habe herausgefunden, wie man das ändern kann (Heiterkeit). Wenn es gelingt, einen bisher ausgeklammerten Elternteil zu nehmen, dann steigt die Grundstimmung um 75 Punkte nach oben. Da kann man sehen und spüren, welche Wirkungen es hat, wenn man einen wichtigen Ausgeklammerten mit hineinnimmt und das innere Bild vollständiger wird.

c. Das Gesetz des Vorrangs der Früheren

Das Sein wird durch die Zeit qualifiziert. Es bekommt einen Rang und wird strukturiert durch die Zeit. Wer zuerst in einem System da ist, hat Vorrang vor dem, der später kommt. In gewachsenen Beziehungen herrscht also eine Rangordnung, die sich in erster Linie am vorher und nachher orientiert, das heißt, wer früher kommt, ist vorgeordnet, wer später kommt, ist nachgeordnet. Dieses Ordnungsprinzip nenne ich Ursprungsordnung. Daher kommen die Eltern vor den Kindern und der Erstgeborene vor dem Zweitgeborenen.

Mischt sich ein Nachgeordneter in den Bereich des Vorgeordneten, versucht zum Beispiel der Sohn die Schuld des Vaters zu sühnen oder der bessere Ehemann der Mutter zu sein, dann maßt er sich etwas an, was er nicht darf, und auf eine solche Anmaßung reagiert die Person oft unbewußt mit dem Bedürfnis nach Scheitern oder Untergang. Weil es meistens aus Liebe geschieht, wird es uns als Schuld nicht bewußt. Wo immer es ein schlimmes Ende gibt, zum Beispiel daß jemand verrückt wird oder Selbstmord verübt oder Verbrecher wird, spielen solche Zusammenhänge eine Rolle.

Der Ordnung ist es egal, wie ich mich verhalte

Nehmen wir einmal an, ein Mann und eine Frau haben ihre ersten Partner verloren und beide haben Kinder, und jetzt heiraten sie und bringen ihre Kinder mit in die neue Ehe. Dann kann die Liebe des Mannes zu seinen Kindern *nicht* über die neue Frau gehen, und die Liebe der Frau zu ihren Kindern kann *nicht* über diesen Mann gehen. Dann hat die Liebe zum eigenen Kind aus der früheren Beziehung Vorrang vor der Liebe zum Partner. Das ist ein ganz wichtiger

Grundsatz. Man darf das nicht als Dogma verwenden, aber viele Störungen in Beziehungen, in die Kinder mitgebracht werden, kommen daher, weil der Partner eifersüchtig auf die Kinder wird, und das ist ungerechtfertigt. Die Kinder haben Vorrang. Wenn die Ordnung anerkannt ist, dann klappt das auch meist.

Die rechte Ordnung ist schwer greifbar, und man kann sie nicht verkünden. Das ist etwas anderes als eine Spielregel, die man verändern kann. Die Ordnungen sind jedoch nicht verrückbar. Der Ordnung ist es völlig egal, wie ich mich verhalte. Sie steht immer da. Ich kann sie nicht brechen, ich kann nur mich brechen. Sie setzt sich auf kurz oder lang durch, und es ist ein sehr demütiger Vollzug, sich der Ordnung zu fügen, und das Sich-einer-Ordnung-Fügen hat etwas Lebendiges. Das ist keine Einengung. Es ist, wie wenn jemand in einen Fluß steigt, der ihn trägt. Dann gibt es immer noch bestimmte Spielräume. Das ist etwas anderes, als wenn eine Ordnung verkündet wird.

d. Die Anerkennung der Vergänglichkeit

Erst wenn wir anerkennen, daß alles in einer Gruppe vergänglich ist, finden wir für alle Bedingungen eine Grenze und das Maß.

Lösungen haben besonders bei systemischen Verstrickungen immer etwas zu tun mit der Anerkennung der Vergänglichkeit. In Systemen wird oft etwas lebendig erhalten, was eigentlich vorbei ist. Darum wirkt es weiter.

In den Büchern von Castaneda gibt es die Anweisung, man müßte seine Geschichte vergessen. Das geht in diese Richtung. Es erfordert aber eine ganz große Disziplin, daß man sich da herausnimmt, daß man alles vergißt. Es darf dann wirklich vorbei sein, ohne daß es nochmal aufgegriffen wird. Und es hat etwas Spirituelles, wenn man leistet, das Vergangene vergangen sein zu lassen.

Diese Gesetze sind nicht greifbar. Wenn man einen Baum und die Blätter betrachtet, sind sie zwar alle nach dem gleichen Gesetz gebaut, aber doch alle verschieden. Das ist das Geheimnis dieser Gesetze: Man kann sie ahnen, aber das Ergebnis ist jedesmal anders. So entsteht Lebendigkeit im Gegensatz zu gemachten Regeln. Diese Grundordnungen sind nicht ganz fest, sie lassen viele verschiedene Ergebnisse zu. So bleiben sie flexibel und lebendig.

Das Urteil

Ein Reicher starb, und als er vor die Himmelspforte trat, klopfte er und bat um Einlaß. Petrus schloß ihm auf und fragte, was er wolle. Der Reiche sagte: „Ich hätte gern ein Zimmer erster Klasse, mit schöner Aussicht auf die Erde, und dazu täglich meine Lieblingsspeise und die neueste Zeitung."

Petrus sträubte sich zuerst, doch als der Reiche ungeduldig wurde, führte er ihn in ein Zimmer erster Klasse, brachte ihm die Lieblingsspeise und die neueste Zeitung, drehte sich noch einmal um und sagte: „In tausend Jahren komme ich wieder!", und schloß dann hinter sich die Tür.

Nach tausend Jahren kam er wieder und schaute durch die Luke in der Tür. „Da bist du endlich!" rief der Reiche. „Dieser Himmel ist entsetzlich!"

Petrus schüttelte den Kopf. „Du irrst dich", sagte er. „Hier ist die Hölle."

3. Die Rangordnung der Familiensysteme

In Systemen ist es umgekehrt wie in der Rangordnung gewachsener Beziehungen. Hier hat das neue System Vorrang vor dem alten. Gründet jemand eine Familie, hat die Gegenwartsfamilie Vorrang vor den Ursprungsfamilien der Ehepartner. Ich weiß nicht, wieso das so ist, das sind nur Erfahrungswerte.

Frage: Ich verstehe etwas nicht. Heiratet jemand ein zweitesmal, ist das doch ein neues System, das dann Vorrang haben müßte?

Bert Hellinger: Es hat Vorrang auf der einen Seite. Bekommt ein Mann oder eine Frau während der Ehe ein Kind von einem anderen Partner, muß er oder sie die Ehe verlassen und mit dem neuen Partner zusammenziehen, so schwer das für alle auch sein mag. Man kann es aber auch sehen als eine Erweiterung des Gegenwartssystems. Dann kommt es zwar zuletzt, und die Partner müssen in dem letzten System bleiben, aber im Rang ist dieses System den früheren nachgeordnet. Dann hat eine frühere Frau Vorrang vor der späteren, zum Beispiel. Dennoch löst die spätere Frau die frühere ab.

4. Das Sippengewissen

Wie das persönliche Gewissen über den Bedingungen der Bindung, des Ausgleichs und der Ordnung wacht, gibt es auch ein Sippen- oder Gruppengewissen, eine Instanz, die über diesem System wacht, die im Dienste der Sippschaft steht und sieht, daß das System in Ordnung bleibt oder kommt, und die Verstöße gegen die Ordnung im System rächt. Es wirkt auf eine völlig andere Art und Weise. Während das individuelle Gewissen mit Gefühlen von Unbehagen und Behagen, Lust und Unlust reagiert, wird das Sippengewissen nicht gefühlt. Deshalb helfen hier auch Gefühle nicht, eine Lösung zu finden, sondern nur ein Erkennen über Einsicht. Das Sippengewissen bleibt uns unbewußt, so wie uns auch die Ordnung, der es dient, im wesentlichen unzugänglich bleibt. Am ehesten erkennen wir sie noch am Leid, das ihre Nichtbeachtung über uns und andere, vor allem über die Kinder bringt.

Das Sippengewissen ist ein Teilhabegewissen. Ich vergleiche es mit dem Vogelflug. Es ist nicht der einzelne Vogel, der sich wendet, sondern der ganze Schwarm. Im Schwarm ist etwas Gemeinsames wirksam. Die schwimmen sozusagen in dem gleichen Strom. So ist auch der einzelne eingebunden, und über dem Ganzen gibt es etwas Gemeinsames, das wie ein Ordnungsprinzip wirkt. An dem nimmt jeder teil, und dadurch wird er in die Pflicht genommen. Innerhalb dessen herrscht auch das Gesetz, daß die Oberen das Schlimme häufig auf die Kleineren schieben, und die nehmen es auf sich.

Dieses Sippengewissen nimmt sich der Menschen an, die wir aus unserer Seele und aus unserem Bewußtsein ausgeschlossen haben, sei es, daß wir sie fürchten oder verdammen, sei es, daß wir ihrem Schicksal trotzen wollen, sei es, daß andere in der Familie oder Sippe ihnen gegenüber schuldig wurden, ohne daß die Schuld benannt, geschweige denn angenommen und gesühnt worden ist, sei es, daß sie bezahlen mußten für das, was wir genommen und bekommen haben, ohne daß wir es ihnen gedankt oder sie dafür gewürdigt hätten.

Dieses Gewissen bindet uns so folgenschwer an eine Gruppe, daß wir, was andere in ihr erlitten und verschuldet haben, als Anspruch und Verpflichtung spüren, und so werden wir, in fremde Schuld und fremde Unschuld, in fremdes Denken, Sorgen, Fühlen, in fremden Streit und fremde Folgen, in fremde Ziele und fremdes Ende blind verstrickt.

Die Unterschiede zwischen dem persönlichen Gewissen und dem Sippengewissen

Das persönliche Gewissen – man könnte es auch das vordergründige nennen – also das, das wir fühlen, bezieht sich auf Personen, mit denen wir direkt verbunden sind, also auf die Eltern, die Geschwister oder auf die Freunde, die Partner, die Kinder. Es gibt ihnen gleichsam in der eigenen Seele Platz und Stimme.

Das verborgene Gewissen wirkt wie ein Ordnungs- und Gleichgewichtssinn für alle Mitglieder einer Sippe, der jedes Unrecht an Vorgeordneten später an Nachgeordneten ahndet und ausgleicht, auch wenn diese nichts von den Vorgeordneten wissen und unschuldig sind. Es nimmt sich jener Menschen an, die wir aus unserer Seele und aus unserem Bewußtsein ausgeschlossen haben, und läßt uns keine Ruhe, bis auch sie in unserem Herzen Platz und Stimme haben. Wen dieser Sinn noch berücksichtigt und auf wen er noch wirkt, der gehört auch zur Sippschaft. Daher läßt sich an seiner Reichweite ablesen, wer als Mitglied zu einer Sippschaft gehört.

Bei dem vordergründigen, persönlichen Gewissen erfahren wir uns als Handelnde und frei. Dem verborgenen Gewissen gegenüber sind wir unfrei, denn es verfügt über unser Wohl und Wehe im Interesse der Sippe, so wie das Ganze über einen Teil verfügt.

Der Kampf der Liebe gegen die Ordnung

Wenn ein Nachgeborener die Ordnung der Liebe verletzt, maßt er sich an, etwas zu verweigern, was er schon hat, etwas zu tun, was er nicht kann, und etwas zu nehmen, was er nicht darf. Weil ein Kind aber meist aus Liebe gegen die Ordnung verstößt, merkt es die Anmaßung nicht und meint, es sei gut.

Die Ordnung aber läßt sich durch die Liebe nicht überwinden, denn vor aller Liebe wirkt in der Seele dieser Gleichgewichtssinn, welcher der Ordnung der Liebe selbst um den Preis des Glücks und des Lebens zum Recht verhilft. Der Kampf der Liebe gegen die Ordnung ist Anfang und Ende jeder Tragödie. Und es gibt nur einen Weg des Entrinnens: Einsicht in die Ordnung und ihr dann mit Liebe folgen. Die Einsicht in die Ordnung ist Weisheit, und ihr dann folgen mit Liebe ist Demut, und das heißt, daß einer auf den eigenen, ihm gehörenden Platz zurückgeht und dem Früheren seinen höheren Platz und damit seinen Vorrang läßt.

5. Versuche, einer ausgeklammerten Person zu ihrem Recht zu verhelfen

a. Das Wiederbeleben eines fremden Schicksals

Das Sippengewissen nimmt sich also der Ausgeklammerten, der Verkannten, Vergessenen, nicht Gewürdigten und der Toten an. Wird jemand, aus welchen Gründen auch immer, ausgeklammert, der dazugehört und der dazugehören muß, und wird ihm das Recht auf Zugehörigkeit verweigert, weil andere ihn verachten oder weil sie nicht anerkennen wollen, daß er für Spätere Platz gemacht hat oder was sonst sie ihm verdanken, dann wählt sich das Sippengewissen einen unschuldigen Nachgeborenen, der diesen unter dem Druck des Ausgleichsinns über *Identifizierung* nachahmt, und zwar gewissenhaft. Er hat sich das nicht ausgesucht, er merkt es nicht, und er kann sich nicht wehren. Er wiederbelebt also ein fremdes Schicksal, das des Ausgeschlossenen, und stellt dessen Schicksal samt Schuld und Unschuld und Unglück noch einmal dar, samt den Gefühlen und allem, was dazugehört.

Ein Beispiel:

Wenn eine Tochter, weil sie die alten Eltern pflegt, auf eigenes Familienglück verzichtet und von den übrigen Geschwistern dafür belächelt und verachtet wird, dann ahmt später eine Nichte das Leben dieser Tante nach, und ohne daß sie den Zusammenhang erkennt und ohne daß sie sich dagegen wehren kann, erleidet sie das gleiche Schicksal und verzichtet ihrerseits dienend auf Partnerschaft und Ehe.

Das ist etwas Unheimliches, und das ist die Basis vieler tragischer Situationen. Der Identifizierte braucht den Ausgeklammerten überhaupt nicht zu kennen. Das Sippengewissen übernimmt die Rechte der ausgeklammerten Früheren und kümmert sich um die Rechte des Späteren nicht. Für den ersten ist es gerecht, für den anderen ungerecht.

Ein zweites Beispiel:

Eine junge Frau spürte eine unstillbare Sehnsucht, die sie sich nicht erklären konnte. Dann wurde ihr auf einmal klar, daß sie nicht ihre eigene Sehnsucht spürte, sondern die Sehnsucht ihrer Schwester aus der ersten Ehe ihres Vaters. Denn als der Vater eine zweite Ehe eingegangen war, durfte diese ihn nie mehr wiedersehen und ihre Halbgeschwister nie mehr besuchen. Inzwischen war sie nach Australien ausgewandert, und alle Brücken schienen abgebrochen. Die junge Frau nahm dennoch die Verbindung zu ihr auf, lud sie zu sich nach Deutschland ein und schickte ihr sogar das Ticket. Doch das Schicksal ließ sich nicht mehr wenden. Auf dem Weg zum Flughafen ist sie verschollen.

Die Identifizierung ist etwas wie ein systemischer Wiederholungszwang, der Früheres noch einmal inszeniert und wiederholt, aber nicht löst, ein nachträglicher Versuch, einer ausgeklammerten Person noch einmal zu ihrem Recht zu verhelfen. Ein Späterer mischt sich in die Angelegenheit eines Früheren ein, und auch wenn er ihn aus Liebe retten will, ist das gleichzeitig eine Anmaßung. Ein Nachgeordneter kann etwas nicht nachträglich für einen Vorgeordneten in Ordnung bringen. Das kann nicht gelingen, denn sonst gibt es unter dem Druck des blinden Ausgleichsinns des Bösen kein Ende.

Ein Beispiel:
Eine Therapeutin berichtet in einer Supervision über eine junge Frau mit einem Waschzwang. Sie wurde gefragt: „Welche Frau in ihrem System muß sich waschen?" Nach kurzem wurde es klar: Eine Schwester des Vaters hatte sich, um die Familie über Wasser zu halten, in der Nachkriegszeit mit amerikanischen Soldaten eingelassen. Sie bekam Syphilis, wurde dann in der Familie abgewertet und starb allein.

Ein fremdes Negatives gibt einem keine Kraft, denn das kann nur das Eigene, und auch der, von dem es übernommen wird, ist damit geschwächt. Wenn das fremde Negative doch noch seine Kraft entfalten soll, muß es dem wieder zurückgegeben und zugemutet werden, dem es gehört. Das kann ich aber nur, wenn ich selbst versöhnt bin mit dem Ganzen, so wie es wirklich ist, auch mit seinem negativen Anteil. Oft ist es aber so, daß jemand glaubt, er könne sein eigenes Negatives zurückstellen, wenn er etwas fremdes Negatives übernimmt, denn das fremde Negative ist oft leichter zu bewältigen als das eigene.

b. Die doppelte Verschiebung

Bei den menschlichen Systemen taucht also das Verdrängte unweigerlich wieder auf, und zwar am meisten bei jenen, die sich am wenigsten wehren können, weil sie am meisten lieben. In der Familie sind das die Kinder und Enkel. Innerhalb der Identifizierung gibt es noch die Dynamik der doppelten Verschiebung. Die erste Verschiebung ist dann eine auf ein anderes Subjekt, zum Beispiel werden die Gefühle eines Ausgeklammerten von einem Nachgeborenen übernommen. Diese Gefühle werden nun aber nicht dem Schuldigen gegenüber gezeigt, sondern durch eine zweite Verschiebung auf ein anderes Objekt gerichtet.

Ein Beispiel:

Ein älteres Ehepaar, das schon lange verheiratet ist und mehrere Kinder hat, kommt in einen Selbsterfahrungskurs. Er ist ein lieber Mensch, alle in der Gruppe mögen ihn. Das ist ein gutes Zeichen, wenn eine ganze Gruppe jemand zugewandt ist. Das kann kein Böser sein. Schon am ersten Abend verschwand sie mit dem Auto und tauchte erst am nächsten Morgen zu Beginn der Gruppensitzung wieder auf, stellte sich so richtig breit vor ihren Mann hin und sagte so richtig provozierend: Ich komme gerade von meinem Freund.

Der Gruppenleiter fragte, ob sie Todeswünsche habe (Heiterkeit in der Gruppe). War sie mit anderen in der Gruppe zusammen, verhielt sie sich aufmerksam und zugewandt, begegnete sie jedoch ihrem Mann, war sie wie aus dem Häuschen. Den anderen war das uneinfühlbar, wieso sie ihm so böse war, zumal er sich nicht wehrte, sondern sachlich blieb. Was war geschehen? Es stellte sich folgendes heraus: Ihr Vater hatte eine Geliebte. Im Sommer schickte er die Frau und die Kinder aufs Land und blieb mit der Freundin in der Stadt. Ab und zu kam er mit der Freundin die Frau und die Kinder besuchen, und seine Frau nahm sie freundlich auf und bediente beide. Was für eine Unschuld! (Pause) Und wie ist diese Unschuld bös! Mein Gott, ist die bös! Das nennt man heroische Tugend, das hilft aber nicht, und so ist keine Lösung möglich.

Die Wirkung ist nämlich ganz schlimm. Die Mutter war sich zu gut, um böse zu sein. Wäre sie dem Mann böse gewesen, hätte es eine Lösung gegeben, eine Trennung oder eine Versöhnung. So hat sie die Überlegene gespielt, aber der notwendige Affekt, der gerettet hätte, war die Wut der Frau auf den Mann und das Bösesein. Sie hatte ein Recht darauf.

Weil sie das aber nicht getan hat und diese Affekte unterdrückte, gibt es jetzt eine Verschiebung des Affektes, in diesem System von der Mutter auf die Tochter. Er kommt nun beim Schwächsten heraus. Sie übernimmt nun die unterdrückte Wut der Mutter. Das ist die Verschiebung im Subjekt. Jetzt gibt es aber noch eine Verschiebung im Objekt. Die Tochter lebt die Wut nicht gegenüber dem Vater aus, wo sie hingehört, sondern gegenüber ihrem Mann, der sich dafür anbietet, weil er sich nicht wehren kann. Er liebt sie nämlich. Das ist sozusagen die billige Lösung. Die Lösung wäre, daß sie sich vor den Eltern verneigt und sagt: „Wie ihr das macht, ist es für mich richtig."

Das ist die Dynamik der doppelten Verschiebung. Bei sehr vielen Problemen, die es in Beziehungen gibt, ist dieser Mechanismus wirksam. Die doppelte Verschiebung finden wir manchmal auch dort, wo das Opfer nach der Tat so ohnmächtig bleiben mußte, daß kein Handeln möglich war.

Dazu noch ein Beispiel:

Ein etwa vierzigjähriger Mann merkt während der Psychotherapie eine Angst, er könne jemand Gewalt antun, jemand erwürgen oder erwürgt werden. Aus seinem Charakter und Verhalten ergeben sich keine Hinweise. So frage ich ihn: Gibt es in deiner Familie einen Mörder?

Es stellte sich heraus, daß der Onkel, der Bruder seiner Mutter, ein Mörder war. In seinem Betrieb hatte er eine Angestellte, die zugleich auch seine Geliebte war. Eines Tages zeigte er dieser Frau das Foto einer anderen Frau und bat sie, zum Friseur zu gehen, damit er ihr die Haare genauso richte, wie diese Frau sie trug. Als sie schon längere Zeit mit der Frisur gesehen worden war, reiste er mit ihr ins Ausland und brachte sie dort um. Dann fuhr er mit der anderen Frau, deren Foto er seinem Opfer vorher gezeigt hatte, in sein Heimatland zurück. Jetzt war sie seine Angestellte und Geliebte. Das alles kam aber raus, und nun sitzt er lebenslänglich im Gefängnis.

Der Therapeut wollte noch mehr von den Verwandten wissen, vor allem von den Großeltern, den Eltern des Mörders. Er fragte sich, wo wohl die Triebkraft zu einer solchen Tat zu suchen sei. Doch der Mann konnte ihm nur wenig Auskunft geben. Vom Großvater wisse er überhaupt nichts, und die Großmutter sei eine fromme und angesehene Frau. Er forschte dann genauer nach und fand folgendes heraus: Diese fromme Frau hatte ihren Mann mit Hilfe ihres Bruders in der Nazizeit als homosexuell verklagt. Er wurde daraufhin verhaftet, in ein Konzentrationslager gebracht und dort ermordet.

Wir können hier wieder den Mechanismus der doppelten Verschiebung sehen: Der eigentliche Mörder im System, von dem nachweisbar die zerstörerische Energie den Ausgang nahm, das war die fromme Großmutter. Der Sohn dagegen trat wie ein zweiter Hamlet als Rächer des Vaters auf, doch so wie Hamlet auch mit einer doppelten Verschiebung. Die eigene Mutter wurde verschont, statt ihrer traf es die geliebte Frau. Man kann sich die Gefühle des Großvaters im Konzentrationslager vorstellen. Diese mörderischen Gefühle, die er seiner Frau gegenüber haben mußte, übernimmt der Sohn und läßt ihnen seiner Geliebten gegenüber freien Lauf. Und er nimmt alle Folgen auf sich, nicht nur für die eigene Tat, sondern er leistet auch stellvertretend Sühne für die Mutter. Beiden Eltern wurde er dadurch ähnlich, der Mutter durch die Tat, dem Vater durch die Haft.

Wir haben damals keine Lösung gefunden, weil ich noch nicht systemisch arbeiten konnte. Heute würde ich ihn neben den Großvater stellen, dann käme er zur Ruhe.

Ein weiteres Beispiel mit einer Verschiebung positiver Gefühle: Ein Mann und eine Frau waren in einem Kurs. Sie haben drei Kinder zusammen – die jüngste Tochter ist drei Jahre alt – und der Mann hat ein ganz inniges Gefühl zu seiner jüngsten Tochter, überhaupt nicht wie ein Vater zu einem Kind, sondern so was Inniges und Intimes, das hat direkt berührt, als man das gesehen hat. Und das stimmte nicht. Das konnte nicht das Gefühl sein vom Vater zur Tochter. Dann haben wir herausgefunden, daß sein Vater eine Zwillingsschwester hatte, die früh starb. Und auf einmal wurde klar: Er hatte zu seiner kleinen Tochter die gleichen Gefühle wie sein Vater zu seiner Zwillingsschwester. Es war einfach übernommen. Die Zwillingsschwester war auch vergessen worden. Die sind dann heimgefahren nach dem Kurs, und nach vier Wochen schreibt er mir einen Brief: Sie waren ganz glücklich zu Hause, er war so richtig Vater für seine kleine Tochter, und dann ist ihnen plötzlich etwas aufgegangen. Die kleine Tochter hieß Claudia. Sie haben sie seit ihrer Geburt immer Claudelinchen genannt und haben gemeint, Claudelinchen sei eine Verkleinerung von Claudia, und plötzlich ist ihnen aufgegangen, daß die Zwillingsschwester vom Vater Linchen hieß. Keiner hatte es gemerkt. Das war also auch eine Verstrickung, keine so schlimme, und es war auch eine Lösung.

6. Lösung aus Verstrickungen

a. Finden, wer fehlt?

Viele Probleme, denen wir in der Psychotherapie oder in unserem eigenen Leben gegenüberstehen, hängen mit solchen Vorgängen zusammen, und die systemische Arbeit, die therapeutische Aufgabe ist dann herauszufinden, wer fehlt. Wer ist die oder der Ausgeklammerte? In der Regel ist das jemand, dem es schlecht gegangen ist oder dem Unrecht geschah. Systemische Therapeuten nehmen sich dann dessen Anliegen und dessen Rechten an. In den Augen der Beteiligten ist er also ein Böser, denn die Ausklammerung geschieht meist über eine moralische Abwertung, und der oder die anderen werten sich gleichzeitig auf. Die Hauptwirkung ist, daß jemand mit Hilfe dieser Moral für sich in Anspruch nimmt, er habe mehr Recht dazuzugehören.

Martha: Ich habe gestern Abend bei Tisch erzählt, daß ich seit etwa einem Jahr weiß, daß ich eine Halbschwester habe. Das ist praktisch aufgeflogen, nachdem mein Vater gestorben ist. Das war ein Familiengeheimnis zwischen meinen Eltern, und irgendwie hat es mich selbst erschreckt, wie alle darauf reagiert haben. Ich war überhaupt die einzige in der Familie, die dorthin angerufen hat: Ich habe sie aber nicht gesehen, und es gibt jetzt keine Verbindungen mehr.

Bert Hellinger: Es ist ganz klar, daß du mit ihr identifiziert bist. Du hast ihre Gefühle, zum Beispiel das Gefühl, nicht dazugehören zu dürfen. (Martha beginnt zu weinen und zeigt ein schmerzliches Gesicht.) Ja, das ist ihr Gefühl.

Martha: Das ist nicht meines?

Bert Hellinger: Du kannst es umwandeln, indem du dich neben sie stellst und sagst: Du bist meine Schwester und ich bin deine Schwester. Dein Schmerz ehrt deine Schwester.

Andrea: Auf welche Weise erhält das Sippengewissen oder der Identifizierte seine Informationen?

Bert Hellinger: Wie das läuft, weiß ich nicht. Man sieht nur, daß es so ist; wie, ist für mich nicht faßbar und auch für die Lösung nicht wichtig.

Frage: Wenn kein Gleichgeschlechtlicher für die Repräsentation zur Verfügung steht, was geschieht dann?
Bert Hellinger: Dann wird das manchmal von einem Gegengeschlechtlichen übernommen: Und der kann dann homosexuell werden.
Frage: Gibt es das, daß jemand mit zwei Personen identifiziert ist?
Bert Hellinger: Das hab' ich bisher noch nicht gesehen, aber Friedemann ist auf die Idee gekommen, daß der dann schizophren werden könnte. Das war wie eine Erleuchtung, das hat mich direkt berührt, als er das zu mir gesagt hat. Das ist jetzt im Raum, kann wirken, und wir kriegen vielleicht später die Reaktionen.
Frage: Wenn ein Ausgeschlossener von einem anderen repräsentiert wurde, was geschieht dann in der nächsten Generation?
Bert Hellinger: Meine Beobachtung ist, daß es dann einen Zeitfaktor gibt, wo das vergessen wird. Wo das nicht mehr weiter wirkt. Das schwächt sich mit der Zeit ab. Wenn zum Beispiel ein Enkel mit einem Großvater identifiziert ist – was immer auch war – und der Enkel hat wieder Kinder, dann spielt auf der Kinderebene die Identifikation mit dem Urgroßvater keine Rolle mehr. Sowas hab' ich jedenfalls noch nicht gesehen.
Frage: Gibt es auch Identifikationen mit Geschwistern der Großeltern?
Bert Hellinger: Das ist sehr selten und nur, wenn die ganz besondere Schicksale hatten. Ich habe das nur zwei-, dreimal gefunden.
Frage: In der systemischen Therapie und in der Hypnotherapie wird viel im Hier und Jetzt gearbeitet. Wie geht das damit zusammen, daß hier wieder die Vergangenheit reinkommt?
Bert Hellinger: Ich glaube, die beiden Dinge stehen in Spannung. Man darf sie nicht gegeneinander ausspielen. Ich würde sowohl das eine wie das andere tun.
Lars (bezieht sich auf die Konstellation von Benno, dessen Vater ein behindertes Kind im Dritten Reich in ein Heim gab, wo es umgebracht wurde): Ich würde in Bennos Vater keinen Mörder sehen, sondern daß er in einer bestimmten historischen Situation mit den mörderischen Ideen konform ging und ein Kind in ein Heim gegeben hat. Das ist eine Differenz zu dem, was du gesagt hast, und die beschäftigt mich.
Bert Hellinger: Welche Wirkung hat das, was Lars sagt? – Diese Art von Intervention ist schlimm. Sie nimmt den Ernst weg. Es spielt nämlich gar keine Rolle. Es geht nicht um die Motivation, sondern um

das Ergebnis, die Wucht des Ergebnisses. Wenn ich zum Beispiel mit jemandem konfrontiert bin, der jemanden umgebracht hat und es gibt jetzt mildernde Umstände, zum Beispiel psychologische, dann muß er trotzdem die ganzen Folgen tragen. Die Erkenntnis der Verstrickung enthebt ihn nicht der Folgen, denn dann müssen die Opfer alles tragen, und das geht nicht. Dann wird alles verrückt.

Ein Beispiel für gegengeschlechtliche Identifizierung:
Eine Teilnehmerin kommt mit dem Problem, daß sie das Gefühl habe, daß sie die vielen Kenntnisse, die sie habe, und die vielen Erfahrungen, die sie mache, nicht anwenden könne. Sie hat die Vorstellung, sie dürfe nicht wissen und nicht verstehen.
Bert Hellinger (nachdem er eine Weile im System nach „Dummen" gesucht hatte): Ist jemand in der Psychiatrie gelandet, debil, unehelich, ausgeklammert, versteckt?
Carla: Eine Verlobte meines Vaters ist schizophren geworden.
Bert Hellinger: Das ist die ausgeklammerte Person, das stellen wir jetzt mal auf. (Im Verlauf der Aufstellung der Herkunftsfamilie wird jedoch anhand der Reaktionen der Stellvertreter der Familienmitglieder deutlich, daß sie mit einem früheren Verlobten der Mutter identifiziert ist. Ihr fällt dann auch auf, daß sie alle Bilder, die dieser Mann gemalt hat, in ihrem Besitz hat und sehr an ihnen hängt.) In dieser Position, dieser Identifizierung, konnte sie keine Beziehung zu ihrem Vater haben, weil sie für ihn den Rivalen repräsentiert, und sie kann keine Bindung zu ihrer Mutter haben, weil sie für diese nicht die Tochter repräsentiert, sondern den ersten Mann, und sie kann keine ungetrübte Beziehung zur Weiblichkeit haben, weil sie gegengeschlechtlich identifiziert ist. Die Lösung ist, daß sie der Mutter sagt (indem sie auf den Vater zeigt): Der ist für mich der Richtige. Mit dem anderen habe ich nichts zu tun. Und daß sie dem Vater sagt: Du bist für mich der Richtige, mit dem anderen habe ich nichts zu tun. Dann kommt sie klar in die Kinderrolle und ist von dem anderen getrennt. Und wenn der Verlobte der Mutter anerkannt ist, entfällt auch der Druck, ihn durch Identifizierung nachzuahmen.
Carla (nach der Aufstellung): Wie komme ich dahin, lernen zu dürfen? Das war ja meine Ausgangsfrage.
Bert Hellinger: Man muß eine Weile warten, ob das dann noch aktuell ist und wie das Bild wirkt. Das kann ein Jahr oder auch zwei Jahre dauern, bis das innere Bild voll zum Zuge kommt. Es ist auch ein

großer Verzicht, von der Identifizierung zu lassen. Deshalb ist es ein entscheidender Schritt, sich auf den gemäßeren, kleineren Platz zu stellen.

Carla (entlastet): Ja, ich bin das Kind.

Bert Hellinger: Genau, jetzt haben wir die erste Wirkung.

Ein Irrläufer im System

Ein junger Mann, selbstmordgefährdet, erzählt in einer Gruppe, er habe, als er noch ein Kind war, seinen Opa mütterlicherseits gefragt: „Wann stirbst du endlich und machst Platz?" Der Opa habe laut gelacht, doch ihm sei dieser Satz noch ein Leben lang nicht aus dem Kopf gegangen. Dieser Satz ist ein Irrläufer im System. Ein Irrläufer ist ein Satz, der im System zu irgend jemandem gehört und der dann vom Schwächsten ausgedrückt wird.

Der Gruppenleiter meinte, der Satz habe sich in einem Kind zu Wort gemeldet, weil er in einem anderen Zusammenhang nicht ausgesprochen werden durfte. Und sie wurden fündig.

Der andere Opa, väterlicherseits, hatte vor vielen Jahren mit einer Sekretärin ein Verhältnis angefangen, und daraufhin war seine Frau an Tbc erkrankt. Hierher gehörte dieser Satz: „Wann stirbst du endlich und machst Platz." Der Wunsch ging in Erfüllung: Die Frau starb. Doch nun nahmen ahnungslose Nachgeborene die Schuld und Sühne unschuldig-schuldig in die Hand. Als erstes verhinderte ein Sohn, daß sein Vater aus dem Tod der Mutter Nutzen zog. Er brannte mit der Sekretärin durch. Und dann bot sich ein Enkel an, den unheilvollen Satz auf sich zu nehmen und seine Schuld gewissenhaft zu sühnen. Er war selbstmordgefährdet.

b. Woran erkennt man Verstrickungen?

Jedes Hineingeistern alter ungelöster Konflikte in spätere Beziehungen wird durch uneinfühlbare Handlungen und Emotionen sichtbar. Das Gefühl von Identifikation ist „Außer-sich-Sein". Zeigt jemand in einem System intensive Gefühle oder solche Handlungen, die aus der gegenwärtigen Situation nicht zu verstehen sind, oder merkt man, daß man mit jemandem gar nicht reden kann, weil er wie in Trance ist oder wie eine fremde Person agiert, so als sei er besessen von einem Konflikt und von fremden Ängsten, dann können das Hinweise auf systemische Verstrickungen sein. Gerechtigkeitsfanatiker sind oft verstrickt. Wenn jemand sehr energisch oder verbissen kämpft, dann ist das oft ein Stellvertreterkrieg. Diese werden leicht besonders grausam geführt. Gibt es einen Sündenbock im nachgeordneten System, gibt es meist auch einen im vorgeordneten, und es ist gut, dort nachzuschauen.

Wir können eine Verstrickung ablesen an dem, was passiert. Man bekommt mit der Zeit ein Gefühl dafür, aber man muß es üben wie ein musikalisches Gehör. Die meisten fangen ganz grob an zu unterscheiden, aber wenn einer dann einmal ein absolutes Gehör entwickelt hat, nimmt er jede kleine Unterscheidung wahr. Er fühlt dann, was ein anderer nicht fühlt. Dazu braucht man also ein gewisses Training und eine gewisse Entwicklung.

Eine Frage im Seminar:

Ernst (angesichts der Konstellation von Karl, in der sich eine Identifikation mit dem Vater einer um zehn Jahre älteren unehelich geborenen Halbschwester ergab): Gibt es Anzeichen in einer Konstellation, wann ein Gefühl übernommen ist?

Bert Hellinger: Nein, bei Karl war es eine Schlußfolgerung. Das lasse ich dann los wie einen Versuchsballon und schaue dann, ob's stimmt. Das ist oft eine Hypothese, die ich aufgrund der Konstellation entwickelte. Das Gefühl der Traurigkeit, das er am Anfang zeigte, war in der Situation nicht einfühlbar. Das legt dann nahe, daß es ein übernommenes Gefühl ist.

Hineingezogenwerden in fremde Dynamiken

Aus einem der Seminare:

Wolfgang: Ich komme immer wieder in die Situation nicht des Anklägers, aber dessen, der etwas übel nimmt, obwohl das schon erledigt ist und ich eigentlich schon außerhalb stehe. Da geht es zum Beispiel um eine Arbeitsstelle, an der ich gekündigt wurde.

Bert Hellinger: Du mußt sagen, es geschieht euch recht, daß ihr mich verloren habt.

Wolfgang: Das habe ich auch schon gesagt (lacht).

Bert Hellinger: Es gibt Vorgänge, die kann man nicht durchschauen.

Ein Beispiel:

Ein Kollege, der ein paarmal hier in einer Gruppe zur Supervision war, schrieb mir voriges Jahr einen Brief, in dem er mir mitteilte, daß eine Zeitung über ihn einen Artikel geschrieben hat. Er würde sektiererisch als Therapeut arbeiten, hätte eine Sekte gegründet, und das sei sehr gefährlich. Da war er sehr betroffen. Dann hat er mich später angerufen und gefragt, was er machen soll. Ich habe ihm gesagt: Nichts, du darfst überhaupt nichts machen, und du darfst denen keine Macht in deiner Seele geben. Du mußt sie vergessen, ganz vergessen. Dafür hat er mir einen Bocksbeutel geschickt.

Was dann folgte, war, daß einem Kollegen von ihm gekündigt wurde, weil er auch zu dieser „Sekte" gehöre. Das war völliger Unsinn. Ich halte ihn für einen sehr warmen, sensiblen Menschen. Dann schrieb er mir vor kurzem noch einmal einen Brief, in dem er mir mitteilte, der Redakteur, der das veranlaßt und geschrieben habe, sei einmal bei ihm zur Beratung gewesen. Er habe mit ihm in Richtung einer Versöhnung mit einem Elternteil arbeiten wollen, dem habe er sich aber entzogen. Jetzt sei er bei einer anderen Therapeutin einer anderen Richtung, die meine, er müsse gegen seine Eltern sein. So kommt man manchmal in Dynamiken hinein, die jenseits der eigenen Verantwortung sind und jenseits der eigenen Beeinflußbarkeit.

In diesem Zusammenhang hilft vielleicht eine biblische Geschichte: Da war eine sehr böse Stadt, in der waren die Leute so schlimm, daß die Stadt dem Untergang geweiht war. Einige wurden gerettet doch unter der Bedingung ...

Dazu noch eine Geschichte:

Von einem, der nicht wußte, daß schon Frieden war

Nach dem dreißigjährigen Krieg – das waren schlimme Zeiten – sind die Leute aus den Wäldern zurückgekommen und haben angefangen, ihre Häuser wieder aufzubauen, haben die Felder bestellt und sich um das wenige noch übrige Vieh gekümmert.
Nach einem Jahr hatten sie die erste Ernte im Frieden, das Vieh hatte sich vermehrt, und sie feierten ein Fest.
Am Rand des Dorfes aber war ein Haus, dessen Tür zugemauert war. Manchmal gingen Leute vorbei und dachten, sie hätten darin etwas gehört, aber sie hatten zuviel Sorgen, als daß sie sich darum kümmerten.
Eines Nachts heulte vor der zugemauerten Tür jämmerlich ein kleiner Hund, der sich verletzt hatte. Und dann fiel Mörtel aus der zugemauerten Tür, ein Stein wurde gelöst, eine Hand streckte sich heraus, griff nach dem kleinen Hund und zog ihn zu sich herein.

Da war doch wirklich jemand übrig, der nicht wußte, daß es Frieden war. Die Person hielt den kleinen Hund an ihren Bauch, spürte die Wärme, und der kleine Hund schlief ein. Sie schaute durch die schmale Öffnung, sah die fernen Sterne und atmete zum ersten Mal seit langer Zeit die frische Luft der Nacht.
Dann dämmerte der Tag, ein Hahn krähte, der kleine Hund wachte auf, und die Person sah, daß sie ihn ziehen lassen mußte. Sie schob ihn durch die schmale Öffnung, und er lief fort zu seinesgleichen.
Als die Sonne aufgegangen war, kamen Kinder in die Nähe, und eines hielt einen frischen Apfel in der Hand. Sie sahen die Öffnung, schauten hinein, sahen die Person. Sie war eingeschlafen. Der Blick ins Freie hatte ihr genügt.

c. Den schlimmen durch den guten Ausgleich ersetzen

Wenn der Nachgeborene, der das Schicksal eines Früheren nachahmt, plötzlich erfaßt, was los ist, und wenn er dann diesen Ausgeschlossenen anschaut oder sich neben ihn stellt, ihn in sein Herz nimmt, ihn liebt und sich vor ihm verneigt, dann löst sich die Identifizierung auf. Durch die Liebe wird Beziehung gestiftet, und der Ausgeschlossene wird so zu einem geachteten Gegenüber, zu einem Freund, zu einem Schutzengel und zu einer Kraftquelle. Identifizierung ist nämlich das Gegenteil einer Beziehung. Der vorher Identifizierte nimmt sich zurück und bleibt dann auf seinem eigenen, ihm gemäßen Platz. So wird das Gleichgewicht wiederhergestellt.

Da wir das Sippengewissen nicht fühlen, können wir uns auch nicht auf uns selbst und unser Gefühl bei der Lösung verlassen. Aus diesem Grunde kann es in solchen Fällen der Therapeut auch den Klienten nicht überlassen, die Lösung selbst zu finden, denn dieses Gewissen erkennen wir nur über Einsicht. Es ist so wie mit unserem Körper. Es gibt Zustände in unserem Körper, die wir nicht fühlen und die trotzdem gefährlich sind. Auch in Systemen gibt es trotz des trügerischen Gefühls, daß alles in Ordnung ist, Schlimmes, und der Therapeut muß wissen, um was es da geht und muß die Lösung für den Klienten suchen. Mit der Lösung gibt es dann ein Gefühl der Entlastung, der Freude und der Fülle.

In der Aufstellung einer Familienkonstellation können wir plastisch vor uns sehen, wie sich ein System vor unseren Augen verändert und zur Ruhe kommt, wenn die Ausgeklammerten wieder aufgenommen sind und einen gewürdigten Platz haben.

Es ist ein großer Verzicht, von der Identifizierung zu lassen, weil man sich in dieser Position sehr wichtig fühlt. Aber auch der Therapeut darf nicht meinen, er hätte es erfaßt, es gibt immer neue Variationen, und es ist immer auch ein tastendes Experimentieren.

Diesem dumpfen Ausgleichsbedürfnis im Bösen können wir also nur entgehen, wenn wir den schlimmen Ausgleich durch den guten ersetzen. Das gelingt, wenn die Späteren von den Früheren nehmen, was immer der Preis, und wenn sie die Früheren ehren, was immer sie getan, und wenn das Vergangene, ob schlimm oder gut, auch vergangen sein darf. Die Ausgeschlossenen bekommen dann wieder ihr Gastrecht, und statt uns zu ängstigen, bringen sie Segen, und wir, wenn wir ihnen in unserer Seele den Platz, der ihnen gebührt, auch gewähren, sind mit ihnen in Frieden und fühlen uns, weil wir alle, die zu uns gehören, auch haben, vollkommen und ganz. Damit dieser Ausgleich leichter gelingt, erzähle ich eine Geschichte, die in dem, der sich ihr überläßt, bewirkt, was sie berichtet.

Die Rückkehr

Ich lade euch jetzt ein zu einer Reise zurück in die Vergangenheit, wie wenn Leute, nach Jahren, sich noch einmal aufmachen, um dorthin zurückzukehren, wo damals Entscheidendes geschah. Doch diesmal lauert keine Gefahr, alles ist schon überstanden. Eher ist es, wie wenn alte Kämpfer, nachdem schon lange Frieden ist, noch einmal über jenes Schlachtfeld schreiten, auf dem sie sich bewähren mußten. Lange wächst schon wieder Gras darüber, und Bäume blühen und tragen Frucht. Vielleicht erkennen sie sogar den Ort nicht wieder, weil er nicht so erscheint, wie sie ihn im Gedächtnis hatten, und sie brauchen Hilfe, um sich zurechtzufinden.

Denn merkwürdig ist, wie unterschiedlich wir Gefahr begegnen. Ein Kind zum Beispiel steht starr vor Schreck vor einem großen Hund. Dann kommt die Mutter, nimmt es auf den Arm, die Spannung löst sich, es beginnt zu schluchzen. Doch bald schon dreht es seinen Kopf und schaut, nun aus der sicheren Höhe, unbefangen auf das fürchterliche Tier.

Ein anderer, wenn er sich geschnitten hat, kann nicht mitansehen, wie sein Blut fließt. Sobald er aber wegschaut, fühlt er nur wenig Schmerz.

Schlimm ist es also, wenn alle Sinne zusammen im Geschehen gefangen sind, sie nicht mehr einzeln und getrennt zum Zuge kommen können, und dann der einzelne von ihnen überwältigt wird, so daß er nicht mehr sieht und hört und fühlt und weiß, was wirklich ist.

Wir gehen jetzt auf eine Reise, bei der ein jeder, wie er will, das Ganze zu Gesicht bekommt, doch nicht auf einmal, und auch das Ganze miterlebt, doch mit dem Schutz, den er sich wünscht; bei der er auch verstehen mag, was zählt, eins nach dem anderen. Wer will, der mag sich auch vertreten lassen, wie einer, der es sich daheim gemütlich macht in seinem Sessel und dann die Augen schließt und träumt, er sehe sich die Reise machen, und der, obwohl er doch zuhause bleibt und schläft, es alles miterlebt, als wäre er dabei.

Die Reise geht in eine Stadt, die einmal reich war und berühmt, doch jetzt schon lange einsam ist und leer, wie eine Geisterstadt im Wilden Westen. Man sieht die Stollen noch, in denen Gold gegraben wurde, die Häuser sind noch fast intakt, sogar das Opernhaus ist noch zu sehen. Doch alles ist verlassen. Schon lange gibt es hier nichts mehr als nur Erinnerung.

Wer auf diese Reise geht, der sucht sich einen Kundigen, daß er ihn führe. So kommt er zu dem Ort, und die Erinnerung wird wach. Hier also war es gewesen, was ihn so sehr erschüttert hatte, was er auch heute noch nur schwer erinnern will, weil es so schmerzlich war. Doch jetzt scheint Sonne über der verlassenen Stadt. Wo einmal Leben war, Gedränge und Gewalt, ist Ruhe eingekehrt, fast Frieden.

Sie wandern durch die Straßen, und dann finden sie das Haus. Er zögert noch, ob er es wagen will, hineinzugehen, doch sein Begleiter will zuerst allein voraus, um es schon vorher anzusehen und um zu wissen, ob der Ort nun sicher sei, und ob noch etwas übrig blieb von damals.

Inzwischen schaut der andere draußen durch die leeren Straßen, und Erinnerungen kommen hoch an Nachbarn oder Freunde, die es dort gegeben hatte. Erinnerungen an Szenen, in denen er glücklich war und heiter, voll Lebenslust und Tatendrang, wie Kinder, die durch nichts zu bremsen sind, weil sie nach vorne drängen, zum Neuen hin, zum Unbekannten, Großen, Weiten, zu Abenteuer und zu bestandener Gefahr. So vergeht die Zeit.

Dann winkt ihm sein Begleiter, nachzukommen. Er tritt nun selber in das Haus, kommt in den Vorraum, schaut sich um und wartet. Er weiß es, welche Menschen ihm damals hätten helfen können, damit er es ertragen hätte, Menschen, die ihn liebten und die auch stark und mutig waren und wissend. Ihm ist, als wären sie jetzt hier, als höre er ihre Stimmen und spüre ihre Kraft. Dann nimmt ihn sein Begleiter bei der Hand, und beide öffnen sie die eigentliche Tür.

Da steht er nun und ist zurückgekehrt. Er faßt die Hand, die ihn hierhergeführt, und schaut sich ruhig um, damit er sehe, wie es wirklich war, das eine und das andere, das Ganze. Seltsam, wie anders er es wahrnimmt, wenn er gesammelt bleibt und an der Hand des Helfers. Wenn er auch das erinnert, was lange ausgeklammert war, wie wenn sich endlich fügt, was auch dazugehört. So wartet er und schaut, bis er es alles weiß.

Dann aber überkommt ihn das Gefühl, und hinter dem, was vordergründig war, spürt er die Liebe und den Schmerz. Ihm ist, als sei er heimgekommen und schaue auf den Grund, wo es kein Recht mehr gibt und keine Rache, wo Schicksal wirkt und Demut heilt und Ohnmacht Frieden stiftet. Sein Helfer hält ihn bei der Hand, daß er sich sicher fühle. Er atmet tief und läßt dann los. So fließt es ab, was sich so lange angestaut, und ihm wird leicht und warm.

Als es vorbei ist, schaut der andere ihn an und sagt: „Vielleicht hast damals du dir etwas aufgebürdet, was du hier liegen lassen mußt, weil dir es nicht gehört noch zugemutet werden darf. Zum Beispiel angemaßte Schuld, als müßtest du bezahlen, was andere genommen haben. Leg es hier ab, auch das, was sonst dir fremd sein muß: der anderen Krankheit, oder Schicksal, oder Glauben und Gefühl. Auch die Entscheidung, die zu deinem Schaden war, laß sie jetzt hier zurück."

Die Worte tun ihm gut. Er kommt sich vor, wie jemand, der schwere Last getragen hat und sie nun niederlegt. Er atmet auf und schüttelt sich. Ihm ist zuerst, als sei er federleicht.

Der Freund beginnt nochmal zu reden: „Vielleicht hast damals du auch etwas abgelegt und aufgegeben, das du behalten mußt, weil es zu dir gehört. Zum Beispiel eine Fähigkeit, ein inniges Bedürfnis, vielleicht auch Unschuld oder Schuld, Erinnerung und Zuversicht, den Mut zum vollen Dasein, zur dir gemäßen Tat. Nun sammle es wieder ein, und nimm es mit in deine Zukunft."

Auch diesen Worten stimmt er zu. Dann prüft er, was er weggegeben und jetzt sich wieder nehmen muß. Als er es nimmt, spürt er den Boden unter seinen Füßen und fühlt sein eigenes Gewicht.

Dann führt der Freund ihn ein paar Schritte weiter und kommt mit ihm zur Tür im Hintergrund. Sie öffnen sie und finden… das Wissen, das versöhnt.

Nun hält es ihn nicht länger an dem alten Ort. Er drängt zum Aufbruch, dankt dem freundlichen Begleiter und macht sich auf den Weg zurück. Zuhause angekommen, braucht er noch Zeit, um sich zurechtzufinden mit der neuen Freiheit und der alten Kraft. Doch heimlich plant er bereits die nächste Reise, diesmal in neues, unbekanntes Land.

d. Gott geweiht zur Sühne

Ein ausführliches Fallbeispiel

Friedrich ist Priester und nahm an einem der Sechstagekurse teil. Die Geschichte seiner Herkunftsfamilie ist ein Beispiel dafür, wie in einer Familie über Generationen hinweg Nachgeborene für Taten Früherer zu sühnen versuchen und wie sie die Schicksale Früherer nachahmen. Wir begleiten Friedrich durch die sechs Tage:

Am Ende des ersten Tages

Friedrich: Es beeindruckt mich sehr, wie weit die Vorgänge zurückreichen in der Familienkonstellation, und am Ende hat mich ziemlich

schockiert, was du über den Verzicht in der Partnerbeziehung gesagt hast. Da bin ich innerlich noch völlig geplättet.
Bert Hellinger: Für dich ist das auch noch viel zu früh! (allgemeine Heiterkeit)
Friedrich: Ja, ich war davon überzeugt, daß der Mann etwas von der Frau bekommt und umgekehrt.
Bert Hellinger: Ja, das denken vorher alle.
Friedrich: Ich glaube, das hat auch etwas mit dem sexuellen Bereich zu tun. Ich war ein wahnsinniger Rationalist, und ich bin inzwischen etwas einfühlsamer. Da ist jetzt wieder etwas in mir wachgerufen worden.
Bert Hellinger: Auf einem Weg gibt es den richtigen Platz und die richtige Erfüllung zu einer bestimmten Zeit. Wenn es Blütezeit ist, dann sind die Früchte noch nicht da. Wenn der Baum welkt, dann fallen die Früchte. (Heiterkeit)
Friedrich: Ich glaube, daß diese Verzichtserfahrung damit zusammenhängt, daß die Sehnsucht, die wachgerufen wird, viel gewaltiger ist als ein Mensch ...
Bert Hellinger: Der Verzicht vor der Erfüllung der Sehnsucht ist schlimm und macht böse. Der Verzicht nach der Erfüllung macht gelassen, bringt Fülle und hat eine ganz andere Wirkung. Deshalb darf der Verzicht nicht zu früh kommen.

Am zweiten Tag vormittags

Friedrich: Mir geht es gut. Ich bin ein bißchen verwirrt, und mir kommen immer wieder Fragen bei dem, was ich sehe. Es wäre aber zu zerstückelnd, wenn ich nachfragte. Ich möchte es erleben.
Bert Hellinger: Genau, gut!
Friedrich: Mich beschäftigt noch etwas von der gestrigen Konstellation. Das hat, glaube ich, bei mir auch etwas mit Verlassenwerden zu tun.
Bert Hellinger: Bist du verlassen worden?
Friedrich: Ja, ich hatte eine Beziehung zu einer Frau. Bei meiner Berufssituation ist es ja logisch, daß sie sich abwendet, auch wenn ich in der Beziehung sehr lebendig war.
Bert Hellinger: Ja, genau.
Friedrich: Vom Verstand her kann ich das akzeptieren (mit leiser Stimme), aber der Schmerz ist trotzdem da.
Bert Hellinger: Das ist ein Kinderschmerz. Deshalb würde die Beziehung auch schiefgehen, weil du mit der Erwartung eines Kindes

darangehst und nicht als Gegenüber. Wir schauen uns das später einmal an. Okay?

Am zweiten Tag nachmittags

Friedrich: Ich fühle mich recht entspannt und angenehm und freue mich...
Bert Hellinger: Schade!
Friedrich: ... daß ich ...
Bert Hellinger: Hast du gehört, was ich gesagt hab'?
Friedrich: Ja: Schade! Weil keine Spannung da ist? Ich merke aber, Neugier ist schon da ...
Bert Hellinger: Das ist zu wenig.

Am dritten Tag

Friedrich: Ja, ich habe heute Nacht Bauchweh gekriegt.
Bert Hellinger: Bauchweh heißt ja immer das Gleiche. Weißt du was? – Kinder kriegen Bauchweh, wenn die Mutter weg ist. Das hab' ich jetzt etwas kühn dahingesagt, ich habe damit zu wenig Erfahrung, aber auch ältere Leute kriegen bei Verlassenheit Bauchweh. Ich bringe das einmal in Verbindung miteinander. Hilft dir die Deutung?
Friedrich: Ich muß darüber nachdenken.
Bert Hellinger: Kann sein, daß auch eine Erinnerung damit verbunden ist.
Friedrich: Ja, ich spüre so eine Schwere hier (streicht sich beiderseits über die Wangen), und ich bin erstaunt, daß ich alles mitbekomme, was hier gesagt wird. Innerlich habe ich das Gefühl, daß ich sehr müde bin, obwohl ich genügend geschlafen habe.

Am vierten Tag nachmittags

Friedrich: Was mich die ganze Zeit beschäftigt hat, ist die Sache mit dem Ausgleich. Meine Mutter hat mich vor meiner Geburt Maria und Gott geopfert. Ich war das dritte Kind in meiner Familie und das erste Kind, das völlig problemlos auf die Welt gekommen ist. Bei den ersten beiden gab es bei der Geburt ungeheure Schwierigkeiten. Ein paar Tage vor der Geburt hat meine Mutter meine Großmutter verflucht, und dann hatte sie eine panische Angst, daß etwas Schlimmes passiert. Als ich dann ohne Probleme auf die Welt gekommen bin, war ich ein Gottesgeschenk.
Bert Hellinger: Die Priester werden fast alle geopfert zur Sühne für etwas in ihrer Familie und zum Ausgleich für ein Unrecht. Was du

schilderst, ist eine ganz typische Situation. Deswegen sind die so Geopferten dem lieben Gott oft auch böse. Man merkt dies auch bei Päpsten, wenn sie sich manchmal verhalten, als hätten sie Gott gegenüber heimlich Groll und lenkten Menschen eher von ihm ab als zu ihm hin. Man muß das aber mit Mitgefühl betrachten, wenn jemand in so eine Dynamik verstrickt ist.

Vor vielen Jahren war ich einmal zu einem Kurs für evangelische Vikare in der Schweiz eingeladen. Erst zu spät habe ich gemerkt, daß das gruppendynamisch eine völlig unmögliche Situation war. Ich war nämlich der einzige Katholik unter denen und zudem noch ein ehemaliger Priester, und sie haben sich dann auch über mich lustig gemacht. Sie sagten: Du bist ja nicht einmal ein Christ. Da hab' ich mir gesagt: Ich werde mich rächen. Dann habe ich auf die Gelegenheit gelauert. Das war ein ganz wichtiger Prozeß, der mußte sein.

Nach einigen Tagen ist mir eingefallen, wie ich das mache. Nach dem Nachmittagskaffee habe ich ganz unschuldig gesagt: „Mir ist eine Übung eingefallen, die ist aber so schrecklich, daß ich es kaum wage, sie vorzuschlagen. Mir ist nämlich eingefallen, wir könnten einen Stuhl in die Mitte stellen und ihr stellt euch vor, Jesus sitzt darauf und jeder sagt ihm was." Sie fingen sofort damit an, und es kam dann zu unglaublichen Haßausbrüchen. Zum Schluß sagte ich: „Ich finde keine Schuld an ihm." Das war meine Rache.

Vor einigen Wochen traf ich einen Teilnehmer aus diesem Kurs. Er erinnerte mich an etwas, was ich schon vergessen hatte, nämlich, daß damals einer während der Übung in die Küche rannte, ein Messer holte und mit dem Messer auf den Stuhl losging. So groß war sein Groll. Nur wenige der Priester, die geopfert sind, machen Gott Ehre. Das können sie nicht, und das kann man auch nicht von ihnen verlangen. Deshalb werden sie oft bitter, wenn sie alt werden.

Wie rettet sich nun einer aus so etwas?

Friedrich: Ich habe mich von meiner Mutter abgegrenzt.

Bert Hellinger: Das bringt keine Lösung, im Gegenteil, das verfestigt es. Das, was freimachen würde, wäre, wenn du sagst: Mama, für dich tue ich es, gerne! In diesem Moment kommt das Opfer aus der Opferposition heraus. Dann ist es nicht mehr passiv, sondern aktiv. Laß das mal auf dich wirken, Friedrich. Okay?

Am vierten Tag abends

Friedrich: Mir ist eine uneheliche Tochter des Großvaters väterlicherseits in den Sinn gekommen, die in meiner Familie völlig ausgeklammert wurde. Darüber hat mir meine Mutter erst spät, sehr spät erzählt. Diese Tochter ist bei ihrer Mutter aufgewachsen und dann später ins Kloster gegangen.

Bert Hellinger: Wer hätte ins Kloster gehen müssen, wenn man schon in diesen Kategorien denkt? – Na, der Großvater natürlich, aber die Tochter hat die Sühne für den Fehltritt für ihn übernommen.

Friedrich: Eine Schwester meines Vaters ist auch ins Kloster gegangen und auch eine Schwester von mir.

Bert Hellinger: Das kommt ja gehäuft bei euch vor.

Friedrich: Ja, zwei Schwestern meiner Mutter sind auch ins Kloster gegangen, und ein Bruder meiner Mutter hat sich umgebracht.

Bert Hellinger: Systemdynamisch ist das das Gleiche: Ins Kloster gehen oder sich umbringen.

Ich erzähle dir einmal eine kleine Geschichte. (Als jemand seinen Stift zückt, um mitzuschreiben) Wer das aufschreibt, ist wie jemand, der auf eine Wiese geht, eine Blume pflückt, und wenn er heimkommt, ist sie welk.

Die Liebe

Einem Mann träumte in der Nacht, er habe die Stimme Gottes gehört, die ihm sagte: „Steh auf, nimm deinen Sohn, deinen einzigen geliebten, führe ihn auf den Berg, den ich dir zeigen werde, und bringe ihn mir dort zum Schlachtopfer dar."

Am Morgen stand der Mann auf, schaute seinen Sohn an, seinen einzigen geliebten, schaute seine Frau an, die Mutter des Kindes, schaute seinen Gott an. Er nahm das Kind, führte es auf den Berg, baute einen Altar, band ihm die Hände, zog das Messer und wollte es schlachten. Doch dann hörte er noch eine andere Stimme und er schlachtete, statt seines Sohnes, ein Schaf.
Wie schaut der Sohn den Vater an?
Wie der Vater den Sohn?
Wie die Frau den Mann?
Wie der Mann die Frau?
Wie schauen sie Gott an?
Und wie schaut Gott – wenn es ihn gibt – sie an?

Noch einem anderen Mann träumte in der Nacht, er habe die Stimme Gottes gehört, die ihm sagte: „Steh auf, nimm deinen

Sohn, deinen einzigen geliebten, führe ihn auf den Berg, den ich dir zeigen werde, und bringe ihn mir dort zum Schlachtopfer dar."

Am Morgen stand der Mann auf, schaute seinen Sohn an, seinen einzigen geliebten, schaute seine Frau an, die Mutter des Kindes, schaute seinen Gott an. Er gab zur Antwort, ihm ins Angesicht: „Ich tue das nicht!"
Wie schaut der Sohn den Vater an?
Wie der Vater den Sohn?
Wie die Frau den Mann?
Wie der Mann die Frau?
Wie schauen sie Gott an?
Und wie schaut Gott – wenn es ihn gibt – sie an?

Am fünften Tag nachmittags

Friedrich: Was mich zur Zeit am stärksten bewegt, ist mein Beruf und eine Beziehung. Einerseits bin ich ganz lebendig in meinem Beruf, andererseits habe ich mich in eine Frau verliebt. Ich denke, da stimmt irgend etwas nicht.
Bert Hellinger: Ja, da stimmt etwas nicht.
Friedrich: Es fließt da zuviel Energie hin, und es beschäftigt mich zuviel.
Bert Hellinger: Ja, das nennt man manisch. – So, wie du es schilderst, ist es nur auf dich bezogen. *Ich* fühle mich gut, *ich* habe viel Energie, *ich* ... Und was ist mit der anderen Person? Die ist in dem Augenblick benutzt. Die kommt in eine Position der Mutter, und du gehst in die Position des Kindes. Das geht schief, weil es keine Konsequenzen für dich hat. Hier sieht man den Unterschied von der Verliebtheit zur Liebe.

Die jüngere Frau repräsentiert immer die Mutter. Wenn ein alter Herr sich ein junges Mädchen sucht, dann sucht er seine Mutter. Das ist eine Abweichung von der Ebenbürtigkeit. Er erscheint dann überlegen, aber in Wirklichkeit ist die jüngere Frau für ihn da, nicht er für sie. Das ist dann ein Mutter-Sohn-Verhältnis. Bei Frauen ist das umgekehrt ähnlich. Aus diesem Grunde kann das nichts werden.
Friedrich: Ja, das stimmt, mit einer ebenbürtigen Frau kann ich weniger anfangen. Da kann ich mich nicht so leicht abgrenzen.
Bert Hellinger: Da wäre dann aber auch Liebe möglich. Mit einer nicht ebenbürtigen geht das nicht. Das betrifft beide Richtungen: Eine

Mutter kann bei einem Mann sowohl durch eine viel ältere als auch durch eine viel jüngere Frau repräsentiert werden. Und bei einer Frau kann der Vater durch einen sehr viel älteren Mann und einen sehr viel jüngeren Mann repräsentiert werden. Es gibt aber natürlich eine bestimmte Bandbreite, innerhalb der eine Beziehung möglich ist.

Friedrich: Wenn ich ein gutes Gefühl hätte, hätte ich wohl schon Konsequenzen gezogen. Das habe ich aber noch nicht.

Bert Hellinger: Ja, genau, das würde auch schiefgehen.

Friedrich: Also von vorneherein klar abgrenzen?

Bert Hellinger: Oder klarer hingehen.

Friedrich: Und dann werde ich es schon merken?

Bert Hellinger: Wenn du klarer hingehst, hat es Folgen. Dann bekommt das einen anderen Ernst, wenn das zum Beispiel beinhalten würde, daß du deinen Beruf aufgeben mußt. Dann siehst du, ob es dir Ernst ist.

Friedrich: Anders komme ich da nicht raus?

Bert Hellinger: Ich glaube nicht.

Friedrich: Also es muß erst etwas schiefgehen?

Bert Hellinger: Nein, es muß nicht. Ich gebe dir nur einiges zum Überlegen. – Du bist jetzt viel ernster, hast einen anderen Gesichtsausdruck und bist gesammelt. Das ist jetzt eine andere Spur für dich, und ich lasse dich erstmal da und komme später darauf zurück.

Am fünften Tag abends

Friedrich: Mich beschäftigt noch ziemlich stark, was du mir heute gesagt hast, aber ich denke, daß ich schon sehr viel Liebe investiere ...

Bert Hellinger: Nein, nein, nein, das ist eine Täuschung. Du kannst es daran ablesen, wieviel Kraft du bereit bist, dort hinein zu investieren. Die Frage ist, wie verläßlich du sein wirst und wie sicher sich die andere Person deiner sein kann. Du brauchst mir jetzt keine Antwort zu geben. Das ist nur ein innerer Test.

Friedrich: Aber wie komme ich dann aus dem heraus, was du Manie genannt hast?

Bert Hellinger: Das euphorische Gefühl der Verliebtheit ist proportional dem Naheliegenden, das man verleugnet. Je mehr ausgeblendet wird, desto höher hebt man ab.

Ich bringe einmal ein Beispiel aus einem anderen Gebiet, das damit verwandt ist: Es gibt ernsthafte Esoteriker, die auf einem anderen Weg sind. Bei vielen, die sich Esoteriker nennen, kannst du

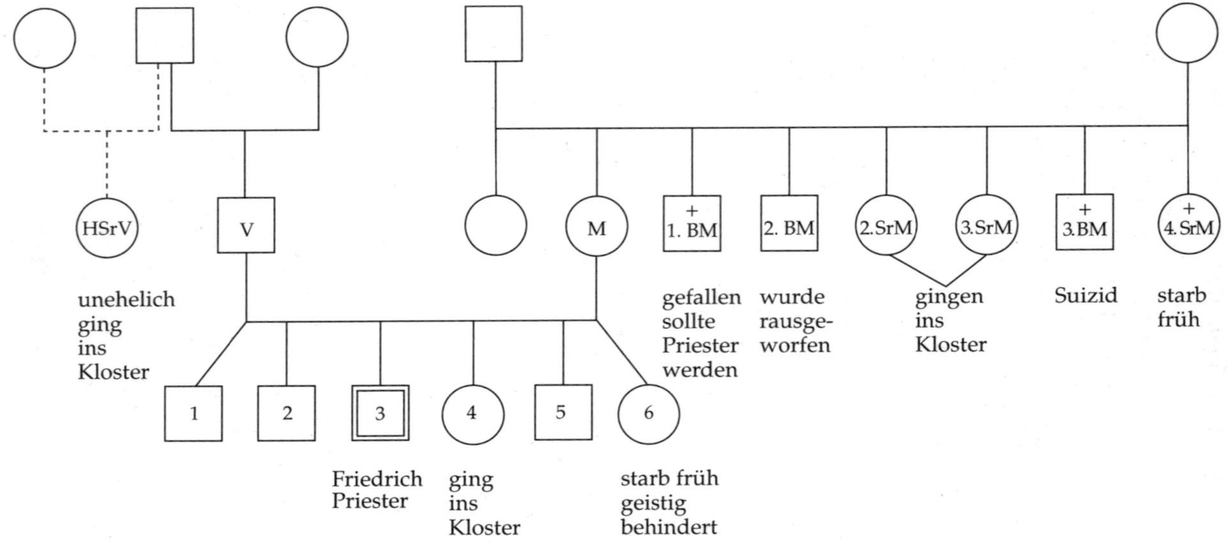

Genogramm der Herkunftsfamilie Friedrichs*

* *Abkürzungen:*

V Vater
M Mutter
1 Erstes Kind, Sohn
2 Zweites Kind, Sohn
3 Drittes Kind, Friedrich
4 Viertes Kind, Tochter
5 Fünftes Kind, Sohn
6 Sechstes Kind, Tochter
HSrV Halbschwester des Vaters
1. BM Erster Bruder der Mutter
2. BM Zweiter Bruder der Mutter
2. SrM Zweite Schwester der Mutter
3. SrM Dritte Schwester der Mutter
3. BM Dritter Bruder der Mutter
4. SrM Vierte Schwester der Mutter

aber sehen, daß sich jemand in dem Moment Esoterischem zuwendet, an dem er sich von einer naheliegenden Pflicht drückt, gewöhnlich ist das die Sorge für ein Kind. Je mehr sie sich drücken, um so höher heben sie ab.
Friedrich: Hängt das dann zusammen mit meiner Mutterbeziehung?
Bert Hellinger: Ja, die ist so stark, daß du mit Frauen nicht gut mitfühlen kannst. Deine Mutter wird dich immer gut finden, wie immer du Frauen auch behandeln wirst. Bei deinem Vater wäre es wahrscheinlich anders. Mitgefühl für Frauen lernt der Mann beim Vater. – Du bist jetzt in einem guten Ernst. Mit diesem Ernst nimmst du etwas wahr, was Kraft bringt und was bei der Liebe hinzukommen muß.

Am sechsten Tag

Friedrich: Ich habe an meine Geschwister gedacht. Ein Bruder von mir hat einen Sprachfehler, und der älteste spricht extrem langsam, und ich knirsche seit Jahren mit den Zähnen.
Bert Hellinger: Das ist von den drei Symptomen das beste Los.
Friedrich (lächelt): Das hab ich mir auch gedacht. – Ich habe den Wunsch, meine Herkunftsfamilie aufzustellen.
Bert Hellinger: Bitte.

Friedrich gibt einige zusätzliche Informationen:
Seine Mutter hatte neun Geschwister. Der älteste Bruder, der Priester werden sollte, fiel im Krieg. Ein Bruder danach wurde rausgeworfen, weil er gegen die Normen des Vaters verstieß. Zwei Schwestern gingen ins Kloster. Der nächstjüngere Bruder der Mutter übernahm schließlich das Geschäft der Familie, lebte in einer sehr schlechten Ehe und beging später Selbstmord. Danach soll der Großvater mütterlicherseits mit der Frau eine sexuelle Beziehung gehabt haben. Er sei sehr streng gewesen, habe manchmal getrunken und seine Frau geschlagen und sie dann oft wieder um Verzeihung gebeten. Das jüngste Kind starb früh, es war wegen einer verzögerten Geburt geistig behindert. Bert Hellinger sieht den Suizid des Onkels in Zusammenhang damit, daß er gegen die Ordnung in der Familie das Geschäft übernommen hat. Friedrich stellt seine Ursprungsfamilie auf. Gleich danach stellt Bert Hellinger die Mutter, die etwas vor dem Vater steht, neben den Vater (Bewegung 1).

Ausgangskonstellation der Herkunftsfamilie Friedrichs:

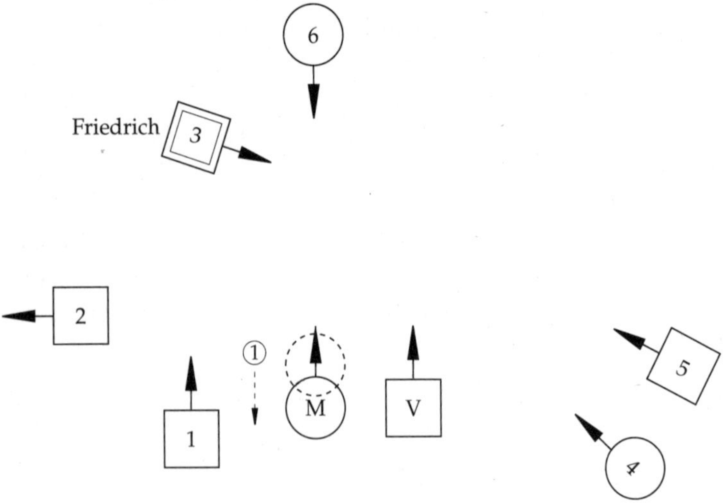

Mitteilungen der Mitwirkenden:

Vater: Dadurch, daß meine Frau jetzt wieder an meine Seite gekommen ist, ist meine Traurigkeit wegen des Todes des jüngsten Kindes weniger geworden. Als meine Frau neben mich trat, kamen meine gestorbene Tochter und der Friedrich ins Blickfeld. Das sind die zwei, die mich aufrichten und mir guttun. Schaue ich geradeaus, spüre ich nur meine Frau und weiß gar nicht, daß ich eine so große Familie habe. Ich möchte mich mehr den anderen Kindern zuwenden. Meine Frau steht aber dazwischen.

Mutter: Als ich etwas vorne stand, war ich sehr traurig. Hier neben meinem Mann geht es mir gut, und ich bin fast etwas verliebt in mein Gegenüber (gestorbene Tochter). Das ist eine sehr schöne Erfahrung. Mein Gegenüber ist mir sehr bekannt.

Bert Hellinger: Das ist ein merkwürdiger Ausdruck, daß sie in die Tochter verliebt ist. Wer könnte das aus ihrer Familie sein?

Friedrich: Ihre jüngste Schwester, die bald nach der Geburt gestorben ist. Die Mutter der Mutter hat danach tagelang geweint. Sie hatte einen Heiligenschein in der Familie und wurde von der ganzen Verwandtschaft verehrt.

Bert Hellinger (zu Stellvertreter Friedrich): Wie geht es dir?

Stellvertreter Friedrich: Ich bin in noch keiner Konstellation so unruhig

gewesen wie jetzt. Ich muß eine Militärparade abnehmen, empfinde das als eine fürchterliche Zumutung und bin stocksauer.
Bert Hellinger: Ja, der ist ein Opfer. (zu Friedrich) Du zeigst dich häufiger äußerlich so lustig, aber dahinter ist der Groll. Weil wir heute nicht mehr soviel Zeit haben, geh' ich jetzt nicht mehr den ganzen Prozeß durch, schaffe aber etwas Ordnung. (Stellt Endkonstellation auf;)

Lösungskonstellation der Herkunftsfamilie Friedrichs:

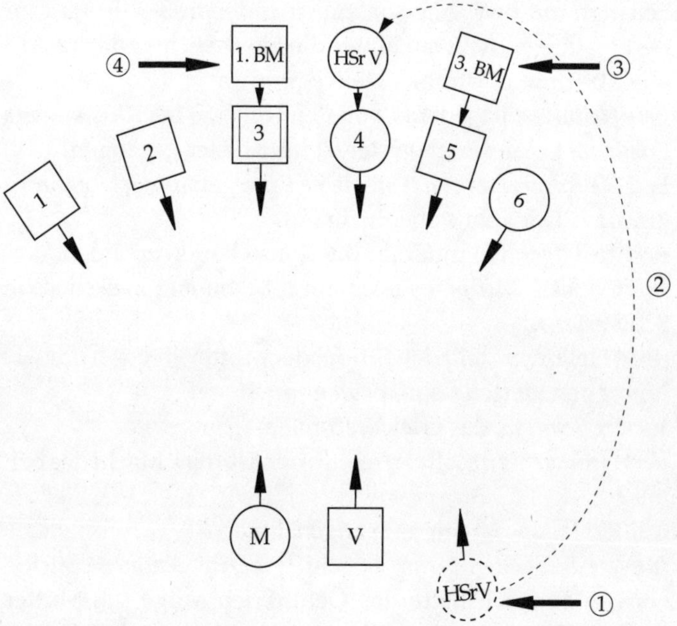

Äußerungen der Mitwirkenden:
Vater: Bei mir weitet sich die Brust. Ich kann frei durchatmen, und ich habe das stolze Gefühl: Das haben wir zwei Produktionspartner geschafft (zeigt auf die Kinder, allgemeine Heiterkeit).
Mutter: Eine halbe Mannschaft! – Bei mir ist die Faszination weg.
Ältester Sohn: Vorher fühlte ich mich sehr beengt. Jetzt hab' ich hier eine gute Position, in der ich mich auch bewegen kann.
Zweiter Sohn: Vorher fühlte ich mich lebensmüde und wie ein Klappmesser zusammengeklappt. Jetzt habe ich Lebensfreude.
Stellvertreter Friedrichs: Jetzt geht es mir auch gut, und ich merke, ich bin stolz auf meine Eltern und meine Geschwister.

Älteste Tochter: Mir geht es hier nicht gut. Ich gehöre da nicht her. Ich habe bemerkt, daß ich von der mütterlichen Linie ganz weg bin.
Bert Hellinger: Die stellt die uneheliche Halbschwester des Vaters dar. (Stellt diese neben den Vater, und die älteste Tochter weist ihr dort den richtigen Platz zu. (s. Bewegung 1)
Älteste Tochter: Jetzt gehöre ich dazu.
Bert Hellinger: Seht ihr, die hatte genau die Gefühle, die diese Halbschwester des Vaters gehabt haben muß.
Halbschwester des Vaters: Ich kriege hier (zeigt links zum Vater) einen Schatten mit und sehe sonst niemanden außer ihr (älteste Tochter; Bert Hellinger stellt sie hinter die älteste Schwester Friedrichs, und diese beginnt zu strahlen; Bewegung 2).
Bert Hellinger: Ist jemand von den Kindern ins Kloster gegangen?
Friedrich: Ja, diese Schwester ist ins Kloster gegangen.
Bert Hellinger: Dann hat sie diese Frau genau nachgeahmt.
Friedrich: Der geht's aber nicht gut.
Bert Hellinger: Du mußt ihr die Konstellation erzählen.
Vierter Sohn: Mir ist es noch ein bißchen eng zwischen den beiden Schwestern.
(Bert Hellinger stellt den Bruder der Mutter, der sich umgebracht hat, hinter den vierten Sohn, Bewegung 3)
Vierter Sohn: Ja, das erleichtert mich.
Bert Hellinger (zu Stellvertreterin der Mutter): Macht das bei dir etwas aus?
Mutter: Ja, das ist mir jetzt angenehmer.
Jüngere Schwester: So ist es sehr gut. Am Anfang spürte ich einen starken Sog. Ich hatte das Gefühl, ich sauge die Mutter aus der Familie. Das war wie eine Trance, aber ich hatte ein schlechtes Gefühl gegenüber den anderen. Das ist jetzt nicht mehr so. Es ist auch gut, daß der Bruder der Mutter hinter meinem Bruder steht, weil ich sonst das Gefühl gehabt hätte, der lehnt sich an mich an, und ich falle raus. So kann ich gut stehenbleiben.
Bruder der Mutter: Für mich ist es auch wichtig, diese Beziehung (zur jüngsten Tochter) zu haben.
Bert Hellinger (fordert Friedrich auf, sich an seinen Platz zu stellen und stellt dann einen Mann hinter ihn, Bewegung 4): Wer ist das?
Friedrich: Das ist der gefallene Bruder meiner Mutter.
Bert Hellinger: Wie ist das?
Friedrich: Ja, gut. Ich habe auch als zweiten Namen seinen Namen

bekommen. Der gibt mir eine große Energie.
Bert Hellinger: Okay, das ist jetzt die Lösung.
Friedrich: Ich bin der einzige ...
Bert Hellinger (unterbrechend): Nein, jetzt nichts sagen! (nach einer Weile) Das war's dann. Ihr könnt euch setzen. (zu Friedrich) Ich erzähle dir noch eine kleine Geschichte.

Die Umkehr

Jemand wird hineingeboren in seine Familie, seine Heimat und Kultur, und schon als Kind hört er, wer einst ihr Vorbild war, ihr Lehrer und ihr Meister, und er spürt die tiefe Sehnsucht, zu werden und zu sein wie er. Er schließt sich Gleichgesinnten an, übt sich in jahrelanger Zucht und folgt dem großen Vorbild nach, bis er ihm gleichgeworden ist und denkt und spricht und fühlt und will wie er.

Doch eines meint er, fehle noch. So macht er sich auf einen weiten Weg, um in der fernsten Einsamkeit auch eine letzte Grenze vielleicht zu überschreiten. Er kommt vorbei an alten Gärten, die lang verlassen sind. Doch wilde Rosen blühen noch, und hohe Bäume tragen jährlich Frucht, die aber achtlos auf den Boden fällt, weil keiner da ist, der sie will. Danach beginnt die Wüste.

Schon bald umgibt ihn unbekannte Leere. Ihm ist, als sei hier jede Richtung gleich, und auch die Bilder, die er manchmal vor sich sieht, erkennt er bald als leer. Er wandert, wie es ihn nach vorne treibt, und als er seinen Sinnen längst nicht mehr vertraut, sieht er vor sich die Quelle. Sie sprudelt aus der Erde, und die Erde nimmt sie auch zurück. Dort aber, wo ihr Wasser hinreicht, wird die Wüste wie ein Paradies.

Als er dann um sich schaut, sieht er zwei Fremde kommen. Sie hatten es genau wie er gemacht. Sie waren ihrem Vorbild nachgefolgt, bis sie ihm gleichgeworden waren. Sie hatten sich, wie er, auf einen weiten Weg gemacht, um in der Einsamkeit der Wüste auch eine letzte Grenze vielleicht zu überschreiten, und sie fanden, so wie er, die Quelle. Zusammen beugen sie sich nieder, trinken von dem gleichen Wasser und glauben sich schon fast am Ziel. Dann nennen sie sich ihre Namen: „Ich heiße Gautama, der Buddha." „Ich heiße Jesus, der Christus." „Ich heiße Mohammed, der Prophet."

Dann aber kommt die Nacht, und über ihnen strahlen, wie eh und jeh, unnahbar fern und still die Sterne. Sie werden alle stumm, und einer von den dreien weiß sich dem großen Vorbild nah, wie nie zuvor. Ihm ist, als könne er, für einen Augenblick, erahnen, wie es ihm ergangen war, als er es wußte: die Ohnmacht, die Vergeblichkeit, die Demut, und wie es ihm ergehen müßte, wüßte er auch um die Schuld.

Am nächsten Morgen kehrt er um, und er entkommt der Wüste. Noch einmal führt sein Weg vorbei an den verlassenen Gärten, bis er an einem Garten endet, der ihm selbst gehört. Vor seinem Eingang steht ein alter Mann, als hätte er auf ihn gewartet. Er sagt: „Wer von so weit zurückgefunden hat, wie du, der liebt die feuchte Erde. Er weiß, daß alles, wenn es wächst, auch stirbt, und, wenn es aufhört, nährt." – „Ja", gibt der andere zur Antwort, „ich stimme dem Gesetz der Erde zu". Und er beginnt, sie zu bebauen.

VI. Zur Praxis der systembezogenen Psychotherapie

1. Die therapeutische Haltung

Also auch der Berufene:
Er verweilt im Wirken ohne Handeln.
Er übt Belehrung ohne Reden.
Alle Wesen treten hervor,
und er verweigert sich ihnen nicht.
Er erzeugt und besitzt nicht.
Er wirkt und behält nicht.
Ist das Werk vollbracht,
so beharrt er nicht dabei.
Und weil er nicht verharrt,
bleibt er nicht verlassen.
(Aus Taoteking von Laotse, in der
Übersetzung von Richard Wilhelm)

a. Die ressourcenorientierte Wahrnehmung

Ich unterscheide die Wahrnehmung ganz scharf von der Beobachtung. Beobachtungen führen zu Teilkenntnissen unter einem Verlust der Gesamtschau. Wenn ich das Verhalten eines Menschen beobachte, sehe ich nur Details, und der Mensch entgeht mir. Wenn ich mich jedoch der Wahrnehmung aussetze, entgehen mir die Details, und ich erfasse sofort das Wesentliche, den Kern, und zwar im Dienste des anderen.

Die Wahrnehmung eines anderen ist nur möglich, wenn ich mich ihm ohne Absicht und mit der Bereitschaft zur Beziehung zuwende. Wahrnehmung stiftet Beziehung. Es entsteht dann eine ganz innige

Verbindung, die aber trotzdem mit höchster Achtung und mit einer Distanz verbunden ist. Die Voraussetzung ist, daß jeder als besonders zur Geltung kommt, und keine Norm etabliert wird, der man sich unterwerfen muß. Hier geht es nicht um richtig oder falsch, sondern um Hilfe und Lösungen. In Gedanken kann ich spielen, da hab' ich Freiheit, sobald ich wahrnehme und die Interessenlage des anderen einbeziehe, gibt es die Freiheit nicht mehr.

Die Wahrnehmung kann also nur in bezug auf Lösungen funktionieren. Sie versagt sofort in bezug auf Diagnosen, es sei denn, die Diagnosen stehen ganz im Dienste der Lösung. Jede Intervention, die sich nicht mit den Entwicklungskräften verbündet, die zum Beispiel unterstellt oder abwertet, wirkt kontraproduktiv.

Das Seltsame ist, daß eine Person, der ich eine Wahrnehmung mitteile, sich vor meinen Augen verändert. Die Wahrnehmung ist also ein schöpferischer Prozeß, der etwas bewirkt. Darin sind Geheimnisse, die ich nicht verstehe, die man aber sehen und nützen kann.

Der Wahrnehmung geht es um den Vollzug und nicht um die Wahrheit. Es geht immer darum: Was tue ich jetzt? Was ist möglich? Das mache ich als Therapeut für den anderen, und während der mir etwas erzählt, frage ich mich: Was ist jetzt gemäß? Dann bin ich mit etwas Größerem in Kontakt. Ich will dann nicht helfen, sondern sehe das in einer Ordnung. So wirkt die Intuition, und die ist dann auch liebevoll und respektvoll.

Wenn einem also etwas zu einer anderen Person einfällt, was man ihr vielleicht sagen möchte, dann schaut man den Betreffenden an und prüft, ob das, was einem eingefallen ist, ihn nährt und aufbaut oder ob es ihn stört und schwächt. Die Wahrnehmung ist kein Ereignis, das man suchen kann. Wenn ich mich jemandem aussetze, dann kommt die Wahrnehmung wie ein Blitz, und das Ergebnis ist völlig überraschend. Das kann ich mir nicht ausdenken. Manchmal bekomme ich Furcht davor. Wenn ich mich dann zurücknehme, zerbricht etwas in der eigenen Seele.

Ich will das noch einmal in eine Geschichte fassen: Darin ist das verschlüsselt, zeigt aber den Weg.

Diese Geschichte ist eine Art psychotherapeutischer Erkenntnistheorie:

Das Maß

Ein Gelehrter fragte einen Weisen, wie sich das einzelne zu einem Ganzen fügt, und wie das Wissen um das Viele sich vom Wissen um die Fülle unterscheide.

Der Weise sagte: „Das weit Verstreute wird zu einem Ganzen, wenn es zu einer Mitte findet und gesammelt wirkt, denn erst durch eine Mitte wird das Viele wesentlich und wirklich, und seine Fülle erscheint uns dann als einfach, fast wie wenig, wie ruhige Kraft auf nächstes hin, die unten bleibt und nahe dem, was trägt. Um Fülle zu erfahren oder mitzuteilen, muß ich daher nicht alles einzeln wissen, sagen, haben, tun. Wer in die Stadt gelangen will, tritt durch ein einziges Tor. Wer eine Glocke einmal anschlägt, bringt mit dem einen Ton noch viele andere zum Klingen. Und wer den reifen Apfel pflückt, braucht dessen Ursprung nicht ergründen. Er hält ihn in der Hand und ißt."

Der Gelehrte wandte ein, daß, wer die Wahrheit wolle, auch alle Einzelheiten wissen müsse. Der Weise aber widersprach. Nur von der alten Wahrheit wisse man sehr viel. Wahrheit, die weiterführe, sei gewagt und neu, denn sie verbirgt ihr Ende wie ein Keim den Baum. Wer daher noch zu handeln zögert, weil er mehr wissen will als ihm der nächste Schritt erlaubt, versäumt, was wirkt. Er nimmt die Münze für die Ware, und aus Bäumen macht er Holz.

Der Gelehrte meinte, das könne nur ein Teil der Antwort sein, und er bitte ihn um noch um ein bißchen mehr. Der Weise aber winkte ab, denn Fülle sei am Anfang wie ein Faß voll Most: süß und trüb. Und es braucht Gärung und genügend Zeit, bis er sich klärt. Wer dann, statt daß er kostet, trinkt, zerfließt.

Der andere als Gegenüber

Vieles kann ich nur in einer Atmosphäre wagen, in der man wach, kritisch und respektvoll ist. Wer sich gleich unterwirft, dem kann ich nichts Gewagtes sagen. Ich kann sehr weit gehen, wenn der andere nicht alles einfach schluckt und ich sicher sein kann, daß er das Gesagte einer inneren Prüfung unterzieht und mit einer inneren Instanz abwägt. Dann erscheint er als Gegenüber, und ein Dialog zwischen Gleichgewichtigen kommt zustande. Die Gemeinschaft in der Gruppe kann nur entstehen, wenn der einzelne gesammelt ist. Ist er das nicht, ist er etwas anderem ausgeliefert und seinem Unbewußten entfremdet. Das Unbewußte sammelt und verbindet.

b. Die Zurückhaltung

Ein wichtiges Kriterium der Achtung ist, den anderen nicht heilen und retten zu wollen. Dafür gibt es ja große Vorbilder. Das ist ja ein Menschheitsgut: die Erkenntnis, daß man durch Dasein handeln kann, durch ein aktives Präsentsein, ohne einzugreifen. Das ist dann gesammelte Kraft, die durch Nichthandeln wirkt, und hat nichts mit Sich-Zurückziehen zu tun. Rückzug bringt nichts. Im Taoteking ist das sehr schön beschrieben von Laotse.

Es gibt da eine merkwürdige Beobachtung in Therapien. Wenn dem Therapeuten das Richtige einfällt, und er hält sich zurück, es zu sagen, fällt es den Klienten ein. Manchmal ist es so, daß eine Lösung eher möglich ist, wenn der Therapeut darauf verzichtet. Er hat es auch nicht in der Hand, was die Klienten mit dem machen, was er sagt. Ich habe einmal das Beispiel gebracht, daß Jesus nicht Schuld ist, wenn der reiche Jüngling weggeht. So ist es auch in der Psychotherapie: Man läßt den anderen gehen. Darin liegt ein großer Respekt. Gute Therapie hat die Qualität des Absichtslosen und Zweckfreien, das heißt, daß ich bis zu einem gewissen Grad auf Einflußnahme verzichte.

Die kleine Tochter, die Bettnässerin war

Vor kurzem hat jemand vom österreichischen Rundfunk mit mir ein Interview geführt, und da sollte ich etwas sagen über Geschichten, die heilen. Ich habe das dann aufs Praktische zugeschnitten und habe erzählt, wie man Kindern mit Geschichten helfen kann. Gefragt, was man bei Bettnässen machen könnte, erzählte ich folgendes:

Ein Vater fragte mich, was er mit seiner kleinen Tochter tun könne, die nachts ins Bett mache. Ich sagte ihm, er solle der Tochter sagen, daß er die Mutter gerne geheiratet hat – das Kind war schon vor der Ehe geboren. Das möge er ihr so nebenbei sagen, und dann solle er ihr Märchen erzählen mit kleinen Variationen. Zum Beispiel das Märchen vom Rotkäppchen.

Das Rotkäppchen kommt also zum Haus der Großmutter und sieht, daß die Dachrinne undicht ist. Es geht in den Schuppen und holt Pech, um das Loch zuzumachen, damit der Vorraum nicht naß wird. Dann geht sie ins Haus der Großmutter.

Oder das Märchen vom Schneewittchen. Da sagt einer der Zwerge, bei ihm tropft's oben immer rein, und Schneewittchen sagt ihm, das mache sie schon, und sie guckt nach und sieht, daß nur ein Ziegel verschoben ist, und bringt es in Ordnung. Der kleine Zwerg merkt gar nicht, daß sich etwas verändert hat. Jedenfalls ist dann alles in Ordnung.

Oder eine Geschichte, wo ein Wasserhahn tropft, und sie dreht ihn zu. Oder ein kleines Mädchen sitzt auf dem Klo, und da geht die Tür auf, und ein fremder Mann schaut rein. Er macht die Tür ganz schnell wieder zu, und das Mädchen atmet auf.

Wißt ihr, was da der hypnotherapeutische Hintergrund ist? – Wenn der fremde Mann reinkommt, zieht das Mädchen den Schließmuskel der Blase zusammen. Dieses ist eine bekannte Ericksonsche Intervention.

Nach einem halben Jahr ist der Vater wieder zur Supervision gekommen und hat über die Erfahrungen berichtet. Er sagte, es hat sofort gewirkt – es war gut. Das Auffällige war, daß diese kleine Tochter normalerweise, wenn er in Geschichten Abweichungen einbaute, sofort protestierte, und sie bei diesen Abweichungen überhaupt nicht reagierte.

Das sagt etwas über psychotherapeutische Methoden. Durch die Art, wie er das gemacht hat, hat er das Mädchen zutiefst geachtet, und das Mädchen hat gespürt, daß sie respektiert wird, und brauchte sich überhaupt nicht zu wehren. Es war keine Unterwerfung mit drin. Es kam aus reiner Liebe, und in dem Raum von Vertrauen geschah etwas, ohne daß anschließend noch darüber gesprochen wurde.

Das ist der Rahmen, in dem Heilung geschieht. Wenn ich aber jemandem sage, das mußt du so oder so machen, dann ist er erst einmal der Verlierer, und er ist es seiner Würde schuldig, es abzulehnen. Wenn ich jetzt aber Methoden habe, wo das gar nicht zum Zuge kommt, wie zum Beispiel beim Geschichtenerzählen, dann hört der andere nur die Geschichte und merkt nicht mehr, daß ich sie ihm erzähle. Er kann sich dann selbst die passenden Anregungen aus der Geschichte holen und die Lösung selbst finden. Er muß sich dann gar nicht mehr mit mir auseinandersetzen, und kann mich vergessen. Das ist so wie beim Kino. Dort vergessen wir auch die, die die Filmvorführgeräte bedienen. Man schaut sich den Film an und geht wieder raus. So machen das Klienten auch, und das nennt man dann Psychotherapie.

Vom Helfen-Wollen

Eine Seminarteilnehmerin, Petra, sagt in der Anfangsrunde: Ich mache in meiner Praxis die Erfahrung, daß ich mich tottherapieren kann, und es passiert nichts Entscheidendes.

Bert Hellinger: Man therapiert sich tot ...

Petra: ... und es passiert nichts Entscheidendes.

Bert Hellinger: Weil man sich wichtig nimmt.

Petra: Weil man helfen möchte.

Bert Hellinger: Ich erzähle eine kleine Geschichte, um diese Haltung zu entlarven. Es ist eine folgenschwere Geschichte, wenn man sie versteht:

Der Glaube

Jemand erzählt, er habe zweien zugehört, die sich darüber unterhielten, wie hätte Jesus reagiert, hätte er einem Kranken zugerufen: „Steh auf, nimm dein Bett, geh nach Hause!", und der hätte geantwortet: „Ich will aber nicht!"

Schließlich meinte einer von beiden, wahrscheinlich hätte Jesus zuerst geschwiegen. Doch dann hätte er sich zu seinen Jüngern gewandt und gesagt: „Der gibt Gott mehr Ehre als ich."

Wenn wir zu dieser Haltung hinfinden, dann beginnt eine neue Dimension.

Ein Beispiel:

Da war einmal eine Frau, die hatte Multiple Sklerose und zwar ziemlich schlimm. Ich habe mit ihr in der Gruppe eine Hypnotherapie gemacht, das heißt, in leichter Trance ist sie zurückgekommen in ihre Kindheit, und sie sah sich auf einmal als kleines Kind am Bett ihrer gelähmten Mutter knien. Sie war voller Liebe für die Mutter und da hab' ich's gelassen.

Dann sagte eine Kursteilnehmerin einfältig: Ich hätte so gerne, daß du ihr helfen kannst. Diese Ebenen gehen nicht zusammen. Wenn man auf der Ebene der Frau bleibt und mit Ehrfurcht sieht, daß da ein Schicksal wirkt, dann werden Kräfte frei, die jenseits dessen sind, was man plant. Dann kann man sich zurückhalten, und diese Zurückhaltung ist die höchste Liebe.

Die Brandfackel des Guten im Heuhaufen der Welt

Nach einer Aufstellung mit einem Pflegekind äußert eine Teilnehmerin, Hildegard, während einer Runde: Bei der Aufstellung eben mit den Pflegekindern sind mir die beiden Adoptivkinder meines Bruders eingefallen, die aus verschiedenen Herkunftsfamilien kommen. Einem der Adoptivkinder geht es sehr schlecht.

Bert Hellinger: Du mußt es lassen, dort. Es gibt Lösungen, ohne daß du eingreifst.

Hildegard: Kann man nicht vielleicht in irgendeinem guten Moment, wenn sich's ergibt, versuchen zu vermitteln?

Bert Hellinger: Nein, nein. Es war einmal eine Therapeutin bei mir, deren Tochter gegen ihren Rat einen schizophrenen Mann geheiratet hat. Jetzt hat sie viele Kinder mit ihm, und Mutter und Tochter verstehen sich nicht mehr. Es ist natürlich schwer für eine Therapeutin, daß ausgerechnet ihre Tochter mit ihr kein gutes Verhältnis hat. Und da hab' ich ihr gesagt: „Zwei Jahre keinen Kontakt. Laß sie einmal zwei Jahre in Frieden." Nach über zwei Jahren kam ein Brief dieser Kollegin. Sie habe wieder einmal ihre Tochter aufgesucht, und es sei sehr schön gewesen.

Hildegard: Um den habe ich mich bisher aber noch nie gekümmert.

Bert Hellinger: Manche kann man nicht davon abhalten, die Brandfackel des Guten in den Heuhaufen der Welt zu werfen (Heiterkeit). Ein Schweizer hat mir einmal eine Geschichte erzählt:

Da gab es zwei Freunde, und der eine wurde am Abend krank, und der andere hat die ganze Nacht an seinem Bett gewacht und ist dann am Morgen gestorben, und der Kranke ist aufgestanden.

Und ich möchte noch eine andere Geschichte erzählen. Es hat nämlich mal jemand das Geheimnis der guten Psychotherapie herausgefunden. Die große Schande ist, daß es ein Nichtfachmann war, ein gewisser Graf Bobby. Er hatte einen kleinen Hund, den er sehr liebte. Eines Tages mußte er verreisen und hat den Hund zu einem Freund gebracht und ihm gesagt: Paß auf, daß du ihm jeden Tag eine Freude machst. Da antwortete der andere: Mach' ich. Als Graf Bobby von seinem Urlaub zurückkam, ging er gleich zu seinem Freund, um den Hund abzuholen. Als er hinkam, sah er, wie der Freund den Hund beim Schwanz packte und ihn herumwirbelte, und der Hund schrie ganz jämmerlich. Graf Bobby sagte: Um Gottes willen, was machst du mit meinem Hund? Da erwiderte der andere: Dem mach' ich eine Freude. Du wirst sehen, wie der sich freut, wenn ich ihn loslasse. (Heiterkeit)

c. Die Kraft liegt beim Minimum

In einer Diskussion über Konstellationen fragt Olaf: Ich möchte gern eine Vorstellung mitnehmen können, wie ich in Gruppen mit diesem Instrument effektiver und gründlicher arbeiten kann.
Bert Hellinger: Du kannst es am Vollzug ablesen, von theoretischen Erörterungen hast du nicht viel. Wenn du eine bestimmte Gruppe im Auge hast und willst ihr Bestimmtes vermitteln, dann fallen dir Dinge ein, und die probierst du, und wenn du am Anfang zehn Prozent machst, ist es schon viel. Es ist eine häufige Vorstellung, daß man es vollständig wissen muß, wenn man etwas Neues macht.

Mein Großvater erzählte, daß in seinem Ort ein Jude lebte, ein Viehhändler, und der habe gesagt: Ihr Christen seid ja völlig blöd. Bei euch darf man einen Hof erst übernehmen, wenn man dreißig oder vierzig Jahre alt geworden ist. Ich lasse meinen Achtjährigen schon Ziegen verkaufen. Die Käufer legen den rein, aber das macht nichts, er lernt daraus.

Das ist zum Beispiel die Vorstellung der Psychoanalyse heute. Wenn man bedenkt, wieviel Stunden Freud verlangte, bis einer Analytiker wurde, und wieviel heute verlangt wird. Freud hat das offengelassen. Die konnten dann über Erfahrung lernen. Heute muß man vollkommen sein, bevor man anfängt.

Ich erläutere das an einem Beispiel:
In einem Kurs war einmal eine Frau aus Bamberg, bei der habe ich eine tiefgreifende Erfahrung gemacht. Viele Jahre nach einer Primärtherapie hat sie mich angerufen und hat gesagt, sie muß eine Magisterarbeit schreiben, und jetzt sei die halbe Zeit vorbei, und sie habe noch nichts zu Papier gebracht. Sie fragte, ob sie zu ein paar Sitzungen kommen könnte. Ich sagte ihr, wenn ihr das die Reise wert sei, solle sie kommen. Dann ist sie von weither gekommen, hat sich auf das Sofa gesetzt und hat begonnen zu jammern. Ich habe ihr gesagt: „Wenn ich dich anschaue, dann sind achtzig Prozent deiner Energie in die Aufrechterhaltung des Problems investiert, und nur zwanzig Prozent stehen dir zur Verfügung für die Lösung. Ich kann dir nicht helfen."

Da fragte sie: „Darf ich morgen nochmal kommen?" Da sagte ich: „Ja", und am nächsten Tag war es wieder das gleiche, und ich habe ihr wieder das gleiche gesagt. Da sagte sie: „Dann gib mir doch wenigstens eine Übung." – „Gut", sagte ich, „du fährst jetzt nach Hause und setzt dich jeden Morgen vier Wochen lang außer sonntags hin, jammerst zehn Minuten auf ein Tonband und hörst es dir anschließend an, und dann fängst du an zu arbeiten". Sie sagte: „Danke, das ist eine gute Übung", und reiste ab.

Vier Wochen später ruft sie mich an und sagt: „Also die Übung war jeden Morgen wie eine Erfrischung, aber jetzt wirkt sie auch nicht mehr, was soll ich tun?" Ich sage: „Man kann nichts machen, wie gesagt, du hast nur zwanzig Prozent zur Verfügung, aber wenn du die Übung noch gelegentlich machen willst, mach's."

Ein paar Wochen später kam ein Brief, sie habe einen Traum gehabt, den sie mir unbedingt mitteilen wolle. Sie fuhr in einem Bus in einer Reisegesellschaft nach Frankreich, und plötzlich merkte sie, sie hatte kein Geld bei sich. Sie ist ausgestiegen und hat überall gebettelt, und niemand gab ihr was. Und dann hat sie sich im Traum gedacht: Ich schau' nochmal nach in meinen Taschen. Und sie fand zwanzig Francs. Und dann fiel ihr ein: Zwanzig Franc genügen mir, um mir einen Job zu suchen, und den Rest mach' ich selbst. Fünf Monate später kam ein Brief, in dem stand: Ich habe die Magisterprüfung mit Sehr gut bestanden.

Die Kraft liegt beim Minimum. Sobald ein Therapeut eine Anregung macht, ist das wie ein Keim, und wenn es wie ein Keim ist, ist darin die geballte Kraft. Sobald man es ausführt, geht die Kraft verloren. Man gibt also einen Anstoß, und alles andere bleibt dann in dem Betreffenden zum Wirken. Ich habe also meine Annahme danach nach unten revidiert: Bei der guten Therapie genügen zwanzig Prozent. Das nennt man Gründlichkeit.

Die Heilung

Im Lande Aram – das ist dort, wo heute Syrien liegt – lebte in alter Zeit ein Feldherr, der erst durch seine Kraft und Tapferkeit berühmt, doch dann, von schwerer Krankheit heimgesucht, mit niemand mehr Kontakt aufnehmen durfte – nicht einmal mit seiner Frau: denn er hatte Aussatz.

Da hörte er von einer Sklavin, in ihrer Heimat gebe es einen Mann, der wisse, wie man seine Krankheit heile. Und so zog er ein großes Gefolge zusammen, nahm zehn Talente Silber, sechs-

tausend Goldstücke, zehn Festgewänder, dazu noch ein Empfehlungsschreiben seines Königs und machte sich auf diesen Weg.

Nach langem Marsch und manchem Umweg, erreichte er das Haus, in dem der Heiler wohnte, und er rief laut um Einlaß. Da stand er nun mit seinem ganzen Gefolge und mit allen seinen Schätzen, hielt das Empfehlungsschreiben seines Königs in der Hand und wartete. Doch niemand nahm Notiz von ihm. Er wurde schon ein bißchen ungeduldig und nervös, da öffnete sich eine Türe, ein Diener kam heraus, ging auf ihn zu und sagte: „Mein Herr läßt melden: ‚Wasche dich im Jordan, dann wirst du wieder heil.'"

Da glaubte sich der Feldherr lächerlich gemacht und auf den Arm genommen. „Was?" sagte er, „das hier soll ein Heiler sein? Er hätte doch zumindest selber zu mir kommen, seinen Gott anrufen, ein langes Ritual eröffnen und jede wunde Stelle meiner Haut mit seiner Hand berühren müssen! Das hätte mir vielleicht geholfen. Doch nun soll ich nur in diesem Jordan baden?" Und wutentbrannt drehte er sich um und machte sich auf den Weg zurück.

Das ist das eigentliche Ende der Geschichte. Weil sie aber nur ein Märchen ist, geht sie doch noch gut aus.

Als der Feldherr schon einen Tag lang auf dem Heimweg war, kamen abends seine Diener und redeten ihm gütlich zu. „Lieber Vater", sagten sie, „hätte dieser Heiler etwas Ungewöhnliches von dir verlangt, zum Beispiel, daß du ein Schiff besteigst, in ferne Länder fährst, dich fremden Göttern unterwirfst, jahrelang nur noch die eigenen Gedanken liest, und dein Vermögen wäre dabei draufgegangen, du hättest es bestimmt gemacht. Doch nun hat er von dir nur etwas ganz Gewöhnliches verlangt." Und er ließ sich überreden.

Mißmutig und übelgelaunt ging er zum Jordan, wusch sich widerwillig in dem Wasser, und es geschah ein Wunder.

Als er zurück nach Hause kam, hätte seine Frau sehr gerne erfahren, wie es ihm ergangen war. „Ach!" sagte er, „es geht mir wieder gut. Aber sonst war überhaupt nichts los."

d. Auf die Lösung schauen

In der Praxis der Psychotherapie kann man feststellen, daß K
mit allen Kräften am Problem festhalten und die Lösung ver
Das hängt damit zusammen, daß das Problem oder das Unglück o
das Symptom, das sie haben, ihnen innerlich versichert, daß sie, wenn sie es behalten, weiter zur Familie dazugehören dürfen. Die Probleme sind für unsere Kinderseele ein Beweis der Unschuld. Mit ihnen sichern und wahren wir uns unser Recht auf Zugehörigkeit, und deshalb ist jedes Unglück mit einer tiefen Seligkeit verbunden, und man braucht den dann nicht zu bemitleiden, weil er tief innen zufrieden ist. Die Lösung der Probleme wird von uns trotz gegenseitiger Beteuerung gefürchtet und gemieden, denn damit verbindet sich die Furcht vor dem Verlust der Bindung und das Gefühl von Schuld und Verrat, Abfall und Treubruch.

Wenn wir eine Lösung anstreben, dann weichen wir von dem ab, was bisher in unserer Familie gegolten hat, und wir fühlen uns schuldig. Deswegen gibt es Lösungen nur über Schuld und den Mut zu dieser Schuld, und davor schrecken die meisten zurück. Die Lösung und das Glück werden als gefährlich erlebt, denn sie machen einsam. Bei Problemen und beim Unglück dagegen ist man immer in guter Gesellschaft.

Wenn man problemorientiert arbeitet, fragt man: Was fehlt dem? Arbeitet man lösungsorientiert, fragt man: Was hilft ihm? Die seelische Verfassung ist bei beiden Fokussierungen ganz unterschiedlich. Wenn ich frage: „Was hilft ihm?", schafft das sofort Vertrauen. Frage ich: „Was fehlt ihm?" – und ich brauche das gar nicht auszusprechen –, wirkt das abschreckend.

Ein Problem wird mit der gleichen Liebe gelöst, die es auch aufrechterhält. In die Lösung fließt die gleiche Kraft, nur mit etwas mehr Einsicht. Die therapeutische Aufgabe ist es, zuerst den Punkt zu finden, an dem der Klient liebt. Wenn ich den habe, dann habe ich den Hebel. Die gleiche Liebe, die das Problem bewirkt, führt auch zur Lösung.

Katharina: Was mich beschäftigt, ist, daß du sehr genau hinschaust und sofort stoppst, wenn es nicht stimmt. Das ist mir sehr wichtig.

Bert Hellinger: Ja, da ist noch ein Hintergrund. Der macht das vielleicht noch deutlicher. Wenn einer ein Problem erzählt, dann will er dich verführen, seine Weltsicht anzunehmen. Diese Weltsicht rechtfertigt sein Problem. Das ist ein ungeheuer starker Sog. Deshalb muß man Beschreibungen von Problemen früh genug stoppen.

Ein Beispiel:
Mich hat einmal eine Therapeutin angerufen, die fragte mich: „Arbeitest du mit Hypnose?" Und ich antwortete: „Gelegentlich." Da sagte sie: „Ich habe hier eine Klientin, die war bei einem Psychiater, und der hat ihr posthypnotische Aufträge gegeben, die sie jetzt zu ihrem Schaden ausführt." Sie suche jetzt jemanden, der die Klientin noch einmal hypnotisiert, um herauszufinden, welche posthypnotischen Aufträge sie bekommen habe, und ihr neue Suggestionen gibt, damit sich das verändert. Da habe ich gesagt: „Das ist ein Wahnsystem, in das trete ich nicht ein." Das Stoppen ist gerade dort wichtig, wo die Versuchung einsetzt und wo man verführt wird, solch ein Weltbild für die Wirklichkeit zu nehmen.

Katharina: Ich spüre oft, daß ich mich nicht traue, jemanden zu stoppen.
Bert Hellinger: Dann sag einfach: Jetzt wird's langweilig für mich. Das ist auch eine Art des Stoppens, und eine weniger harte. Wenn man in einer Gruppe ist, kann man übrigens ablesen, ob das, was einer sagt, relevant ist oder nicht. Sobald es in der Gruppe unruhig wird, ist es irrelevant, was jemand sagt. Dann stoppe ich. Sobald es nicht mehr interessant ist, höre ich auf.

Einige Beispiele aus den Seminaren:
Vera: Ja, ich habe gemerkt, daß ich dazu neige, mit Männern zu kämpfen. Mir ist das aufgefallen, und ich wollte das nur einfach noch sagen.
Bert Hellinger: Das war wieder eine Deutung, die dich herabsetzt und die sicherlich falsch ist und nichts bringt. Das Problem entsteht nämlich durch seine Beschreibung, und die Beschreibung verhindert die Lösung. Wenn es nämlich die richtige Beschreibung wäre, wäre das Problem gelöst. Wenn das Problem nicht gelöst ist, ist die Beschreibung falsch. Das Problem wird nämlich meistens so beschrieben, daß die Lösung vermieden wird. Deshalb brauche ich die Beschreibung, die jemand von Problemen in einer Gruppe macht, nicht zu hören. Sie ist von vorneherein falsch. Hätte er die richtige Beschreibung, würde er es nicht mehr berichten. Dann hätte er schon die Lösung. Die richtige Beschreibung enthält nämlich die Lösung.
Arnold: Es gibt aber mehrere Beschreibungen, die möglich sind und vielleicht auch nützlich.
Bert Hellinger: Beim Richtigen gibt es keine Wahl.

Für die Lösung braucht man kein Problem

Friedemann berichtet, daß er in der Arbeit mit Klienten manchmal eine Skriptfigur findet, „aber es tut sich nichts".
Bert Hellinger: Ich kann dir sagen, wieso. Die Wahrnehmung versagt, wenn ich das Problem als Problem anschaue. Intuition wird erst aktiviert, wenn ich mich auf Lösung einstelle. Wenn du sagst, du hast eine Skriptfigur, dann bist du auf eine Definition beziehungsweise eine Diagnose eingestellt. Wenn du aber fragst „Wo geht es am besten weiter?", siehst du schon das Licht blinken. Dann gehst du mit dem Strom. Für die Lösung brauchst du kein Problem. In der Psychotherapie ist es jedoch eine weitverbreitete Technik, daß man Probleme behandelt, als seien sie die Ursache für ihre Lösung. Dann bleibt man beim Problem hängen, und die Lösung wird vergessen.

Auf Unglück programmiert

Arnold (während einer Morgenrunde): Mir geht es immer noch gut.
Bert Hellinger: Das klingt fast bedrohlich. Merkt ihr, er programmiert sich durch diese Ausdrucksweise auf Unglück.
Arnold: Ja, das stimmt, ich denke immer: Irgendwann wird es mir schlecht gehen.
Bert Hellinger: Und wenn es dann kommt, atmest du auf.
Arnold: Nein, dadurch, daß ich es sage, habe ich es vielleicht gebannt.
Bert Hellinger: Nein, eben nicht. Nimm eine andere Formulierung, die alles offenläßt.
Arnold: Ja, ich kann schlicht sagen: Es geht mir gut.
Bert Hellinger: Ja, genau, vielleicht kannst du sogar sagen, mir geht es zunehmend besser. (Arnold strahlt) Seht ihr die Wirkung? Rein mit Formulierungen kann man sich schon gesundmachen, indem man einfach eine bestimmte Denkdisziplin anwendet.

Die Praxis stört die Theorie

Ludwig: Ist es auch Eifersucht, wenn ein Mann sich noch nicht von seiner Mutter gelöst hat und seine Frau merkt, daß er sich noch nicht auf sie einläßt? (längere Pause)
Bert Hellinger: Was würde helfen? (nach einer Pause) Wenn sie sagt: Ich achte die Liebe zu deiner Mutter.

Das war jetzt ein schönes Beispiel für einen Fokuswechsel vom Problem auf die Lösung. Das Kreative wirkt nicht in bezug auf das Problem, sondern immer nur in bezug auf die Lösung. Die Bewegung zur Lösung hin ist Liebe, Intuition geht immer mit Wohlwollen und Liebe zusammen. Wenn ich jemanden auf ein Problem stoße oder es ihm beschreibe, bin ich in einer überlegenen Position. Lösungen suchen wir gemeinsam.

Schwierig wird es, wenn man nach der Lösung auch noch eine Theorie zur Lösung haben will. Dann verliert man die Lösung. Eine Theorie kann niemals die Fülle erfassen. Wenn ich für ein Geschehen die zusammenfassende Theorie suche, dann habe ich vom Ganzen nur noch den Zipfel. Deshalb bin ich langsam dazu übergegangen, auf Theoriebildung zu verzichten. Ich beschreibe verschiedene Situationen unterschiedlicher Art, und dann gibt es einen gewissen Erfahrungshintergrund, mit dem ich arbeite. Ich bleibe dann offen für Neues, und ich brauche mich vor keiner Theorie zu rechtfertigen, ob ich es richtig oder falsch gemacht habe.

Das genügt !

Lars: Als es um Zugehörigkeit ging, ist mir noch einmal aufgefallen, daß ich mich nie richtig zugehörig gefühlt habe, auch nicht in Kinder- und Jugendlichencliquen.

Bert Hellinger: (unterbrechend) Was bringt das jetzt? Das ist nur eine Beschreibung von Problemen, die das Problem verstärken. Deshalb muß man die Beschreibung von Problemen unterbrechen.

Vor kurzem habe ich in einem Buch einen Satz gelesen, der wie eine Offenbarung für mich war. Der hieß ungefähr so: Wenn man Angst vor Menschen in einer Gruppe hat, dann besteht die Überwindung der Angst darin, daß man die anderen liebt. Ich spüre die Angst nur, weil ich merke, ich liebe zu wenig, und ich würdige zu wenig. Sobald ich mich entschließe, daß ich die anwesenden Personen würdige, auch wenn sie anders sind, brauche ich keine Angst mehr zu haben. Dann kann ich mich mit ihnen völlig unbefangen austauschen. Das wäre die Lösung, jedenfalls in dieser Richtung.

Der gedeckte Tisch

Frauke: Mir geht durch den Kopf, daß ich immer im Bannkreis meiner Mutter gewesen bin, und ich bin jetzt ganz verwirrt, weil ich jetzt denke, daß mir das nicht gutgetan hat, und ich verstehe es jetzt immer weniger, warum es für mich so schwer war ...

Bert Hellinger (unterbrechend): Das bringt nichts, die Beschreibung eines Problems verstärkt es. Und das Bedauern, daß es so war, macht es noch einmal schlimmer. Die Frage ist: Was fehlt dir jetzt noch, was du dir noch nehmen kannst? Dann hat das eine ganz andere Richtung. (Frauke lächelt) Siehst du! Schau dir die Leute an, die dir auch im inneren System zur Verfügung stehen und die vielleicht ihren Platz noch nicht haben. Sobald du sie dazunimmst, wird der Bann der Mutter schwächer, und das, was du von ihr bekommen hast, bleibt eh erhalten. Es gibt dann keinen Grund zum Bedauern mehr.

Es gibt komische Leute: Sie sind fast am Verhungern, und wenn sie dann an einen gedeckten Tisch kommen, erzählen sie die ganze Zeit, wie groß der Hunger ist, statt zu essen. Das ist eine typische psychotherapeutische Szene.

Der Gift-Satz

Thomas: Bei mir ist so ein alter Gift-Satz hochgekommen, der mich bedrückt.

Bert Hellinger: Ich will ihn nicht hören, ich habe etwas gegen Gift.

Thomas: Ich auch, er erinnert mich ...

Bert Hellinger (ihn unterbrechend): Da gab's einmal ein gewisses tapferes Schneiderlein, das hat es mit dem Einhorn aufgenommen. Weißt du wie? – Als es angestürmt kam, ist es nur einen Schritt zur Seite gegangen. – Noch etwas, Thomas?

Thomas: Nein, das reicht!

Sich-dumm-Stellen hat ein Element von Seligkeit

Hildegard: Gestern Abend war mir ziemlich klar, daß ich mein Arbeitssystem angucken muß. Meine Rolle darin ist unklar. Das weiß ich im Grunde genommen schon lange. Ich fürchte mich aber davor, das zu klären, weil eine kleine Angst darin ist, daß ich den Arbeitsplatz vielleicht verlassen muß, wenn ich es kläre.

Bert Hellinger: Ja, das kann sein. Was du gerade wieder bestätigst, ist der therapeutische Grundsatz: Leiden ist leichter als Handeln.

Hildegard (als hätte sie das nicht gehört): Während vorher Brigitte ihre Familie aufgestellt hat, hatte ich erst das Gefühl, daß da viele in einer unverständlichen Sprache aufeinander einreden, bis man anfängt, sie zu lernen, und ich habe gemerkt, während der Arbeit wurde ein Vorhang zwischen mir und der Wirklichkeit immer dichter. Ich denke, da ist was.

Bert Hellinger: Ja, Sich-dumm-Stellen hat ein Element von Seligkeit. – Und ist meistens gekonnt. Noch etwas, Hildegard?

Der letzte Platz ist nicht der sicherste

Manuela: Mir war heute morgen so schlecht. Ich saß auch auf dem letzten Stuhl. Mir war auch so peinlich, daß ich ständig weinen mußte. Mir ist dann aufgefallen, daß ich die einzige Krankenschwester hier bin, und auch in meiner Familie bin ich in der Rangordnung die letzte, und in der Krankenhaushierarchie ist das auch so ...

Bert Hellinger (unterbrechend): Wenn du so weitermachst, glaubst du es noch selbst.

Manuela: Aber das ist ein Problem für mich.

Bert Hellinger: Ja, ja, das Problem entsteht durch seine Beschreibung.

Manuela: Das hab' ich fast befürchtet, daß du so reagierst.

Bert Hellinger: Auch hier ist, entgegen einer weitverbreiteten Meinung, der letzte Platz nicht der sicherste. Manche meinen, sie seien sicher, wenn sie sich auf den letzten Platz begeben. Aber was macht man mit einem Hund, der winselt? Der bekommt einen Tritt. Weil das anscheinend irgendwo gemäß erscheint. (zu Manuela) Kannst du dir vorstellen, daß eine andere Krankenschwester hier wäre?

Manuela: Ja, das kann ich mir gut vorstellen.

Bert Hellinger: Und die wäre genauso wie du?

Manuela: Nein, das wäre dann anders, die wäre dann anders. Die wäre nicht genauso wie ich.

Bert Hellinger: Eben, mit dem Beruf der Krankenschwester kann das also nicht zusammenhängen, sonst müßte die ja genauso sein.

Finden wir hier eine gute Lösung, heißt das noch lange nicht, daß es in der Praxis nachvollzogen wird. Man muß sehen, daß jemand, der einen anderen Weg geht (z. B. einen Leidensweg), diesen mit Liebe geht, wenn auch ein bißchen verblendet. Man darf da aber nicht eingreifen.

2. Therapeutische Orientierungen

a. Die Deutung ist vom Mantel nur der Zipfel

Eine Deutung wirkt, wenn sie stimmt. Es muß eine Deutung sein, die berührt. Auch hier erweist sich ein wichtiges therapeutisches Gesetz, das ich schon angedeutet habe: Es wirkt nur das, was an die Liebe des Klienten rührt und was diese Liebe bestätigt und aktiviert.

Wir haben gerade in der Pause über Deutungen gesprochen und wann sie wirken und wann nicht. Positive Umdeutungen sind oft ein

Konstrukt und beliebig. Sind sie ausgedacht, wirken sie oft nicht. Es gibt aber eine positive Deutung, der liegt eine Wahrnehmung zugrunde, und die entsteht aus dem Kontakt. Ich bringe dann das Gute, was ich wahrgenommen habe, in die Bewußtheit. Der Deutung muß die Wahrheit zugrundeliegen.

Nun hat Karl sich an dem Wort Wahrheit gestoßen, und wir haben dann eine Definition gefunden: Wahrheit ist das, was dem Lebendigen dient und es weiterführt. Das Richtige wird zwar schwer erkannt, aber leicht verstanden. Wie er meine „Wahrheit" nicht hören konnte, konnte ich seinen „Sinn" nicht hören. Sinn ist oft etwas Losgelöstes. Dann haben wir aber auch hier eine Definition gefunden: Sinn ist, was sich aus der lebendigen Bewegung als der nächstfällige Vollzug ergibt.

Alexis: Und was ist dann das Ziel?

Bert Hellinger: Ziel ist oft das, was ich mit dem Kopf will. Es ist losgelöst vom lebendigen Vollzug. Was sich aus dem lebendigen Vollzug ergibt, brauche ich mir nicht vorzunehmen, und was ich mir vornehme, ist oft das, was ich nicht will und was nicht mit dem lebendigen Vollzug übereinstimmt. Deshalb gehen gute Vorsätze so oft daneben.

Später an anderer Stelle:

Die Deutung ist vom Mantel nur der Zipfel. Wenn jemand eine Person oder ein Ereignis deutet, dann will er damit das Geschehen in seine Hand nehmen und geht auch davon aus, er könne es in die Hand nehmen. Da steht Anmaßung dahinter. Wenn das Ereignis wichtig ist, wie es ist, dann gehe ich hinter dem Ereignis her und folge ihm, und das ist eine demütige Haltung.

Alexis: Hab' ich dich richtig verstanden, daß für dich nur das bedeutsam ist, was zum Vollzug kommt und was geschehen ist?

Bert Hellinger: Ja, das, was passiert ist, spielt eine Rolle: die Ereignisse. Charakterbeschreibungen dagegen sind unwichtig. Das spart viel Zeit, weil man dann nicht danach zu fragen braucht, was das für ein Mensch war. Das lenkt ab und verwirrt. Indem ich diese Beschreibungen weglasse, gewinnen die Vollzüge wieder ihre Bedeutung. Als Folge des psychoanalytischen Einbruchs in unsere Kultur ist es so, daß wir der Deutung eines Ereignisses mehr Bedeutung beimessen als dem Ereignis selbst. Das ist völlig verrückt.

Ich bringe ein Beispiel:
In einem Kurs mit Psychotherapeuten habe ich einmal aufgefordert, die wichtigsten Ereignisse der Kindheit mitzuteilen. Da erzählte einer, sein Großvater habe ihm einmal die Hand auf den Kopf gelegt. Das sei sehr schön gewesen. Dann habe er einmal eine Ohrfeige bekommen, sei mal hingefallen usw., und als er fünf Jahre alt gewesen sei, sei sein Vater gefallen. Ich fragte die Therapeutengruppe: Was ist das Wichtigste von allem? Sie haben alles genannt, außer den Tod des Vaters. Das ist die Verbildung durch die Psychoanalyse.

*

Noch ein Beispiel aus einem Seminar:
Albert: Ich habe vor vier Jahren meine Ursprungsfamilie bei dir gestellt, und ich habe jetzt gesehen, wie du auch auf die Hintergründe eingehst. Da ist mir klar geworden, daß bei meiner Mutter auch etwas nicht normal verlaufen ist. Die hat ihre Eltern sehr früh verloren und kam dann zu einer sehr strengen Schwester ihrer Mutter.
Bert Hellinger: Wenn ich systemische Psychotherapie mache, widerstehe ich jeder wertenden Beschreibung, das heißt, jeder Zuschreibung von Eigenschaften, zum Beispiel „streng". Das ist völlig irrelevant. Sie kam zur Schwester – Punkt. Das verkürzt den ganzen Prozeß enorm. Man braucht diese Beschreibung überhaupt nicht. In den Aufstellungen macht es keinerlei Unterschied. Es sind die Ereignisse und die Konstellationen, die wirken. Da kann man seinen eigenen Kopf gut erleichtern, okay?
Albert: Der Mann von der Schwester der Mutter, zu dem fühle ich mich hingezogen, obwohl ich ihn selten gesehen habe. Ich weiß nur, daß er uns im Flüchtlingslager sehr geholfen hat. Ansonsten – das darf ich jetzt vielleicht auch nicht sagen – war er total verrückt.
Bert Hellinger: Merkt ihr, was er jetzt getan hat? Jetzt hat er sich den Weg verbaut, ihn zu würdigen. Die Lösung ist immer mit Würdigung verbunden. Er hat gesagt, was Würdigung verdient, dann folgte etwas, was die Würdigung verhindert. Weißt du, was das jetzt war? – Verrückt. Verrücktheit ist eine Verkennung der Wirklichkeit. Noch was, Albert?
Albert: Im Gegenteil (Heiterkeit)

Die psychologische Deutung von Krankheiten

Es gibt heutzutage eine weitverbreitete Tendenz, Krankheiten psychologisch zu deuten. Als eine Teilnehmerin berichtet, daß eine Schwester von ihr vor einigen Jahren an Krebs erkrankt ist und ein Bruder vor einem Jahr eine Epilepsie bekam und daß sie mehr wissen möchte, was in der Familie los ist, sagt *Bert Hellinger:* Ich glaube, dieser Gedankengang ist verführerisch. Wenn man diese Vorgänge auf systemische Konstellationen schieben will, geht das, glaube ich, zu weit. Wenn man also fragt: Was habe ich gemacht, daß ich Krebs bekommen habe? Was ist die psychologische Dynamik dahinter? Sobald jemand diese Überlegungen hat, hat er die Vorstellung, daß er das in den Griff bekommen kann. Er braucht sich dann dem schicksalhaften Ereignis nicht zu fügen und zu beugen. Das wirkt oft unheilvoll in der Seele, weil da eine Anmaßung dahintersteht.

Vorgestern hat mich eine Systemtherapeutin angerufen. Sie hatte eine Blutvergiftung von einem vereiterten Zahn her und seitdem Beschwerden im Knie. Jetzt sagte sie, sie wolle eine systemische Therapie machen, damit das heilt. Da habe ich gesagt: Es gibt so etwas wie Krankheiten, und diese kann man nicht ohne weiteres mit Familiendingen in Verbindung bringen, sonst machst du dir ein Wahnsystem.

Man muß am konkreten Fall sehen: Drückt er sich vor der Krankheit und dem Schicksal oder steht er dazu und sucht im Sich-Fügen in das Schicksal, was dem Schicksal gemäß ist. Es war einmal einer in einem Kurs bei mir, dessen Schwester schwer krank war, und der sagte, er wolle mal sehen, welchem falschen Glaubenssystem sie anhängt, weil sie so krank ist. Da habe ich ihm gesagt: Der Tod kümmert sich nicht um belief systems. Was soll das? Das ist eine Verleugnung von Wirklichkeit und Vergänglichkeit.

Achten auf die Wortwahl

Das Verhältnis vom Begriff zur Sache ist ähnlich dem von der Tangente zum Kreis: Sie berührt ihn, kann ihn aber nicht erfassen, doch ein Wort wie „die Erde“ wiegt schwer. Bei allen Begriffen wie zum Beispiel Parentifizierung oder Identifizierung ist es wichtig, auf die Vorgänge zu achten. Wenn man bei der Tangente bleibt, erfaßt man den Kreis nicht. Der Kreis ist eine Bewegung. Wenn man sich in den Vollzug dessen begibt, was abläuft, braucht man die Begriffe nicht und erfaßt genauer, was los ist.

Angela: Ja, das ist schön, das ist wieder diese Differenziertheit, die ich schätze.
Bert Hellinger: Die Differenziertheit entsteht, wenn man ein Wort hört und an der Wirklichkeit prüft: Ist es das genau? Dann setzt man sich der Wirklichkeit aus, bis das Wort kommt, das stimmt. Man muß die bisherigen Worte vergessen und die bisherigen Erklärungen und die Absicht hinter sich lassen, bis man ein Spiegel ist, und es fällt dann Licht ein und das führt zu dem Wort, das stimmt.

*

Adrian: Mich beschäftigen zwei Dinge. In der Mittagspause bin ich öfters an den Kreuzen mit diesen blutrünstigen Christus-Darstellungen vorbeigegangen. Ich beginne, das „Aus dem Schlimmen kommt was Gutes" auf eine andere Weise zu verstehen.
Bert Hellinger: Blutrünstig war ja jemand anderes.
Adrian: Ich meine, das sind Bilder, die mich sehr abgeschreckt haben.
Bert Hellinger: Nein, nein, nein, die Worte wirken. Wenn du ein falsches Wort nimmst, wirkt es falsch. Genauer ist: dem Blutenden. (humorvoll) Wir haben hier auch eine Art Denkschule.

*

Erich: Ich denke noch darüber nach, was du vorhin gesagt hast mit der Propaganda.
Bert Hellinger: Das lenkt ab. Du gehst ins Bild statt in die Sache. Ein Beispiel dafür ist: Jemand sieht einen Wegweiser, auf dem Salzburg steht, und statt nach Salzburg zu gehen, schaut er sich den Wegweiser an. Das nennt man dann Traumdeutung oder Bilderarbeit. Da gibt es viele Namen. Noch was, Erich?

b. Die Neugier zerstört die Wirkung

Karl wurde oft von einer Traurigkeit unbekannter Herkunft überfallen. Bei seiner Konstellation wird deutlich, daß der Vater einer Halbschwester ausgeklammert ist. Dieser und die Pflegeeltern der Halbschwester werden in das Bild mit aufgenommen.
Frauke (gleich nach der Aufstellung der Konstellation): Wie ist dieses neue Bild, das du jetzt hast, Karl, hilft das auch, den Schmerz zu verarbeiten, den Verlust?

Bert Hellinger: Deine Anfrage hat eine schlimme Wirkung. Du läßt ihm nicht einmal Zeit. Das ist ein verkappter Einwand (zur Gruppe) Merkt ihr das? Wenn er darauf einginge, würde es das wieder zerstören, was er gerade gemacht hat. Das geht auch in die Richtung Neugierde. Die Neugierde zerstört die Wirkung. Neugierde heißt, daß ich mehr wissen will, als zum Handeln oder zum Erfolg nötig ist. Sie will mehr wissen, als ihm hilft. Ihm genügt das völlig, was da war. So sieht es jedenfalls aus. Wenn das jetzt nochmal aufgerührt wird, kann das nicht wirken. Man darf auch nicht nachforschen, ob es Erfolg gab. Die Erfolgskontrolle in diesem Sinne ist schlimm in der Psychotherapie, und zwar im Sinne von: „Ich bin mal neugierig, wie das weitergegangen ist."

Es gibt Erfolgskontrollen, die nötig sind. Das will ich nicht abstreiten, zum Beispiel für die Wissenschaft. Es kommt aber auf die innere Haltung der Therapeuten an. Sucht er jetzt nach einer Bestätigung für das, was er da gemacht hat? Das ist dann eine Verfälschung, weil er sich bei einer eventuellen Veränderung diese dann hauptsächlich selbst zuschreibt, wo er vielleicht nur eine Nebenrolle gespielt hat. Wenn man das aber so sieht, daß man in einer Gesamtbewegung jemandem begegnet ist und vielleicht auch was gegeben hat und dann jeder seiner Wege geht und keiner wissen will, was daraus geworden ist, ist jeder frei.

*

Ludwig: Ich bin in den letzten drei Jahren damit beschäftigt, mich von meiner Herkunftsfamilie und meiner Mutter zu lösen, und ich möchte mir das gerne noch einmal anschauen, was da alles reinschwingt, auch von der vorherigen Generation der Großeltern.
Bert Hellinger: Nein, das reicht nicht. Neugierde hat eine zu geringe Kraft.
Ludwig: Das ist nicht nur Neugierde. Ich möchte da raus.
Bert Hellinger (zur Gruppe): Hat das Kraft? – Es hat keine Kraft.
Ludwig: Heißt das, daß ich gar nicht rausmöchte?
Bert Hellinger: Ich interpretiere es nicht. Es ist jetzt keine Kraft da. Mehr sage ich nicht. Noch jemand, der was machen möchte?

*

Nachdem Irene während einer Runde sagt, sie schwanke zwischen Neugierde und Skepsis:

Bert Hellinger: Weder die Neugier noch die Skepsis ist hilfreich. Es gibt eine Dynamik zur Lösung, mit der arbeiten wir.

c. Der richtige Zeitpunkt

Edda: Ich habe unruhig geschlafen und durcheinander geträumt. Ich möchte aber heute gerne etwas machen.
Bert Hellinger: Das ist zu früh.
Edda: Das finde ich nicht!
Bert Hellinger: Das macht keinen Unterschied. Das ist häufig so in der Psychotherapie: Manche gehen zu früh zum Psychotherapeuten. Da muß der Therapeut widerstehen. Oder sie kommen mit Themen, die nicht in die Psychotherapie gehören. Da muß man auch widerstehen. Die einzelnen wissen es auch. Man kann sich darauf verlassen.

d. Weg vom Drama!

Erinnerungen sind tendenziös und wandelbar. Wenn sich einer erinnert, sagt das gar nichts über die Realität aus. Die Frage ist: Welche Erinnerung hat er zu welchem Zweck ausgewählt. Oft werden sie im Dienst von Vorwürfen ausgewählt, und die Psychotherapie unterstützt das oft.

Wenn man bedenkt, was Eltern in der Regel zwanzig Jahre lang alles für ihre Kinder tun und was davon der Mensch erinnert, wenn er später in die Psychotherapie kommt: das sind meist fünf bis sechs negative Erfahrungen.

Bei Traumata oder wenn es etwas Schlimmes gab, wird meistens das Wichtigste vergessen, nämlich, daß es gut ausgegangen ist. Das wird überhaupt nicht in Betracht gezogen. Einer erinnert sich zum Beispiel, daß seine Mutter mit ihm auf dem Arm vom Balkon springen wollte. Dann hat sie geweint und ist wieder zurückgegangen. Daß sie wieder zurückgegangen ist, hat er vergessen. Daß sie hinunterspringen wollte, das hat er erinnert. Sagt jemand: Meine Mutter wollte mich abtreiben. Was soll das? Sie hat es ja nicht gemacht. Das wird aber nicht erinnert, aber daß sie ihn abtreiben wollte, das wird erinnert. Erinnerungen sind oft geistige Aufrüstungen, und wir machen hier die Abrüstung.

e. Jeder ist gut

Das Annehmen moralischer Positionen mit der Unterscheidung von Gut und Böse dient systemisch dazu, daß sich jemand vor anderen ein größeres Recht auf Zugehörigkeit nimmt und einem anderen die Zugehörigkeit in Frage stellt oder abspricht. Das wirkt sich schlimm aus. Philosophisch oder theologisch gesehen ist es nicht denkbar, daß jemand durch sein Verhalten aus der Ordnung herausfällt. Der einzelne kann sich seine Rolle nicht aussuchen, und im gesamten ist sein Verhalten sinnvoll. Im gesamten hat jeder seine eigene Bedeutung und das ist die einzige Bedeutung, die Sinn macht.

Es ist einfacher und nützlicher, wenn man davon ausgeht, jeder ist gut, aber er ist vielleicht verstrickt. Dann schaut man, wie er verstrickt ist und wie man selbst verstrickt ist, wenn man mit ihm umgeht, und dann sind alle ebenbürtig. Es ist also gut, in der Psychotherapie von der Idee persönlicher Bosheit Abstand zu nehmen.

Ein Beispiel:

Nehmen wir einmal die Studenten der Weißen Rose. Die waren heroisch. Sie haben sich gegen eine Gruppe gestellt, weil sie in einer anderen gebunden waren. Die gehörten zu einer engen Gruppe, die anders war. Durch die Bindung an diese Gruppe konnten sie sich so verhalten, und der Tod war für sie deshalb nichts Schlimmes. Wer in einer Mafiagruppe aufwächst, stellt sich gegen eine Ordnung, weil er in seiner Gruppe einer anderen Ordnung ausgesetzt ist. Er wird aber als Verbrecher bezeichnet. Der seelische Vorgang ist aber genau der gleiche. Jeder ist so, wie er ist, weil er an eine Gruppe gebunden ist. Wir machen da nun eine moralische Unterscheidung: Die einen sind gut, und die anderen sind schlecht. Das geht nicht. Die von der Weißen Rose haben Glück gehabt, daß das Regime zusammengebrochen ist. Jetzt sind sie die großen Helden. Hätten die Nazis gesiegt, wären sie die Verbrecher geblieben. Das ist der ganze Unterschied von Gut und Böse.

Vom Guten im Bösen

In der systemischen Therapie gilt der Grundsatz: Im Bezug auf Gut und Böse ist es umgekehrt wie präsentiert. Das gilt immer, ich habe noch keine Ausnahme gesehen. Bei einer Konstellation, in der der Vater der Böse ist, schaue ich immer auf die Mutter. Wenn die Mutter die Böse ist, schaue ich auf den Vater.

Benno: Ja, mir gefällt bei dir der Respekt sehr gut, der Respekt vor Unterscheidungen, die wir normalerweise falsch oder böse nennen.

Bert Hellinger: Weißt du, wie ich das mache? – Weil ich immer das gute

Ende mitdenke. In der Bibel heißt es schon: Den Baum erkennt man an der Frucht und die Tage erkennt man am Ende. Es kommt darauf an, was rauskommt, und bei den Unschuldigen kommt wenig raus. Die Wirklichkeit widerspricht unseren Idealvorstellungen laufend.

*

Mirjam: ... Gestern hatten wir dann wieder eine Diskussion über die deutsche Vergangenheit. Diese Generation war ja ohne Zweifel und ohne Infragestellen. Die sind ja alle hinterhergelaufen.
Bert Hellinger: Genau wie du sie ohne Zweifel kritisierst.
Mirjam: Du mußt mich aussprechen lassen. Ich wäre ja auch hinterhergelaufen, da bin ich ganz sicher. Aber das macht's mir so schwer, für mich zu entscheiden, wann sind Zweifel angebracht und wann ist Sich-Einlassen angebracht?
Bert Hellinger: Ich glaube, die Schwierigkeit bei diesen Dingen ist, daß es eine abendländische Vorstellung gibt, daß es in die Hand des Einzelnen gegeben ist, das Schicksal zu wenden und zu steuern. Das ist ein Irrtum. Das sind gewaltige Kräfte, die die Menschen gefangennehmen, wie zum Beispiel jetzt der Umbruch im Osten. Den hat keiner gemacht, auch nicht der Gorbatschow. Das sind gewaltige Kräfte, die plötzlich wirken und die Menschheit ergreifen. Und das, das wir als destruktiv begreifen oder böse oder destruktiv nennen, ist genauso eine gewaltige Kraft, und sie führt zum Guten. Wir wären in Europa weit zurück, wenn das alles nicht geschehen wäre.
Mirjam: Aber wie ist das dann mit der Verantwortung, wenn da schicksalhafte Kräfte walten?
Bert Hellinger: Wenn du jetzt einen Verantwortlichen hast, machst du wieder genau das gleiche, daß du sagst, der hätte das alles wenden können und müssen.
Olaf: Das hieße doch, daß wir gelebt werden.
Bert Hellinger: Ach komm, zu einem gewissen Teil können wir auch mitreden, aber in Kleinigkeiten.
Vera: Ich denke, Verantwortung ist nur persönlich zu definieren, die kann nur der einzelne haben.
Bert Hellinger: Ja, wenn er frei ist. Wenn er im Strom ist, geht das nicht.
Vera: Also würdest du die KZ-Wächter nicht verurteilen oder den Offizier, der meinetwegen tausend Juden in die Gaskammer gesteckt hat.

Bert Hellinger: Doch, ich würde sie verurteilen. Trotzdem sind sie verstrickt.

Ich will es an einem einfachen Beispiel deutlich machen:
Die größten Untaten werden von denen vollbracht, die sich für besser halten als die anderen, und die, die diese verurteilen, halten sich auch für besser. Nehmen wir zum Beispiel den Staatssicherheitsdienst. Die Stasi-Leute waren schlimme Leute, aber die, die das jetzt aufdecken und die sie verfolgen, verhalten sich ähnlich: Sie schnüffeln weiter, halten sich aber für besser.

f. Verantwortung fällt zu

Birgit: Mich beschäftigt das Sich-Überlassen, Sich-Ergeben, Sich-Fügen auch im Zusammenhang mit Verantwortung gegenüber Menschen, die zu mir kommen. Ich merke schon, daß ich sehr große Angst habe vor der großen Leere, wenn ich nichts mehr festhalte. Daß dann einfach nichts mehr da ist.
Bert Hellinger: Es gibt eine Verantwortung, die fällt einem zu aus einer gewissen Dynamik, und wenn ich die aufnehme, so wie sie mir zufällt, dann bin ich sicher bei dieser Verantwortung. Die Verantwortung aber, die ich mir nehme, die ist schlimm, sowohl für mich wie für die Klienten.
Birgit: Ist die Verantwortung nicht schon dadurch gegeben, daß ich einen psychosozialen Beruf ausübe? Da ist ja schon eine Verantwortung drin.
Bert Hellinger: Habt ihr's gehört? Es war umsonst, was ich gesagt habe.
Birgit: Ich kann die Unterscheidung nicht treffen.
Bert Hellinger: Genau, das ist es. Du müßtest dich dann erst auf den Prozeß einlassen, was der Unterschied ist zwischen dem Sich-die-Verantwortung-Nehmen und der Situation, in der einem die Verantwortung zufällt. Dem Walesa in Polen, dem ist die Verantwortung zugefallen, und der hat sie ergriffen. Da, wo sie ihm zugefallen ist und er sie ergriffen hat, ist er erfolgreich. Hätte er sich gewehrt, wäre er zerbrochen.

Wenn eine Verantwortung aus einer Konstellation auf mich zukommt, und ich weigere mich, dann zerbricht etwas in meiner Seele. Ich bin nämlich Teil eines größeren Zusammenhangs, und ich kann mich aus diesem Zusammenhang nicht herausnehmen, wenn mir eine Verantwortung zukommt. Die Freiheit, ja oder nein zu sagen, ist dann dahin. Dann ist es richtig, die Verantwortung zu übernehmen. Wenn ich mir aber Verantwortung anmaße, dann ist das etwas völlig anderes. Dann bin ich losgelöst von den Kräften, die wirken, und kann dann auch nichts oder wenig bewirken. Das ist jetzt auf der kleinen Ebene, was wir vorher auf der großen Ebene besprochen haben. Auf der kleinen gibt es eher was zu tun.

Da kam einmal ein gewisser Goebbels in den Himmel. Man möchte es nicht für möglich halten, aber er kam dorthin. Er fand es dort aber schrecklich langweilig, und er sagte, man möge ihm doch einmal die Hölle zeigen. Da sagte Petrus: „Bitte!“, und ließ ihn hinunterschauen, und dort unten war es wunderbar: Da waren GoGo-Girls, große Speisetafeln, Discomusik und Schauspielerinnen und alles, was er wollte. Goebbels sagte: „Das ist der Platz, dort möchte ich hin.“

Petrus sagte: „Bitte!“, und als er unten ankam, haben sie ihn gleich mit eisernen Zangen empfangen und ihn übers Feuer gehalten. Da sagte Goebbels: „Es sah doch ganz anders aus.“ – „Ja“, sagten die Teufel, „das war unsere Propaganda.“

Karl: Ich beschäftige mich mit Demut und Anmaßung.
Bert Hellinger: Ich will dir etwas verraten: Man kann auch demütig anmaßend sein. Das ist für mich der Gipfel der Demut. Ein Beispiel dafür ist für mich der General de Gaulle. Man darf den Mut in Demut nicht vergessen. Jede große Entscheidung kann nur mit Furcht und Zittern und in Demut getroffen werden. Sie erscheint aber anmaßend. Das Gegenteil wäre die Drückebergerei. Zur Demut gehört also auch der Mut zur Größe.

g. Das Leichte und das Schwere

Das Leichte ist eine Eigenschaft des Wahren und dessen, was weiterführt. Wenn es schwer und mühsam ist, kann man es in der Regel vergessen. Sonst geht es uns wie einem Esel, der auf einer staubigen Straße ging, schwerbepackt, durstig und hungrig. Die Zunge hängt ihm heraus. Rechts eine grüne Wiese, links eine grüne Wiese. Er aber sagt: Ich gehe meinen Weg. – Das ist das Schwere.
Stefanie: Mir ist gestern Abend noch einmal die Leichtigkeit bewußt geworden, mit der wir hier gearbeitet haben, und ich habe festgestellt, daß ich manchmal gerne am Tragischen festhalte.
Bert Hellinger: Das Tragische bläht auf. Ich kann das mit einer Geschichte erläutern:

Zweierlei Glück

In alter Zeit, als die Götter den Menschen noch sehr nahe schienen, lebten in einer kleinen Stadt zwei Sänger namens Orpheus. Der eine von beiden war der Große. Er hatte die Kithara erfunden, eine Vorform der Gitarre, und wenn er in die Saiten griff und sang, war die Natur um ihn verzaubert. Wilde Tiere lagen zahm zu seinen Füßen, hohe Bäume bogen sich zu ihm: Nichts konnte seinen Liedern widerstehen. Weil er so groß war, warb er um die schönste Frau. Danach begann der Abstieg.

Während er noch Hochzeit hielt, starb die schöne Eurydike, und der volle Becher, noch während er ihn hob, zerbrach. Doch für den großen Orpheus war der Tod noch nicht das Ende. Mit Hilfe seiner hohen Kunst fand er den Eingang in die Unterwelt, stieg hinab ins Reich der Schatten, setzte über den Strom des Vergessens, kam vorbei am Höllenhund, trat lebend vor den Thron des Totengottes und rührte ihn mit seinem Lied.

Der Tod gab Eurydike frei – doch unter einer Bedingung. Und Orpheus war so glücklich, daß ihm die Häme hinter dieser Gunst entging. Er machte sich auf den Weg zurück und hörte hinter sich die Schritte der geliebten Frau. Sie kamen heil am Höllenhund vorbei, setzten über den Strom des Vergessens, begannen den Aufstieg zum Licht, sahen es von ferne. Da hörte Orpheus einen Schrei – Eurydike war gestolpert – erschrocken drehte er sich um, sah noch die Schatten fallen in die Nacht und war allein. Und fassungslos vor Schmerz sang er das Abschiedslied: „Ach, ich habe sie verloren, all mein Glück ist nun dahin"!

Er selber fand ans Licht zurück, doch das Leben war ihm bei den Toten fremd geworden. Als betrunkene Frauen ihn zum Fest des neuen Weines führen wollten, weigerte er sich, und sie zerrissen ihn bei lebendigem Leibe. So groß war sein Unglück, so vergeblich seine Kunst. Aber: alle Welt kennt ihn!

Der andere Orpheus war der Kleine. Er war nur ein Bänkelsänger, trat bei kleinen Festen auf, spielte für die kleinen Leute, machte eine kleine Freude und hatte selber Spaß dabei. Da er von seiner Kunst nicht leben konnte, lernte er noch einen anderen, gewöhnlichen Beruf, heiratete eine gewöhnliche Frau, hatte gewöhnliche Kinder, sündigte gelegentlich, war ganz gewöhnlich glücklich und starb alt und lebenssatt.
Aber: niemand kennt ihn – außer mir!

h. Der Geist weht

Lars: Ich suche noch etwas und weiß nicht genau, was es ist. Am ehesten ist es etwas Verläßliches in mir. Ich habe das Gefühl, in mir ist alles so flüchtig.

Bert Hellinger (zögert eine kleine Weile): Das, was man festhält, wird zur Last.

Lars: Den Verdacht hatte ich auch schon.

Bert Hellinger: Genau! Therapeuten erleiden meistens das tragische Schicksal, daß sie schon etwas zu spät kommen. Sie meinen oft, sie bringen etwas Besonderes, und dabei ist das bei dem anderen schon da. Vielleicht haben sie es sogar bei dem anderen abgelesen. Das Flüchtige ist eine Spezialität des Spirituellen. Der Geist weht. Noch etwas, Lars?

Lars (berührt): Ja, langsam kommt bei mir wieder ein Gefühl der Dankbarkeit auf, das ich schon kenne, aber immer wieder verliere.

Bert Hellinger: Es ist flüchtig und als solches in Ordnung. Was sollten wir machen, wenn wir dauernd mit unserer Dankbarkeit rumlaufen.

*

Lars: Ich habe zwei Sachen. Ich gehe seit gestern mit dem Thema „kontrollieren wollen" und „sich den Dingen überlassen und hingeben" um. Das geht so hin und her.

Bert Hellinger: Es war einmal eine Frau hier, bei der sich zu Hause jeden Sonntag ein schreckliches Drama abspielte. Der Mann stand früher auf als sie, zog die Kinder an, machte das Frühstück, und sie konnte noch ein bißchen im Bett liegenbleiben. Wenn er dann das Frühstück fertig hatte, riefen er und die Kinder: Mama, das Frühstück ist fertig! Sie lag dann noch im Bett oder war vielleicht schon unter der Dusche und rief zurück: „Fangt schon mal an!"

Und das machten die nicht. Es war jeden Sonntag das gleiche. Die warteten, bis sie kam, und sie war dann böse. Das ist schon viele Jahre her, und damals war ich noch naiv, und ich habe ihr eine ganz einfache Lösung vorgeschlagen. Ich sagte zu ihr: „Du brauchst doch nur zu sagen: Ich freue mich, daß ihr auf mich gewartet habt." Da wurde sie auch auf mich böse und hat drei Tage nichts mehr mit mir geredet. Und nach drei Tagen hab' ich sie gefragt: „Was wäre denn für dich die gute Lösung?" Da sagte sie: „Wenn ich sage: ‚Fangt an!', dann sollen die anfangen." Ich habe mich dann gefragt, was passiert im

einen und im anderen Fall. Wenn sie sagt: „Ich freue mich, daß ihr auf mich gewartet habt", dann würde sich was ändern, bei ihr, bei ihrem Mann, bei ihren Kindern – aber, sie hätte dann keine Kontrolle darüber. Wenn sie sagt: „Fangt an", und die fangen an, dann hat sie Kontrolle. Aber über was? Die richtige Kontrolle ist immer über nichts.
Lars: Sie hat ja auch über nichts Kontrolle!
Bert Hellinger (laut): Genau! Ganz genau. Jetzt weiß ich gar nicht mehr, warum ich das erzählt habe. (Allgemeine Heiterkeit)

*

Ludwig: Heute Nachmittag hatte ich ein ganz gutes Gefühl von Zärtlichkeit, aber jetzt ist es wieder weg.
Bert Hellinger: Die Gefühle können bleiben, wenn man sie läßt. Sobald man etwas festhalten will, geht es wieder weg. Das Leben geht dauernd weiter und geht zum nächsten und zum nächsten. Und wenn du weitergehst, geht es mit. Sobald du aber stehenbleibst, geht das nicht. Das ist ein Bild dafür.

i. Varianten des Glückes

Als eine Teilnehmerin beklagt, daß ihr eine Übung nur unvollkommen geglückt ist, bei der es darum ging, die Eltern in beide Hände zu nehmen und diese dann zum Herzen zu führen, sagt Bert Hellinger: Ich möchte etwas sagen zum Glück. Das ist jetzt auch bei der Übung deutlich gewesen:

Viele haben Angst vor dem Glück, vor dem entscheidenden Schritt, an dem Tiefe liebevoll gespürt wird, und tiefe Liebe ist sowohl Glück wie Schmerz. Ganz tief geht das zusammen, und wir scheuen uns vor dieser Liebe, weil wir dann auch diesen Schmerz spüren. Dieses Glück hat nichts mit Fröhlichkeit zu tun. Es ist was Volles, Ruhiges, Tiefes. In diesem Glück ist der Ernst drin, und das kann schon mal übergehen in Leichtigkeit, deshalb helfe ich manchmal nach, die Menschen über diese Schwelle zum Glück zu bringen.

Olaf: Wenn man das so spürt, ganz tief, da ist auch eine Todesnähe da.
Bert Hellinger: Ja, genau.
Olaf: Dann ist das einfach menschlich, nach einer gewissen Zeit sogar einen Witz zu machen.

Bert Hellinger: Ja, das ist wie bei der Tragödie: Wenn der König ermordet ist, kommen die Clowns. Das gehört sozusagen zur Dramaturgie.

Noch etwas gibt es zu beachten: Eigenes unverdientes Glück wird manchmal wie etwas Negatives erlebt, das Angst macht und bedroht. Vielleicht hat das damit zu tun, daß wir verborgen meinen, wir würden mit dem Glück den Neid des Schicksals und der anderen Menschen wecken. Das Ergreifen des Glücks ist dann wie die Übertretung eines Tabus, wie das Auf-sich-Nehmen einer Schuld, wie die Zustimmung zu einer Gefahr.

j. Wahnhafte Verknüpfungen

Ein Teilnehmer aus einem anderen Seminar äußert während einer Runde: Ich habe gestern noch einmal mit meiner Schwester geredet. Ich hatte ja erwähnt, daß mein Vater verlobt war, bevor er meine Mutter geheiratet hat. Das ist so gewesen: Er war in russischer Gefangenschaft, und seine Verlobte hat sich irgendwann einen anderen Mann gesucht, wohl weil sie nicht mehr glaubte, daß er zurückkäme. Mein Vater ist vor anderthalb Jahren an einer Herzkrankheit gestorben, obwohl er kerngesund war. Er hat nicht geraucht und nicht getrunken, und er war sportlich aktiv: Das paßt für mich nicht zusammen.

Bert Hellinger: Ich will dir was sagen. Es gibt eine psychologische Methode, die sucht Verbindungen, so wie du jetzt. Und je mehr Verbindungen einer findet, desto verrückter wird er. Wenn er ganz viele Verbindungen gefunden hat, hat er einen Wahn. Die gute Psychotherapie kappt die Verknüpfungen, die einer sich zurechtlegt, und reduziert es auf ganz Weniges.

Frage: Ich frage mich, was hat das mit mir zu tun?

Bert Hellinger: Das, was du gesagt hast, hat überhaupt keine Verbindung. Der Vater ist gestorben am Herz – Punkt. Alles andere ist unsinnig. Was soll das? Die Verlobte hat sich gesorgt, daß er nicht mehr zurückkommt, und sich einen anderen Mann gesucht. Das ist einfühlbar, daß sie das gemacht hat. So war es halt. Und die Zeit läuft. Und so ist es. Auch du kannst etwas ganz Eigenes machen. Es ist weit verbreitet, daß man Ursachen für sein eigenes Nichthandeln und für sein eigenes Unglück sucht. Dabei könnte man jederzeit tun, was man wollte.

Teilnehmer: Na gut, ich habe also die Phantasie, meine schwierige Liebe zu einer Frau könnte etwas mit dem zu tun haben, daß meinem Vater damals die Frau weggelaufen ist. Was ich merke: Ich möchte da dran.
Bert Hellinger: Am besten ist der direkte Weg. Direkt ran an die Frau. Wenn die Liebe da ist, dann geht es halt. Was soll's? Aber wer denkt: „Was wirkt da alles mit hinein, was war da mit meinem Vater?", der sieht die Frau nicht mehr, der sieht nur seine Probleme. Dann läuft die weg, mit Recht.
Teilnehmer: Das ist jetzt klar.
Bert Hellinger: Ich will dir ein Geheimnis sagen über die Frauen. Ein ganz großes Geheimnis: Sie unterscheiden sich nur minimal.
Teilnehmer: Das muß ich noch herausfinden. (Lachen in der Gruppe)
Bert Hellinger: Es ist so, wie in einer schönen Gegend – ich wohne in einer schönen Gegend –, da gibt es viele Wege. Jeder Weg ist schön, aber man muß sich für einen entscheiden. Sonst bleibt man stehen. So ist es mit den Frauen.
Teilnehmer: Das habe ich gemacht, und ich habe mich für diese Frau entschieden.
Bert Hellinger: Ich habe noch eine Eselsgeschichte: Ein Esel geht schwerbepackt auf einer staubigen Straße, hungrig, durstig, die Zunge hängt ihm raus. Rechts eine grüne Wiese, links eine grüne Wiese. Er aber sagt: „Ich habe mich entschieden."

k. Die Gültigkeit therapeutischer Aussagen

Ulf: Was ich hier erlebe, ist, daß so sparsam Wichtiges und Essentielles von dir gemacht wird und wirksam ist. In meiner Arbeit ist soviel Makulatur, Überflüssiges. Dann habe ich dem so nachgespürt, und es kam mir, ob das bei mir eine Angst vor dem Endgültigen ist und ich solche Aussagen scheue.
Bert Hellinger: Ich will dir einmal etwas sagen. In einem Seminar bei mir war einmal eine blühende junge Frau – die war lieb, wirklich lieb –, und die hatte den Drang, Männern zu helfen. Sie zog zu einem Mann, der schon einmal verheiratet war und zwei Kinder hatte. Sie war etwa 23 oder 24 Jahre alt, und der Mann war etwa zwölf Jahre älter. Ich sagte ihr: Du mußt ihn verlassen.

Vor ein paar Monaten bekomme ich einen Brief von ihr, sie möchte mir mitteilen, daß sie glücklich verheiratet sei mit dem Mann.

Sie schrieb: Du hast Recht gehabt, es war nicht der richtige Mann. Ich habe mich von ihm getrennt, und als ich getrennt war, habe ich gemerkt, ich liebe ihn wirklich. Dann bin ich zu ihm gezogen, und jetzt bin ich glücklich.

So geht es mit den endgültigen therapeutischen Aussagen, soviel zu meinen Ratschlägen. Sie sind als Aussagen richtig und endgültig, aber in der Wirkung etwas anders.

Manche sagen: Wie kannst du so etwas sagen?! Zum Beispiel, was ich jetzt mit Edda gemacht habe (Bert Hellinger sagte zu ihr, mit einer Partnerschaft würde es nichts mehr, das habe sie verspielt, da sie schon mehrfach Abtreibungen gemacht habe), das sind ja unmögliche Aussagen, im Grunde genommen. Wenn ich das vorsichtig ausgedrückt hätte, könnte sie sich nicht orientieren. Jetzt muß sie sich damit auseinandersetzen. Ich will darüber auch nicht mehr wissen. Das ist jetzt überhaupt nicht wichtig. Indem ich ein Gegenüber war, habe ich sie geachtet. Das Gegenüber ist eine Form der Achtung. *Ich halte das, was ich sage, für richtig, aber ich glaube nicht daran.* Das ist ein ganz großer Unterschied. Ich würde dafür nicht sterben wollen, aber im Augenblick ist das meine Wahrnehmung. Ich sage es so, und weil ich es ernst sage, kann es wirken. Sich drücken vor den eigenen Aussagen und der eigenen Befindlichkeit und das dann als Respekt vor dem anderen deklarieren, das ist Unfug und meistens Feigheit.

Der gute Führer und der Guru

Gudrun: Mich beschäftigt, ob eine dauerhafte Beziehung und verheiratet sein und Kinder haben in meinem Leben gemäß ist?
Bert Hellinger: Ja, ist es.
Gudrun: Ja, gut.
Bert Hellinger: Es ist überraschend, wie tiefblickend ich bin (allgemeine Heiterkeit). Das ist ein ganz einfacher Trick: Es war einmal einer, der sagte, er habe drei Freundinnen, wisse aber nicht, welche er nehmen soll. Da sagte ich: „Erzähle mir von allen Dreien." Dann hab' ich gesagt: „Die letzte, die ist es." Der fragte: „Wieso hast du das gemerkt?" Und ich: „Da hat dein Gesicht geleuchtet."

Bei der Psychotherapie ist die Vorgangsweise ganz einfach. Es geht einem da wie einem guten Führer. Ein guter Führer sieht, was die Leute wollen, und das befiehlt er. Ein guter Therapeut sieht, was die Leute wollen und wo der Drang hingeht, und das rät er. Er muß sehen, wo die Kraft ist und ob Kraft da ist. Die war bei Gudrun ganz eindeutig da. Das ist also die Erklärung von Tiefblick.

Ich bin aber auch ein Guru. Ich kann auch erklären, was ein Guru ist. Während eines Kurses ist eine Gruppe auf einen nahen Berg gegangen und hat dort in einem Restaurant gefeiert. Als sie rauskamen, war es stockdunkel, und sie wollten durch den Wald zurücklaufen und haben den Weg nicht gefunden. Dann hat einer, der auch nichts gesehen hat, die anderen bei der Hand genommen, und als sie heil unten ankamen, war er der Guru.

3. Spezifische Vorgehensweisen

Der Herausgeber greift in diesem Rahmen drei spezifische therapeutische Vorgehensweisen heraus, die die Arbeit Bert Hellingers besonders charakterisieren: 1. die Runden, 2. die therapeutische Arbeit bei unterbrochener Hinbewegung und 3. das Aufstellen von Familienkonstellationen.

a. Runden

Bert Hellingers systembezogene Psychotherapie ist im engeren Sinne eine Gruppenpsychotherapie. Sie unterscheidet sich von den zum Beispiel psychoanalytisch oder gruppendynamisch orientierten Gruppen hauptsächlich dadurch, daß sie leiterorientiert geführt wird. Er läßt gegenseitige Deutungen und Interpretationen nicht zu, sondern er arbeitet mit den einzelnen nacheinander in der Gruppe, und die anderen sind teilnehmende Beobachter, wenn sie nicht gerade Mitwirkende in einer Familienaufstellung sind. Selten arbeitet er mit einem einzelnen in solch einer Runde länger als zehn Minuten.
Bert Hellinger: In gruppendynamisch geführten Gruppen kann jeder jedem eine Deutung anhängen. Jeder ist jedem sozusagen ausgeliefert. Wenn die Teilnehmer nicht starke Persönlichkeiten sind, die sich auskennen, werden sie in einen Gruppenprozeß hineingezogen, der eine gemeinsame Abwehr konstelliert. Dann werden viele Vorgänge ausgeklammert.

In der Gruppendynamik werden bestimmte Gesetze verabsolutiert, zum Beispiel: „Nur wenn alle zustimmen, kann etwas gemacht werden." Der Konsens ist wichtig, aber als dogmatische Forderung wirkt das hinderlich. Ruth Cohns Prinzip „Störungen haben

Vorrang" ist zwar hilfreich, wird es jedoch verabsolutiert, kann jeder die ganze Gruppe stören. Besonders die Einwände derjenigen, die selbst nicht arbeiten wollen, blockieren dann den ganzen Prozeß.

Durch die Methode der Runde wird jede Interaktion der Gruppenteilnehmer untereinander verhindert. Keiner kann dann anderen an den Karren fahren. Keiner wird in Frage gestellt, noch kann jemand loben oder tadeln. Das eine ist so schlimm wie das andere. Jeder kommt in seiner Andersartigkeit und Besonderheit zur Geltung. So findet jeder Vertrauen, daß er auch sein Anliegen präsentieren kann und es geschützt ist.

Dieser Respekt vor dem Individuellen und diese wohlwollende und liebevolle Haltung etabliert dann auch eine unbewußte Gemeinsamkeit, die eine viel geistigere Qualität hat, als es in der Gruppendynamik möglich ist. Es ist auch eine Art Gruppendynamik, aber eine, die den Widerstandseinfluß der Gruppe unterbricht. Das Schlimme ist dann nur, daß die Gruppenteilnehmer danach bei Tisch zusammensitzen und das nachholen, indem sie den Senf dazugeben, den sie vorher aufgespart haben.

Das Folgende ist das Transkript einer Runde am Vormittag des dritten Tages eines Sechstageseminars. Am Anfang der Runde wurde die Familienkonstellation der Herkunftsfamilie eines Teilnehmers aufgestellt, und die ersten Teilnehmer beziehen sich in der Runde überwiegend auf diese Aufstellung. Das Transkript beginnt also während der Runde:

Sarah: Ich hab' ein Erlebnis auf einem Spaziergang gehabt. Ich bin an einem Bach entlanggegangen und habe plötzlich das Gefühl gehabt, daß ich mich schuldig gemacht habe. Das war ganz ernsthaft: Ich habe mich schuldig gemacht. Dann bin ich auf den Berg raufgelaufen und kam dann aus dem Wald heraus, und es war auf einmal ganz hell, und mir war immer leichter, die Nebel gingen auch gerade hoch über der Landschaft. (denkt nach)

Bert Hellinger: Ich möchte diesen Vorgang kommentieren. Persönliche Schuld, die jemand anerkennt und auf sich nimmt, wird nicht mehr gefühlt, sondern wandelt sich in Kraft zum Handeln. Ich weiß um die Schuld, aber ich fühle sie nicht. Schuldgefühle stellen sich dort ein, wo sich jemand weigert, gemäß der Schuld zu handeln. Dann ist er von der Kraft, die aus der Schuld kommt, abgeschnitten. Wenn jemand zu seiner persönlichen Schuld steht, besitzt er eine wichtige Kraftquelle für das, was er später an Gutem tut. Deshalb ist dein Bild schön. Du bist zu etwas gestanden, und dann wurde es leichter. Übrig bleibt nur die Kraft. Du kannst jetzt Dinge machen, die du vorher nicht hättest machen können.

Wenn ich etwas aus Sühne mache, engt das ein. Wenn ich aber etwas aus der Kraft der Schuld mache, ist das auch eine Wiedergutmachung, aber von einer völlig anderen Art. Das ist zum Beispiel etwas, was die Opfer mit den Tätern versöhnt, wenn aus dem Opfer, das ihnen abverlangt wurde, etwas geschieht, das anderen Segen bringt. Klienten würde ich nach einer Äußerung, wie du sie machtest, Sarah, nichts mehr sagen, weil schon alles Wichtige geschehen ist.

Es gibt die berühmte Geschichte von den Sibyllinen, die die Weisheit der Welt hüten, die Geheimnisse der Welt. Sie sind in den sibyllinischen Büchern aufgezeichnet, und die sind in einer Höhle verschlossen. Würde einer die Höhle aufmachen, würden sich die Bücher auflösen. Das Wesentliche entzieht sich der Neugier, und die großen Geheimnisse hüten sich selbst.

Angela: Mich beschäftigt das Gesammeltsein. Dazu fällt mir ein Aufsatz ein über das Beten, in dem dem Beten fünf Kennzeichen zugeordnet sind: gelassen, gesammelt, dankbar, verantwortlich und noch etwas – Glaube. Mir hat der Aufsatz gut gefallen und auch die Begriffe, und ich frage mich immer wieder: Wie weiß ich um diese Sammlung? – Und immer wieder kommt die Angst ...
Bert Hellinger: Ich sage dir etwas dazu. Manche machen die Augen zu, um leer zu werden, und nennen das Sammlung – merkwürdig! Sammlung vollzieht sich, wenn ich die Augen aufmache und die Fülle der Welt in mich hineinnehme und diese in mir ordnen lasse. Das ist Sammlung. Einverstanden? Noch was, Angela?
Angela: Nein, das reicht.
Josef: Ich bin sehr voll von Gedanken und Gefühlen und gebe weiter.
Ruth: Ich auch.

Eckhard: Ich beschäftige mich auch mit dem, was du Sarah gesagt hast.
Bert Hellinger: Ich trau' dir nicht, Eckhard!
Eckhard: Mir geht's nicht gut (zuckt mit den Schultern).
Bert Hellinger: Genau, du führst etwas im Schilde.
Eckhard (schaut unter sich, längeres Schweigen).
Bert Hellinger: Wenn du dich einmal umbringst, was machen dann deine Kinder? – Du schuldest den Lebenden die Lösung. (Schweigen)

Ich erzähle dir eine Geschichte dazu (Anwendung der Geschichte von Seite 171 in erweiterter Form):

Einem Mann träumte in der Nacht, er habe die Stimme Gottes gehört, die ihm sagte: „Steh auf, nimm deinen Sohn, deinen einzigen geliebten, führe ihn auf den Berg, den ich dir zeigen werde, und bringe ihn mir dort zum Schlachtopfer dar."

Am Morgen stand der Mann auf, schaute seinen Sohn an, seinen einzigen geliebten, schaute seine Frau an, die Mutter des Kindes, schaute seinen Gott an. Er nahm das Kind, führte es auf den Berg, baute einen Altar, band ihm die Hände, zog das Messer und wollte es schlachten. Doch dann hörte er noch eine andere Stimme und er schlachtete statt seines Sohnes, ein Schaf.

Wie schaut der Sohn den Vater an?
Wie der Vater den Sohn?
Wie die Frau den Mann?
Wie der Mann die Frau?
Wie schauen sie Gott an?
Und wie schaut Gott – wenn es ihn gibt – sie an?

Noch einem anderen Mann träumte in der Nacht, er habe die Stimme Gottes gehört, die ihm sagte: „Steh auf, nimm deinen Sohn, deinen einzigen geliebten, führe ihn auf den Berg, den ich dir zeigen werde, und bringe ihn mir dort zum Schlachtopfer dar."

Am Morgen stand der Mann auf, schaute seinen Sohn an, seinen einzigen geliebten, schaute seine Frau an, die Mutter des Kindes, schaute seinen Gott an. Er gab zur Antwort, ihm ins Angesicht: „Ich tue das nicht!"

Wie schaut der Sohn den Vater an?
Wie der Vater den Sohn?
Wie die Frau den Mann?
Wie der Mann die Frau?
Wie schauen sie Gott an?
Und wie schaut Gott – wenn es ihn gibt – sie an?

Und einem anderen Mann träumte in der Nacht, er habe die Stimme Gottes gehört und so weiter, und er stand auf, schaute seinen Sohn an und so weiter, führte ihn auf den Berg, baute einen Altar, zog das Messer und schlachtete ihn. Als er nach Hause kam, brachte er sich um.

Mein Kommentar: Das arme Kind. (Schweigen) Die Sühne ist häufig Ersatz für die Verantwortung und für die Schuld. Sie ist genauso böse wie die Tat, und sie ist billiger als das Handeln. So, Eckhard, jetzt hab' ich dir die Leviten gelesen. Noch was? (Eckhard schüttelt den Kopf)

Gut! – Irene, was ist bei dir?
Irene: Mir ist bei der Meditation vor der Mittagspause klargeworden, daß ich den Namen eines früh gestorbenen Kindes meiner Großmutter bekommen habe. Ich habe irgendwo das Gefühl, daß ich etwas mit mir rumtrage.
Bert Hellinger: Ach woher! Aber wenn es dir wichtig ist ... In solchen Situationen gibt es einen Zauberspruch. Also ich habe einige Zaubersprüche herausgefunden, die einfach wirken. Wenn solch ein Satz erkannt wird, ist das wie ein großes Geschenk. Ich erlebe es jedenfalls als ein ganz großes Geschenk, wenn ein solcher Satz mir einmal zufließt. Und der Satz, den du sagen kannst, ist: Liebe Irene, du bist tot ...
Irene (leicht belustigt): Und ich lebe ...
Bert Hellinger: Nein, du mußt ernst sein, damit ich es sage, sonst höre ich auf. (Schweigen) Sie hat es verspielt, ich darf es ihr nicht mehr sagen. Okay, wir gehen weiter.
Lars: Mich hat die Situation von Benno auch sehr berührt und nachdenklich gemacht, und sonst habe ich seit einiger Zeit Kopfschmerzen.
Bert Hellinger: Die geschehen dir recht.
Lars: Wenn du meinst.
Bert Hellinger: Ja, natürlich, wie sagt Goethe so schön: Jeder ist seines Unglücks Schmied. (Heiterkeit)
Erich: Ich merke, daß ich Lust habe, meine jetzige Familie aufzustellen. Ich habe gemerkt, daß ich sie als so unbedeutend und klein angesehen habe, aber jetzt merke ich, daß es doch ganz wichtig ist, dazu hat mir die Sache mit Eckhard Anstöße gegeben.
Bert Hellinger: Okay.

Friedemann: Ich habe eine Frage zu Klienten. Eine Mutter versuchte, ihre Kinder zu töten. Sie hat es nicht getan, aber sie hat sie schwer mißhandelt. Meine Frage ist: Ist es möglich, daß diese Tochter einen Faden finden kann zu ihrer Mutter? Jetzt lehnt sie sie völlig ab. Sie schildert es so, daß sie sehr unter der Mutter gelitten hat. Ich denke, daß es wichtig wäre, daß sie einen Bezug zu ihr hätte, aber ich habe Scheu, wenn solche Dinge passiert sind.
Bert Hellinger: Ja, da gibt es auch einen Zauberspruch. Sie soll sagen:

Liebe Mama, ich stimme dem zu. (Schweigen)
Friedemann: Ich verstehe das ja, aber wie verkauf' ich ihr das?
Bert Hellinger: Nein, der Satz ist noch nicht ganz richtig, ich habe ihn noch nicht ganz, aber in dieser Richtung muß er gehen. Vielleicht kann er so lauten: Liebe Mama, wenn das mein Schicksal ist, dann stimme ich dem zu.
Friedemann: Im Sinne, daß der Preis ...
Bert Hellinger (ihn unterbrechend): Nein, nein, kein Sinn! Sobald du diesen Satz kommentierst, ist die Kraft weg. Wie war der Satz?
Friedemann: Liebe Mama, wenn das mein Schicksal ist, stimme ich dem zu.
Bert Hellinger: Das Kind braucht aber seinen Eltern nicht zu verzeihen. Das ist wieder was ganz anderes. Ein Kind, das mißhandelt wurde, das darf sagen: Das ist sehr schlimm, und es darf sagen: Das verzeihe ich dir nie. Das darf es ruhig sagen, aber es braucht deshalb nicht böse zu sein. Es kann sagen: Du mußt es tragen. Was Kinder aber gewöhnlich machen, ist, daß sie es auf sich nehmen. Es ist viel schwerer, die Schuld bei den Eltern zu lassen und auch die Verantwortung. Aber das Recht, das ausgleichen zu wollen, indem das Kind zum Beispiel zurückschlägt im Sinn von „Jetzt werde ich es euch zeigen" und den Eltern etwas antun, das geht nicht. Das wirkt sich schlimm aus. Ein Kind, das seine Eltern für was auch immer anzeigt, sühnt dafür. Noch was, Friedemann?
Friedemann: Ja, ich habe eine Klientin, deren Vater war hoher SS-Offizier. Sie hat ihn nie gekannt. Sie ist mit der Mutter nach Österreich gegangen – die Mutter war Österreicherin. Diese Frau hat plötzlich Ideen, sich umzubringen, das überfällt sie.
Bert Hellinger: Wer, die Klientin?
Friedemann: Ja, und mir schien irgendwie ...
Bert Hellinger: Was ist mit dem Vater passiert?
Friedemann: Der hat ein ganz merkwürdiges Schicksal gehabt. Der galt als verschollen. Später kam raus, daß er als Querschnittsgelähmter in Schleswig-Holstein lebte. Dort ist er dann auch später gestorben. Er hatte sich vorher nie mehr gemeldet.
Bert Hellinger (nachdenkend, dann): Also, ein Satz, den sie braucht, ist vielleicht: Lieber Vater, ich lasse dich in Frieden. Da kannst du sie hinführen, und es ist wichtig, auch nichts wissen zu wollen. Sie darf nicht nachforschen, was er alles gemacht hat. Sie kann sagen: Ich achte dein Schicksal und deine Entscheidung, und ich lasse dich in Frieden.

Max: Nichts im Augenblick.
Vera: Ich geh' im Augenblick durch ein Wechselbad von Gefühlen. Heute morgen war es Schmerz, heute mittag habe ich mich recht wohlgefühlt, und jetzt lasse ich es einfach gehen.

Freya (bezieht sich auf die Aufstellung von Bennos Herkunftsfamilie am Anfang der Runde): Ich habe noch eine Frage zu der Aufstellung von Systemen. Du sagtest einmal, die Ursprungsordnung der Familie wird im Uhrzeigersinn aufgestellt. Nun war es so, daß die erste Familie von Benno ihm gegenüberstand, am Schluß.
Bert Hellinger: Ja, das war genau im Uhrzeigersinn: erste Familie, zweite Familie und dann die dritte Familie.
Freya: Das geht nicht von ihm aus?
Bert Hellinger: Nein, er ist der Mittelpunkt, aber es fängt mit der ersten Frau und ihren Kindern an. Dann kommt die zweite Frau mit ihren Kindern. Es kann jedoch auch einmal anders sein. Nicht daß du meinst, man müßte es immer so aufstellen. Das war hier die Ordnung. Er ist im Zentrum, weil er zu allen gehört.
Freya: Also, der Anfang ist nicht festgelegt, wo der Kreis anfängt.
Bert Hellinger: Nein, und die Kinder stehen bei geschiedenen Ehen dazwischen: erste Frau – Kinder dazwischen – zweite Frau – Kinder dazwischen. Man kann es nicht in der Vielschichtigkeit darstellen, man muß es linear stellen, aber das genügt.
Freya: Und sein Platz hat sich bestimmt durch den Sohn?
Bert Hellinger: Nein, sein Platz hat sich bestimmt durch die verschiedenen Familien, und die neue Beziehung ist dann auf der anderen Seite. Es gibt eine Abweichung von der Ursprungsordnung, und die heißt, daß das neue System Vorrang hat vor der Ursprungsordnung. Also die Gegenwartsfamilie ist der Ursprungsfamilie vorgeordnet. Deswegen muß jemand seine Ursprungsfamilie verlassen, damit er in die neue Familie reingehen kann.

Es gibt auch dabei Ausnahmen, daß zum Beispiel jemand seine Mutter mitnehmen muß, wenn er zum Beispiel das einzige Kind ist und sie Witwe ist. Dann kann der nicht weg von ihr. Die muß dann mit in die neue Familie integriert werden. Aber sonst gilt das. Wenn jemand mehrere Familien in der Gegenwart hat, wie Benno zum Beispiel, sind die nicht getrennt, denn die Trennung von Benno ist nur mit den Frauen. Er ist von ihnen getrennt als Partnerinnen, aber in der Elternschaft sind sie weiter verbunden miteinander. Das ist dann ein Gesamtsystem. Deshalb wäre es auch nicht möglich gewesen, das

erste System aufzustellen, wie Benno das vorschlug. Man kann nur das ganze aufstellen mit allen, die dazugehören. Ist das jetzt klar? (Freya nickt) Gut!
Klaus: Ich erlebe das als ungeheuer spannend und schön. Ich bin so angeschlossen an Menschen wie selten. Das ist wirklich toll, spannend, diese Vielfalt.
Bert Hellinger: Das ist ein Mensch, der kann staunen, das ist schön zu sehen.
Klaus: Ja, ich habe nicht geglaubt, daß das so aufregend sein kann.
Bert Hellinger: Ich mache wieder eine kleine Pause.

(Fortsetzung der Runde nach der Pause)
Bert Hellinger: Helen, du hast gesagt, dir ist noch was eingefallen. Was ist dir eingefallen?
Helen: Ja, Karl hat dir das Geld für das Seminar gegeben. Das fand ich für mich nicht so ganz stimmig. Ich hätte es dir gerne selbst gegeben.
Bert Hellinger: Weißt du, wie man das nennt? – Ablenkung! (alle lachen) Also, wer ist die Frau? (das bezog sich auf eine frühere Wahrnehmung von ihm, daß Helen öfters das Gesicht einer alten Frau zeigt, mit der sie identifiziert sein könnte).
Helen (leise und zögernd): Meine Mutter?
Bert Hellinger: Raten gilt hier nicht.
Helen: Ich weiß es nicht.
Bert Hellinger: Dann stell einmal dein Ursprungssystem auf.
(Helen stellt ihr Ursprungssystem auf, und während der Aufstellung wird deutlich, daß sie mit der ersten Frau ihres Vaters identifiziert ist, die Jüdin war und sich 1938 vom Vater trennte und in die USA zurückging.)
Bert Hellinger (nach dem Finden der guten Lösung): Also Jude ist immer bedeutsam in Deutschland, da ist eine Menge Kraft dahinter. Na, Helen, wie gehts dir jetzt?
Helen (lacht): Gut, das ist stimmig so.
Bert Hellinger: Das ist die Identifizierung mit der ersten Frau des Vaters. Na, was jetzt?
Helen: Das erklärt mir vieles.
Bert Hellinger: Ja, und du mußt deinem Vater sagen: Mit der habe ich nichts zu tun. Ich gehöre zu meiner Mutter. Nur die ist richtig. Und jetzt nickst du. Weißt du, was schnelles Nicken heißt?
Helen: Nein.

Bert Hellinger: Götz von Berlichingen. Das ist die subtilste Form der Abwehr. Siehst du, wie du dich noch wehrst? Den Vater klar ansehen und sagen: Das ist meine Mutter, und ich stehe neben ihr. Das macht dich allerdings etwas kleiner. Das ist der Preis für das Glück. Wie sagt man? Das große Glück ist klein. (Helen lächelt) Jetzt kommt das andere Gesicht, merkt ihr es? Noch etwas nachzutragen?
Alexis äußert, daß er sich bei den letzten beiden Aufstellungen besonders bei den Lösungen sehr wohlgefühlt hat.
Bert Hellinger: Ja, auf einmal war es befreiend und klar.
Friedemann (bezieht sich auf Helens Aufstellung): Heißt das bei Helen, daß der Vater das Recht auf die Tochter verspielt hat?
Bert Hellinger: Nein, nein, das heißt, die Frau hat kein Recht auf diesen Mann. Also ihre Mutter hat kein Recht auf den Mann um den Preis. Das geht nicht. Das muß sie anerkennen und sich etwas von ihm abwenden, das ist ihre Form von Respekt für die andere Frau, was immer das dann konkret bedeutet. Das geht dich, Helen, aber gar nichts an. Jetzt bist du schon wieder drin im alten Gesicht. Bis so ein altes Gesicht abfällt, das dauert eine Weile. Früher brauchte man nur sein Gesicht zu verziehen, dann war es weg. Die Ostfriesen haben sich ja früher auch so gewaschen. Jetzt machen wir eine Pause oder hat noch jemand etwas nachzutragen?

Irene: Mir ist der Satz eingefallen. Ich weiß ihn nicht ganz genau, aber es ist okay, daß du mich konfrontiert hast.
Bert Hellinger: Ja, das hat gesessen! Wie heißt der Satz?
Irene: Liebe Irene, du bist tot, es tut mir leid, und ich bleibe noch ein Weilchen.
Bert Hellinger: Jetzt sage ich dir den richtigen Satz: Liebe Irene, du bist tot. Ich lebe noch ein bißchen, dann sterbe ich auch. –

Der Satz ist auch auf andere Situationen anwendbar. Ich zögere, das zu sagen, weil er sonst leicht wie eine Münze gebraucht wird, und dann verliert er seine Wirkung. Zum Beispiel kann eine zweite Frau der ersten sagen: Du hast den Mann verloren, ich habe ihn noch ein bißchen, und dann verliere ich ihn auch. Das nimmt die Überlegenheit und die Anmaßung weg. Und dann wird man eins auf einer tiefen menschlichen Ebene, wo Vergänglichkeit ihr Recht hat. Jetzt machen wir wirklich eine Pause. (Ende der Runde)

b. Die unterbrochene Hinbewegung ans Ziel bringen

Es gibt zwei Grundkonstellationen, die zu Störungen oder zu Problemen führen. Das erste ist, daß jemand identifiziert ist, ohne daß er es merkt. Das sind die systemisch bedingten Verstrickungen (s. Kapitel V). Die zweite Grundsituation, die auf individueller Ebene Störung bewirkt, ist die unterbrochene Hinbewegung. Jemand wird als Kind auf einer Hinbewegung zu einer Person – meist ist es die Mutter – unterbrochen, sei es durch einen Krankenhausaufenthalt, durch anders bedingte Trennungen oder Erlebnisse, die mit einem starken Gefühl von Zurückgewiesensein verbunden wurden.

Wann immer dann dieser Mensch später auch als Erwachsener auf einen zugeht, also auf einer Hinbewegung ist, kommen an einem bestimmten Punkt die Erinnerungen an diese Unterbrechung hoch, wenn auch nur als Körpererinnerung, und er reagiert mit den gleichen Gefühlen und Symptomen wie damals. Die Gefühle, die da am häufigsten auftauchen, sind Wut, Haß, Verzweiflung, Resignation und Trauer. Es kann sich aber auch als Kopfdruck und Verspannungen äußern oder sich als wichtige Entscheidungen zum eigenen Schaden zeigen (z. B.: „Ich werde mich nie wieder schwach zeigen" oder „Ich werde nie wieder um etwas bitten" oder „Es hilft doch nichts"). Statt daß er also die Hinbewegung weiterführt bis sie ans Ziel kommt, weicht er zurück, oder er beginnt eine Kreisbewegung, bis er zum gleichen Punkt zurückkommt, und das ist das ganze Geheimnis der Neurose. Wenn derjenige in die Gefühle geht, bekommt er eine Kinderstimme, und ich achte darauf, wie alt diese Stimme ist. Zeigt jemand in solch einer Situation Wut, und ich fordere ihn auf, sie rauszulassen, fördere ich die Unterbrechung.

Die Lösung ist, daß man den Betreffenden an diese Stelle zurückbringt, das heißt, daß er wieder das Kind von damals ist und dann als Kind von damals mit Hilfe des Therapeuten oder phantasierten Helfers die damals unterbrochene Hinbewegung ans Ziel bringt. Der Therapeut steht also als Stellvertreter für die Mutter (oder vielleicht auch den Vater) zur Verfügung. Dann macht der Klient eine entscheidend neue Erfahrung, und ihm gelingen spätere Hinbewegungen viel leichter an den wunden Punkten. Oft geht das ganz schnell und ist in fünfzehn bis zwanzig Minuten erledigt. Man kann das auch mit Hypnotherapie oder Festhaltetherapie machen.

Frage:

Lars: Ich habe den Eindruck, daß du grundsätzlich negative oder aggressive Gefühle, zum Beispiel Eltern gegenüber, nicht zuläßt. In der Bioenergetik und in der Gestalttherapie wird ja eher dazu aufgefordert, solche Gefühle auszudrücken.

Bert Hellinger: Ich unterscheide: Ist es ein Gefühl, das ursprünglich ist und eine gemäße Reaktion, oder ist es ein Gefühl, das von etwas anderem, was dahinter ist, ablenkt. Die meiste Aggression ist Ersatz für Hinbewegung. Wenn jemand geschlagen oder verletzt wurde, dann kann er vielleicht sagen, es tut weh, oder auch seine Wut ausdrücken, weil das in diesem Kontext richtig ist. Den Eltern allgemein gegenüber Wut äußern ist in der Wirkung immer schlimm. Die Lösung geht nur über das Nehmen der Eltern.

*

Olaf: Du hast gesagt, daß bestimmte Nöte von Menschen nur systemisch zu lösen sind. Kannst du sagen, wie du das etwa prozentual einschätzt?

Bert Hellinger: Ja, ich kann schon eine Prozentzahl nennen. In meiner Erfahrung sind fünfzig Prozent aller Probleme, die in Psychotherapien auftauchen, systemisch bedingt und können nur systemisch gelöst werden. Eher sind es sogar siebzig Prozent. Der Rest geht meines Erachtens auf Störungen in der Entwicklung zurück, jedenfalls bei Leuten, die ich sehe. Es ist ja so, daß sich das ergänzt. Wenn das Systemische klar ist, kommt oft noch etwas, was man vielleicht emotional aufarbeiten muß. Das geht aber dann alles wesentlich schneller.

Mutti, bitte!

Ein Beispiel für unterbrochene Hinbewegung

Brigitte ist eine Teilnehmerin aus einem der Seminare. Sie zeigt die typischen Gefühle und Verhaltensweisen eines Menschen, bei dem die Hinbewegung unterbrochen ist. Wir begleiten sie durch das Seminar.

Am ersten Tag während der Vorstellungsrunde:

Brigitte: Ich heiße Brigitte Jäger. Ich komme aus dem Saarbrücker Raum und bin Sozialpädagogin, verheiratet und habe drei kleine Kinder. Die sind im Augenblick meine Hauptaufgabe, der größte ist sieben und die beiden kleinen sind zwei Mädchen und dreieinhalb und zwei Jahre alt. Da fühle ich mich in der Familie recht aufgefressen und bin froh, daß ich auch mal weg bin. Nebenbei hab' ich in kleinem Rahmen eine eigene Praxis mit ein paar Klienten.

Bert Hellinger: Es gibt ja in der Psychotherapie ein merkwürdiges Gesetz, das entgegengesetzt der physikalischen Realität ist, nämlich, je weiter man etwas wegschiebt, um so größer wird es.

Brigitte: Du meinst mit den Kindern jetzt?

Bert Hellinger: Was immer! Die Lösung liegt in der Umkehr der Bewegung. Noch was?

Brigitte: Mir geht es so, daß, wenn meine jetzige Familie und meine Schwiegereltern zusammenkommen, hab' ich das Gefühl, unsere Familie bricht auseinander. Dann hab' ich das Gefühl, ich habe keinen Platz.

Bert Hellinger: Das nennt man eine Verschiebung. – Von wem zu wem?

Brigitte: Ja, daß mein Mann aus unserem System rausgeht und in das andere rein.

Bert Hellinger: Nein, du verschiebst das Problem von wem zu wem? – Vom Mann zu den Schwiegereltern. – Wo liegt die Lösung?

Brigitte: Ich habe keine Ahnung.

Bert Hellinger: Beim Mann.

Brigitte: Das ist sein Problem?

Bert Hellinger: Nein, nein! Ich erzähle eine kleine Geschichte dazu:

Der Vorwurf

Irgendwo im Süden, als es gerade anfing, Tag zu werden, stieg ein kleiner Affe auf die Palme, schwang eine schwere Kokosnuß in seiner Hand und brüllte aus Leibeskräften.

Das hörte ein Kamel, kam etwas näher, schaute zu ihm hoch und fragte: „Was ist denn mit dir heute los?"

„Ich warte auf den großen Elefanten. Dem knall' ich eine mit der Kokosnuß, daß ihm Hören und Sehen vergeht!"

Das Kamel aber dachte: „Was will er denn wirklich?"

Am Mittag kam ein Löwe, hörte den kleinen Affen, schaute zu ihm hoch und fragte: „Fehlt dir was?"

„Ja!" brüllte der kleine Affe, „mir fehlt der große Elefant. Dem knall' ich eine mit der Kokosnuß, daß ihm der Schädel kracht!"

Der Löwe aber dachte: „Was fehlt ihm denn wirklich?"

Am Nachmittag kam ein Nashorn, wunderte sich über den Affen, schaute zu ihm hoch und fragte: „Was ist denn mit dir heute los?"

„Ich warte auf den großen Elefanten. Dem knall' ich eine mit der Kokosnuß, daß ihm der Schädel kracht und ihm Hören und Sehen vergeht!"
Das Nashorn aber dachte „Was will er denn wirklich?"
Am Abend kam der große Elefant, rieb sich an der Palme, griff mit dem Rüssel nach den Zweigen, und über ihm war es mucksmäuschenstill. Dann schaute er nach oben, sah den kleinen Affen hinter einem Ast und fragte: „Fehlt dir was?"
„Nein!" sagte der kleine Affe, „Nichts! Ich habe zwar heute etwas herumgebrüllt, aber das wirst du doch nicht ernst genommen haben?!"
Der Elefant aber dachte: „Etwas fehlt ihm wirklich!" Dann sah er seine Herde und stampfte davon.
Der kleine Affe saß noch lange still. Dann nahm er die Kokosnuß, kam wieder auf den Boden, knallte sie gegen einen Stein, daß sie platzte ... und trank ihre Milch und aß ihre Frucht.

Bert Hellinger (nach der Geschichte): Okay, Brigitte? (Brigitte schaut verwirrt) Macht nichts! Ich habe diese Geschichte einmal einem kleinen Jungen erzählt, der hat sie sofort verstanden. Weiter geht's.

Am zweiten Tag morgens

Brigitte: Ich bin mit viel Vorsicht hergekommen.
Bert Hellinger: Ja, Karl May sagt schon: Der vorsichtige Mut zählt doppelt.
Brigitte: Gestern habe ich mich manchmal wie in einem Panzer gefühlt, und heute fühle ich mich durchlässiger, und da kommt jetzt etwas sehr Verletzliches zum Vorschein.
Bert Hellinger: Ich werde es sorgfältig angehen, Brigitte. (Brigitte beginnt zu weinen) Atmen hilft. Einatmen und Ausatmen! Mach den Mund weit auf und atme, daß es fließen kann ... weiteratmen ... weiteratmen ... bei dir geht ja alles ziemlich schnell!
Brigitte: Nicht immer.
Bert Hellinger: Du bist wohl nicht gewohnt, daß sich jemand Zeit für dich nimmt? (Brigitte schluchzt; nach einer Weile) Nimm deinen Stuhl und setz ihn vor mich hin.

(Brigitte tut es, Bert Hellinger nimmt Taschentücher aus seiner Tasche) Ich bin für alle Notfälle vorbereitet. Komm mal ein bißchen näher ... noch ein bißchen ... noch ein bißchen (nimmt ihr die Brille ab), mach die Augen zu. (Faßt ihre Hände) Mund auf und atmen ... einfach so weiteratmen! (Berührt mit den Fingerspitzen einer Hand leicht die Gegend des oberen Endes des Brustbeins) Und jetzt geh weit zurück mit diesem Gefühl, ganz weit zurück, bis du an den Ort kommst, wo das hingehört, und zu der Situation, zu der es hingehört ... Mund auflassen und tief ein- und ausatmen! (Brigitte atmet tief; nach etwa einer Minute) Zustimmen, wie immer es ist... (nach etwa drei Minuten) Was ist es? Wie weit bist du zurück?

Brigitte: Ich bin bei etwa sechs Jahren.

Bert Hellinger: Was war da?

Brigitte: Eine Autofahrt mit meiner Mutter, wo ich mich auf ihren Schoß legen wollte und nicht durfte und sie sehr hart zu mir war.

Bert Hellinger: Okay, schau dir die Szene an ... tief atmen ... wie hast du die Mutter angeredet als Kind?

Brigitte: Mutti.

Bert Hellinger: Sag: „Mutti, bitte"!

Brigitte (leise): Mutti, bitte!

Bert Hellinger (nach einer Weile zur Gruppe): Also hier ist jetzt eine Szene mit unterbrochener Hinbewegung. Merkt Ihr, wie sie an der Szene haftet? (zu Brigitte): Geh noch weiter zurück. (Nach einer Weile) Also, es geht nicht. Sie hat eine ganz frühe Entscheidung getroffen, daß es nicht geht und hält diese aufrecht. (Nach einer Weile, nähert sich ihr etwas mit dem Oberkörper und schaut sie an) Mach die Augen auf! Was machen wir jetzt mit dir? (Sie schüttelt die Schultern) Augen zu, achte auf die innere Bewegung, geh mit, wo immer sie hinwill. Und nun zieh dich innerlich zurück, weit weg von der Mutter ... immer weiter zurückziehen von ihr. (Sie wendet den Kopf nach links und Bert dreht ihr den Kopf nach einer Weile nach rechts, so, als sollte sie dort hinschauen; nach etwa einer halben Minute) Weiteratmen, kraftvoll atmen, kraftvoll ausatmen, schneller, ohne Gewalt, nur kraftvoll. (Berührt ihr wieder mit den Fingerspitzen der rechten Hand die obere Brustbeinregion; Brigitte atmet fest) So, ja, weiter ... weiter ... weiter so! Und sag was, statt zu husten, sag' was zur Mutter!

Brigitte (leise): Jetzt nicht mehr!

Bert Hellinger: Laut! „Jetzt nicht mehr" – Lauter! – „Jetzt nicht mehr" (Bert Hellinger beugt ihren Oberkörper nach vorne, lehnt seinen Kopf an ihren und umarmt sie mit der rechten Hand am Rücken. Brigitte beginnt zu schluchzen) Jetzt nicht mehr – „Jetzt nicht mehr – Jetzt nicht mehr". (Bert Hellinger fordert sie auf, die Hände um ihn zu legen und nimmt sie umarmend näher) Tief atmen, Mund auflassen,

etwas schneller atmen, noch schneller, doppelt so schnell, tief, tief ausatmen ... Mund auflassen (umgreift ihren Kopf mit der rechten Hand und drückt ihn an seine Schulter) Mutti, bitte – Brigitte (leise): „Mutti, bitte". Mutti, bitte. Und hör nicht auf zu schnaufen. (Brigitte beginnt wieder tiefer zu atmen; Bert Hellinger zur Gruppe): Brigitte wählt auch das kleine Glück. (Zu Brigitte): Wie gehts dir?
Brigitte: Erleichtert (zeigt auf ihren Brustkorb), voller.
Bert Hellinger: Du bist auf halbem Weg stehengeblieben, aber immerhin ein bißchen weiter.
Brigitte: Auf halbem Weg zurück?
Bert Hellinger: Auf halbem Weg zu ihr. Wie sagte ein berühmter Johann Wolfgang: „Jeder ist seines Unglücks Schmied."
Brigitte: So sagt er, glaube ich, nicht.
Bert Hellinger: Ne? (beide lachen) Okay, gut. (Brigitte steht auf und setzt sich auf ihren Platz.
Bert Hellinger: Das war jetzt eine Situation, in der eine Hinbewegung unterbrochen wurde. Man konnte sehen, was an dem Punkt geschehen ist. Es ist meine Theorie, daß an dem Punkt, an dem eine Hinbewegung unterbrochen wurde, das entsteht, was wir Neurose nennen: Eine Kreisbewegung, die immer wieder zum gleichen Punkt zurückkehrt, statt daß sie weitergeht. In der Erinnerung an die unterbrochene Hinbewegung kommt ein Gefühl hoch, eine Entscheidung, und dann macht man den Kreis, statt daß man weitergeht, und wenn man wieder am Ausgangspunkt ankommt, folgt wieder das gleiche. Das ist der Fortschritt des Karussells.

Was mach' ich jetzt als Therapeut mit einer so resistenten Klientin? (Pause) Das war jetzt ein Mißerfolg – nicht total, aber ein Mißerfolg, man darf sich da nichts vormachen! Sie ist nicht hingegangen, aber sie hat nun einen Ausblick. Jetzt überlasse ich sie ihrem guten Herzen – einverstanden, Brigitte?
Brigitte: Ja.
Bert Hellinger: Irgendwelche Fragen dazu?
Wolfgang: Das hab' ich jetzt nicht verstanden: „Ich überlasse sie ihrem guten Herzen."
Bert Hellinger: Das kannst du auch nicht verstehen. Sie hat es verstanden. Das Verlassen auf das Herz, auf das gute Herz, ist dabei immer eine gute Methode. Es ist dann oft erstaunlich, daß von innen her ein Weg gefunden wird, den kein Therapeut finden kann. Und heimlich – ohne daß ich das hier laut sage – überlasse ich sie natürlich dem guten Herzen ihrer Mutter.

Lars: Du hast sie erst zu einer Hinbewegung geführt und sie dann aufgefordert, sich wegzubewegen ...
Bert Hellinger: Es spielt keine Rolle, wie sich jemand bewegt, ob er sich hin- oder wegbewegt. Er ist in Bewegung. Wenn eine Hinbewegung nicht geht, lasse ich ihn in die Gegenbewegung gehen, und die schlägt dann um. Man geht mit ihm, was er zeigt. Sie zeigte Wegbewegung, und deshalb bin ich mit der Wegbewegung gegangen. Dann hat sie den Kopf nach links gedreht, und mein Bild war, daß sie sich wegdreht. Dann hab' ich ihr den Kopf nach rechts gedreht, und dann kam auch das Gefühl.
Lars: Das war dann doch eine Korrektur?
Bert Hellinger: Ja, ein Mitgehen, eine kleine Unterstützung. Dann kam erst der Satz: „Jetzt nicht mehr!" Da war deutlich, daß dort die Mutter war.
Rüdiger: Kannst du uns nicht so Geübten Hinweise geben, wann sich jemand hinbewegt und wann nicht?
Bert Hellinger: Nein, das mußt du der Beobachtung überlassen, der Wahrnehmung. Vielleicht kannst du's noch bei anderen Beispielen sehen. Wenn du eine Theorie haben willst, kannst du dich nicht mehr dem unmittelbaren Vorgang stellen. Ich glaube, das Wichtige habe ich gesagt, und mehr wäre nicht gut.

Während einer Runde am späten Vormittag des zweiten Tages

Brigitte: Ich bin ganz voll im Aufnehmen, und was in mir vorgeht, ist eine Wechselbewegung. Einmal bekomme ich das Gefühl von Wärme und Mitfühlen – auch in den Augen, und dann bricht es wieder ab (wird bewegt und bekommt Tränen in die Augen), immer im Wechsel. Und wenn ich wieder rausgehe ...
Bert Hellinger: Es ist gut, es ist gut. Seht ihr, wie ihr gutes Herz an der Arbeit ist? Laß das gute Herz weiterarbeiten, Brigitte, bis die Lösung da ist.

Während einer Runde nachmittags, zweiter Tag

Brigitte: Ich bin jetzt ganz dabei. In der Mittagspause habe ich mich genüßlich ins Bett verkrochen und habe noch einmal die Verbindung zu meiner Mutter gesucht. Das war angenehm.

Am zweiten Tag nachmittags während einer zweiten Runde

Brigitte: Ich bin heute Nacht oft aufgewacht. Nachgehen tut mir meine Familie, und die Familie meiner Mutter kommt mir immer wieder in den Sinn.

Bert Hellinger: Was war da?

Brigitte: Die Schwester meiner Mutter ist als Kind an Typhus gestorben, und sechs Wochen vor der Schwester ist der Vater meiner Mutter gestorben, als meine Mutter zehn Jahre alt war.

Bert Hellinger: Die Schwester war jünger als deine Mutter?

Brigitte: Die war älter und die mittelste. Es gab noch einen älteren Bruder. Was mir noch durch den Kopf ging, in meiner Familie ist so die Atmosphäre von Totschweigen. Da ist viel Schweigen und wie eine Starre. Was mir noch eingefallen ist, daß, wenn ich jetzt mit meinen Kindern in meiner Familie zusammen bin, dann ist das weg. Wenn wir bei meinen Eltern sind, stürzen sich alle auf die Kinder, und die füllen alles mit Leben. Mir fiel auch noch was auf mit dem Auf-dem-Schoß-Sitzen: Wenn meine Eltern zu uns kommen, dann sagen die beiden Töchter: „Opa Schoß sitzen" und „Oma Schoß sitzen" und die dürfen das dann auch.

Bert Hellinger: An was starb der Vater deiner Mutter?

Brigitte: Es muß eine Blasengeschichte gewesen sein. Er kam dann plötzlich ins Krankenhaus. Das war 1938, und er kam dann nicht wieder aus dem Krankenhaus zurück. Sechs Wochen später ist dann die ältere Schwester meiner Mutter gestorben.

Bert Hellinger: Das ist ein Schock in so einer Familie.

Brigitte: Ja, da ist noch was: Ich habe meine Familie schon einmal bei E. gestellt. Bei mir ist dann hängengeblieben, daß ich damals meine Mutter ganz außerhalb gestellt habe und so, daß sie wegguckt. Was muß diese Frau aber erlebt haben?

Bert Hellinger: Ja, sie folgt wahrscheinlich ihrer Schwester und ihrem Vater, aber stellen wir es doch auf!

(Informationen: Die Großmutter mütterlicherseits lebte nach dem Tode des Vaters in Brigittes Herkunftsfamilie. In der Familie des Vaters starb auch früh ein Kind. Der Vater war das jüngste von vier Kindern und hatte zwei lebende ältere Schwestern: Brigitte stellt die Konstellation ihrer Herkunftsfamilie auf.)

Genogramm der Familie von Brigitte:*

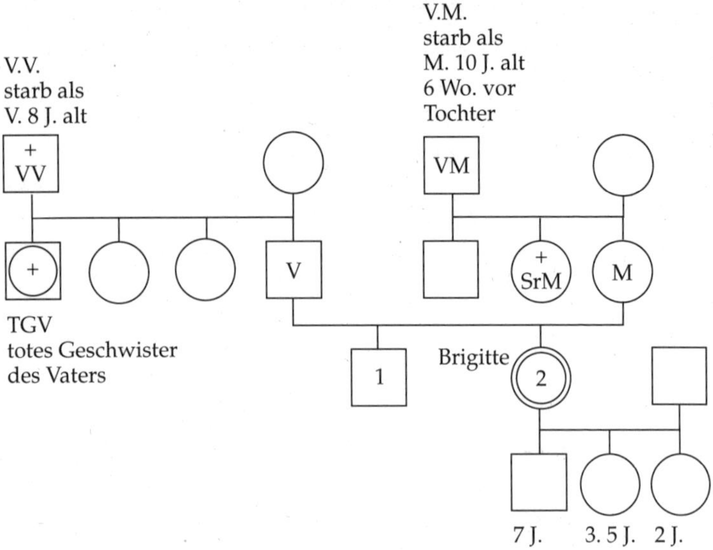

Ausgangskonstellation der Herkunftsfamilie Brigittes:

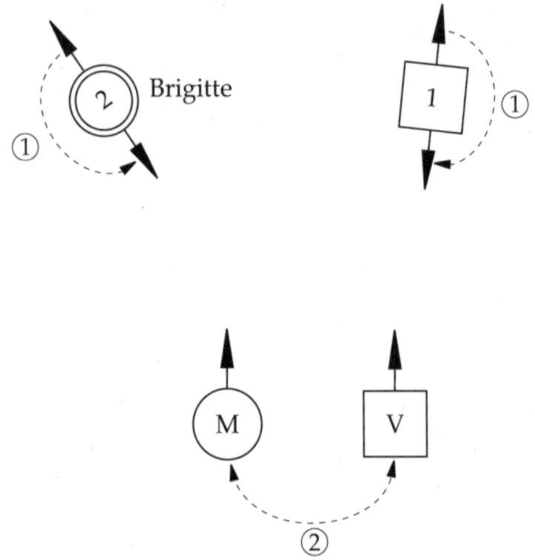

---

* *Abkürzungen:*

V	Vater	VV	Vater des Vaters
M	Mutter	TGV	Totes Geschwister d. V.
1	Erstes Kind, Sohn	VM	Vater der Mutter
2	Zweites Kind, Brigitte	SrM	Schwester der Mutter

(Nach dem Aufstellen)

Vater: (links von seiner Frau) Ich habe keinen Kontakt zu meinen Kindern, und meine Frau ist so nebenan. Ich bin eher allein.

Mutter: Ich fühl' mich auch sehr allein, es ist nicht gut, die Kinder von hinten zu sehen, und mein Mann neben mir ist kaum spürbar.

Stellvertreterin Brigitte: Ich bin leicht vernebelt im Kopf und tendiere raus. Hinter mir ist etwas, ich weiß aber nicht was.

Bert Hellinger: Das Kind, das in der Familie des Vaters gestorben ist, war das ein Mädchen oder ein Junge?

Brigitte: Das weiß ich nicht.

Bert Hellinger: Was ist dein Gefühl?

Brigitte: Ein Mädchen.

Bruder: Ich habe auch zu überhaupt niemandem Kontakt, meine Beine sind ganz starr und wie festgefroren.

Bert Hellinger (zu den Kindern): So, dreht euch mal zu den Eltern hin. Was ist verändert? (Bewegung 1)

Bruder: Jetzt wird es wieder leichter.

Stellvertreterin Brigitte: Ich finde es auch angenehm und bin auch wieder klarer im Kopf.

Vater: Ja, zu den Kindern hat es sich gebessert, auf der Seite der Frau ist nach wie vor nichts los.

Mutter: Mir geht's genauso.

Bert Hellinger (zu den Eltern): Wechselt mal eure Plätze, ob das besser ist. (Bewegung 2)

Vater: Ja, die Tochter rückt näher, das tut mir gut.

Stellvertreterin Brigitte: Bei mir entsteht ein bißchen eine Aufregung.

Bert Hellinger: Wie ist es denn zwischen den Eltern, besser oder schlechter?

Vater: Schlechter.

Mutter: Ich spüre so ein ganz bißchen Leben.

Bert Hellinger: Jetzt stellen wir mal seinen Vater auf. (Brigitte stellt den Vater des Vaters rechts hinter den Vater, Bewegung 3)

Brigitte: Ich habe noch etwas vergessen. Der Vater des Vaters ist auch früh gestorben, als mein Vater acht Jahre alt war. Er war mit einer Kriegsverletzung aus dem Krieg zurückgekommen, hatte Krampfleiden und ist dann bei der Arbeit auf dem Feld während eines Krampfes erstickt.

(Der Vater und der Vater des Vaters einigen sich dann, daß der beste Platz ist, wenn der Vater des Vaters hinter dem Vater steht, Bewegung 4 und 5)

Bert Hellinger: Jetzt stell mal den Vater deiner Mutter auf (Brigitte stellt ihn links hinter die Mutter, Bewegung 7)

Übergangskonstellation der Herkunftsfamilie von Brigitte:

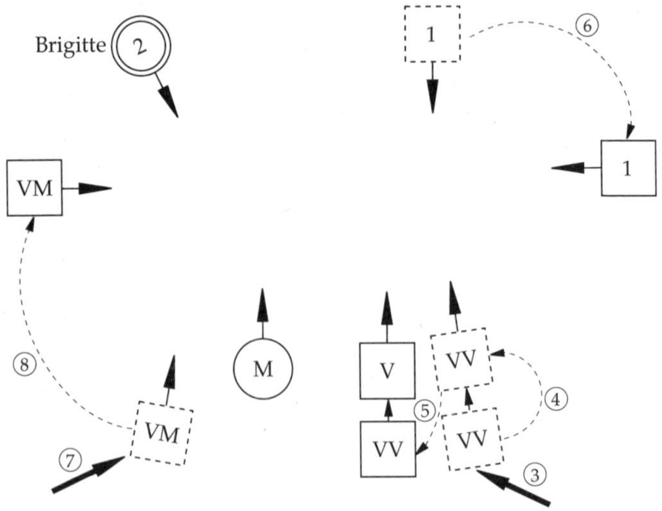

Mutter: Als eben der Vater des Mannes hinzukam, da hatte ich ein sehr großes Bedürfnis zu gucken, dadurch kam auch der Mann ins Blickfeld. Jetzt, nachdem mein Vater da ist, geht die Bewegung mehr wieder hier rüber (nach links). (Sie möchte dann, daß ihr Vater sich mehr links ins Blickfeld stellt und dieser tut das, Bewegung 8.)
Mutter: Das ist besser.
Vater: Für mich macht es in der Beziehung zu meiner Frau keine Änderung.
Bruder: Für mich ist jetzt nur noch er (Vater der Mutter) interessant. Seit er drin ist, schaue ich nur noch ihn an.
Bert Hellinger (zu Brigitte): Also, das ist die Identifizierung deines Bruders. Er ist mit dem Vater der Mutter identifiziert (fordert Vater und Mutter und die dazugehörigen Väter auf, die Seiten zu wechseln).
Stellvertreterin Brigitte: Für mich war es eine gewisse Erleichterung, daß sich der Vater des Vaters hinter den Vater gestellt hat. Da hab' ich irgendwo aufatmen können, und als er (Vater der Mutter) so plötzlich

dagestanden ist, hatte ich das Gefühl, da stehen mir so viele Männer gegenüber. Ich habe aber keinen Kontakt zur Mutter. Da war irgendwo keine zweite Frau da. Jetzt ist es ein bißchen besser, und jetzt ist das Gefühl zum Vater entspannter, zur Mutter habe ich wenig Kontakt. Er (Vater der Mutter) da drüben ist gut. Hier (zeigt nach rechts) war er mir etwas zu nah.
Bert Hellinger (zu Brigitte): Stell noch einmal die Schwester der Mutter auf, die gestorben ist. (Brigitte stellt die Tante etwas rechts hinter die Mutter; s. Seite 234.)
Bert Hellinger: Was hat sich verändert?
Mutter: Ich werde unruhig.
Stellvertreterin Brigitte: Ich schaue da mehr hin und sehe den Vater auf einmal nicht mehr.
Schwester der Mutter: Ich habe auch einen unruhigen Zug dahin zu meiner Schwester.
Bert Hellinger (stellt die Schwester der Mutter direkt rechts neben die Mutter): Was ist jetzt?
Mutter: Hier (auf der Seite des Mannes) wird es wieder wärmer. Das ist gut (rückt näher zum Mann und nimmt die Schwester mit).
Vater: Mir ist jetzt an dieser Stelle bedeutend wohler. Ich bin sowohl näher bei der Tochter als auch bei der Frau.
Stellvertreterin Brigitte: Ja, ich kann jetzt auch die Mutter wahrnehmen und sehe auch den Vater wieder. Das ist jetzt ein einheitliches Bild, das ist wesentlich besser, vorher war ich so auf sie (Schwester der Mutter) fixiert.
Bert Hellinger (zur Stellvertreterin von Brigitte): Stell dich mal neben den Bruder. Was ist jetzt?
Bruder: Ich würde gern mit ihr (Schwester) tauschen. (Bruder und Schwester tauschen die Plätze) – Das ist besser.
Stellvertreterin Brigitte: Für mich ist das okay. Für mich war beides gleich okay.

(Der Vater der Mutter möchte sich mehr rausstellen und macht dies auch, und Bert Hellinger stellt das gestorbene Geschwister des Vaters links neben diesen. Nach einigen probeweisen Bewegungen finden sie schließlich die Lösungsaufstellung, bei der sich alle wohlfühlen.)

Lösungskonstellation:

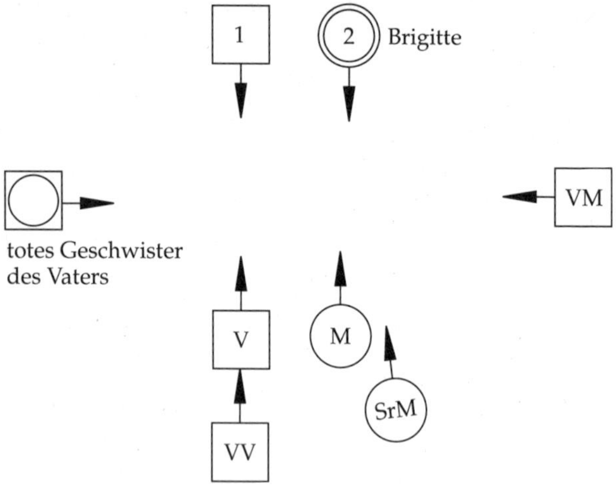

Bert Hellinger fordert Brigitte auf, ihren Platz einzunehmen. Er vermutet, daß das tote Geschwister des Vaters doch ein Sohn war, weil der Bruder von Brigitte so intensiv irritiert wurde durch diese Person.

Brigitte (nach einer Weile stillen Schauens): Mich zieht es ganz stark dahin (zeigt auf die Mutter).

Bert Hellinger: Ja, geh mal hin!

(Brigitte geht auf die Mutter zu und umarmt sie.)

Bert Hellinger: Fest, wenn schon, dann fest. (Heiterkeit. Brigitte umarmt die Mutter fest, bewegt sich dann aber hin und her.)

Bert Hellinger: Ruhig, ruhig, ruhig, langsam, tief atmen, Mund atmen! (führt die Schwester der Mutter an die beiden heran und läßt sie die beiden umgreifen, Brigitte beginnt zu weinen). Tief atmen mit offenem Mund ... tief ein- und ausatmen ... einatmen ist nehmen .... ohne Ton, einfach ein- und ausatmen, bis du richtig satt bist! (Brigitte atmet tief ein und aus) Nein, nein, nimm dir Zeit! ... Atmen. Ein- und ausatmen ... ohne Ton ist das Atmen kraftvoller ... ganz frei ein- und ausatmen – dann geh zurück auf deinen Platz. (Brigitte tut dies und schaut sich noch einmal um.) Gut so? – Okay, das war's. (Alle setzen sich.) Jetzt ist die Hinbewegung zum Ziel gekommen.

(Nach einer kleinen Pause)

Ernst: Es handelt sich ja hier um eine unterbrochene Hinbewegung. Siehst du hier in dem System einen Grund für diese Dynamik?
Bert Hellinger: Nein, nein! Es ist ja ganz klar, daß zwischen der Mutter und der Schwester was ungeklärt ist und daß sie das zum Teil übernimmt. Es kann also sein, daß das systemisch bedingt ist und gar nichts mit dem zu tun hat, was die Mutter macht.

In einer späteren Runde

Brigitte: Mir geht's gut. Ich fühle mich sehr frei und im Kopf sehr aufnahmefähig und offen.
Bert Hellinger: Das war auch heute eine schöne Bewegung.

Am dritten Tag nachmittags

Brigitte (zeigt auf die Brust): Bei mir ist eine Bewegung hier, als wenn etwas aufgeht.
Bert Hellinger: Ja, schön!
Brigitte: Ja, ein Freierwerden, und dann war in der Mittagspause noch so eine Hoffnung da, daß durch die Arbeit hier ich mich auch mehr altersgemäß fühlen kann.
Bert Hellinger: Ja, bestimmt!
Brigitte: Ich sage gar nicht, was war.
Bert Hellinger: Nein, das ist auch nicht notwendig.

Am vierten Tag während einer Runde

Brigitte: Mir geht mein Bruder durch den Kopf. Mein Bruder wagt sich oft in extreme Situationen. Er macht Steilwandklettern und ist auch schon öfters mal in einer Gletscherspalte gelandet. Öfters, wenn ich einen Telefonanruf erhalte, denke ich, es könnte etwas passiert sein. Ich frage mich, ob das mit einer Identifizierung zu tun haben könnte?
Bert Hellinger: Ja, oft, sehr oft.
Brigitte: Er sucht offensichtlich Situationen, die nah am Tod sind und Todesgefahr mit sich bringen. Und ich habe mich gefragt, was kann ihm eine Hilfe sein? Kann ich da etwas dazu tun, daß für ihn meine Arbeit hier auch hilfreich sein kann? Du sagtest bei den Konstellationen, daß er mit dem gestorbenen Opa identifiziert sein könnte und daß vielleicht auch das gestorbene Kind ein Junge war.
Bert Hellinger: Erzähl ihm die Aufstellung ohne Kommentar. –
Vor kurzem war einer hier, der berichtete, daß er angefangen habe, mit dem Drachen zu fliegen, und er war ganz euphorisch, und er

fragte mich, was ich davon halte. Und ich habe ihm gesagt: Ich kann mir nicht vorstellen, daß ein Weiser das macht. Könnt ihr euch das vorstellen? Es war mir ganz deutlich, daß er sich umbringen will.
Brigitte: Mein Bruder macht auch Drachenfliegen.
Bert Hellinger: Du kannst ihm sagen: Wenn er abstürzt, ist alles besser. Okay? Noch etwas?
Brigitte: Du meinst, ich soll ihm die Aufstellung erzählen oder auch über die Idee der Identifizierung?
Bert Hellinger: Es geht nur, wenn du erstmal zuwartest, und wenn sich eine Gelegenheit ergibt, etwas gut zu sagen, und dann sagst du's genau, wie du's verspürst, das ist dann richtig. Dann ist die Situation anders, als du sie dir jetzt ausdenkst.

Am vierten Tag nachmittags

Brigitte: Es gab heute früh mal einen Punkt, da ist mir heiß und kalt geworden, und ich habe gebetet, und ich hatte sehr schwitzige Hände. Ich habe daran gedacht, ob ich meinem Mann noch etwas schulde. Er hat mich einmal zusammen mit meinem Bruder aus einer Lawine herausgeholt. Ich war schon bewußtlos, und er hat mir praktisch das Leben wiedergeschenkt.
Bert Hellinger: Würdige es.
Brigitte: Ich fühle mich jetzt sehr angerührt.
Bert Hellinger: Und zwar nicht nur ihm gegenüber, das wäre zu wenig. Es hat sich etwas gut gefügt. Das ist das, was ich über das Danken gesagt habe. Wenn jemand so gerettet ist, dann hat er eine Kraft, die er vorher nicht gehabt hat. Mit der mach was Gutes, aber ohne Anstrengung, einfach so, wie es fließt und soweit es fließt.

Am Abend des vierten Tages

Brigitte: In mir ist der Satz „Pfleglich umgehen". Ich habe auch geträumt, eine kleine Pflanze auf tote Gebeine gepflanzt zu haben. Dieses „pfleglich umgehen" ist etwas, was mich in die Stärke führt, und ich merke auch immer wieder den Sog in die Schwäche.
Bert Hellinger: Wenn man die Gebeine ruhen läßt, wachsen die Pflanzen von alleine.
Brigitte: Ja, es ist mein Bemühen, soviel wie möglich ruhen zu lassen.
Bert Hellinger: Ja, und das Lassen ist etwas, wobei man nichts tun muß, und trotzdem ist es anstrengend.

Am fünften Tag

Brigitte: Bei mir tut sich körperlich sehr viel. Ich spüre die Handinnenflächen sehr, als hätte sich etwas gelöst. Auch in den Kiefergelenken spüre ich es. Früher habe ich viel mehr die Zähne zusammengebissen. Das löst sich jetzt. Ich denke immer wieder intensiv an meinen Mann. Das macht mich auch jetzt sehr aufgeregt, das auszusprechen, was in mir vorgeht. Ich empfinde immer, wenn ich weggehe, eine tiefe Zuneigung, und ich schiebe ihn weg, wenn ich zu Hause bin.

Bert Hellinger: Ich mache eine kleine Übung mit dir. Setz dich vor mich und leg deine Hände auf die Oberschenkel. – Mach die Augen zu und überlaß dich der tiefen Sehnsucht mit all den schönen Gefühlen und Gedanken. – Auch den guten Erinnerungen vom Anfang. Du brauchst nichts zu tun und nichts zu sagen, du kannst dich einfach deinen Gefühlen überlassen und deinen Bildern. – Vielleicht mal tief einatmen – das muß ja schon ein besonderer Mann sein, wenn er deine Liebe gewinnt. (Brigitte lacht) Jetzt stell dir vor, wenn du heimkommst, wie du auf ihn zugehst. Er steht irgendwo da drüben und du gehst ganz nah zu ihm hin. (Brigitte schaut in die Richtung) Du schaust, was du ihm sagst, was du tust, um was du ihn bittest. (Brigitte lächelt) Genau! ...

Brigitte: Es geht noch nicht.

Bert Hellinger: Ja, schau ihn noch ein bißchen an, schau ihn noch ein bißchen an ... es geht ... (nach etwa einer Minute) Ich gebe dir noch ein Bild: Geh hin und stell dir vor, seine Mutter steht hinter ihm ... sie steht freundlich hinter ihm (Brigitte beginnt zu weinen). Mach die Augen zu, laß die Augen zu und geh ganz nahe zu ihm hin ... (Brigitte weint und nickt), geh noch ein bißchen näher ran und nimm dir etwas und schenk ihm etwas. Ganz ruhig, du brauchst nichts darüber zu sagen ... bleib ganz bei deinem inneren Erleben ... (Brigitte atmet tief ein und aus)... Ist es gut? (Brigitte nickt) Okay, das war's.

Brigitte: Danke!

Bert Hellinger: Gerne. Ich erkläre später, was ich da getan habe. Ich möchte es hier jetzt mal so lassen.

Am sechsten Tag

Brigitte: Es war sehr viel, und es wird sich setzen. Heute früh war noch etwas angeklungen: Es kamen noch meine Schwiegereltern hinzu. Da habe ich noch etwas zu tun mit hingehen, würdigen und die Kinder dort reinlassen.

Bert Hellinger: Genau, das ist das Dem-Manne-Folgen.
Brigitte: Das hat mich heute nochmal sehr angesprochen. Ich fühle mich von dir reich beschenkt und sehr gut behandelt.
Bert Hellinger: Gut. – Das letztemal, als ich mit Brigitte gearbeitet habe, habe ich noch versprochen, die Technik zu erklären. Ich kann das ganz kurz machen. Ich habe mit ihr eine NLP-Übung gemacht. Sie hat zwei entgegengesetzte Gefühle gezeigt. Wenn sie weg ist, hat sie die Sehnsucht nach dem Mann, und wenn sie da ist, weist sie ihn eher zurück. Ich habe sie in das Gefühl der Sehnsucht gehen lassen und sie dann ein bißchen abgelenkt, bis sie richtig gelacht hat. Und dann habe ich das geankert. Jetzt kann sie nicht so raus aus dem Gefühl. Mit diesem Gefühl habe ich sie dann proben lassen, wie sie zu ihrem Mann heimkommt. Da ist der Widerstreit von dem einen zu dem anderen Gefühl, und das geankerte Gefühl kann man festhalten. Das überlagert dann das negative Gefühl, das war da die Methode.

Karl: Was bleibt bei dir noch von der Primärtherapie?
Bert Hellinger: Die Primärtherapie wollte ja den Schmerz, den Urschmerz bearbeiten. Der Urschmerz ist eigentlich immer das Gleiche: Er entsteht, wo die Hinbewegung unterbrochen ist. Der Schmerz bestätigt, daß die Hinbewegung unterbrochen ist, er löst aber nichts. Statt daß ich jetzt dem Schmerz Ausdruck verleihen lasse, bringe ich die Hinbewegung ans Ziel, und dann kommt die Liebe, und wenn die da ist, habe ich hier (zeigt vorne auf seinen Pullover) öfters einen schwarzen Fleck. Das ist von der Primärtherapie übriggeblieben.

Neben der unterbrochenen Hinbewegung gibt es dann noch frühe Traumata, die ich mit Hilfe des Erlebnisses, zum Beispiel durch history change löse. Das mache ich mit einer Mischung aus NLP und Primärtherapie. Ein Ankerausgleich, das heißt, daß man eine gute Szene eine schlechte ausgleichen läßt, ist dabei eine gute Methode. Bei tiefen Dingen muß das Gefühl aber auch berücksichtigt werden. Deshalb halte ich ihn fest, daß er das Gefühl sicher zum Ausdruck bringen kann, und dann suche ich ihm einen Helfer, und so löse ich es.

Karl: Gelegentlich läßt du jemanden seine Geburt nacherleben. Wann tust du das?
Bert Hellinger: Wenn es ein Geburtstrauma gibt, ist schon dort die Hinbewegung zur Mutter unterbrochen. Dann wiederhole ich die Geburt, mache das Bonding, und dann kommt das Gebet am Morgen

des Lebens (s. S. 64). Dieses erste Finden der Mutter und bei ihr Angekommensein ist die tiefste und intensivste Erfahrung. Anschließend mache ich einen Ankerausgleich. Ich halte ihn also fest und lasse ihn im Lebensalter aufwärts gehen durch alle Traumata. Ein besseres Gefühl kann er ja nicht haben als das Angenommensein nach der Geburt. So mache ich die ganze Therapie innerhalb einer Sitzung. Ich arbeite also alle späteren Kindertraumata in einem Vorgang hintereinander auf in Form des Ankerausgleichs. Ich lasse jemanden in sein bestes Gefühl gehen, dann lasse ich ihn das Trauma erleben. Dann wird das negative durch das positive Gefühl überlagert.

Karl: Wie geht das genau?

Bert Hellinger: Ganz einfach: Ich sage: „Jetzt gehst du einfach mal hoch in deinem Lebensalter, und wenn irgend etwas ist, wo es stoppt, bleibst du dabei." Dann fängt er auf einmal an zu schnaufen und zu weinen, und ich frage: „Wie alt bist du jetzt? Was ist passiert?" Ich lasse ihn dort hinschauen und halte ihn einfach fest, bis das erledigt ist. Dann geh' ich zur nächsten Szene. (lächelt) Dann sind 500 Analysestunden auf eine komprimiert. Das ist dann individuelle Therapie, im Gegensatz oder als Ergänzung zur systemischen. Das sind also die zwei verschiedenen Stränge.

c. Das Aufstellen von Familienkonstellationen

Innenbilder, die fesseln, und Innenbilder, die lösen (Skripts)

In Therapien merken wir oft, daß jemand nach einem inneren Bild lebt, und zwar nach einem Bild, das einen Verlauf darstellt, also nach einer Geschichte. In der Transaktionsanalyse nennt man das Skript. Diese Bilder haben einen doppelten und unterschiedlichen Ursprung. Es gibt einerseits Innenbilder, in denen findet ein Kind eine traumatische Erfahrung, die es gemacht hat, als Handlung wieder. Zu diesen Innenbildern gehören viele Märchen, zum Beispiel Hänsel und Gretel, Rotkäppchen, Sterntaler, Dornröschen und Rumpelstilzchen. Dornröschen zum Beispiel schläft mit der Vorstellung, daß es, wenn es nach hundert Jahren aufwacht, immer noch fünfzehn Jahre alt ist. Das ist eine Illusion. Die Lösung, die das Märchen gibt, ist eine, die Dornröschen animiert, weiterzuschlafen. Geht es Dornröschen auf, daß sie dann nicht mehr jung sein wird, wacht sie etwas früher auf. Bei den sieben Geißlein sagt die Mutter: Hütet euch vor dem bösen Papa. Bei Hans im Glück hat ein Großvater oft sein Vermögen verloren, und man kann dann den Opa bitten: Segne mich, wenn ich es behalte. Rotkäppchen ist die Verführung durch einen älteren Verwandten. Der kleine Hans ist glücklich, wenn er heimkommt und die Mutter öffnet, aber was ist, wenn der Vater an der Tür steht?

Es ist merkwürdig, daß die Märchen, die wir kennen, alle Verlaufsbilder enthalten, die fesseln, und die Lösungen, die in ihnen gegen Ende beschrieben werden, illusionär sind, und vor allem der Aufrechterhaltung des Status quo dienen. Wird in dem Märchen oder in der Geschichte etwas beschrieben, was ein Kind vor dem siebten Lebensjahr erleben kann, ist das häufig ein Hinweis auf ein persönliches Erleben und nicht auf ein systemisches Geschehen. Rumpelstilzchen zum Beispiel ist meist keine systemische Geschichte. Rumpelstilzchen dient meistens als Bild für eine traumatische Erfahrung und ist die Geschichte von Kindern, die weggegeben werden. Genauer schildert das Märchen die Erfahrung, daß es keine Mutter gibt und der Vater die Tochter weggibt und in der nächsten Generation dann die Tochter ihren Sohn weggibt. Das ist der Klartext. In vielen Märchen fehlt die Mutter.

Weil die Märchen aber raffiniert sind, bringen sie immer etwas, was vom Klartext ablenkt, zum Beispiel bei Rumpelstilzchen ist es der schöne Vers: „Ach, wie gut, daß niemand weiß, daß ich Rumpelstilzchen heiß."

Nun gibt es aber eine Menge Geschichten, die haben nichts mit Kindheitserfahrungen zu tun. Wenn zum Beispiel einer ein Bild hat, das ihn begleitet wie Othello oder Odysseus, dann ist dort eine Erfahrung geschildert, die ein Kind nicht machen kann. Es gibt viele Geschichten dieser Art, die Erfahrungen schildern, die erst Erwachsene machen können. Ein Kind ist vielleicht von solch einer Geschichte fasziniert und weiß nicht wieso. Dann kann man aus der Art der Geschichte schließen, daß diese Geschichte sich auf eine andere Person bezieht, die in diesem System früher eine Rolle gespielt hat oder hätte spielen sollen. Gewöhnlich ist das eine Person, die ein schlimmes Schicksal hatte oder die ausgeschlossen war oder die für einen innerhalb des Systems Platz gemacht hat.

Dann wird die Geschichte zum Bild für einen realen Lebensvollzug, der früher in dem System schon wichtig war. Die Geschichte dient dann dazu, daß jemand die ausgeschlossene Person noch einmal anhand dieser Geschichte in dem System darstellt.

Diese Geschichten, seien es solche, die auf traumatischen Ereignissen und Erlebnissen beruhen oder systemisch bedingt sind, kann man suchen.

Eine Methode, das Skript und die systemische Geschichte herauszubekommen, ist das Erzählen folgender Geschichte:

Einer denkt, er habe jetzt genug gearbeitet, und er könne sich was Gutes leisten. Er geht aus seinem Ort weg und fährt in einen anderen Ort und wandert ein bißchen herum und kommt vor ein Haus und über dem Haus steht mit großen Buchstaben „Welttheater". Er denkt sich, das ist der richtige Platz, und kauft sich eine Eintrittskarte. Etwas teuer, aber er sagt sich, das macht mir jetzt nichts aus. Dann geht er hinein, setzt sich in den Raum, lehnt sich zurück, macht es sich gemütlich und wartet. Schließlich gehen die Lichter aus, und der Vorhang öffnet sich: Das Stück beginnt. Wie er so hinschaut, merkt er: Das Stück kenne ich ja schon aus der Literatur. Das ist ja überhaupt nichts Neues. Und als er weiter hinschaut, merkt er, das ist das Stück, das er selber spielt. Frage? – Wie heißt dein Stück? Es ist ein Stück, das es in der Literatur gibt, entweder als Märchen oder als Film oder als Roman, Theaterstück, vielleicht auch als eine Biographie. Wenn der Name des Stückes hochkommt, ist das eine Überraschung und meist ein bißchen peinlich.

Weiß einer von euch sein Stück?
Benno: Für mich ist es die Ermordung der unschuldigen Kinder durch Herodes (Anmerkung: Benno hatte einen behinderten Bruder, der im Dritten Reich in ein Heim gegeben wurde und dort umkam.)
Bert Hellinger: Man sieht sofort den systemischen Bezug, wenn man an seine Familiengeschichte denkt. In den Geschichten wird oft völlig deutlich die entscheidende Situation geschildert.
Sarah: Bei mir ist es Faust.
Bert Hellinger: Wenn eine Frau als Geschichte Faust hat, dann ist es immer das Gretchen. Die Frage ist dann, welcher Mann hat welche Frau reingelegt und sitzengelassen?
Friedemann: Bei mir ist es die Iphigenie auf Tauris, und zwar die Figur des Königs.
Bert Hellinger (unterbrechend): Nein, nein, das darf man nicht machen. Man darf sich nicht etwas aus der Geschichte aussuchen. Das ist bestimmt falsch. Bei Iphigenie als Geschichte geht es darum, welche

Tochter wurde geopfert?
Vera: Mir ist die Zauberflöte eingefallen.
Ilse: Daniel in der Löwengrube.
Klaus: Das Märchen Brüderchen und Schwesterchen.
Eckhard: Mir ist der Odysseus eingefallen.
Bert Hellinger: Odysseus! Weißt du, wo der am Schluß landet?
Eckhard: In Ithaka.
Bert Hellinger: Ja, und wen findet er dort?
Eckhard: Penelope.
Bert Hellinger: Und weißt du, wer Penelope in der Realität ist? – Das ist immer die Mutter.
Eckhard (lachend): Jetzt wird's peinlich. (allgemeine Heiterkeit)
Bert Hellinger: Wer war denn in deiner Familie Odysseus, der Mann, der auf Irrfahrten herumgezogen ist?
Eckhard: Äußerlich ist keiner umhergezogen.
Bert Hellinger: Bist du dir sicher? Wenn so eine Geschichte stimmt, ist sie immer wörtlich zu nehmen. Es war einmal in einem Kurs eine Kollegin, über die haben sie im Kurs gefrotzelt: Irene - Sirene, Irene - Sirene. Da ging einem Kursteilnehmer, dessen Skriptgeschichte Odysseus war, etwas auf. Da war folgendes: Er hatte eine Freundin, und deren Vater hatte ihm ein Boot gegeben. Mit dem Boot ist er nach Afrika gesegelt und hat die Freundin zu Hause gelassen. Der hat also wörtlich den Odysseus nachgeahmt, diese ganze Geschichte mit Nausikaa. Da haben wir herausbekommen, daß die Penelope die Mutter ist. Also, Eckhard, wer war Odysseus? Wenn jemand nein sagt, braucht man es nicht gleich so ernst zu nehmen. Dann wartet man erstmal zu.
Eckhard: Am ehesten der zweite Mann meiner Mutter.
Bert Hellinger: Der ist systemisch nicht bedeutsam. Ich lasse es mal hier. Vielleicht stimmt auch bei dir die Geschichte nicht.

Nach meiner Erfahrung sind weit über fünfzig Prozent aller Probleme, die in der Psychotherapie gebracht werden, keine eigenen Probleme in dem Sinne, daß sie auf eigenes Erleben zurückgehen, sondern es ist die Wiederholung eines fremden Schicksals. Man kann diese einengenden Bilder zur Darstellung bringen, wenn man zum Beispiel ein Familiensystem aufstellt.

Das Aufstellen eines Systems

Mit seiner Art und Weise, Familienaufstellungen zu machen, hat Bert Hellinger eine therapeutisch hocheffektive Gruppentherapiemethode entwickelt, die seine Ideen über Ordnungen der Liebe, sein Denken und seine Therapiephilosophie über systembedingte Probleme und systemische Lösungen in einer bewundernswert einfachen und verdichteten Form in die therapeutische Praxis umsetzen.

Dabei steht die Darstellung zweier konzentrierter Raum-Zeit-Bilder im Mittelpunkt. Eines, das die Vergangenheit bis heute repräsentiert, das Innenbild, das fesselt, und ein Lösungsbild, ein Innenbild, das befreit. Das erste ist die räumliche Inszenierung des verinnerlichten Bildes des Systems, von dem man ein Teil ist, also eine individuelle metaphorische Verdichtung der gesamten Familien- und der individuellen Geschichte(n). Die Grundaussage, von der ausgegangen wird, ist dabei, daß der systemische Platz, den wir in diesem Bild in Beziehung zu den anderen im System einnehmen, unsere Gefühle und unser Handeln entscheidend bestimmt. Das zweite Bild ist ein inneres Lösungs- oder Zukunftsbild des Systems, das der Ordnung der Liebe entspricht, in dem jedes Mitglied der Sippschaft einen ihm gemäßen und guten Platz hat und das, wenn man es in sich aufnimmt und wirken läßt, einen heilenden Einfluß auf die Gefühle und das Handeln des einzelnen und auf das System als ganzes hat.

Die Vorgehensweise beim Aufstellen

Das Prinzip ist einfach: Ein Gruppenteilnehmer, im weiteren der Protagonist genannt, stellt je nach der Ausgangslage und der Fragestellung sein inneres Bild seiner Gegenwarts- oder Herkunftsfamilie oder vielleicht auch das System eines Klienten auf. Er wählt aus den Gruppenteilnehmern Stellvertreter für die Mitglieder des Systems aus, das er aufstellen will, und leitet sie entsprechend seinem inneren Bild auf ihren jeweiligen Platz. Auch für sich selbst sucht er einen Stellvertreter aus. Dann teilen die Mitwirkenden nacheinander mit, wie sie sich an diesem Platz fühlen. Schließlich formt der Gruppentherapeut in einem Interaktionsprozeß mit den Mitwirkenden, das heißt, indem er die Rückmeldungen der Stellvertreter über ihr Befinden an dem neuen Platz mitberücksichtigt, meist über mehrere Zwischenstufen (die oft auch therapeutisch wichtige Zwischenschritte repräsentieren) ein Lösungsbild, in dem alle einen guten Platz haben, einschließlich der Ausgeklammerten.

Wer Bert Hellinger so in einer Gruppe hat arbeiten sehen, ist oft tief beeindruckt, wie schnell es ihm gelingt, auch in großen Gruppen eine durch gegenseitige Achtung und eine wache Aufmerksamkeit geprägte vertrauens- und bedeutungsvolle und zugleich leichte und humorvolle Atmosphäre zu schaffen. Die Gruppe scheint dann als ganze mitzuschwingen, und obwohl das innere Bild von einem Gruppenmitglied aufgestellt wird, tauchen die Mitwirkenden für die Dauer der Aufstellung in die Dynamik des Systems ein und schaffen gemeinsam mit dem Gruppenleiter eine Lösung, die jedesmal einzigartig ist. So ein Lösungsbild wirkt oft noch über Jahre bei den Betroffenen nach.

Bevor man ein System aufstellt, fragt man, wer zu dem System dazugehört, und erfragt – meist erst im Verlaufe des Aufstellens –, welche Personen Platz gemacht haben oder ausgeklammert sind. Was man auch erfragt, sind einschneidende äußere Ereignisse, zum Beispiel Tode, Selbstmorde, Trennungen und Scheidungen, Unfälle, Behinderungen. Unwichtig hingegen sind Charakterbeschreibungen und Bewertungen von Verhaltensweisen. Sie lenken vom Wesentlichen ab.

Voraussetzung für das Aufstellen

Wenn jemand ein System aufstellt, sei es sein eigenes oder das eines Klienten, dann darf er es nur tun, wenn es für ihn ernst ist und wenn es sich um Ernstes handelt, also um etwas, was der Lösung bedarf. Wenn man es aus Neugierde macht, dann bleibt es wirkungslos.

Hinweise für das Aufstellen

Bert Hellinger: Wenn wir mit Konstellationen arbeiten, geht das sehr in die Tiefe. Deshalb brauchen wir in der Gruppe eine Atmosphäre aufmerksamen Mitgehens. Beim Aufstellen soll niemand etwas sagen. Der Aufstellende sagt nichts, und die Aufgestellten sagen beim Aufstellen nichts. Zuviele Informationen lenken ab. Sammelt euch nach innen, vergeßt, was euer Eigenes, eure eigenen Ziele und Absichten sind, und registriert die Gefühle, die ihr aus eurer inneren Wahrnehmung kommen laßt, die eintreten, wenn ihr bewegt und an euren Platz gestellt werdet, und wie sie sich verändern, wenn die anderen hinzugestellt werden.

Dabei ist es wichtig, daß ihr die Gefühle nicht äußerlich ablest und euch nicht von Gedanken ablenken laßt, wie man sich an diesem Platz eigentlich fühlen könnte und müßte. Überlaßt euch dem einfach und spürt eure Körperreaktionen, auch wenn ihr dort ganz anders fühlt als erwartet, und teilt schlicht und ohne Kritik mit, wie ihr euch an dem Platz fühlt und wie euch zumute ist. Oft spürt man dann auch Gefühle, die Angst machen oder verboten sind. Man kann sich zum Beispiel erleichtert fühlen, wenn ein anderer geht oder stirbt, oder spürt den Sog in eine verbotene Beziehung. Wenn man das dann nicht sagt, kommt etwas Wichtiges nicht auf den Tisch. Man muß es daher ohne Zensur und ohne Abstrich zum Ausdruck bringen.

(Zum Aufstellenden): Du stellst deine Konstellation auf, ganz nach deinem Gefühl, wie du die einzelnen deinem inneren Bild entsprechend in Beziehung siehst. Das innere Bild zeigt sich erst während des Aufstellens. Vergiß also, was du dir vorher vorgenommen hast. Du weist nur einen Platz zu, keine Gesten, keine Sätze, keine Blickrichtungen.

Das Absehen vom Eigenen

Frage: Beim Spüren angenehmer oder unangenehmer Gefühle in der Konstellation, kommt da nicht die Person mit ins Spiel, die da steht?
Bert Hellinger: Das ist eine grundsätzliche Frage. Wenn du mit dieser Hypothese arbeitest, kannst du keine Konstellationen mehr machen. Dann wäre da nur noch Verwirrung. Wenn jemand darüber nachdenkt, ist er schon von der Wahrnehmung in dieser Position abgelenkt. Du mußt davon ausgehen, daß du, wenn du dich einläßt, wirklich das fühlst, was denen gehört, und nichts Eigenes. Die Mitwirkenden überlassen sich ja in der Konstellation einem fremden Schicksal und fühlen wie fremde Personen. Natürlich kann es sein, daß das, was dort ist, anregt oder Erinnerungen wachruft. Wenn du es dir aber als dein Eigenes anziehst, wirst du verrückt. Dann bist du dir entfremdet.

Deswegen ist es ganz wichtig, daß man sich zwar darauf einläßt, sich aber bewußt ist, daß es fremde Gefühle sind, und sie nicht auf sich selbst anwendet. Danach muß man wieder raustreten, und dann ist man wieder beim Eigenen.

Das eine ist ein falsches Gefühl, und das andere ist ein falsches Gefühl. Beide sind systemisch konstelliert, nur sind die Systeme verschieden. Es ist aber besser, man bleibt bei seinem eigenen System als bei einem fremden. Man sieht ja, wie sich die Gefühle dauernd ändern in den verschiedenen Konstellationen, wie wenig darauf Verlaß ist und wie wenig das der Wahrheitssuche dienlich ist. Sie geben jedoch eine Ahnung, ob man seinen richtigen Platz hat oder nicht. Das bewirken die Konstellationen.

Ist der Therapeut unsicher, ob die dem Platz gemäßen Gefühle mitgeteilt werden, kann er ein anderes Gruppenmitglied den Platz einnehmen lassen und ihn nach seinem Befinden fragen, das er dort hat. Ganz überwiegend wird das Gefühl des ersten bestätigt und damit die Prämisse, daß der systemische Platz das Gefühl bestimmt. Dabei kann man von außen als Beobachter oft nicht voraussagen, wie das Befinden der einzelnen sein wird. Kleine Positionsverschiebungen verändern die Gefühle oft erstaunlich.

Frage: Manchmal habe ich schon den Eindruck gehabt, daß die Wahl schon so getroffen wurde, daß sie paßt, und es auch Entsprechungen gibt.
Bert Hellinger: Die, die auswählen, schalten ihr Unbewußtes nicht aus. Da gibt es schon Bezüge. Doch jeder kann jeden vertreten, wenn er sich darauf einläßt. Deshalb darf man das nicht überbewerten. Es kommt jedoch vor, daß jemand öfters in der gleichen Rolle gewählt wird, zum Beispiel von jemandem, der sich umbrachte. Dann ist das für den Therapeuten schon ein Hinweis, daß es etwas in seinem System gibt, das ihn gefährdet. Der Therapeut darf nicht zulassen, daß jemand öfters in dieselbe belastende Rolle gewählt wird.
Frage: Ich habe in der Aufstellung fürchterlich kalte Hände bekommen, und ich habe mich gefragt, ist das die Aufregung, oder hat das etwas mit dem Platz zu tun.
Bert Hellinger: Nein, das wäre eine wichtige Mitteilung gewesen. Du mußt davon ausgehen, daß du im Moment von deinem System entfremdet bist und wie eine andere Person fühlst. Deswegen darfst du das nicht auf dich beziehen, was du innerhalb dieser Situation fühlst. Du darfst auch nicht sagen: Aha, das ist jetzt ein Hinweis dafür, daß bei mir sowas ist. Man muß das mit großer Disziplin tun.

*

Albert (sich auf eine Konstellation beziehend): Wenn ich die so in Konfrontation sehe, die Eltern und die Kinder ...
Bert Hellinger (unterbrechend): Das ist jetzt eine Deutung. Du liest das jetzt von der Aufstellung ab, daß das eine Konfrontation ist, nur weil sie sich gegenüber stehen. Das ist nicht zulässig.
Albert: Also so hab' ich es empfunden.
Bert Hellinger: Nein, du hast es nicht so empfunden, du hast es so gedeutet. Empfinden könntest du das nur, wenn du dort gestanden

hättest. Die aber, die dort gestanden haben, haben das nicht so erlebt, keiner hat sowas ausgedrückt. Das ist einer der wichtigsten Grundsätze bei den Aufstellungen. Man muß der Versuchung widerstehen, aus der Aufstellung auf das zu schließen, was die einzelnen fühlen oder was man selber fühlen sollte.

Lars: Heißt das, daß ich mich an die Stelle des Klienten stellen müßte, um ihn zu verstehen?

Bert Hellinger: Nein, das heißt es nicht. Du kannst dich auch in ihn hineinversetzen. Albert war eben befangen in etwas. Man muß mit freier Aufmerksamkeit mitfühlen, eintauchen und wieder rausgehen. Wenn man sich so hineinbegibt, fühlt man auf einmal, was los ist. Vor allen Dingen fühlt man die Lösung. Im Mitgefühl und in der Anteilnahme finde ich die Lösung. Das ist eine andere Aufmerksamkeit, als wenn ich zum Beispiel frage: Was ist mit dem falsch. Dann kann ich nicht mehr mitfühlen.

Die Arbeit mit dem Minimum

Es kommt oft vor, daß derjenige, der das System aufstellt, versucht, mehr Informationen zu geben, als nötig sind. Wenn er das macht, beeinträchtigt er das unmittelbare Fühlen der anderen und führt sie oft auf Seitenwege. Was wichtig ist, sagen die Mitwirkenden schon, und das hat dann eine ganz andere Kraft und Wucht mit wenig Vorinformationen.

Schon eine Person, die in einer Lösungskonstellation zuviel aufgestellt wird, kann die Kraft des Bildes reduzieren. Deshalb muß der Gruppentherapeut aktiv dafür sorgen, daß nur die aufgestellt werden, die für die Lösung notwendig sind.

Manche legen einen Köder. Sie sagen: „Meine Großmutter hat bei uns in der Nähe gelebt", oder: „Meine Patentante war sehr wichtig für mich, die will ich mit aufstellen." Das In-der-Familie-Leben hat überhaupt nichts mit dem System zu tun. Das sagt noch nicht, daß er zum System gehört oder daß er bei der Aufstellung wichtig ist. Ich arbeite mit den minimalen Erfordernissen. Nicht mehr, als nötig ist. Den Rahmen erweitern kann man immer noch. Wenn man zuviel genommen hat, muß man wieder reduzieren. Sehe ich, daß ein Hereingenommener auf die anderen keine Wirkung hat, nehme ich die Person wieder heraus. Nur wenn sie noch eine Wirkung haben, lasse ich sie stehen. Wenn man zuviele aufstellt, verwirrt das.

Die Standardaufstellung gemäß der Ursprungsordnung

Bei der Aufstellung des Lösungsbildes gibt es eine Rangfolge, die man einhalten muß. Ein System kommt in Ordnung, wenn die Rangordnung stimmt. Das ist ein internes Ordnungsprinzip, das in der Regel gilt, von dem es aber auch immer wieder Abweichungen gibt. Wer zuerst da war, steht an erster Stelle. Es geht rechtsrum im Uhrzeigersinn. Erst kommt gewöhnlich der Mann, dann links davon die Frau, obwohl sie gleichberechtigt sind. Es gibt aber einen Unterschied in der Funktion. Gewöhnlich ist es so, daß der, der für die Sicherheit sorgt, den ersten Platz hat. Wenn ein Mann zum Beispiel behindert oder lange krank ist und die Frau die Sicherheit der Familie garantieren muß, hat meist die Frau den ersten Platz. Das konntet ihr in der Konstellation von Brigitte sehen. Am ersten Platz rechts vom Mann fühlt sich die Frau aber oft verlassen oder nicht unterstützt.

Es gibt aber auch andere Konstellationen, wo die Frau an den ersten Platz rückt, zum Beispiel, wenn ihr Herkunftssystem durch Schicksale ein besonders großes Gewicht hat. Die Schicksale geben ihr dann mehr Bedeutung als dem Mann. Man muß es ausprobieren und aus der Konstellation erschließen und kann es nicht von vorneherein sagen. Steht der Mann links von der Frau, ohne daß etwas in der Familie vorliegt, entzieht er sich der Familie, übernimmt wenig Verantwortung oder er hat Narrenfreiheit. Sobald er rechts steht, fühlt er sich für die Familie verantwortlich. Das ist die Wirkung der Positionen.

Frage: Ist das nicht eine patriarchale Ordnung?

Bert Hellinger: Diese Frage ist völlig irrelevant. Sie bringt nichts für die Lösung. Selbst wenn du sagst, es müßte anders sein, ist es nicht anders. Die Seele reagiert so, ob du die eine oder die andere Theorie hast. Da ist keine Ätiologie dahinter. Der für die Sicherheit steht und den Raum schafft, in dem sich die Familie entfalten kann, hat Vorrang. Der hält auch zuerst den Kopf hin. Das hat mit der Ebenbürtigkeit überhaupt nichts zu tun.

In den Aufstellungen folgen dann links neben den Eltern die Kinder im Uhrzeigersinn in der Reihenfolge ihres Alters. Oft ist auch die gute Aufstellung, daß die Kinder den Eltern gegenüber in dieser Reihenfolge stehen. Das kann man auch bei Tischordnungen sehen. Ich habe die Rückmeldung bekommen, daß in Familien Frieden am Tisch war, wenn sie in dieser Reihenfolge saßen.

Totgeborene stehen bei den Geschwistern und abgetriebene Kinder sitzen – wenn die Arbeit mit ihnen angebracht ist – in der

Lösungskonstellation am besten zwischen den Eltern und an sie angelehnt.

Das lösende Bild entsteht aus der Interaktion

Nach der Anfangsaufstellung wird meist über mehrere Zwischenstufen und mit vielen Probeaufstellungen und -veränderungen in einem gemeinsamen Interaktionsprozeß der Mitwirkenden unter Führung des Gruppentherapeuten die Lösungskonstellation, das heilsame Bild, entwickelt. Bevor eine Tochter zum Beispiel schließlich an ihrem endgültigen Platz in der Geschwisterreihe steht, kann sie neben die Mutter gestellt werden, die sie bisher ablehnte, oder ihre Stellvertreterin in der Konstellation nimmt die Mutter, sich vor ihr verneigend, stellvertretend für sie. Ausgeklammerte werden einbezogen und andere mit besonderen Schicksalen (z. B. früh gestorbene Eltern der Eltern). Der Gruppenleiter verbündet sich innerlich immer mit den Ausgeklammerten. Öfters fehlen auch Informationen, die den Fortgang erschweren oder unmöglich machen.

Entscheidend wichtig ist es in diesem Prozeß, die Äußerungen der Mitwirkenden mit hoher Aufmerksamkeit wahrzunehmen und sich von ihnen leiten zu lassen. Im Zweifelsfalle verläßt sich der Therapeut dabei mehr auf seine eigenen Wahrnehmungen, besonders wenn das averbale Verhalten der Mitwirkenden ihren Äußerungen widerspricht. In der ganzen Phase schaut der, der das System aufgestellt hat, nur zu und gibt auf Nachfragen Informationen. Ist das gute Lösungsbild gefunden, wird er aufgefordert, seinen Platz einzunehmen.

Der Therapeut sucht die Lösung vor allem für den, der aufstellt. Es ist mein sicheres Gefühl, daß sowohl die Anfangsaufstellung als auch die Lösungskonstellation für alle Mitglieder einer Familie gleich ist, daß jedoch im Verlauf einer Aufstellung für einen Jungen zum Beispiel ein anderer Zwischenschritt gemacht wird als für ein Mädchen oder für beide eventuell unterschiedliche Personen zusätzlich mithineingenommen werden müssen.

Die Wirkung des Lösungsbildes

Wenn jemand seine Lösung gesehen hat, genügt es, wenn er das Bild in sich hineinnimmt und weitermacht. Er muß Zeit verstreichen lassen. Das ist wie ein Heilprozeß, der langsam vor sich geht, und dann ist es auf einmal gut. Das ist eine Hypothese, und es sind natürlich auch Zweifel drin, weil die Basis noch zu gering ist. Aber man kann es an der Wirkung überprüfen.

Niemand sonst in seinem System muß sich verändern. Er muß auch niemandem sagen, er müsse einen anderen Platz einnehmen. Die ganze Veränderung geschieht nur durch das verinnerlichte Bild. Gelegentlich kann es sich als hilfreich erweisen, den Familienmitgliedern die Entwicklung der Aufstellung zu erzählen, aber ohne Kommentar: So war es, und das war die Wirkung.

Haben Eltern das System in sich in Ordnung gebracht, wirkt das unmittelbar auf die Kinder, auch ohne daß man ihnen etwas darüber sagt. Was wirkt, ist die Ordnung und die Würdigung in der Seele. Es ist ein Merkmal einer guten Lösung, daß jeder seinen guten Platz hat. Ist man noch etwas schuldig, muß man das natürlich in Ordnung bringen. Für manche ist es gut, daß sie sich das Lösungsbild aufzeichnen. Die Einzelheiten werden oft vergessen.

Ich erzähle noch ein Beispiel über die Wirkung von Bildern. Ich war bei einer Therapeutin zum Mittagessen eingeladen. Bei ihr im Haus wohnte eine Nichte, die war etwa zwanzig Jahre alt und von zu Hause verstoßen worden. Sie hatte viele Selbstmordversuche gemacht, war süchtig gewesen und hatte sich jetzt bei der Tante gefangen, hatte einen Beruf gelernt und war ein ganz passables Mädchen. Diese Therapeutin erzählte beim Mittagstisch, die Nichte habe ein paar Monate vorher eine Reise nach Guatemala gemacht. Dort lieh sie sich ein Motorrad aus und fuhr es zuschanden. Sie ließ es einfach irgendwo liegen und fuhr zurück. Ich ließ das auf mich wirken und sagte: Die muß das Motorrad bezahlen, sonst ist ihre Wandlung gefährdet. Nach dem Mittagessen ist die Therapeutin nach Stuttgart abgereist und hat die Nichte vorher nicht mehr gesehen. An dem gleichen Abend ruft die Nichte sie an und sagt: Ich werde das Motorrad bezahlen. Das ist die Wirkung innerer Bilder, und das ist die Wirkung durch Nichthandeln. Das Gute im Bild wirkt. Nachdem die Einsicht da ist, muß ich für die Ausführung noch einmal Kraft sammeln und muß sich nochmal ein neuer Kairos einstellen, und dann geht es ganz leicht.

Wenn das Bild stimmt

Vor wenigen Monaten war ein junges, dynamisches Ehepaar hier, die waren so Ende zwanzig und hatten schon mehrere Kinder, und das vierte war unterwegs. Die drei Jahre alte Tochter hatte Diabetes bekommen. Wir haben das System aufgestellt, und die kleine Tochter zeigte sich in der Konstellation völlig unruhig und konnte überhaupt keinen Platz finden.

Dann haben wir sowohl die Mutter als auch die Großmutter der Mutter, die beide einen sehr anrüchigen Ruf hatten und von der Frau abgelehnt wurden, hereingenommen. Sobald die Großmutter da war, war das Kind völlig ruhig, und als wir sie hinter das Kind gestellt haben, war es völlig selig. Die Aufstellung war spät am Abend. Am gleichen Abend haben die Eltern zu Hause angerufen, und die Kleine hat zu ihnen geredet wie noch nie. Die waren völlig überrascht. Im letzten Monat war ein Bruder des Mannes da, und da hab' ich ihn gefragt, wie das mit dem Diabetes war, als die Eltern heimkamen. Da sagte er: Drei Tage war keine Spritze notwendig, und dann hat es wieder angefangen. Das heißt, die Lösung ist nicht durchgezogen worden. Aber immerhin, das wirkte nur durch das Bild. Die haben nichts gesagt. Es wirkte allein die Ordnung der inneren Bilder.

Aufhören zur rechten Zeit

Findet man nach einer gewissen Zeit – man kann es meist an der unruhiger und unaufmerksamer werdenden Beobachtergruppe merken – keine endgültige Lösung, beendet man die Aufstellung am besten. Meist fehlen dann wichtige Informationen, und hinreichende Hinweise hat die Aufstellung meistens sowieso schon ergeben. Mein Prinzip ist: lieber etwas früher aufhören.

Abbrechen als eine schwierige und wirksame Intervention

Adrian, ein Seminarteilnehmer, der sich damit auseinandersetzte, daß seine Frau eine Schwangerschaftsunterbrechung vornehmen lassen wollte, stellte seine Familie auf. Er wirkte dabei innerlich unbeteiligt und reihte die Mitwirkenden nachlässig nebeneinander auf. Nachdem sich an seinem Vorgehen auch nach einer Unterstützung nichts änderte, sagte Bert Hellinger: Du stellst dich dem nicht, es geht nicht. (Und nachdem sich die Stehenden gesetzt hatten:) Einer Familienkonstellation mit einer solchen Brisanz kann man sich nur mit Furcht und Zittern nähern, und mit Respekt. Da kann man nicht mauscheln und herumprobieren.

Ich erzähle zur Erläuterung eine kleine Geschichte:
Vor zwei Jahren besuchte uns ein Freund und erzählte, daß sich sein älterer Sohn, der eine Zimmermannslehre macht, an einer Maschine schwer am Bein verletzt hat. Er lag im Krankenhaus, aber es war so, daß er keinen bleibenden Schaden davontrug. Als der Sohn im

Krankenhaus war, hat er seinen Vater angeschaut und gesagt: „Ich hatte keine Ehrfurcht mehr vor der Maschine."

(Zu Adrian): Was ich gesagt habe, habe ich wahrgenommen. Ich will dir da aber nichts unterstellen. Das, was fällig ist, war noch nicht da, und du kannst es nicht erzwingen. Das ist nicht in den guten Willen gegeben. Können wir das im Augenblick so stehenlassen?

Es kommt darauf an, wie einer seine Konstellation stellt und wie er anfängt, ob er verwirrend ist oder klar. Man sieht, wie sehr einer engagiert und gesammelt ist. Wer es gesammelt macht, der macht es langsam. Der wägt dauernd ab: Ist es das jetzt oder nicht? Wenn einer überprüfen will, ob er es entsprechend seinem inneren Bild aufgestellt hat, sieht er es oft besser, wenn er einmal um das aufgestellte System herumgeht.

Es gibt ein zusätzliches ganz einfaches Kriterium, ob jemand ernsthaft aufstellt oder nicht. Wer ernsthaft aufstellt, nimmt jeden bei der Hand oder faßt ihn an und bewegt ihn an seinen Platz und geht mit ihm, bis er dort angekommen ist. Wenn es nicht richtig gemacht wird, ist das der schwerste Test für den Therapeuten. Er wird vor aller Augen auf die subtilste Art geprüft, ob er Herr der Lage ist, ob er es merkt oder nicht. Wenn er es nicht merkt, kann er einpacken. Stellt jemand seine Konstellation auf, und ich merke, er stellt sie nach einer vorgefaßten Meinung auf, oder da stimmt was nicht, und ich sage dann, daß ich nicht weitermachen will, dann ist das für mich in der systembezogenen Psychotherapie eine der schwierigsten Interventionen und eine der wirksamsten.

Auch wenn ich jemanden auffordere, sein System aufzustellen, und er fragt: „Soll ich es aufstellen wie es früher war oder wie es jetzt ist?", kann er die Konstellation nicht mehr aufstellen. Wenn jemand sein System aufstellt, stellt er sein verinnerlichtes Bild seines Systems auf. Sobald er fragt: „So wie es jetzt ist?", ist er abgelenkt vom inneren Bild, und dann kommt die Aufstellung oft aus dem Kopf, und dann bringt's nichts mehr. Es ist auch nicht gut, sich vor der Aufstellung ein Bild seiner Konstellation auszumalen.

Familientherapie, Familienskulptur, Familienkonstellation

Frage: Kann man solche Konstellationen auch mit Familien selbst machen?

Bert Hellinger: Ich habe keine Erfahrung damit, bin aber instinktiv dagegen. Die Überlegung ist für mich, ob man überhaupt Therapie mit der ganzen Familie machen soll. Da bin ich auch dagegen. Wenn die ganze Familie vor dem Therapeuten erscheint, verlieren die Kinder die Achtung vor den Eltern, und das ist ein ganz hoher Preis. Familientherapie wird mit den Eltern gemacht. Die Therapeuten arbeiten mit den Eltern, und die Eltern arbeiten mit den Kindern. Von den Gesprächen brauchen die Kinder überhaupt nichts zu erfahren.

Um eine Konstellation aufzuzeigen, braucht man keine Familie. Die Beobachtung ist, daß es eine größere Wucht hat, wenn man die Familie durch andere aus der Gruppe aufstellt. Stellen Familienmitglieder ihre eigenen Familienmitglieder auf, besteht die Gefahr, daß die aktuellen Beziehungen eher störend wirken und sie dann nicht von ihren inneren Bildern ausgehen. Ich habe das noch nicht mit einer Familie gemacht, und ich würde es auch nicht mit Familien machen. Eventuell können sie zuschauen, wenn andere das machen. Das habe ich aber auch noch nicht gemacht.

Diejenigen, die ihre Familie in einer Gruppe aufstellen, tragen die Bilder anschließend mit in ihre Familien hinein. Die wirken, und auf einmal gibt es dort eine Lösung. Das ist eine elegante Lösung, bei der niemand merkt, daß ein Therapeut im Spiel war. Die ganze Würde und Verantwortung bleibt in der Familie. Wenn man sich der Probleme bewußt ist, kann man auch Familientherapie machen, jeweils wie es der Situation entspricht.

(An anderer Stelle)

Ich möchte da noch eine Unterscheidung einführen. Was wir machen, sind keine Familienskulpturen, es sind Konstellationen. (Bert Hellinger versteht hier unter „Familienskulpturen" Aufstellungen, bei denen den Mitwirkenden die Blickrichtungen, bestimmte Haltungen und Gesten verordnet werden.) Durch Skulpturen lege ich die, die ich aufstelle, von außen fest und lasse dem Gespür der einzelnen keinen Raum. Wenn der nur hingestellt wird und an seinem Platz steht, dreht er seinen Kopf aus dem inneren Bedürfnis, wo er hin will. Wenn ich aber den Kopf drehe oder sage, wen er anschauen soll, kann er das nicht mehr aus seinem Gefühl an dem Platz machen. Ich lege ihn dadurch in seinen Gefühlen fest, und auch aufgetragene Gesten und Posen lenken nur ab. Wenn er an seinem Platz steht und keine weiteren Anweisungen gegeben werden, können sich auch seine Symptome entwickeln, zum Beispiel daß er weiche Knie kriegt.

Ein Platz für die Kirche

Gelegentlich werden auch Institutionen, der Betrieb, der Beruf oder andere wichtige Bereiche von großem Gewicht mit aufgestellt.

In einem Seminar läßt Bert Hellinger einen der Teilnehmer, Eckhard, der sich immer beschwert fühlt, sich selbst, die Psychoanalyse, das Leichte, das Ärztliche und das Spirituelle aufstellen. Dann ordnet er die fünf so, daß sie alle einen guten Platz haben.

Wenn jemand zwei Heimatländer hat, zum Beispiel wenn die Eltern aus verschiedenen Ländern stammen oder wenn der Klient zwei Berufe hat, dann läßt er beide aufstellen, damit beide zu ihrem Recht kommen und in einer guten Balance sind.

Paare im Kurs

Wenn ich Paare im Kurs da habe, lasse ich erst den einen Partner die Konstellation des Gegenwartssystems stellen und gleich darauf den anderen mit den gleichen Menschen. Sie bleiben also stehen und werden nur anders hingerückt. Sieht man dann, daß der eine Partner sich drückt, die Konstellation richtig hinzustellen, frage ich die Mitwirkenden, wie es ihnen ähnlich oder unterschiedlich gegangen ist.

Systemisch gesehen ist das so: Wenn eine Frau einen Mann heiratet, nimmt er sie mit ihrem System wahr, und zwar so, wie sie ihr System verinnerlicht hat. Wenn sie das in Unordnung verinnerlicht hat, dann nimmt er die Frau auch unordentlich wahr. Umgekehrt ist es genauso. Wenn jetzt beide Partner ihre Konstellationen aufstellen, können beide sehen, wo sie den Partner oder die Partnerin unterschiedlich wahrgenommen haben. Und wenn das dann zurechtgerückt wird, nimmt man seinen Partner gemäßer wahr. Das hat eine sehr positive und befreiende Wirkung auf die Beziehung.

Wiederkehrende Muster bei Aufstellungen

Diejenigen der Leser und Leserinnen, die selbst schon mit Konstellationen arbeiten oder zu arbeiten planen, werden sicherlich daran interessiert sein zu erfahren, ob bestimmte wiederkehrende systemische Konstellationen Hinweise für bestimmte Dynamiken geben und ob sich bei bestimmten Problemstellungen bestimmte Lösungskonstellationen bewährt haben. Nach meinen Beobachtungen (des Herausgebers) scheint das der Fall zu sein. Bei dem jetzigen Stand der Erfahrungen in der Arbeit mit Konstellationen sind das aber eher Vermutungen und Hypothesen, die, wenn sie mitgeteilt würden, leicht zu Tatsachen gerinnen und den unmittelbaren Blick verstellen könnten. Es ist gut, davon auszugehen, daß jede Konstellation einzigartig und unverwechselbar ist und auch jedes Lösungsbild in jedem Fall in einem fein abgestimmten Interaktionsprozeß gefunden werden muß. Aus diesem Grund werden hier nur unsortiert ein paar Beispiele angedeutet, und die im nächsten Abschnitt angegebenen „Grundsätze für eine Aufstellung" sind eher als mögliche Hinweise zu verstehen.

Ist ein Kind parentifiziert, das heißt nimmt es in der Familie für die Eltern Elternfunktionen wahr oder ist es für die Eltern in einer Elternrolle, fühlt es sich in der Konstellation oft unruhig und kann seinen Platz nicht finden.

Bert Hellinger: Dann suche ich nach einem Elternteil der Eltern, irgend jemand, der ausgeschlossen oder früh gestorben ist, und den stelle ich dann mit ins System hinein. Sobald der oder die dasteht, wird das Kind ruhig.

Frage: Ist es in der Konstellation wichtig, daß derjenige das gleiche Geschlecht hat wie der, den er vertritt?

Bert Hellinger: In der Regel schon, nur im äußersten Notfall nimmt man jemanden mit einem anderen Geschlecht. Dann jedoch nur Nebengeordnete. Es ist aber immer störend. Wenn zu wenige da sind, stelle ich mich manchmal mit in die Konstellation. Man macht also immer das Beste aus den Umständen, die zur Verfügung stehen.

Frage: Ich habe noch eine technische Frage. Kann man so etwas auch mit Jugendlichen machen?

Bert Hellinger: Also bei Jugendlichen ist meist etwas anderes dran. Solche Konstellationen, wie auch die Skriptanalyse, setzen ein bestimmtes Maß an gelebtem Leben voraus, und ich habe nur gelegentlich Ausnahmen gemacht. Bei der Skriptanalyse setze ich so ein Alter von etwa dreiundzwanzig Jahren voraus, hier ähnlich. Wenn man das gezielt macht bei einem einzelnen Fall, dann kann es gut sein, aber einen solchen Kurs würde ich nicht mit Jugendlichen machen.

Ich will zum Abschluß noch etwas zu Konstellationen sagen, damit es keine Mißverständnisse gibt. Diese Konstellationen sind Bilder, sind Stationen auf einem Weg. Ich muß es wie einen Keim nehmen, der sich dann weiterentwickelt. Wenn man aus einer solchen Konstellation zu konkrete Schlußfolgerungen zieht, kann das in die Irre führen.

Ein Beispiel:
Ich habe einmal bei einem Mann eine Konstellation aufgestellt. Er verstand sich mit seiner Frau nicht mehr. Da war das Bild, daß sie sich trennen und daß die Kinder zu ihm kommen. Er ist dann heimgekommen und hat gesagt: Der Bert hat gesagt, wir müssen uns trennen, und die Kinder müssen zu mir. Das ist ein Mißbrauch, ein ganz schlimmer Mißbrauch einer Übung. Das war der Frau gegenüber unfair und ist der Übung gegenüber unfair. Es ist so, als wenn die Sonne aufgeht, und ich sage mir: Ich mache etwas mit dem Licht. Man läßt das Licht in sich wirken, und es wirkt weiter, und auf einmal verändert sich etwas. Dann scheint vielleicht eine neue Möglichkeit auf.

Die Geschichte von einem, der es genau wissen wollte

Einem Mann war die Frau gestorben, und er saß mit vielen Kindern da und wußte nicht, wie es weitergehen sollte. Er hatte keine Arbeit und konnte sie nicht ernähren. Da hat ihm ein Freund erzählt, es gebe einen Einsiedler in den Bergen, der wisse das Geheimnis, wie man aus Steinen Gold macht. Vielleicht könnte der ihm helfen.
Da sagte er: „Ja, zu dem geh' ich hin."
Dann ist er hingewandert, hat ihn gefunden, fragte ihn: „Stimmt es, daß du weißt, wie man aus Steinen Gold macht?" Da sagte der: „Ja, das weiß ich."
„Und würdest du das verraten?"
„Ja, das tue ich auch. Du brauchst jetzt nur beim nächsten Vollmond ins übernächste Tal zu gehen und eine Stunde vor Mitternacht fünf große Kieselsteine suchen und sie auf Tannenreisig legen. Dann nimmst du diese fünf Kräuter hier – die Namen hab' ich leider vergessen – streust sie darüber, zündest das Feuer an, und um Mitternacht ist aus den Steinen Gold geworden."
Da hat er sich gefreut und hat sich auf den Weg gemacht, und als er eine Weile gegangen war, dachte er sich: „Das kann doch nicht alles sein. Er hat mir bestimmt etwas Wichtiges verschwiegen."
Dann ist er wieder zurück und hat gesagt: „Ich habe mir das überlegt. Das kann doch nicht alles sein. Etwas hast du mir sicherlich verschwiegen."
„Ja", sagte er, „du darfst nämlich während dieser Stunde, in der das Feuer brennt, nicht an einen weißen Bären denken."

d. Zusammenfassung: Beachtenswertes bei Familienaufstellungen

Worauf achtet der Protagonist?

- nur aufstellen, wenn es ernst ist und er es ernst meint (keine Neugier!);
- nach der Auswahl der Mitwirkenden nochmals sagen, wer wen darstellen soll;
- keine Charakterisierung der Personen und nur solche Informationen, die unbedingt erforderlich sind;
- sich sammeln auf das verinnerlichte Bild des Systems. (Dieses offenbart sich erst im Vorgang des Aufstellens. Fragen wie: „Welche Zeit soll das Bild zeigen?" verdunkeln das innere Bild.)
- jeden Mitwirkenden eigens anfassen und aufstellen;
- nur aufstellen, aber keine Skulptur;
- nach der Aufstellung nochmals sagen, wer von den Mitwirken wen darstellt.

Worauf achten die Mitwirkenden?

- sich sammeln auf das unmittelbare innere Gefühl und dieses zum Ausdruck bringen und sagen;
- sich freimachen von der Zensur der Gefühle, wenn sie den eigenen Wertmaßstäben widersprechen;
- keine Absicht verfolgen außer jener, den inneren Prozeß wahrzunehmen und mitzuteilen.

Worauf achtet der Gruppenleiter?

- er sucht die Lösung;
- er achtet darauf, ob jemand, der dazugehört, ausgeklammert wurde und bringt ihn ins Spiel;
- er nimmt Partei für die Ausgeklammerten;
- er vermeidet die vorschnelle Lösung;
- er verläßt sich mehr auf die eigene Wahrnehmung als auf die Mitteilungen der Mitwirkenden;
- er bricht ab, wenn deutlich wird,
  daß der Protagonist es nicht ernst meint,
  wenn der Protagonist nicht jeden eigens anfaßt und aufstellt,
  wenn wichtige Informationen fehlen,
  wenn er keine Lösung sieht;
- er läßt nicht mehr Personen aufstellen, als unbedingt nötig sind

(lieber später fehlende Personen dazu nehmen, als mit für die Lösung überflüssigen anfangen);
- er achtet darauf, daß die Gruppe ernst und gesammelt bleibt.

Hinweise für das Aufstellen

- Wer früher da war, hat Vorrang vor dem, der später kommt. Bei einer Aufstellung auf die Rangfolge achten; sie folgt dem Uhrzeigersinn. Der zweite steht links vom ersten u. s. w. Die Eltern haben den gleichen Rang. Wer wirklich zuerst kommt, muß man ausprobieren. In der Regel kommt der Mann zuerst.
- Bei Systemen hat das spätere System Vorrang vor dem früheren. Daher hat die Gegenwartsfamilie Vorrang vor der Ursprungsfamilie, die zweite Ehe Vorrang vor der ersten. Bekommt einer der Eltern während der Ehe ein Kind mit einer anderen Person, hat die Beziehung zu dieser Person Vorrang vor der früheren.
- Wenn Mann und Frau sich gegenüberstehen, heißt das oft, es besteht keine intime Beziehung mehr zwischen ihnen.
- Wenn eine Frau für ihren Sohn eine Frau auswählt, um ihn darzustellen, heißt das: Der Sohn ist homosexuell oder in Gefahr, homosexuell zu werden.
- Wenn einer der Mitwirkenden aus der Tür will oder aus der Tür geht, heißt das: Er ist selbstmordgefährdet.
- Wenn die Kinder zwischen den Eltern stehen, heißt das: Die Ehe ist geschieden (oft ist das eine Lösungsaufstellung).
- Wenn es einen früheren Geliebten gab, muß der Mann bei der Lösungsaufstellung zwischen ihm und der Frau stehen (Entsprechendes gilt für die Frau bezüglich einer früheren Geliebten des Mannes).
- Wenn bei einer Aufstellung die Mitwirkenden alle in die gleiche Richtung schauen, heißt das, das vor ihnen ein Vergessener oder Ausgeklammerter steht.

4. Spezielle Therapiebereiche

a. Der therapeutische Umgang mit Gefühlen

Ich möchte etwas sagen über die Unterscheidung der Gefühle. Die Hauptunterscheidung ist: Sind es Gefühle, die einen zum Handeln bringen oder sind es Gefühle, die Energie zum Handeln aufsaugen und daher vom Handeln ablenken? Die Gefühle, die zum Handeln führen, sind Gefühle, die stark machen. Gefühle, die schwach machen, sind Gefühle, die Handeln verhindern, Nichthandeln rechtfertigen oder als Ersatz für Handeln dienen. Die Gefühle, die zum Handeln führen, sind *primäre Gefühle* und die Gefühle, die zum Zweifeln führen und am Handeln hindern, sind *sekundäre Gefühle*. Man kann die gleiche Unterscheidung auch in bezug auf Wissen oder Information treffen. Führt die Information zur Lösung oder hindert sie die Lösung. Wird das Wissen zum Ersatz für die Lösung?

Therapeuten müssen schauen, ob ein Gefühl weiterbringt in Richtung einer Lösung oder ob etwas dazwischengeschaltet wird.

Die Gefühle, die zum Handeln führen, sind Primärgefühle, und die sind ganz einfach. Sie brauchen keine lange Erklärung, diese Gefühle sind ohne Drama. Deshalb haben sie eine gewisse Ruhe, außer wenn es wirklich um dramatische Dinge geht. Dann ist das Gefühl auch dramatisch, aber dann ist das gemäß, wie zum Beispiel bei Atemnot.

Die meisten Gefühle, die gezeigt werden, sind Sekundärgefühle und Ersatz für Handeln. Weil sie den anderen überzeugen sollen, daß man nicht handeln kann, müssen sie übertrieben und dramatisiert werden. Der, der sie hat, fühlt sich schwach, und auch die anderen, die präsent sind, fühlen sich schwach und aufgerufen, etwas zu tun, merken aber, daß sowieso nichts hilft.

Bei primären Gefühlen fühlen sich die anderen, die präsent sind, mitfühlend, aber frei, weil der andere, der die Gefühle zeigt, stark ist. Es ist eine ganz leichte Unterscheidung. Der, der die sekundären Gefühle hat, muß die Realität ausblenden, weil er das Gefühl mit Hilfe innerer Bilder aufrechterhält. Deshalb macht er in der Regel die Augen zu und zieht sich zurück. Als Therapeut sage ich dann: Schau doch her, schau mich an. Wenn er dann herschaut und mit offenen Augen bei dem Gefühl bleiben kann, dann ist es ein primäres Gefühl. Sobald er dann rauskommt aus dem Gefühl, war es ein sekundäres

Gefühl. Weil die primären Gefühle zielführend sind, sind sie kurz. Sie sind gleich am Ziel, da gibt es keine Umwege. Die sekundären Gefühle dagegen dauern lange. Sie wollen ja die Situation des Nichthandelns aufrechterhalten. Wenn man die zum Ausdruck bringen läßt, wird es immer schlimmer. Deshalb dauern Therapien, in denen man diese Gefühle pflegt, so lange. Diese sekundären Gefühle haben auch eine Qualität von „schön". Sie sind dramatisch und aufwühlend, machen aber schwach und sind falsch. Die Handlungsanweisung für den Therapeuten ist: nichts tun und etwas zwischenschalten, zum Beispiel Zeit schinden, einen Scherz machen. Erklärungen dienen oft ähnlichem: Sie sollen ablenken, und mit ihnen wird versucht, anderen ihre Wahrnehmung auszureden.

Ich möchte einmal ein Beispiel bringen, und zwar bezüglich der primären und der sekundären Trauer. Primäre Trauer ist zum Beispiel ein ganz heftiger Trennungsschmerz. Wenn sich jemand diesem Schmerz überläßt, dann ist die Trauer schnell vorbei, und dann ist man gelöst und kann wieder neu beginnen. Die sekundäre Trauer zeigt sich zum Beispiel als Selbstmitleid. Dieses Gefühl kann ein ganzes Leben dauern. Diese Trauer trennt nicht. Sie ist Ersatz für primäre Trauer.

Rache ist ebenfalls ein Sekundärgefühl und oft eine Reaktion auf unterbrochene Hinbewegung. Das Gefühl kann aber auch systemisch übernommen sein aus einem vorgeordneten System. Vorwürfe sind immer Ersatz für Nehmen.

Oft wird jemand wütend, wenn er einem anderen was angetan hat. Der andere hätte einen Grund wütend zu sein. Wut ist auch oft Ersatz für Bitten in Beziehungen. „Du hättest doch sehen müssen, daß ich ..." Er hätte nur zu bitten brauchen. Einer meint zum Beispiel, er habe eine Gehaltserhöhung verdient, und nun setzt er sich an seinen Schreibtisch und ist sauer auf den Chef, statt daß er zu dem hingeht und um eine Gehaltserhöhung bittet. Das ist Ersatz für Handeln. Leiden ist oft ein Sekundärgefühl und ein Ersatz für Handeln.

Die dritte Kategorie sind *die systemisch übernommenen Gefühle*. Da ist jemand außer sich. Er ist von sich entfremdet, und man kann auch mit ihm nichts machen, da er in einem fremden Gefühl ist. Man erkennt sofort, daß er in einer völlig anderen Situation ist. Ich habe das vor kurzem erlebt bei einem jungen Paar in einer Gruppe. Er sagte: „Ich verstehe mich nicht so richtig mit meiner Frau.“ Dann habe ich eine Konstellation machen lassen. Er hatte ihr gegenüber ein ganz warmes Gefühl, und sie gab ihm überhaupt keine Chance, daß er sie lieben kann. Sie war völlig weggetreten und hat ihn überhaupt nicht wahrgenommen und gesehen. Sie war in einer fremden Situation. Das, was zwischen ihnen ablief, war Schattenboxen. Die Dynamik, die da eine Rolle spielt, nenne ich doppelte Verschiebung.

Arnold: Ich bin sehr mit den übernommenen Gefühlen beschäftigt, weil ich sowas kenne: nicht drin zu sein und nicht draußen zu sein.

Bert Hellinger: Ja, zum Beispiel ist Ärger und Wut mit einem übertriebenen Bedürfnis, Gerechtigkeit herzustellen, oder wenn ich ein Rächer bin, immer ein übernommenes Gefühl. Die Rechte will man immer für jemand anderen aus der Vergangenheit herstellen. Für eigenes Unrecht ist dieses Gefühl sehr viel weniger intensiv, als wenn man durch eine Identifizierung gestärkt ist.

Arnold: Für mich sind das die bedrückendsten Gefühle.

Bert Hellinger: Klar. Damit man damit umgehen kann, braucht es die innere Läuterung, die innere Reinigung.

Jutta: Ich habe oft das Gefühl, verletzt zu werden, zum Beispiel bei meinem Mann. Ich fühle mich ganz schnell verletzt.

Bert Hellinger: So, wie du es jetzt schilderst, hat es die Qualität eines übernommenen Gefühls. Du bist vielleicht identifiziert mit jemandem, der wirklich verletzt wurde. Das wäre dann eine doppelte Verschiebung, was dann anschließend abläuft.

Es gibt noch eine vierte Kategorie von Gefühlen, die ich *Meta-Gefühle* nenne. Diese Gefühle haben eine völlig andere Qualität. Es sind Gefühle ohne Emotion. Sie sind reine, gesammelte Kraft. Zu diesen Gefühlen gehören zum Beispiel der Mut, Demut (als Zustimmung zur Welt wie sie ist), Gelassenheit. Es gibt auch eine Meta-Liebe, eine übergeordnete Liebe. Als Meta-Aggression bezeichne ich, wenn jemand jemandem etwas antut, ohne ihm böse zu sein, zum Beispiel ein Chirurg, manchmal auch ein Psychotherapeut. Die Disziplin, die zum strategischen Handeln nötig ist, ist eine Meta-Aggression. Strategisch handeln kann man nur mit äußerster innerer Disziplin, und die kostet sehr viel Kraft. Reue ist zum Beispiel auch ein Meta-Gefühl. Dann ist jemand gesammelt, und er weiß um das ihm Gemäße. Das spürt er, und dem folgt er. Wenn jemand von dem ihm Gemäßen abweicht, dann registriert er etwas, das ist nochmal eine Art Gewissen, das geistige Gewissen im Unterschied zu diesem, sagen wir mal Handlungsgewissen. Es hat etwas mit den Meta-Gefühlen zu tun, wenn jemand sich zum Beispiel untreu wird.

Da ist dann auch der Unterschied zwischen einem Skript, das jemand verfolgt und ausdrückt aus der geballten Dynamik seines Systems heraus, das auf ihn einwirkt und in dem er gewisse Aufgaben übernimmt, und der gemäßen Lebenserfüllung. Wenn jemand dahinkommt, geht er über das Skript hinaus, und dann kann es von ihm abfallen.

Die Krönung aller Meta-Gefühle ist die Weisheit. Sie ist verbunden mit Mut, mit Demut und mit Kraft. Weisheit ist ein Gefühl, mit dem man unterscheiden kann, was zählt und was nicht zählt. Weisheit heißt nicht, daß ich etwas weiß, sondern daß ich in einer Situation erkenne, was geht und was nicht geht und was ich zu tun habe. Weisheit ist immer handlungsbezogen. Das Handeln des Weisen ist nicht abgeleitet, sondern er nimmt das Richtige unmittelbar wahr. Deshalb handeln Weise immer anders als man erwartet.

Wenn sich Meta-Gefühle einstellen, werden sie wie Geschenke erlebt. Man kann sie nicht erringen, sie haben eine Qualität von Gnade. Sie sind der Lohn von Erfahrung, von Mühen – wie reife Frucht.

Zur Fülle des Lebens gehört es, daß man in allen Bereichen fühlt, vor allen Dingen in Beziehungen. Die Meta-Liebe gibt der Beziehung eine Kraft und die Sicherheit, aus ihr kommen Verantwortlichkeit, Verläßlichkeit und Treue.

Stärkung oder Schwächung

Wenn man Bert Hellinger beim Arbeiten zuschaut, fällt auf, daß er grundsätzlich seine Aufmerksamkeit auf die Frage zu richten scheint: Stärkt das, was jemand sagt, fühlt und wie er sich verhält, ihn selbst und andere, oder schwächt es ihn und andere? Kommt er zu der Auffassung, daß es schwächt, unterbricht er die Muster einmal humorvoll, einmal konfrontierend und ein andermal erklärend oder mit einer kleinen Geschichte, aber immer sehr früh.

Ein Beispiel:

Hannelore (mit weinerlicher Stimme): Ich habe einen Kloß im Hals, und es kommt ganz viel hoch.

Bert Hellinger: Widersteh der Schwäche! Schau geradeaus! – Siehst du meine Augen?

Hannelore: Ja.
Bert Hellinger: Was haben die für eine Farbe?
Hannelore: Dunkel.
Bert Hellinger (erstaunt): Dunkel? – (Zur Gruppe) Habt ihr jetzt die Veränderung gesehen? Jetzt ist wieder mehr Kraft da. Immer wenn jemand in schwache Gefühle geht, blendet er etwas aus, und er kann nicht richtig sehen und hören. Alles was schwach macht, bringt nichts. Das kann man vergessen, und wenn einer es braucht, kann man ihm sagen, er soll es noch ab und zu genießen.

*

Martha: Mich beschäftigt diese Unterscheidung in stärkende und schwächende Gefühle, die ich noch nicht ganz verstehe. Ich weiß nicht, wie ich herausfinden kann, ob ich mich durch das Weinen, das oft in mir ist, schwäche oder nicht.
Bert Hellinger: Die Stärke zeigt sich durch eine bestimmte Affektkontinenz. Weißt du, was Kontinenz ist?
Martha: Halten?
Bert Hellinger: Wenn man nicht in die Hosen macht. Da ist Kraft drin. Du kannst es hier feststellen, wenn jemand in ein Gefühl geht, das ihn schwach macht, und du kannst sehen, wie ich damit umgehe, daß er wieder in die Stärke geht. Die schwächenden Gefühle haben etwas Manipulatives. Sie sollen den anderen dazu bringen, daß er etwas für einen macht, ohne daß man selbst aktiv wird. Die schwachen Gefühle dienen der Rechtfertigung von Nichthandeln und der Aufrechterhaltung des Problems. Deshalb kann man da meist auch nichts machen und darf auch nicht eingreifen, solange jemand in einem solchen Gefühl ist.

*

Angela: Jetzt habe ich aber noch eine Frage: Gibt es auch eine starke Schwäche?
Bert Hellinger (nach einer Weile Nachdenken): Ja, wenn man sie strategisch einsetzt.
Angela: Ich frage, weil für mich Schwäche zum Leben dazugehört. Das ist auch ein Teil ...
Bert Hellinger: Nein, die Bedürftigkeit gehört dazu, und das ist etwas anderes. Es ist sehr wichtig, daß wir anerkennen, daß wir bedürftig

sind und daß wir in den Beziehungen vermitteln, daß wir den anderen brauchen, aber ohne ihn zu gebrauchen. In Partnerschaften sind beide bedürftig, und das stiftet Beziehung. Wenn einer zum Beispiel keine Bedürftigkeit mehr hat – das gibt es, daß Leute zu ihrer Fülle gekommen sind und überfließen und andere von ihnen nehmen können. Das stiftet jedoch keine Beziehung, wenn sie nichts von dem anderen nehmen. Die bleiben dann für sich. Um so menschlicher aber ist das andere.

(An anderer Stelle)

Weißt du, wie man mit Bedürftigkeit umgeht? – Man bittet den anderen um etwas, ganz konkret. Also nicht etwa: Bitte liebe mich mehr, das ist nicht konkret, sondern: Bitte, bleib mal eine halbe Stunde bei mir und unterhalte dich mit mir. Das wäre konkret genug. Dann weiß der nämlich, daß er nach einer halben Stunde die Bitte erfüllt hat. Wenn du aber sagst, bleib immer bei mir, kann er das nicht erfüllen und fühlt sich überfordert.

*

Edda: Ich habe Herzklopfen und ganz feuchte Hände, und ich frage mich, ob ich jemals meine Bedürftigkeit stillen kann?

Bert Hellinger: Ja, du mußt eine Unterscheidung treffen. Es ist eine Bedürftigkeit von jemandem, den es nicht mehr gibt. Das kleine Kind gibt es nicht mehr in dem Sinne, und die Person, auf die die Bedürftigkeit hingeht, gibt es auch nicht mehr. Wenn immer du das jetzt versuchst, wenn du als Erwachsene versuchst, es von einer anderen Person zu bekommen oder wenn du als Erwachsene es mit deiner Mutter und deinem Vater versuchst, dann geht das alles nicht mehr.

Die Methode ist, daß du zurückgehst, so ähnlich wie ich das mit Brigitte gemacht habe, bis du wieder das Kind bist, und dann vielleicht die Mutter oder den Vater von damals anschaust und als Kind von damals hingehst. Dann kannst du selbst für das Kind beschützend sein, so daß es sich sicher fühlt. Du kannst sozusagen in dir dissoziieren zwischen dem bedürftigen Kind und der Erwachsenen. Die Erwachsene steht dem Kind bei. Dann kannst du dir immer noch die Hilfe von einem Therapeuten holen, der dir dabei hilft. Dann ist das eine klare Situation, und du kannst nicht beschämt werden. Als Erwachsener kann jemand sagen: Das ist nicht mehr gemäß. Für das Kind aber ist es gemäß.

Abschied und Trauerarbeit

Vor einiger Zeit war einmal ein Teilnehmer in einer Gruppe, der hatte aus der Zeitung erfahren, daß sein unehelicher Sohn tödlich verunglückt war. Den Sohn hatte er nie gesehen und sich nie um ihn gekümmert. Später heiratete er selbst und hatte drei Kinder. Er hat dann die Konstellation aufgestellt, und ich stellte neben ihn seinen toten Sohn. Später habe ich den Sohn vor den Vater hingesetzt, und er hat seine Hand auf dessen Kopf gelegt, und er zeigte einen ganz tiefen Schmerz und eine tiefe Scham. Dann war das vorbei. Mit seiner Frau verstand er sich überhaupt nicht. Am gleichen Abend rief ihn seine Frau an und sagte ihm liebe Dinge. Plötzlich war er versöhnt, und das Bild hatte auch über Entfernungen gewirkt.

Karl: Ich beschäftige mich mit der Idee der Trauerarbeit. Hier ist es ja so: Wenn ein Ausgeschlossener aufgenommen wird, dann ist das einfach gut, und es muß nichts anderes mehr getan werden.

Bert Hellinger: Trauerarbeit bezieht sich auf die unmittelbare Beziehung, aber nicht auf die, die ich nicht gekannt habe. Die müssen nur aufgenommen werden. Ich habe ja die Vorstellung, daß der einzelne seine Vollständigkeit nur dann erlangt, wenn alle, die zu seinem System gehören, in seinem Herz ihren Platz haben. Dann ist er vollkommen, und solange einer fehlt, ist er unvollkommen. Es fehlt ihm etwas zu seiner Ganzheit. Erst wenn alle da sind, kann er unbeschwert das ihm Gemäße tun.

*

Martha: Ich denke an einen Kollegen, der im Sommer an einem Unfall gestorben ist, und das hat mich sehr mitgenommen. Ich habe seit dem Unfall zehn Pfund abgenommen, und ich weiß nicht, was das ist. Ich habe auch viel geweint, und ich hatte das Gefühl, das ist nicht gemäß.

Bert Hellinger: Hast du eventuell etwas verweigert, was er dir geben wollte, oder etwas bei ihm abgewertet? Schuldest du ihm noch etwas?

Martha: Ich habe zu seinem Bruder kurz eine Beziehung gehabt, mit der er nicht einverstanden war.

Bert Hellinger: Hast du zu ihm auch eine Beziehung gehabt?

Martha: Nein, er ist mit einer anderen Kollegin von mir verheiratet.

Bert Hellinger: Ich habe dir jetzt einige Andeutungen gegeben. Laß das vielleicht mal wirken. Ich bin noch bei dem, daß du ihm etwas schuldest, und zwar etwas zu nehmen. Abschied gelingt, wenn ich alles genommen habe, was mir jemand schenkt.

Ich erzähle ein Beispiel aus meiner Nachbarschaft:
Frau M. war in schlimmen Nöten, als ihr Mann gestorben war. Er starb an Herzinfarkt, und das ist schon zehn Jahre her. Frau M. wurde immer weniger und weinte viel. Ich habe ihr gesagt, wenn sie mal Hilfe brauche, könne sie ruhig zu mir kommen. Nach einem Jahr stand sie vor der Tür und sagte: „Herr Hellinger, können Sie mir nicht helfen?" Da sagte ich: „Kommen Sie rein." Da hat sie sich hingesetzt, und ich habe ihr gesagt: „Stellen Sie sich einmal vor, wie das damals war, als Sie Herrn M. das erste Mal getroffen haben." Dann hat sie die Augen zugemacht, und dann begann sie zu lächeln. Dann hab' ich ihr gesagt: „Jetzt können Sie gehen", und dann ist sie aufgeblüht und seitdem ist sie wieder eine ganz resolute Frau geworden. Also zum Abschied gehört die gute Erinnerung.

Trauer und Selbstmitleid

Adrian: Bei mir wechselt es zwischen Traurigkeit und auch einem Stück mich ergeben.
Bert Hellinger: Deine Traurigkeit gestern hatte den Charakter von Selbstmitleid.
Adrian: Das stimmt.
Bert Hellinger: Das ist eine böse Trauer, und die bringt nichts.
Adrian: Ich genehmige sie mir manchmal.
Bert Hellinger: Nein, nein. Das ist eine Verachtung des Kindes und der Mutter (Anmerkung: Es ging um eine Abtreibung, die seine Frau zur gleichen Zeit beabsichtigte). Von wegen sich genehmigen! Diese Art von Traurigkeit bringt eine neue Schuld und dauert oft das ganze Leben, weil sie sich nicht verändert. Selbstmitleid ist narzißtisch.

Bei der primären Trauer ist das anders. Ich erinnere mich da an das Ende eines Seminars in den USA, an dem zwei kleine Mädchen einer Familie schrecklich geheult haben. Als die Mutter mahnte: „Hört doch auf", hat das eine Mädchen gesagt: „Nein, noch ein paar Minuten." Die hatte uns gesehen und war traurig, daß wir gehen, das war Abschiedsschmerz. Der braucht eine gewisse Zeit, und dann ist er vorbei, und er hat etwas Elementares.
Adrian: Ich kann das auch ganz gut unterscheiden, aber es passiert halt doch ab und zu.
Bert Hellinger: Es passiert überhaupt nichts, du machst es!

Wenn Trauer nicht aufhört

Ein Teilnehmer fragt bezüglich einer Frau, die in seinem Ort wohnt und vor zehn Jahren einen zwanzigjährigen Sohn bei einem Autounfall verloren hat und die immer noch trauert.
Bert Hellinger: Die Frau ist dem Sohn böse. Wenn jemand auf einen Verstorbenen böse ist, hört die Trauer nicht auf. Deshalb muß sie sagen: Ich achte dein Leben und deinen Tod. (Schweigen) Ich sage das dir, du kannst es ihr aber nicht so sagen.

Rilke schrieb mit 31 Jahren einmal in einem Brief: „Verzichten Sie auf die Antworten. Sie können die Antworten nämlich noch nicht leben." Das ist ein wichtiger therapeutischer Grundsatz. Man gibt nicht jemandem eine Antwort, der diese noch nicht leben kann.
Adelheid: Wie kann man dem dann helfen, dorthin zu kommen, daß er es leben kann?
Bert Hellinger: Wieso soll man?
Adelheid: Das kann doch meine Aufgabe als Therapeut sein.
Bert Hellinger: Nein, nein. Ein Therapeut ist jemand, der mühsam hinterherhinkt.

Helfenwollen bei Trauer

(aus einer Diskussion über die Zustimmung zum Schicksal)
Adelheid: Ich habe noch eine Frage: Würdest du sagen, daß das auch gilt, wenn ein Kind behindert ist. Geht das dann auch darum, daß die Eltern das anerkennen?
Bert Hellinger: Nein, da ist etwas anderes fällig. Es beginnt ja alles mit der Zeugung. Das ist die folgenreichste Tat mit größtem Risiko, und es ist die höchste. Dieser Akt muß in seiner Größe gewürdigt werden. Das ist das erste. Dann stehen die Eltern zu dem, was daraus folgt. Das ist ihre Würde. Sie stehen zu dem Kind, so wie es kommt. Das ist die richtige Haltung, eine demütige Haltung, in der eine Größe zum Ausdruck kommt. Dann fließt etwas, was anders gar nicht fließen kann.
Adelheid: Es wäre, ja ...
Bert Hellinger: Es ist bei den meisten so, und du würdest dich wundern. Die Außenstehenden sind betroffen. Die meisten Eltern stellen sich dem, und deine Haltung hindert sie. Du machst Einwände, und es fehlt dir an Mitgefühl. Darum kannst du sie nicht würdigen. Das wäre der erste Schritt. Und zur Würdigung gehört, daß man sich raushält. Das wäre, glaube ich, das Gemäße in diesem Zusammenhang.

Ein Beispiel:
Vor ein paar Jahren hat mich einmal eine Frau angerufen, die war in einer Mutter-Kind-Gruppe, in der auch eine Frau mit einem fünfjährigen krebskranken Sohn war. Sie ist dahingegangen, um der Mutter beizustehen, und hat gesehen, daß das nicht geht. Dann hat sie mich angerufen, was sie machen soll. Ich habe sie gefragt, wie das denn war, als sie dahinkam. Was hat denn das Kind gemacht? „Ach", sagte sie, „das Kind hat fröhlich gespielt." Da sagte ich: „Genau, laß das Kind spielen, solange es will, und laß dem Kind seine Eltern, und halt dich da völlig raus. Was willst denn du da eigentlich?" Das hat sie dann gemacht. Dann können die Eltern tun, was richtig ist. Da stört ein Therapeut nur.

Ein weiteres Beispiel:
Vor einiger Zeit hat mich eine Therapeutin angerufen, die hatte einen Klienten, der sich umgebracht hat. Jetzt meinte sie, sie müßte den Angehörigen bei der Trauer helfen, und sie fragte, ob sie zur Beerdigung gehen sollte. Da sagte ich: „Nein, überhaupt nicht. Du hast deine Arbeit gemacht, alles andere ist deren Sache. Da darfst du dich nicht einmischen." Was soll denn das? Ich kann mich doch da als Therapeut nicht verpflichtet fühlen, die Leute vor dem Leben zu schützen oder vor dem, was dazugehört. Es ist dieses Bessermachen-Wollen, was die Welt zugrunde richtet und vor allen Dingen die Beziehungen.
Adelheid: Ich laß das auf mich wirken.
Bert Hellinger: Was heißt das?
Adelheid: Ich brauche noch Zeit dazu.
Bert Hellinger: Das heißt: Du bleibst bei deiner Auffassung, und das ist völlig in Ordnung für mich. Ich stimme dem zu. Deine Reaktion kann von dem, was ich gesagt habe, nichts wegnehmen, und es kann ihm auch nichts hinzufügen. Meine Tat stimmt so oder so, das ist die therapeutische Haltung.

Eigene oder übernommene Trauer

Jens: Da ist für mich noch etwas mit der Trauer. Meine Frage ist: Was ist nun meine echte Trauer und was ist die meines Vaters.
Bert Hellinger: Was heißt echt? Echt ist, wenn es einen unmittelbaren Anlaß gibt. Wenn es den nicht gibt, ist es in der Regel übernommen, stellvertretend für jemand anderen. Und die Motivation ist immer die

Liebe. Wenn es so ist, kannst du zu dem Vater sagen: „Ich nehm's auf mich, lieber Papa", oder: „Lieber Papa, ich fühle sie für dich, die Trauer."
Jens: Um rauszukommen?
Bert Hellinger: Och, einfach so, auch wenn du nicht rauskommst, mach's einfach mal (Lachen in der Gruppe; zur Gruppe) Die Lösung wäre, wenn er sagt: „Ich mach's für dich, Vater. Wenn's dir hilft, trag' ich sie gerne."

Schicksalhaftes oder gesuchtes Leid

Jens: Ich fühle mich in der Gemeinschaft der Anonymen Alkoholiker mit ihrer Offenheit und ihrem Vertrauen sehr wohl. Diese Gemeinschaft ist aber auch durch sehr viel Leid gekennzeichnet. Meine Frage ist: Gibt es diese Betroffenheit auch in dem gesunden, freudigen und fröhlichen Sinn oder muß erst dieses Leid entstehen, um das Gemeinsame wieder mehr in den Vordergrund zu bringen?
Bert Hellinger: Ich glaube, deine Fragestellung beantwortet es zugleich. Diese Tiefe ist ohne Leid und ohne Schuld nicht zu erreichen, glaube ich. Diese großen Kräfte sind auch an Leid gebunden. Schon in der Bibel steht: Wer nicht gelitten hat, was weiß der schon?
Alexis: Könnte das nicht auch eine Versuchung zum Leid sein?
Bert Hellinger: Ja, aber das wirkt nicht. Es gilt nur das schicksalhafte Leid, nicht das gesuchte. Bei den Anonymen Alkoholikern hast du auch die Absichtslosigkeit. Es will keiner dem anderen was.

Angst vor Kontrollverlust

Ich möchte noch eine Unterscheidung bringen aus der Primärtherapie. Es gibt die Vorstellung, daß wenn man einem Bedürfnis oder einem wirklich drängenden Gefühl nachgibt, man die Kontrolle verliert. Das stimmt aber nicht. Wenn das Gefühl stimmt, zum Beispiel ein Trennungsschmerz oder eine berechtigte Wut oder eine große Sehnsucht oder eine Hinbewegung zu und wenn sich jemand dem überläßt, wirklich überläßt, dann ist in dem Gefühl und in dem Bedürfnis eine Kontrolle. Das Gefühl und das Bedürfnis geht so weit, wie es gut ist, und es wird niemand bloßgestellt, wenn er sich dem überläßt. Das Gefühl hat etwas wie eine innere Schamgrenze, die stimmt ganz genau. Das ist nur bei primären Gefühlen so, nicht bei sekundären. Bei sekundären, gespielten Gefühlen kann man sich blamieren. Auf diese Gefühle kann man sich nicht verlassen.

Das Bild hängt schief

Wir sind Petra schon beim Helfen-Wollen begegnet. „Man therapiert sich tot", sagte sie da, und Bert Hellinger erzählte ihr eine Geschichte:

> *Die Wirkung*
>
> *Zwei kommen in ein Zimmer, schauen auf ein Bild, und der eine sagt: „Das Bild hängt schief."*
>
> *Darauf der andere: „Das Bild hängt schief, weil du es gesagt hast."*
>
> *Darauf der erste: „Wenn es deswegen schief hängt, kannst du es ja gerade hängen."*

Das war ihr Einstieg im Seminar.

Während einer Runde

Petra: Ich bin sehr nachdenklich, weil ich merke, daß sich hier etwas wiederholt zwischen dir und mir, was mir sehr vertraut ist. Bisher bin ich so damit umgegangen, daß ich mein Leben in die Hand genommen habe und zu mir gesagt habe, okay, ich komme schon durch, und ich bin ja auch sehr gut durchgekommen. Ich merke aber, daß mir das nicht mehr reicht. Ich fühle anders, aber ich löse immer das gleiche aus, und ich möchte da ran. Ich möchte mindestens eine Lösung sehen. Ob ich sie annehmen kann, weiß ich nicht.

Bert Hellinger: Es gibt da so ein therapeutisches Prinzip, wann die Heilung eintritt: Wenn jemand es nicht mehr aushalten kann. Dann ist er oder sie geheilt. Und bei dir warte ich, bis du es nicht mehr aushältst. Noch etwas?

Petra: Nein.

Später

Petra: Ich bedaure, daß ich etwas wenig Raum innerlich habe zum Lernen, weil mich etwas anderes beschäftigt. Eine Frau hat sich an meinen Partner geklammert, suchtartig an ihn geklammert, und er hat sie rausgeschmissen. Darauf hat sie mich angerufen und hat mir gesagt, sie rächt sich.

(Bert Hellinger läßt sie die Konstellation mit Petra, ihrem Partner, der anderen Frau und deren Psychotherapeuten aufstellen, und es stellt sich heraus, daß der Therapeut dieser Patientin noch etwas schuldet und daß die Lösung ist, daß dieser auf die Frau zugeht.)

Bert Hellinger: Ja, was macht ein Therapeut, wenn er in eine Situation kommt, daß sich eine Frau zu ihm in eine solche Übertragungssituation begibt? Das ist eine brenzlige Situation für einen Therapeuten. Das Verrückte an der Situation ist, daß etwas in der Gegenwart versucht wird, was in die Vergangenheit gehört. Der therapeutische Vorgang wäre, daß der Therapeut das Gefühl der Klientin ernst nimmt, aber als ein Kindergefühl. Er müßte mit ihr im Gefühl zurückgehen, um herauszubekommen, in welche Situation diese Sehnsucht gehört oder was immer es ist. Dann läßt er die Klientin sich bewegen, wie sie will. Wahrscheinlich würde sie eine Hinbewegung machen. Eine schwierige Aufgabe für den Therapeuten ist es dann, daß er genau diese betreffende Person repräsentiert und der Versuchung, die sich in dieser Situation ergibt, widersteht. Am sichersten geht das in einer Gruppe. Da sind alle geschützt. Es kann aber auch eine Art Drückebergerei sein, wenn es in eine Gruppe verlegt wird.

Am Tag darauf

In dieser Sitzung stellt Petra ihr Herkunftssystem auf. In der Konstellation wird deutlich, daß der Vater, der im Krieg fiel, als Petra vier Jahre alt war, zur Mutter wenig Beziehung hatte. In der Lösungskonstellation war der sichere Platz für alle Kinder beim Vater, und die Mutter stand mit dem Rücken zu ihnen weit draußen.

Petra (danach): Mein Vater war aber nicht da.

Bert Hellinger: Was heißt: Er war nicht da? Natürlich war er da!

Ich habe vor kurzem ein ganz wunderbares Erleben gehabt. Ein Ehepaar war in einem meiner Seminare. Die Frau wollte endlich mal ihren Mann zur Therapie bringen. Er war ein einfacher Mann, ein Handwerker, so ein netter Kerl und so auf dem Boden. Ich habe ihm zu seiner Gesundheit gratuliert.

Dann erzählte er, daß er seinen Vater nicht gekannt hat. Er sei einige Monate vor seiner Geburt gefallen. Der Tod des Vaters wurde der Mutter erst mitgeteilt, nachdem er geboren war, damit das Kind nicht gefährdet wird. Und er fragte sich: Wie kann es mir so gutgehen, wenn ich keinen Vater habe. Da habe ich gesagt: Du hast ihn gehabt. So wie du dasitzt, ist es ganz klar, daß deine Mutter deinen Vater geliebt hat, und damit war er da. Dann haben wir das System aufgestellt, und das war so wunderbar. Das führe ich euch einmal kurz vor, wie die Aufstellung war. (Bert Hellinger stellt Vater, Mutter und Sohn auf, und zwar so, daß der Vater etwas hinter der Mutter

steht.) Und die Mutter sagte dann, daß eine Hälfte von ihr ganz der Mann ist. Dann hab' ich den Mann etwas mehr hinter sie gestellt, und dann sagte sie: Er ist ein Teil von mir. Das war ganz zart und wunderbar, wie sie sagte, daß ihr Mann in ihr lebt, und der Sohn ist völlig frei und hat beide Eltern durch die Mutter. So etwas gibt es.
Petra: Das verstehe ich.
Bert Hellinger (fordert Petra auf, ihren Platz in der Konstellation einzunehmen, und diese tut dieses): Schau ruhig rüber (zum Vater)! Gib ihr ein bißchen Hilfestellung, Rüdiger (Stellvertreter des Vaters; geht auf sie zu). Genau! (Vater und Tochter umarmen sich) – Festhalten, Rüdiger, richtig festhalten. Wenn schon, dann fest (Petra beginnt heftig zu weinen): Widersteh dem Weinen und atme nur heftig ein und aus. So, genau! (Nach einer Weile) Da sieht man, was es heißt, aus dem Bannkreis der Mutter in den Bannkreis des Vaters zu gehen. Hier ist es gemäß, daß die Tochter und die anderen Kinder in den Bannkreis des Vaters treten. Das ist der sicherere Platz für sie. Die Mutter ist systemisch ihrer Aufgabe nicht gewachsen. (zu Petra) Schau den Vater mal an und sag ihm: Lieber Vater, in mir bist du noch da (Petra wiederholt den Satz) – Okay, das war's dann.

Es gibt bei den Zulus, bei denen ich lange gearbeitet habe, eine ganz merkwürdige Verhaltensweise, in der die Wertordnung, nach der sie sich ausrichten, ganz klar ist. Wenn zwei Zulus sich begegnen, sagt der eine: „Ich habe dich gesehen. Bist du noch am Leben?" – „Ja", gibt der andere zur Antwort, „ich bin noch da. Und du?" – „Auch ich bin noch am Leben."
Stellvertreterin der Mutter: Ja, ich fand es sehr anstrengend.

Bert Hellinger: Ja, da ist noch etwas: Wenn es eine Gefährdung gibt für Selbstmord oder für Verschwinden, dann geht die Dynamik meist von der Mutter aus, und die Rettung für die Kinder ist beim Vater. Die Kinder müssen dann in den Bannkreis des Vaters, ganz gleich, ob es ein Junge oder ein Mädchen ist.

Am letzten Tag

Petra: Ich habe eine Frage zu meiner Konstellation. Was mich sehr irritiert hat, ist, daß Gabriele in meiner Position den Besitzanspruch gar nicht gespürt hat, den meine Mutter immer an mich hat. Und mir ist noch einmal deutlich geworden, daß ich schlecht nehmen kann, und Rüdiger hat mir das nachher auch noch einmal gesagt. (Sie macht dann langwierige Ausführungen, wie das Nichtnehmen mit den

Besitzansprüchen ihrer Mutter in Beziehung steht und wie sehr sie zwischen den Stühlen sitzt.)

Bert Hellinger: Da war einmal ein Milton Erickson. Zu dem kam ein Flötist. Seine Lippe war so angeschwollen, daß er nicht mehr Flötespielen konnte. Das Orchester, in dem er spielte, hatte einen neuen Dirigenten bekommen, und der verlangte von dem Flötisten, daß er ein Stück in einer bestimmten Weise spiele, aber der Flötist weigerte sich: So spiele ich das nicht. Da hat der Dirigent gesagt: Don't give me a lip – mach mir keine Schnute. Dann ist die Lippe angeschwollen, und er konnte nicht mehr spielen.

So ist er zu Milton Erickson gekommen, und der hat ihn angeschaut und hat gesehen, daß der therapieresistent ist und daß man da nichts machen kann. Er hat ihn aber einmal in der Woche kommen lassen, und dort durfte er ein bißchen rummotzen über alles, was ihm nicht gepaßt hat, zum Beispiel „Das Bild hängt schief". Erickson war ein sehr geduldiger Therapeut. Nach neun Monaten erwähnt der Patient zum erstenmal seinen Vater, und dann hat ihm Erickson eine Aufgabe gegeben. Er wohnte damals noch bei seinem Vater, und der Vater stammte aus Sizilien und war ein richtiger Patriarch. Er hat gut gesorgt, aber die Kinder mußten immer Rechenschaft geben über das, was sie machten.

Einmal hatte dieser Mann eine Freundin, und die paßte dem Vater nicht, und dann hat er sie wieder weggeschickt. Also, er ging mit der Aufgabe nach Hause und wartete, bis sein Vater nach Hause kam. Dann hörte er den Vater reinkommen, und seine Knie begannen zu schlottern. Der Vater fragte: Nun, mein Sohn, was hast du denn heute wieder gemacht? Und dann hat der Sohn seinen ganzen Mut zusammengenommen und hat gesagt: Vater, ich sag es dir nicht. Ich bin nämlich erwachsen. Und wenn ich wieder einmal eine Freundin habe, sage ich es dir auch nicht, und demnächst ziehe ich hier aus. Dann ist der Vater auf ihn zumarschiert und hat sich vor ihm aufgebaut und hat ihm die Hand gegeben und hat gesagt: Mein Sohn, ich habe es wirklich nicht gemerkt (große Heiterkeit).

Petra: Das ist nett, aber ich habe trotzdem noch eine Frage.

Bert Hellinger: Nein, nein, keine Frage mehr. Jetzt nicht!

Später

Petra: Es geht mir recht gut. Ich habe ein warmes und lebendiges Gefühl in mir, das ich wirken lassen möchte. Heute Nacht hab' ich viel Dankbarkeit verspürt, daß es so ausgegangen ist.

Etwas irritiert hat mich jetzt dein Beispiel von dem Haß. Ich habe mitbekommen, daß mein Bruder im letzten Urlaub meinen Vater angebrüllt hat: „Du kannst wieder zurück nach Rußland gehen und dort bleiben."
Bert Hellinger: Der Bruder hat ausgesprochen, was die Mutter gedacht hat. Ein Dreijähriger sagt so etwas nicht. Das ist wieder so ein Irrläufer im System, ein verbotener Satz, der beim Schwächsten herauskommt.

b. Der therapeutische Umgang mit Träumen

Das erste ist, daß ich gewöhnlich mit Träumen gar nicht umgehe. Ich widerstehe der Mythisierung der Träume. Manche nehmen sie als göttliche Offenbarungen, die ernstzunehmen seien. Ich habe einmal mit einem gearbeitet, der hat mir erzählt, er habe eine Hypnosesitzung mit einem guten Hypnotherapeuten gemacht. Dann seien sie auf bestimmte Dinge gekommen, und weil er in Hypnose darauf kam, hat er sie wichtig genommen. Für mich war das Ergebnis falsch, es war nicht zu seinen Gunsten. Dann haben wir das systemisch angeschaut im Gespräch, und auf einmal war ganz klar, was die eigentliche Dynamik war. Die Hypnose konnte das nicht erreichen, weil auch Hypnotherapie nicht hilft, wenn die Einsicht nicht da ist. Und wo jemand nichts gemacht hat, hilft ihm auch kein Traum mehr.

Es gibt Träume, die weiterhelfen, aber nur dem, der bereits auf dem Weg ist. Dem kommt aus der Tiefe noch eine Hilfe zu. Dem, der sitzenbleibt, dem bringen sie überhaupt nichts. Die Träume richten sich nach dem Fluß der Energie, die jemand hat.

Fließt die Energie ins Nichthandeln oder Sichdrücken vor Entscheidungen, werden ihm die Träume das alles bestätigen. So wie im alltäglichen Vollzug Menschen viele Techniken anwenden, um dem gemäßen Handeln zu entgehen und Nichthandeln zu rechtfertigen, so dienen die meisten Träume der Rechtfertigung und der Bestätigung des Problems. Ob es ein solcher Traum ist, sieht man daran, daß derjenige sofort anfängt, den Traum ohne Gefühl und ohne Hemmungen zu erzählen.

Diese Träume nenne ich *Sekundärträume*. Sie sind mit Sekundärgefühlen verknüpft und dienen wie Sekundärgefühle der Abwehr dessen, was eigentlich fällig ist. Da es ein Traum ist, meinen die Leute, sie könnten es sich dann gestatten, nichts zu tun. Geht man darauf ein, dann bestätigt man das Problem, und dann lacht der Erzähler innerlich, weil er den anderen reingelegt hat. Ähnlich ist es, wenn jemand anfängt „Von dir habe ich heute Nacht geträumt ...", die wollen einem meist eins auswischen.

Beispiel für einen Sekundärtraum:
Jemand träumte, ein Falke fliegt auf die Jagd, sieht einen kleinen Singvogel, läßt ihn erst noch singen, packt ihn dann, fliegt hoch, kreist mit dem kleinen Vogel über seinem eigenen Nest und läßt ihn dort hineinfallen. Das fand er einen wunderschönen Traum.

Die Situation bei ihm zu Hause war folgende: Seine Frau hatte ihn verlassen und ist zu einem anderen Mann gegangen. Sie kommt aber eine halbe Woche zurück wegen der Kinder und fährt dann wieder zu dem anderen Mann. Der Traum hat also ganz genau seine Situation geschildert. Er läßt seine Frau los, überläßt sie dem anderen, und sie fällt in dessen Nest. Und der hat sich gefreut, als hätte er eine göttliche Offenbarung. Und hat nicht gemerkt, daß er nur seine Situation beschreibt. Das war also ein Sekundärtraum.

Die Sekundärträume sind Köder, wie Spielangebote. („Mal sehen, ob du darauf hereinfällst."). Man kann so gut in Traumbildern schwelgen und braucht die ganze Zeit nichts zu tun. Es gibt andere Träume, die sind verschlüsselte Erinnerungen. Ich nenne sie *primäre Träume*. Wie primäre Gefühle sind sie nicht laut und dramatisch, sondern nur sachte. Wasserträume zum Beispiel sind oft Geburtserinnerungen. Dann schaut man: Was ist passiert? Eine Frau träumte, daß sie mit ihrer Tochter auf den Berg ging, und beim Abfahren hatte sie die Tochter mit den Skiern zwischen den Beinen, und die Tochter plumpst unten in einen See. Ich fragte sie: „Was war bei deiner Geburt?" Und sie sagte: „Ich war eine Sturzgeburt, und meine Mutter war gerade in der Badewanne." Das war eine verschlüsselte Erinnerung.

Die bedeutsamsten Träume sind die *Schattenträume*, in denen die unterdrückte Seite, die man an sich nicht wahrhaben will, hochkommt. Gegen einen solchen Traum wehrt man sich, den erzählt man nicht. Bei den Schattenträumen kommt man am ehesten mit einer verborgenen Seite in sich in Berührung. Und da muß man gerade das, was man im Traum fürchtet, an sein Herz nehmen. Die Person, die schlimm erscheint, die nimmt man an sein Herz. Dann kann man das integrieren.

Sehr bedeutsam sind *Systemträume.* Das heißt, es gibt Träume, die haben nichts mit dem Träumer zu tun, sondern sie schildern ein Problem in seinem Herkunftssystem, ein ungelöstes Problem. Wenn man das dann persönlich deutet, liegt man völlig schief. Das ist also wichtig in der Traumarbeit, daß man Systemträume von den anderen unterscheidet.

Karl: Könntest du ein Beispiel für einen Systemtraum geben?

Bert Hellinger: Also, als Mirjam ihren Traum erzählt hat (Seite 273), dachte ich, es sei ein Systemtraum. Deshalb habe ich auch nach den Vorgängen im System gefragt. Der Traum hat mich überhaupt nicht berührt, ich war mir aber nicht sicher. Was sie dann geschildert hat, hat mich eher dazu gebracht zu denken, daß es ein Primärtraum ist, der nochmal die alten Ängste hochbringt.

In den Systemträumen kommt etwas, was für das System bedeutsam ist, etwas Ungelöstes, in einem Wehrlosen, einem Nachgeborenen hoch, und wenn er das auf sich nimmt, ist alles verschoben, und das ist ganz schlimm. Und wenn ein Therapeut sie persönlich deutet, dann nimmt das völlig abwegige Richtungen. Deshalb ist diese Unterscheidung so wichtig. Systemträume haben oft etwas Krasses oder Brutales und befassen sich meist mit wichtigen Themen wie Mord und Selbstmord. Der Systemschatten kommt hoch und fällt auf den Träumer, und der Träumer ist der Schwächste.

Ich nenne einmal ein Beispiel für einen Systemtraum:

Da hat einer geträumt: Er hat in einem Keller eine zerstückelte Leiche gefunden, und dann hat er die Polizei gerufen. Da hab' ich gesagt: Das genügt. Gewöhnlich ist es so: Die wichtigste Aussage geschieht im ersten Satz, in fast allen Träumen, vielleicht ist noch ein zweiter Satz wichtig, selten ein dritter. Was über den dritten hinausgeht, kann man sowieso vergessen. Bei einem bedeutsamen Traum verläuft die Energiekurve oft so, daß der Zenit nach zwei bis drei Sätzen erreicht ist. Bei allem, was danach kommt, läßt die Kraft und die Aufmerksamkeit nach, und der Erzählende wird immer ausführlicher. Wenn man nach zwei Sätzen stoppt, ist der andere energiegeladen, und er merkt, daß er etwas offenbart hat. Dann hast du keinen Traum, sondern einen Klartext vor dir. Wo endlos gedeutet wird, geht es nicht voran. Das gleiche Muster sieht man in den Märchen.

Die meisten Märchen haben die Aussage im ersten Satz oder im zweiten, und hinterher beginnt der Vorgang, um das zu verschleiern, und die eigentliche Aussage geht dann völlig verloren. Zum Beispiel in „Der Wolf und die sieben Geißlein“: Die Geißenmutter ruft ihre Kinder und sagt: Hütet euch vor dem bösen Wolf. Im Klartext heißt das: vor dem Vater. Das ist das ganze Märchen, die ganze Aussage, und jetzt wird eine große Geschichte darum gemacht mit Ablenkungen, zum Beispiel mit dem kleinen Geißlein im Uhrenkasten. Alle stürzen sich auf das Geißlein im Uhrenkasten. So geht's im Traum auch. Die Aussage ist im ersten Satz, und dann wird die verwirrt. Dann kommt etwas ganz Interessantes, was den Therapeuten besonders fesselt, und der erste Satz ist längst vergessen.

Zurück zu dem Traum. Wir haben dann gefragt: Wer ist umgekommen im System? Da mußte er erstmal zu Hause anrufen. Er rief seinen Vater an, und der hat ihm gesagt: Das kann ich dir nicht am Telefon erzählen. Es kam Folgendes heraus: Seine Mutter war kurz nach seiner Geburt wieder schwanger. Weil die Schwangerschaft so früh kam, gab es Komplikationen, und das Kind mußte im Mutterleib zerstückelt werden. Das war die Situation. Und er hatte in seinem ganzen Leben das Geschwisterchen immer mitrepräsentiert. Er hatte zwei Häuser, zwei Büros, zwei Schreibtische, alles doppelt.

Die *Meta-Träume* sind Klarträume. Da weiß derjenige sofort, was es ist. Die bedürfen keiner Deutung mehr. Mit ihnen wird die Lösung aus dem Unbewußten ins Bewußtsein gebracht. Es gibt manchmal Träume, die führen weiter, wenn ich mit einem Problem befaßt bin. Sie weisen einen nächsten Schritt, aber nur, wenn ich bereits handele.

Das, was ich jetzt über Träume gesagt habe, sind zusätzliche Gesichtspunkte, die helfen, auf bestimmte Dinge nicht reinzufallen oder in nicht nützliche Richtungen zu gehen. Es ersetzt aber nicht andere Traumtheorien. Das Schlimme ist, daß Träume oft wie göttliche Offenbarungen behandelt werden. Es gibt einen chinesischen Spruch: „Der Weise träumt nicht.“ Er braucht die Träume nicht mehr.

Fallbeispiele aus den Seminaren

Mirjam: Mich beschäftigt ein Traum, den ich schon in drei Variationen hatte. Ich habe immer Angst um meinen jüngsten Sohn.

Bert Hellinger: Erzähle ihn, als wenn du ihn gerade träumst.

Mirjam: Ich bin mit meinem jüngsten Sohn in einer großen Firma, in einem großen Gebäude, in dem meine Schwester arbeitet. Ich bin mit meiner Schwester beschäftigt und höre den Sohn plötzlich rufen. Er ist ganz weit weg, und ich kann ihn nicht finden. Und als ich ihn finde, ist er erstickt. Er ist in eine Kammer reingekrochen, in die Erwachsene gar nicht hinkommen, und ich höre seine Stimme immer kleiner werden.

Bert Hellinger (unterbricht): Der Traum hat überhaupt keinen Eindruck auf mich gemacht. Wie alt ist der jüngste Sohn?

Mirjam: Zehn Jahre.

Bert Hellinger: Ist im System ein Kind umgekommen?

Mirjam: Meine Großeltern hatten beide sehr, sehr viele Kinder. Meine Großmutter mütterlicherseits bekam zum Beispiel elf Kinder, ich weiß nicht, ob in dieser Reihe irgendwo einmal eine Totgeburt war oder sowas. Ich glaub's eigentlich nicht (lange Pause).

Bert Hellinger: Es ist merkwürdig fern. Als ich mir das angehört habe, habe ich dich nicht drin gesehen im Traum. Keine Bewegung, wie etwas Fernes. Es hat mich nicht berührt.

Mirjam: Ich habe mir heute sofort ein gutes Bild danebengestellt.

Bert Hellinger: Die Deutung, daß man die Personen, die im Traum vorkommen, für die nimmt, die es wirklich sind, ist primitiv. Das nennt man Groschenromandeutungen.

Mirjam: Ja, es korrespondiert nur etwas mit der Realität. Um meinen ältesten Sohn habe ich nie Angst, auch wenn er mal nachts nicht nach Hause kommt, da bin ich völlig ruhig.

Bert Hellinger: Das ist jetzt eine Ablenkung. Was habe ich gesagt?

Mirjam: Das ist eine Groschenromandeutung.

Bert Hellinger: Hast du denn sonst Angst bei dem jüngsten Sohn?

Mirjam: Ja, sehr oft. Mir fällt dazu nur ein, daß ich mit ihm eine schwere Schwangerschaft hatte und sehr viel liegen mußte. Als er auf die Welt kam, war er krank. Er hatte eine Unterfunktion des Darmes, der Darm hat anderthalb Jahre lang nicht voll gearbeitet.

Bert Hellinger: Dann ist der Traum eine Erinnerung. Zur Gesamtgestalt fehlt noch etwas. Und deshalb läßt dir das keine Ruhe. Ich betrachte das mal allgemein: Wenn es irgendwo etwas Schlimmes gab, zum Beispiel ein Trauma, wird meistens das Wichtigste völlig ausgelassen und bleibt ungewürdigt, nämlich, daß es gut ausgegangen ist. Das wird oft nicht gewürdigt, und das ist dann das, was fehlt, damit es zur Ruhe kommt. – Okay? – Gut.

*

Thomas: Ich habe heute Nacht ganz schlimm geträumt und bin platschnaß und erregt aufgewacht, und ich weiß nicht genau, womit das zusammenhängt.
Bert Hellinger: Erzähl mal, wenn du willst, so, als ob du träumst.
Thomas: Ich bin mit jemand anderem in einem Bus, er fährt ihn. Er ist ein Freund von mir, und der Bus ist vollbesetzt. Gut, es geht einen steilen Berg rauf.
Bert Hellinger: Ne, fang nochmal von vorne an!
Thomas: Ich sitze oder stehe als Beifahrer vorne in einem Bus, ein Freund von mir fährt den Bus.
Bert Hellinger: Punkt! Das ist der ganze Traum – Pause –, was ist die Lösung?
Thomas: Ich könnte selber fahren.
Bert Hellinger: Genau. Wechselt die Plätze! Noch was, Thomas?
Thomas: Ja, mich quält aber noch eine Frage, die die Träume betrifft. Ich träume immer einen ähnlichen Schluß, die Anfänge sind sehr unterschiedlich. Das beunruhigt mich.
Bert Hellinger: Na, wie endet's denn?
Thomas: Es endet mit Abgründen, mit Angst abzustürzen, runterzufallen. Es hat immer etwas mit fallen und Tiefen zu tun.
Bert Hellinger: Okay, wenn du diesen Traum hast, dann stell dich mit dem Rücken zu deinem Vater (Pause).
Thomas: Ich tat's gerade. – Es ist ein völlig anderes Gefühl.
Bert Hellinger: Okay, das ist die Lösung. Immer, wo sich im Traum ein Kind gefährdet fühlt, ist die Person, an die sich das Kind halten kann, der Vater. Egal, ob es ein Mädchen oder ein Junge ist. Natürlich gibt es auch hier Ausnahmen, aber, vor allen Dingen, wenn jemand selbstmordgefährdet ist oder unglücksgefährdet oder katastrophengefährdet, ist er in der Regel neben seinem Vater sicherer. Und eventuell muß noch der Vater des Vaters hinzu. Das Männliche hält.

*

Josef: Ich habe einen starken Traum gehabt. Und zwar geht mein jüngster Sohn ins Wasser, das heißt, er fällt rückwärts hinein ins Wasser, und ich habe Angst, er ertrinkt, und greife nach ihm, und mich zerreißt's, weil ich auf der einen Seite nicht viel Zeit habe, ihn zu retten, und auf der anderen Seite darf ich ihn ja nicht verlieren. Ich habe Angst, sein Kleid reißt. Und ich schaffe es und bin sehr froh

darüber. Er lebt und beginnt zu atmen, und ich weiß noch nicht, ob er einen Schaden davon hat.
Bert Hellinger: Das ist ein Sekundärtraum. Der bringt nur das Problem ohne Lösung. Die Lösung ist, daß du ihn, bevor er ins Wasser geht, richtig festhältst. – Einverstanden?

*

Ulf: Ja, ich habe geschlafen und geträumt, daß ich auf einen hohen Nußbaum klettere und noch über die Leiter hinausklettere, um die Äste zu schütteln.
Bert Hellinger: Der Traum bringt nichts.
Ulf: Und daß ...
Bert Hellinger: Der Traum bringt nichts.
Ulf: Er bringt nichts? Also mir hat er gebracht heute morgen, das denke ich jedenfalls und fühle es, daß ich jetzt die Nüsse knacken möchte.
Bert Hellinger: Ja, das ist kein gutes Bild. In dem Bild ist Gewalt mit drin. So arbeite ich hier nicht. Ich nehme nur ganz selten einen Hammer.
Ulf: Ich wollte jetzt arbeiten.
Bert Hellinger: Da ist keine Kraft drin. Wenn ich jetzt in dem Bild bleibe, ist die Vorstellung, daß die Lösung von außen kommen muß. Vielleicht ist die Idee, daß ich das machen soll. Das ist keine gute Arbeitsgrundlage.
Ulf: Nein, ich dachte schon, daß ich die Nüsse knacke. Mein Gefühl war ...
Bert Hellinger: Geh weg von dem Bild, das bringt nichts. Die meisten Träume dienen der Bestätigung von Problemen, besonders die Träume, die man sofort erzählt. Sie dienen auch der Rechtfertigung von Mißerfolg.
Ulf: In mir war so eine Sicherheit, daß ich es jetzt angehen kann.
Bert Hellinger: Das ist es. Wenn jemand in sein Unglück steuert, ist er meistens ganz sicher. Die sich für das Unglück entschieden haben, nähern sich dem Abgrund mit erhobenem Haupt. Das Heil wird mit Furcht und Zittern errungen. Gestern warst du dem näher.

*

Lars: Ich habe vor einigen Tagen ein Traumfragment gehabt, von dem ich annehme, daß es sich um einen systemischen Traum handelt.

Bert Hellinger: Erzähl ihn so, als wenn du ihn träumst.
Lars: Ich liege in meinem Bett und will gerade einschlafen, und es geht die Tür auf, und es kommt eine Frau herein mit bewegtem Gesicht und sie geht zügig auf mich zu.
Bert Hellinger: Punkt, genügt – das ist ein Primärtraum, das heißt, da ist eine Erinnerung drin.
Lars: Ich habe das Gefühl, daß es schlimm wäre, wenn es eine Erinnerung ist. Ich merke, mir wird heiß im Kopf.
Bert Hellinger: Wenn du die Augen von der Frau anschaust, kannst du die sehen? Mach die Augen zu und schau hin, auf die Augen und auf den Mund.
Lars: Den Mund erkenne ich schon, aber die Augen nicht.
Bert Hellinger: Wessen Mund ist es? Du mußt ganz langsam beobachten, wie der Mund sich bewegt und die Augen, das sind so die Fixpunkte, deren Erkennung am leichtesten ist.
Lars: Ich meine, es ist der Mund meiner Mutter. Ich bin mir aber nicht sicher.
Bert Hellinger: Okay, laß es erstmal. Vielleicht ist es doch eine verschlüsselte Erinnerung.

Am nächsten Tag:

Lars: Ich habe in den letzten drei, vier Jahren meinen Vater genommen, und ich merke, daß ich meine Mutter noch nicht genommen habe und mir das fehlt, auch als Energie. Da möchte ich gerne hinschauen.
Bert Hellinger: Denk noch einmal an den Traum. Wo du das jetzt sagst, kommt mir noch einmal das Bild von deinem Traum. Warst du, als du ganz klein warst, mal im Krankenhaus?
Lars: Ja, viel, und ich war viel krank, und ich habe auch das Gefühl, gerade noch so davongekommen zu sein. Mit einem halben Jahr hatte ich Furunkulose, und meine Mutter mußte dann immer mit mir zu der Ärztin gehen, und die hat die Furunkel ausgedrückt, und das muß schrecklich schmerzhaft gewesen sein.
Bert Hellinger: Ja, sie kommt rein und du weißt, was los ist.
Lars: Und ich muß dann wahnsinnig geschrien haben, und dann bin ich auch wegen einer anderen Geschichte in ein Krankenhaus ...
Bert Hellinger (unterbrechend): Nein, nein, nein, ich will gar nicht mehr wissen, ich habe schon alles. Das ist der Traum. Kannst du dir vorstellen, wie es deiner Mutter gegangen ist, als die Ärztin dem Kleinen die Furunkel ausgedrückt hat? Ein Kind versteht das ja nicht.

Es war einmal eine berühmte Therapeutin bei mir, und die erzählte, wie sie Gruppen mit Parenting machte. Ihr 16jähriger Sohn war auch mit dabei. Die gehen dann im Alter zurück und fühlen sich wie Kinder, und auf einmal wurde der ganz traurig und sagte: Mama, du hast mich verhungern lassen. Und die Therapeutin erinnerte die Szene. Das Kind hatte Brechdurchfall, und der Arzt sagte der Mutter, das Kind darf 24 Stunden nichts bekommen. Das hat sie gemacht, und dann wurde das Kind wieder gesund. Jetzt aber erinnert er, daß die Mutter ihn hat hungern lassen. So geht es Eltern.

Ein anderer Therapeut erzählte, er habe einmal seine Tochter scharf angeschaut, und danach sei die Tochter zur Mutter gegangen und habe gesagt: Der Papa hat mich verhauen. Das ist dann die Erinnerung anschließend.

Wenn du dich jetzt einfühlst in die Mutter, kannst du die Szene innerlich lösen. Es wäre viel schlimmer gewesen, wenn sie dich im Krankenhaus gelassen hätte.

c. Der therapeutische Umgang mit „Widerständen"

Bert Hellinger ist ein Meister im Umgang mit solchen Verhaltensweisen und Gefühlen, die wir gerne als Widerstände bezeichnen. Wenn man ihm bei der Arbeit zuschaut, sieht man, daß er besonders die kurzen Sequenzen während der Runden dazu nutzt, solche Verhaltensweisen zu stören. Er erkennt solche Muster meist unglaublich schnell, stoppt den- oder diejenige(n), sagt der Gruppe etwas über das Muster und gibt anschließend eine kleine Intervention, oder er erzählt eine Geschichte. Er kann es sich leisten, auf hohem Niveau zu konfrontieren, da jeder in der Gruppe sieht, wie er immer wieder respektvoll und liebevoll annimmt, und am Ende die gute Lösung steht. Ich will einige kurze Beispiele aus den Seminaren exemplarisch darstellen.

Einwände als Bremse

Jens (bezieht sich auf seine Konstellation, in der er für einen früheren Freund der Mutter steht): Ist es möglich, daß es zwischen dem Mann und dem Liebhaber zu einer Versöhnung kommt, oder ist das ein Konstrukt?
Bert Hellinger: Das ist ein Konstrukt.
Jens: Aber im Leben doch nicht auszuschließen.

Bert Hellinger: Wenn sie sich versöhnen, sind sie homosexuell (allgemeines Gelächter).
Jens: Aber ich kann es doch nicht ausschließen, daß es zu einer Versöhnung kommen kann.
Bert Hellinger: Ich möchte auf etwas ganz Wichtiges hinweisen: Es gibt auf alles, was richtig ist, einen gültigen Einwand. Die Wirkung des Einwandes ist, daß das, was vorher als richtig erkannt wird, plötzlich nicht mehr wirken kann. Der Einwand bringt also die Energie zum Erliegen, wirkt zerstörerisch und ist immer billig, weil er leicht und ohne Leistung zu produzieren ist. Der, der den Einwand bringt, braucht in der Regel für die Folgen nicht einzustehen.

Etwas anders ist es, wenn jemand in die Situation hineingeht und aus dem Prozeß heraus eine andere Variation findet. Dann macht er eine Erfahrung, und wenn er diese mitteilt, hat sie die gleiche Qualität wie die Einsicht, und die wirkt ergänzend oder korrigierend. Das ist ein großer Unterschied, da dahinter eine geistige Anstrengung liegt, eine Erfahrung und ein Wagnis, dem sich jemand aussetzt. Die Kritik und das Infragestellen ist ein Akademikerspiel. Ich kann alles in Frage stellen, aber was bringt es? Was bringt es dir, Jens, wenn du solche Einwände machst? Du kannst hier beobachten, was mit dem Prozeß geschieht, wenn du den Einwand machst, der stoppt.
Jens: Und ein zweites ...
Bert Hellinger: Nein, – habt ihr gemerkt: Er war jetzt weg vom Prozeß und sofort in einem neuen Gedanken. Das Bedrohliche beim richtigen Prozeß ist, daß er uns in der Regel keine Wahl läßt. – Bei Kleinigkeiten schon, aber bei großen Sachen nicht. Wir entziehen uns gerne der Notwendigkeit des Uns-fügen-Müssens, indem wir Einwände machen. Dann haben wir Freiheit, aber wozu dient sie dann? Sie ist ein Wahn.

*

Ernst (nachdem ihm Bert Hellinger eine Lösung anbot): Was mir sofort kam, war ...
Bert Hellinger: Nein, nein, keine Einwände. Ich will einmal etwas sagen über die Einwände: Sie wirken wie die Sense auf das Gras, bevor es aussamt.

*

Die Suche nach Ursachen und Erklärungen

Ludwig: Ich habe es ziemlich lange zu nichts gebracht, bin mit dem Studium nicht fertiggeworden und habe viel rumgemacht. Meine Idee ist nun: Wenn da eine Identifizierung ist, daß mein Vater die Freundin nicht hat nehmen dürfen, weil er noch nichts war?

Bert Hellinger (nach längerem Nachdenken): Selbst wenn das stimmen würde, ist die Vorgehensweise zur Erfolglosigkeit verurteilt. Du suchst immer noch nach Ursachen und hast schon die Lösung.

Ludwig: Das ist alles, was ich tun muß, und alles andere ist wurscht?

Bert Hellinger: Was ist jetzt die Lösung?

Ludwig: Die Lösung ist, daß ich mich vor meinem Vater verneige.

Bert Hellinger: Und daß du der Mutter sagst: Ich gehöre zu meinem Vater, und der ist für mich der Richtige. Dann kannst du alles andere vergessen.

Ludwig (etwas rotzig): Alles andere ist dann unwichtig, die Schwester und so weiter ....

Bert Hellinger: Das ist jetzt Zustimmung als Abwehr. (Heiterkeit)

Die Kuh und der Stachelzaun

Lydia: Im Augenblick fühle ich mich ruhig und stark. Heute nacht hatte ich einen Traum. Danach bin ich aufgewacht und habe sehr geweint. Dann kamen mir bestimmte Bilder. Das eine war: Ich habe eine kleine Person gesehen, die in eine Regentonne gefallen ist, und dann habe ich meine Schwester gesehen, aber ohne irgendwelchen Zusammenhang ....

Bert Hellinger: Sind das jetzt Traumbilder oder was?

Lydia: Das war nach dem Traum, und da waren Tränen dabei.

Bert Hellinger: Da ist nichts drin.

Lydia (weiterredend): Gut, aber das hat einen Zusammenhang mit einem Gespräch mit dem ...

Bert Hellinger (unterbrechend): Ich will es nicht wissen.

Lydia (weiterredend): Gut, okay, jedenfalls ich erzähle trotzdem noch was, ob du es wissen willst oder nicht.

Bert Hellinger (unterbrechend): Nein, das ist ein Vorgang, den möchte ich einmal analysieren. Da ist ein Erleben, und dann beginnt die Suche nach der Erklärung dafür. Wie immer die Erklärung ist, sie entlastet. Sie hat aber nichts zu tun mit richtig oder falsch. Meist sucht man nach Ursachen für sein eigenes Nichthandeln oder für das eigene Unglück. Sobald die Erklärung gefunden ist, hört der Prozeß auf, der durch das Erleben in Gang gekommen ist.

Man kann das ja an der Geschichte der Mystik sehen: Bestimmte Erlebnisse sind bei Christen, Mohammedanern und Buddhisten sehr ähnlich, und alle interpretieren das Erleben anders. Sie versuchen, das mit den Möglichkeiten zu erfassen, die ihnen zur Verfügung stehen. Man kann aber Erleben nicht begründen, und zur großen Disziplin gehört, es so zu lassen und auf Erklärungen zu verzichten. Man muß mit dem Strom schwimmen und sehen, wohin er einen trägt. Ist das so klar, Lydia? Kannst du das so nehmen?
Lydia (etwas patzig): Vielen Dank, aber ...
Bert Hellinger: Wieder nichts. (weiter zur Gruppe) Wenn der Therapeut jetzt auf dieses eingeht, was er oder sie als Erklärung bringt, dann hindert er den Fluß der Erfahrung. (Lydia beginnt zu weinen. Zu ihr) Jetzt kommst du zurück zum Gefühl. Das ist gut.

Ich habe einmal nachgedacht über die reine Wahrheit und wie man damit umgeht. Der Weise hält es mit der reinen Wahrheit wie eine Kuh mit einem Stachelzaun. Solange es zu fressen gibt, hält sie sich fern. Dann sucht sie eine Lücke. (Glucksen in der Gruppe) Jetzt habe ich dir eine Handlungsanweisung gegeben, wie man mit gewissen Autoritäten umgeht.

Trotz und Widerspruchsgeist

Hildegard: Ich habe gestern gemerkt, daß es mein Thema ist, daß ich mich immer erst einmal wehre. Es fällt mir schwer, mich einzulassen. Ich reagiere schnell trotzig.
Bert Hellinger: Das sind die Leute, die man am besten manipulieren kann. Auf den Trotz kann man sich immer verlassen. Es gibt da drei Sorten von Menschen: Die ersten sagen erst ja, und dann denken sie, die zweiten sagen erst nein, und dann denken sie, und die dritten denken zuerst. (Pause) Hat Hildegard das gehört? – Sie konnte es nicht hören, weil sie gleich nein gesagt hat.

Solange man ein Ei kocht

Edda: Ich habe etwas Herzklopfen. Ich hänge immer noch an der Zurückweisung von heute morgen.
Bert Hellinger: Ja, das kannst du ruhig pflegen, wenn du das möchtest. Du kannst es aber nur pflegen, wenn du die Augen zumachst.
Edda: Ich möchte das nicht pflegen, aber ich merke sehr schnell, daß trotzige ...
Bert Hellinger: Na, na, na. Lustvoll war das. Denen hast du es gezeigt.

Edda: Was, wie bitte?
Bert Hellinger: Denen hast du es gezeigt. Aber du verlierst natürlich auch dabei.
Der Trotz ist ja die Unfähigkeit zu nehmen, und das Dilemma ist, daß man darauf wartet, daß einem einer hilft. Wenn einem jedoch jemand hilft, dann muß man ihn zurückweisen, damit der Trotz erhalten bleibt. Ich habe durch jahrelange Forschung aber herausgefunden, daß es eine Lösung bei Trotz gibt: Man verschiebt den Trotz um fünf Minuten. Okay? – Gut.

Triumph oder Erfolg

Gudrun: Ich bin heute morgen um sechs Uhr aufgewacht und hatte das Gefühl, um mich herum sitzen viele Leute, die alle sagen: Du mußt, du sollst, ... du mußt deinen Freund verabschieden: Du mußt ihn erst würdigen, du darfst nicht mehr sauer sein ...
Bert Hellinger: Du mußt jedem sagen, du machst es ... mach' ich, mach' ich, mach' ich. – Dann bist du die erst einmal los (Heiterkeit).
Gudrun: Es ist aber soviel. Da kommt einer, der sagt ...
Bert Hellinger (unterbrechend): Okay, okay, wenn's dir Spaß macht, bitte sehr. Es ist eine innere Strategie, die ich dir gezeigt habe. Sie erfordert aber Disziplin, und die höchste Disziplin, die man bei einer Strategie braucht, ist der Verzicht auf Triumph. Zwei Dinge schließen sich aus: Triumph und Erfolg. Entweder hab' ich Triumph und ich opfer' den Erfolg, oder ich habe Erfolg und ich opfere den Triumph. Das ist die Disziplin beim Erfolg, und deshalb hat der immer ein Element von Demut. Ich spreche von dem Erfolg, der bleibt. Noch was?
Gudrun: Ich habe mich noch nicht entschieden, auf den Triumph zu verzichten.
Bert Hellinger: Genau, du wirst ihn haben. Die geschwellte Brust hat ihren Preis: Es ist vorwiegend Luft drin. Du hast nur die Worte gehört.
Hildegard: Meine Schwester war verwitwet und ohne Kind, und dann hat sie einen Witwer mit einem erwachsenen Sohn geheiratet. Dieser Sohn ist sehr schwierig, und auch der Vater leidet unter diesem schwierigen Sohn, der blöderweise am gleichen Ort wohnt. Meine Schwester weiß zwar grundsätzlich, daß das sein Sohn ist, sieht ihn aber an der Beziehung zum Sohn leiden und sieht auch als Außenstehende, welche Fehler der Vater macht und sagt ihm das auch hier und da. Das hilft aber nichts.

Bert Hellinger: Ja, natürlich nicht! Sie muß ihm sagen: Du bist der beste Vater für deinen Sohn.
Hildegard: Und ich überlege jetzt, nachdem du ...
Bert Hellinger (unterbrechend): Ach, hat sie das nicht raffiniert ausgeblendet? (zu Hildegard) Was habe ich gesagt?
Hildegard: Nein, du hast gesagt, sie soll zu ihm sagen: Du bist der beste Vater für deinen Sohn. Und ich wollte ...
Bert Hellinger: Ne, ne, du hast das noch gar nicht verstanden. Du hast nur die Worte gehört. – Okay?
Hildegard: Ich denke, es gehört noch dazu ...
Bert Hellinger: Nein, nein, das ist noch nicht drin bei dir. Ich unterbreche das jetzt.

Das Wissen-Wollen

Hildegard: Ich weiß nicht, wie es mir geht.
Bert Hellinger: Wenn man es nicht weiß, geht es einem immer gut. Wenn es einem schlecht geht, weiß man es.
Hildegard: Ja, ganz gut geht es mir auch nicht dabei. Ich hab' immer das Gefühl, daß in bestimmten Momenten eine große Bewegung da ist und viel angerührt ist, das dann aber immer wieder ganz schnell in einen Winkel schlupft, damit ich nicht rankann. Und dann bleibt ein diffuser Nebel zurück, der mich auch ein Stück von der Wirklichkeit trennt.
Bert Hellinger: Es gibt den guten Schlupfwinkel für eine Bewegung, um eine Veränderung zu vermeiden: Das ist das Mehr-wissen-wollen-als-zum-Handeln-nötig-Ist. Wenn ich verstehen will, statt daß ich mit der Bewegung gehe und entsprechend handle. Sobald ich sie verstehe, brauche ich nicht mehr zu handeln. Das Wissen ist der Schlupfwinkel, in dem die Energie gebannt wird. Noch was, Hildegard?
Hildegard: Das reicht fürs erste.
Bert Hellinger: Hast du es verstanden?
Hildegard: Ich fürchte ja (Lachen).
Bert Hellinger: Das ist jetzt eine Ausnahme von der Regel, wo man verstehen darf.

*

Irene: Ich denke zuviel und fühle mich dann überfordert. Es ist jetzt Zeit, etwas zu tun und nicht zu reden, und ich werde meine Mutter nachher anrufen.

Bert Hellinger: Es gibt ja Leute, die stellen sich unter eine Dusche und zählen die Tropfen. (Pause). Es ist nicht bei ihr angekommen, ist es bei euch angekommen?

Ich bringe ein anderes Beispiel, um diesen Vorgang zu erläutern: In Amerika gibt es eine neue Methode, Sprachen zu lernen. Die benutzen das hauptsächlich zur Ausbildung von Spionen. Die lernen in kürzester Zeit perfekt eine fremde Sprache. Die Methode ist ganz einfach: Der Schüler bekommt sechs Lehrer, die ununterbrochen in der fremden Sprache auf ihn einreden, bis er nichts mehr versteht, und dann lernt er – auf einer anderen Ebene. So lernen es Kinder auch. Sechs Leute oder mehr reden ununterbrochen in einer fremden Sprache auf das Kind ein.

Die jungen Fische beißen an

Edda: Ich erinnere zwei Träume meiner Kindheit, und ich möchte gerne diese Träume zuordnen können, was für Träume es sind.
Bert Hellinger: Nein!
Edda: Warum?
Bert Hellinger: Hast du jetzt mehr Chancen, wenn du mich fragst warum, oder weniger?
Edda: Weniger.
Bert Hellinger: Genau. Diese Frage: „warum" ist ein Versuch, den anderen in eine untergeordnete Position zu drängen. Dann höre ich sowieso auf als Therapeut. Ich möchte zumindest ebenbürtig sein. Was Edda jetzt gemacht hat, war einen Köder auswerfen. – Die jungen Fische beißen da an. (Heiterkeit) Noch was, Edda?
Erich: Ich bin vor zehn Minuten mit einem Traum aufgewacht, der endete ....
Bert Hellinger (ihn unterbrechend): Nein, nein, ich will den Anfang haben. (alle lachen) Wie ging er los? – Nur wenn du es sagen willst.
Erich: Ich weiß es nicht, die letzte Szene fand ich ganz schön.
Bert Hellinger (schmunzelnd): Wie könnte er gewesen sein?
Erich: Spontan fällt mir ein: Der Aufbruch zu einer Pilgerfahrt.
Bert Hellinger: Das ist etwas über den Traum. Was über den Traum gesagt wird, zählt nicht. Es zählt nur der Traum selbst: Also: Ich ...
Erich: Also ich breche in eine fremde Stadt auf.
Bert Hellinger: Das ist der Satz. – Jetzt mußt du prüfen, ob das gemäß ist, ob dich eine gute Kraft dahinführt oder ob dich ein Dämon dahintreibt.

Erich (etwas leise): Ich denke, es ist eine gute Kraft.
Bert Hellinger: Ich denke, es ist ein Dämon. – Der Dämon ist schlau.

Etwas ist dran

Katharina: Mir geht das noch mit den Gefühlen durch den Kopf. Es geht mir in Beziehungen sehr oft so, daß ich automatisch eine Gegenposition beziehe. Ich kann gar nicht genug aufpassen, so schnell geht das. Zack, und schon bin ich drin. Wenn es um Gerechtigkeit geht, zum Beispiel, dann springe ich mit Sicherheit an.
Bert Hellinger: Mir hat einmal eine Frau gesagt, ihre Mutter sagte ihr, sie sei eine Hure. Sie fragte mich, was sie nun machen solle. Sie ging immer in die Gegenposition. Ich habe ihr gesagt, sie solle ihr sagen: Ich bin's ein bißchen. Wenn du also das nächste Mal wieder eine Gegenposition einnehmen willst, kannst du sagen: Etwas ist dran.
Katharina: Ja, das ist ganz einfach.
Bert Hellinger: Vor allen Dingen hat dann der andere mit seiner Position keine Macht über dich. Wenn man erstmal weiß, wie man damit umgeht, kann man es fast genießen.

Aus dem „Heimkino" geholt

Manuela: Ich habe Herzklopfen, ich fürchte, daß es bei mir ähnlich wie bei Edda ist. Aber jetzt kommt schon wieder das Heulen, vielleicht sollte ich weitergeben.
Bert Hellinger: Oh, wie schrecklich. Wenn du die Augen aufläßt, hat Nora gesagt, ist es besser beim Heulen. (beide lächeln) Und Schnaufen. Und Schauen. So, ja. Und weiteratmen. Du siehst mich aber noch nicht.
Manuela (schnell): Doch, ich sehe, daß du blaue Augen hast (alle lachen).
Bert Hellinger: Du bist die erste, die das sagt. Ich habe überhaupt keine blauen Augen. Du mußt schon genauer hinschauen.
Manuela: Ich sehe es jetzt echt nicht.
Bert Hellinger: Ja, eben, das wollte ich ja gerade sagen. Du siehst nicht einmal mein Gesicht. Was hab' ich denn für Haare?
Manuela: Die sehe ich schon noch.
Bert Hellinger: Ach Gott, ich habe wieder welche! (lautes Lachen) Noch was, Manuela?
Manuela: Nein.

Der Ausweg, daß es so bleiben kann

Mirjam: Am Anfang der Runde war ich noch ganz bei meinem Gegenwartssystem, jetzt dachte ich aber wieder daran, daß meine Eltern aus dem Haus, in dem sie vierzig Jahre gelebt haben, ausziehen und wir in das Haus einziehen. Das ist ein ganz, ganz langer Prozeß, bei dem meine Mutter zum Beispiel den Speicher aufräumt und die ganze Vergangenheit noch einmal auftaucht.

Bert Hellinger: Ich würde da nicht einziehen.

(lange Pause)

Mirjam: Kannst du das erklären?

Bert Hellinger: Was offensichtlich ist, braucht man nicht zu erklären.

Mirjam: Dann lasse ich es einmal so stehen.

Bert Hellinger: Du läßt es eben nicht stehen.

Mirjam: Ja, ich kann ja dazu jetzt nichts spontan sagen. Ich muß das ja erst einmal verarbeiten.

Bert Hellinger: Verarbeiten heißt: ich finde einen Ausweg, daß es so bleiben kann, wie ich es geplant habe. Du hast keine Wahl, weil du dich nicht den beiden Wahlmöglichkeiten stellst. Du hättest die Wahl, wenn du dich dem einen stellst und die Wirkung in dir prüfst und dich dem anderen stellst und die Wirkung in dir überprüfst. Und dir gleichzeitig gestattest wahrzunehmen, welche Wirkung es auf deine Familie hat. In dem Entschluß ist eine Verleugnung von Ende und Vergänglichkeit. Der Abschied wird vermieden, und das fällige Ende wird vermieden.

Unentschiedenheit

Martha: Ich merke so die Ambivalenz. Ich möchte gerne meine Familie aufstellen. Gleichzeitig denke ich mir, ob ich mich nicht für nächstes Jahr anmelden soll, falls ich es nicht mehr schaffe.

Bert Hellinger: Das kannst du schon, nur nehme ich dich nicht (lächelt, alle lachen).

Martha: Es ist mir schon ein Anliegen, aber ich weiß nicht, ob ich schnell genug bin.

Bert Hellinger: Nein, du bist zu langsam. Aber es ist ja auch schön, ein Schlußlicht anzuschauen. (Heiterkeit)

Martha: Ja, es ist auch Gier da. Ich möchte meine Familie aufstellen, die Beziehung zu einem Freund und vielleicht auch was mit dem Beruf.

Bert Hellinger: Ja, wenn nicht alles, dann gar nichts.

Das Geheimnis des Weges

Manuela: Ich hoffe, daß ich im Lauf des Kurses irgendwann dazu kommen werde, meine Familie aufzustellen. Ich hoffe, aber ich weiß nicht, ob es gelingen wird.

Bert Hellinger: Eher nicht!

Manuela: Gut, wenn du das sagst. Schade, aber vielleicht auch nicht schlecht. (beginnt zu weinen und schaut unter sich)

Bert Hellinger: Ich möchte etwas sagen über das Geheimnis des Weges: Auf dem Weg kommt man voran, indem man alles Bisherige hinter sich läßt, auch die bisherige Einsicht. Und ich sage dir noch etwas zum Weg: Das Ziel erreicht man mit dem letzten Schritt. Alles andere ist Vorbereitung.

Ich erzähle noch eine Geschichte:

Der Esel

Ein Herr kaufte einen jungen Esel und gewöhnte ihn schon früh an die Härte des Lebens. Er lud ihm schwere Lasten auf, ließ ihn den ganzen Tag arbeiten und gab ihm nur das Nötigste zum Fressen. Und so wurde aus dem kleinen Esel bald ein richtiger Esel. Wenn sein Herr kam, ging er in die Knie, neigte tief sein Haupt und ließ sich willig jede schwere Last aufbürden, auch wenn er manchmal fast zusammenbrach.

Andere, die das sahen, hatten Mitleid. Die sagten: „So ein armer Esel!" und wollten ihm etwas Gutes tun. Der eine wollte ihm ein Stück Zucker geben, der andere ein Stück Brot, und ein dritter wollte ihn sogar auf seine grüne Weide locken. Doch er zeigte ihnen, was für ein Esel er war. Den einen biß er in die Hand, den andern trat er ans Schienbein, und dem dritten gegenüber war er störrisch wie ein Esel. Da sagten sie: „So ein Esel!" und ließen ihn fortan in Ruhe.

Seinem Herrn aber fraß er aus der Hand, und wenn es leeres Stroh war. Der aber lobte ihn überall und sagte: „Das ist der größte Esel, den ich je gesehen habe!", und er gab ihm den Namen Iah.

Später war man sich über die Aussprache dieses Namens nicht mehr einig, bis ein Dialektiker aus Bayern meinte, sie müsse lauten: I (ch) a (uch).

d. Wenn Einsicht nicht hilft, hilft Leiden: Der therapeutische Umgang mit Symptomen

In den Seminaren teilte Bert Hellinger einige innovative Ideen zu typischen Dynamiken bei bestimmten Symptombildungen und einige überraschende Lösungsmöglichkeiten mit, die ich der Leserschaft nicht vorenthalten möchte.

Damit kann sie zum Zirkus (Nägelkauen)

Andrea: Mich haben gestern die Geschichten beschäftigt bezüglich des Bettnässens des Mädchens. Was mich beunruhigt, ist, daß unsere Tochter seit längerer Zeit Nägel kaut.
Bert Hellinger: Och, sag ihr, sie soll sie ganz schön rund kauen, und schau dir hinterher an, ob sie's auch schön gemacht hat.
Andrea: Das haben wir schon einmal eine ganze Weile gemacht, und dagegen hat sie sich ziemlich gesträubt.
Bert Hellinger: Und das zweitbeste ist, wenn man es vergißt, daß sie Nägel kaut. Noch was, Andrea?
Andrea: Da ist mir immer noch nicht ganz wohl. Sie kaut nämlich extrem stark. Neulich hat sie sogar ihre Fußnägel abgebissen.
Bert Hellinger: Damit kann sie zum Zirkus. (allgemeines Lachen)
Andrea: Walter (ihr Mann) findet es auch nicht so schlimm und sagt: Laß mich mal machen, das übernehme ich.
Bert Hellinger: Aber was wirklich helfen würde, wäre vielleicht eine kleine verschlüsselte Geschichte:

Eine junge Frau mit Kind geht durch die Getreidegasse in Salzburg. Das kleine Kind sagt: „Ich möchte gerne ein Eis." Da sagt die Mutter: „Nein, das ist nicht gut für deine Zähne." Etwas später: „Ich möchte gern ein Eis." – „Nein, davon wirst du zu dick." Sie gehen weiter. „Ich hätte gern ein Eis!" – „Nein, das geht jetzt nicht, das ist zu teuer." Sie gehen weiter ... Schließlich kaufte sich die Mutter ein Eis, gab der Tochter etwas ab, und dann war's gut.
Andrea: Das versteh' ich jetzt auch nicht.
Bert Hellinger: Ja, das war ja auch verschlüsselt.

Ich mache das schon für dich (z. B. krank werden)

Sehr häufig sind Symptome Versuche, in einer Familie einen Ausgleich zu schaffen.
Gudrun: Als mein Vater die Beziehung zu der Freundin hatte, entwikkelte meine Mutter eine Schilddrüsenkrankheit, und als ich achtzehn war und aus dem Hause ging, da habe ich dieselbe Krankheit bekom-

men. Mir kommt es so vor, als sei das ein Preis gewesen, den ich bezahlt habe, damit ich meine Mutter verlassen konnte.

Bert Hellinger: Die therapeutische Intervention wäre da, daß man der Person sagt: Ich mache das schon für dich. Ja, zwei Kröpfe sind doch besser als einer. Durch den zweiten geht der erste weg.

Gudrun: Lieber nicht. Ich sah genau, was meine Mutter für Symptome entwickelte.

Bert Hellinger: Und ahmst sie nach. Sehr gut.

Kopfschmerz als angestaute Liebe

Teilnehmerin: Ich hatte heute morgen so starke Kopfschmerzen, daß ich nicht kommen konnte.

Bert Hellinger: Was für Kopfschmerzen?

Teilnehmerin: Ich hatte das Gefühl, daß sie nicht mit einer Erkältung zu tun haben. Sie waren im Hinterkopf und im Nachen.

Bert Hellinger: Weißt du, was Kopfschmerzen bedeuten? – Angestaute Liebe. Wo muß sie denn hin, die Liebe? Ausatmen ist zum Beispiel schon ein Weg, sie abfließen zu lassen, und freundlich gucken ist auch ein Weg. Ja, schau mal freundlich her! – Guten Morgen!

Teilnehmerin: Guten Morgen!

Bert Hellinger: Ein anderer Weg ist, sie über die Hände abfließen zu lassen. Auch da fließt es ab. Über ausatmen, freundlich schauen und über die Hände fließt es ab. Ja, genau so.

Teilnehmerin: Ich habe oft das Gefühl, ich würde meinen Mann nicht gut genug lieben.

Bert Hellinger: Ja, das tust du auch nicht.

Teilnehmerin: Und das geht weg, wenn ich mich bewußt neben ihn stelle?

Bert Hellinger: Genau!

Teilnehmerin: Es fließt aber nicht von alleine, sondern ich muß es immer wieder bewußt tun.

Bert Hellinger: Das schadet nichts. Hauptsache, es hilft.

Bei Rückenschmerzen ist eine Verneigung fällig

Rückenschmerzen haben immer die gleiche Bedeutung, abgesehen von den somatischen Ursachen, die es auch zu berücksichtigen gilt. Rückenschmerzen werden ganz einfach geheilt: durch eine tiefe Verneigung. Vor wem muß sie sein? Schau, wie du dasitzt. Es ist genau das Gegenteil einer Verneigung. Die Verneigung geht so, mit dem Blick auf den Boden. Umgesetzt in einen inneren Satz heißt

Verneigung: „Ich gebe dir die Ehre." Dieser Satz geht mit einer inneren Verneigung zusammen. Ein ganz merkwürdiger Satz! Er löst gleichzeitig.

*

Ludwig: Wenn ich meinen Vater hier an der linken Seite spüre, wird die Seite warm, das geht dann so rüber, und dann fängt mein Rücken an wehzutun.
Bert Hellinger: Rückenschmerzen haben immer die gleiche Bedeutung. Weißt du welche? Rückenschmerzen gehen vorbei, wenn man sich tief vor jemandem verneigt, und zwar bis auf den Boden. Vor wem mußt du das machen?
Ludwig: Vor meinem Vater.
Bert Hellinger: Genau, das ist jetzt ein inneres Bild, und du mußt es lange wirken lassen, bis du spürst: Jetzt ist er versöhnt. Dann kannst du dich neben ihn stellen. Ich wollte dir das heute nachmittag nicht sagen, und dein Symptom zeigt, daß ich es hätte sagen sollen. Aber es ist viel besser, wenn das Symptom erst kommt, und ich sage es nachher, weil du dann von dir selbst eine innere Reaktion hast, was als nächstes fällig ist. Du brauchst dann nicht mir zu folgen, sondern deinem Körpersignal.
Frauke: Ja, ich hänge auch an den Rückenschmerzen, die mich dreißig Jahre begleitet haben bis zu einer Operation. Ich habe bisher immer gedacht, daß es etwas mit Tragen und Ertragen zu tun hat.
Bert Hellinger: Ja, das ist eine gängige Interpretation. Wenn es die richtige wäre, hätten viel weniger Leute Rückenschmerzen.

Die Suchtdynamik und ihre Lösung

Die Hauptdynamik der Sucht, scheint mir, ist, daß derjenige von seinem Vater nicht nehmen kann oder darf. Die Mutter vermittelt dem Kind: Nur, was von mir kommt, ist gut, und was vom Vater kommt und von seiner Familie, taugt nichts. Das darfst du nicht nehmen. Nimm nur von mir! Das Kind sagt dann: Wenn ich nur von dir nehmen darf, Mutter, dann räche ich mich und nehme soviel, daß es mir schadet. Die Sucht ist sozusagen die Rache und Sühne für das Nichtnehmen-Dürfen des Vaters.

Darin liegt auch schon die Lösung: Sobald jemand angesichts der Mutter vom Vater nimmt und ihm Raum gibt, kann er von der Sucht lassen. Das gilt für Alkohol-, Drogen- und Eßsucht. Zumindestens ist es eine Komponente, die bei jeder Sucht bedenkenswert ist.

Weil meines Erachtens Sucht oft entsteht, wenn der Zugang zum Vater durch die Mutter versperrt wird, können Drogenabhängige – Männer wie Frauen – nur von Männern behandelt werden. Übernimmt eine Frau die Therapie, stellt sie sich gewöhnlich zwischen den Klienten und seinen Vater, und das verhindert die Lösung. Den Zugang des Klienten zum Vater kann am besten ein Mann ermöglichen. Es geht hier ja um die guten inneren Bilder. Hat eine Therapeutin die Fähigkeit, dem Vater des Klienten oder der Klientin in ihrem Herzen einen Platz zu geben, kann sie ihn auch repräsentieren.

Jutta: Ich kenne zwei Fälle von Sucht, wo der Vater ganz früh gestorben ist.

Bert Hellinger: Genau! Die können sich dann ein Bild vom Vater aufstellen, vor dem Bild die Flasche nehmen und sagen: Prost, Papa, bei dir schmeckt's, und dann trinken, wie es schmeckt. Das wäre eine Möglichkeit.

Lieber verschwinde ich als du, mein lieber Papa (Magersucht)

Ich möchte etwas sagen zur Dynamik der Magersucht. Diese Dynamik ist nicht nur auf Familien mit Magersucht beschränkt, aber die Magersucht ist eine gängige Manifestation.

Die Dynamik hinter der Magersucht ist: „Lieber ich als du", im Sinne einer Rettung. Also zum Beispiel: lieber ich in Gefangenschaft als du; lieber will ich verschwinden, als daß du weggehen mußt; lieber sterbe ich als du; lieber bin ich krank als du. Dahinter steht eine Liebe, ein Sich-Opfern, gepaart mit der Idee, daß der andere dann bleiben könne. Früher zeigte sich diese Dynamik oft in einer Schwindsucht. Da ist ja auch schon das Verschwinden mit drin. Auch bei Selbstmord gibt es oft diese Dynamik: Lieber ich als du. Oft wird das auch nachträglich gemacht. Das Kind reagiert dabei zeitlos. Wenn zum Beispiel der Vater starb, als das Kind vier Jahre alt war, kann es mit vierzehn Jahren magersüchtig werden mit der Phantasie: „Lieber ich als du, Papa. Ein guter Satz für die Magersüchtige ist dann: Lieber Papa, auch wenn du gehst – ich bleibe.

Ein Beispiel:

Da war mal eine junge Frau, die erzählte, daß ihr Vater Tb hatte und lange in Sanatorien war. Von Zeit zu Zeit kam er wieder für kurze Dauer nach Hause. Im Laufe der Zeit wurden in der Familie acht oder neun Kinder geboren. Er war aber immer wieder sehr lange Zeiten fort. Dann wurden neue Medikamente entwickelt, und auf einmal war er gesund und kam geheilt nach Hause. Wir haben dann die Konstellation aufgestellt, und der Vater stand ganz draußen. Da wurde klar, daß er nicht willkommen geheißen war, als er zurückkam. Deshalb war die Situation immer noch so, als sei er noch im Sanatorium. Der jungen Frau, die ihre Familie aufstellte, habe ich gesagt, daß man das nachholen könne. Die Eltern hatten kurz danach ein Ehejubiläum, und die Gäste waren bereits eingeladen. Sie nahm sich dann vor, dieses Willkommen-Heißen während des Festes zu feiern. Vor kurzem habe ich das einmal einer Gruppe erzählt, und da sagte ein Gruppenmitglied, er sei der Freund dieser Frau. Sie habe das gemacht, und es sei ein großer Erfolg gewesen .

Das folgende Beispiel ist die Arbeit mit einer 17jährigen jungen Frau, die stationär in einer psychosomatischen Klinik im Schwarzwald behandelt wurde. Bert Hellinger machte in dieser Klinik Supervision, und die Klientin kam zu dieser Sitzung hinzu.

Bert Hellinger fragt am Anfang nach einschneidenden Ereignissen oder Erlebnissen in der Familie und erfährt über die Kernfamilie (Vater, Mutter, Klientin und fünf Jahre jüngerer Bruder) nichts Auffälliges. Der ältere Bruder des Vaters starb früh an einem Anfallsleiden, und die Mutter des Vaters starb 1949 an Krebs.

Genogramm der Familie einer jungen, magersüchtigen Frau:*

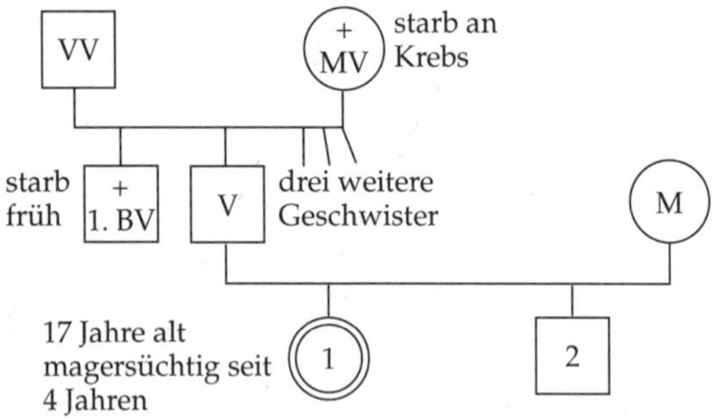

* *Abkürzungen:*		2	Zweites Kind, Sohn
V	Vater	VV	Vater des Vaters
M	Mutter	MV	Mutter des Vaters
1	Erstes Kind, Tochter	1BV	Erster Bruder des Vaters

Der Therapeut der Klientin stellt das Ursprungssystem der Klientin auf. Die Klientin wundert sich danach zwar, daß sie so nah beim Vater steht, möchte aber auch nichts verändern.

Ausgangskonstellation:

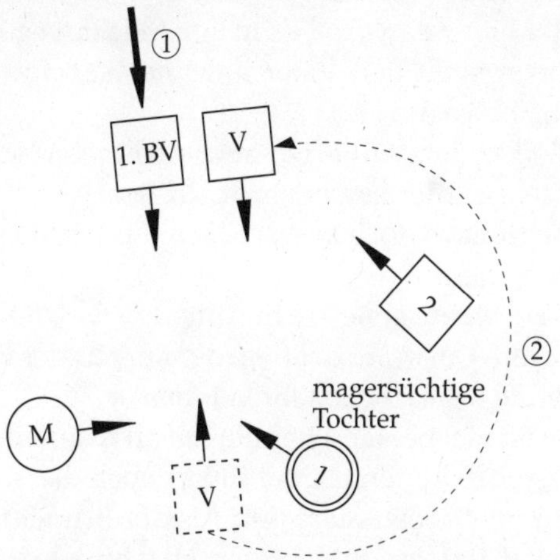

Bert Hellinger: Wie geht es euch an euren Plätzen?
Stellvertreterin der Klientin: Mir bleibt hier die Luft weg, so eng bei Vater und Mutter.
Vater: Mir geht's hier ganz gut. Ich habe das Gefühl, ich stehe im Mittelpunkt.
Bert Hellinger: Das ist jetzt ein Beispiel, wo einer etwas vom optischen Bild ableitet und nicht vom Gefühl an dem Platz. Wie ist das Gefühl zur Tochter?
Vater: Ich schaue eher geradeaus. Zur Frau ist eher Konfrontation. Es liegt etwas in der Luft zwischen uns.
Mutter: Ich fühle mich angestrengt und habe das Gefühl: Alle sind gegen mich. Obwohl ich so nahe stehe, fühle ich mich allein und mit wenig Kontakt. Die Tochter ist wie ein Angelpunkt, an dem ich mich festhalte. Zum Mann und zum Sohn gibt es keinen Kontakt.
Bruder: Es geht mir ganz gut. Die machen da so ihre Spielchen, und ich schaue in eine andere Richtung.
Bert Hellinger: Wenn man das Bild betrachtet, muß da vorne jemand hin (zeigt in Richtung der Öffnung des Halbkreises). Da fehlt jemand. Wer muß da stehen? – Ich nehme mal den verstorbenen älteren Bruder des Vaters. (Stellt ihn dem Vater gegenüber, Bewegung 1) Was ist verändert?

Bruder: Es ist besser, ich habe eine Ausrichtung.
Klientin: Mir verschafft es Luft, ich empfand die beiden Eltern zu nahe und erdrückend. Die Eltern orientieren sich jetzt mehr dorthin, und ich bin freier.
Mutter: Als er kam, hatte ich das Gefühl, mir wird die Macht genommen. Mit der Figur da vorne ist meine Macht weg.
(Bert Hellinger stellt den Vater links neben seinen Bruder auf die andere Seite, Bewegung 2.)
Bruder des Vaters: Jetzt fühle ich mich nicht mehr so allein.
Vater: Mir geht es hier besser als da drüben.
Klientin: Mir geht es noch besser, ich bin erleichtert und habe mehr Bewegungsfreiheit.
Bert Hellinger: Meine erste Vermutung ist, daß der Vater zum toten Bruder tendiert. Das wäre der Sog, der ihn aus der Familie rauszieht. (stellt die Mutter links neben ihren Mann)
Mutter: Das ist viel besser. Hier bin ich an meinem Platz.
(Bert Hellinger stellt den Bruder links neben die Schwester.)
Klientin: Mir geht's jetzt auch gut. Als der Bruder noch da (zeigt an seinen ersten Platz) stand, dachte ich: Hier bin ich doch jetzt arg allein. Es war gut, mehr Platz zu haben, aber so allein wollte ich auch nicht sein.
Bruder: Mir geht's hier nicht so gut.
(Bert Hellinger stellt den Bruder probeweise rechts neben den Bruder des Vaters, Bewegung 3)

Übergangs- und Endkonstellation:

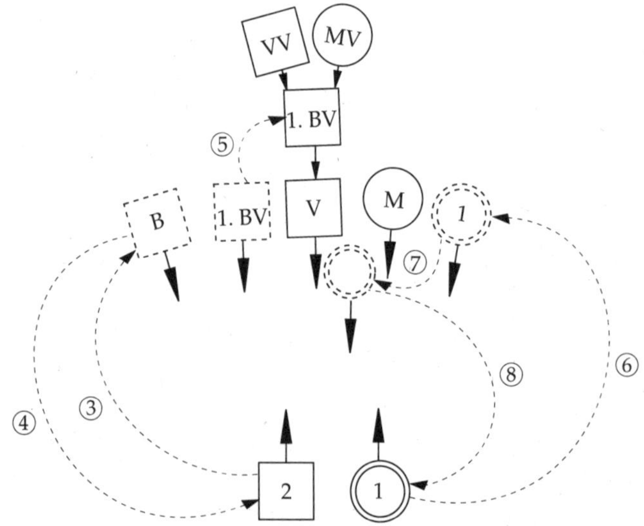

Bruder: Das ist stimmiger.
Bert Hellinger: Das war nur zum Testen, ob er etwas mit dem Onkel zu tun hat. Das hat sich bestätigt.
Vater: Mir geht's mit ihm (Sohn) hier besser.
Bert Hellinger: Ich traue ihm nicht ganz, daß er das Richtige sagt ... Es ist für den Therapeuten ganz wichtig zu testen. Man kann die Aussagen der Mitwirkenden nicht on *face value* nehmen, sondern muß beobachten, ob er bei sich ist oder nicht. Leitet er etwas ab und konstruiert er etwas, oder nimmt er unmittelbar wahr, was er an dem Platz fühlt. Das muß man üben, und das ist hier eine gute Lerngelegenheit. Ich habe also getestet: Gibt es eine Affinität des Sohnes zu seinem toten Onkel? – Es gibt eine, aber das ist so keine Lösung, er muß zurück zur Schwester. (stellt ihn zurück zur Schwester, Bewegung 4, und stellt den Bruder des Vaters hinter den Vater, Bewegung 5) Was ändert das?
Klientin: Das ist besser.
Bert Hellinger: (stellt noch die Eltern des Vaters hinter den Bruder des Vaters) Was ist jetzt?
Vater: Mir ist es etwas eng, sonst ist es gut. (Bruder des Vaters und die Eltern treten etwas zurück)
Vater: So fühlt es sich gut an. Stark.
Mutter: Ich spüre meinen Mann verstärkt und erlebe ihn mehr.
Klientin: Ich hätte auch gerne jemand hinter mir, es gefällt mir hier nicht so.
Bert Hellinger (stellt die Klientin links neben die Mutter, Bewegung 6): Das ist nur vorübergehend.
Stellvertreterin Klientin: Das ist besser, hier spüre ich mehr Kraft.
Bert Hellinger: Ja, es ist gut, sich bei der Mutter Kraft zu holen und dann wieder an deinen Platz zurückzutreten. (stellt Tochter vor die Mutter)
Stellvertreterin der Klientin: Das gefällt mir gut. Hier hab' ich das Gefühl von Kraft und Freiheit. Jetzt tut mir aber der Bruder leid.
Bert Hellinger: Das war ja nur vorübergehend, jetzt kannst du wieder zurück zu deinem Bruder gehen. (Zur Klientin): Wollen Sie einmal ausprobieren, wie es sich hier anfühlt? (Klientin nimmt ihren Platz ein – längeres Schweigen)
Klientin: Irgendwie ist das komisch, als ob sie alle gegen mich sind.
Bert Hellinger: Das ist auch ein abgeleitetes Gefühl, weil sie alle gegenüber stehen sieht. Wie ist das? Lassen Sie sich Zeit, daß das Gefühl kommen kann.

Klientin: So ganz wohl fühle ich mich hier noch nicht.
Bert Hellinger (stellt sie vor die Mutter): Wie ist das?
Klientin: Hier ist es besser.
Bert Hellinger (stellt sie nach einer Weile mit dem Rücken vor beide Eltern, Bewegung 7): Wie ist das?
Klientin: Ja, hier fühle ich mich wohl.
Bert Hellinger (nach einer Weile): Jetzt gehen Sie wieder zurück zum Bruder und sehen, wie das dann ist (Bewegung 8).
(Nach einer Weile führt er sie auf einen Platz vor der Mutter, beide schauen sich an.) Wie haben Sie Ihre Mutter angeredet?
Klientin: Mama.
Bert Hellinger: Sagen Sie einmal zur Mutter: Mama, ich bleibe bei dir. (Bert Hellinger sagt den Satz viele Male vor und die Klientin wiederholt ihn. Nach einigen Malen umarmen sich Mutter und Tochter, und die Tochter wiederholt den Satz noch viele Male. Dabei fordert Bert Hellinger sie auf, tief zu atmen und den Satz mit Liebe zu sagen. Die Klientin beginnt dann zu weinen.) Weiteratmen, bis das Gefühl gut da ist, und etwas kräftiger: Mama, ich bleibe bei dir (er führt auch den Vater zu den beiden und stellt anschließend noch einmal die Tochter mit dem Rücken angelehnt an beide Eltern. Schließlich fordert er sie auf, sich wieder neben den Bruder zu stellen.)
Klientin: Ja, hier ist es jetzt besser.
Bert Hellinger: Das war's. Schönen Dank. Sie brauchen das jetzt einfach nur wirken zu lassen.
(Klientin bedankt sich und verabschiedet sich)

Bert Hellinger: Die Dynamik ist, glaube ich, klargeworden: Lieber verschwinde ich als du, lieber Papa. Ich schaue dann: Gibt es etwas, wohin der Vater raus aus der Familie tendiert. Die offene Figur hier hat es nahegelegt. Erst dachte ich an die Mutter, dann lag mir aber das mit dem Bruder am nächsten. Der ist ihr auch erst gar nicht eingefallen, und das deutet darauf hin, daß er ausgeklammert ist. Sobald der seinen Platz hat, kann der Vater in seiner Familie bleiben, und die Frau kann ihn dann als Mann nehmen. Wenn die Tochter sagt „Lieber verschwinde ich als du, lieber Papa", gibt es nur eine Person, die sie wirklich halten kann, und das ist die Mutter. Deshalb gab ich ihr den Satz: „Ich bleibe bei dir." Dann bekommt sie die Kraft zu bleiben. Diese Lösung ist mir hier das erste Mal eingefallen.
Teilnehmer: Viele beschreiben ja, daß es bei der Magersucht um eine

kritische Mutter-Tochter-Beziehung geht und die Mutter die Tochter halten will.

Bert Hellinger: Diese Interpretation halte ich für schlicht schädlich. Jede Interpretation, die jemanden herabsetzt, führt nicht weiter.

Teilnehmer: Das wird auch durch die Familiengespräche bestätigt, die wir geführt haben. Die Mutter verhielt sich anfangs sehr abwartend. Es wurde dann deutlich, daß sich die bisherigen Therapeuten vor uns alle auf die Mutter konzentriert hatten.

Bert Hellinger: Das Symptom entsteht aus Liebe. Das ist meine Grundthese. Und alles, was an der Liebe vorbeigeht, ist falsch. Ich suche also solange, bis ich da den Punkt finde, an dem die Person liebt. Das würde ich aber in ihrer Gegenwart nicht sagen. In der guten Lösung hat jeder seinen anerkannten Platz. Die eigentliche Problematik bei der Magersucht liegt meines Erachtens beim Vater, weil der aus der Familie tendiert. Was aber der Mutter angelastet wird, sind ihre vergeblichen Rettungsversuche. In dem Ablauf dieser Konstellation konnte man gut die therapeutischen Übergangsphasen sehen. Eine Weile war es an einem Platz gut, dann aber wollte sie nicht mehr dort bleiben. Solche Konstellationen sind dynamisch, und man darf sie nicht als statische Bilder nehmen. Manchmal geht man in einer Konstellation den ganzen therapeutischen Weg.

Eine Krankenschwester: Ich verstehe das alles, aber wie geht man jetzt weiter mit der Klientin um, davon nimmt die doch nicht zu. Was muß man tun, daß sie zu dem Verständnis kommt, mit dem Leben anders umzugehen?

Bert Hellinger: Ich würde jetzt mal zuwarten und dem Bild, das sie jetzt hat, voll trauen. Zweifelt jetzt aber jemand, ist die ganze Lösung damit gestört, auch, wenn die Zweifel nicht ausgesprochen werden.

Krankenschwester: Mich beschäftigt halt, daß die Monate rummachen und nicht zunehmen.

Bert Hellinger: Diese Überlegung ist therapeutisch schlimm, schon wenn man sie anstellt.

Krankenschwester: Es ist aber so und ganz natürlich ...

Bert Hellinger: Nein, habe ich eine Klientin in einer Gruppe, die selbstmordgefährdet ist, oder jemanden, der andere dramatische Sachen macht, dann helfe ich ihm, indem ich ihn vergesse, wenn er nicht in der Gruppe ist oder rausgeht.

Krankenschwester: Ich kann so tun als ob.

Bert Hellinger: Nein. Dann haben Sie ihn nicht vergessen. Karl Kraus hat einmal in einer anderen Situation gesagt: Man darf ihn nicht einmal ignorieren. Im Ignorieren besteht noch eine Verbindung. Ich mache meine Seele rein von ihm. Er hat dann keine Angriffsfläche mehr und auch keine Macht mehr über mich. Die Beziehung hört sofort auf, er ist ganz auf sich gestellt, und dann sammeln sich seine Kräfte.

Sobald Sie sich Sorgen machen, schwächen Sie den Klienten und verstärken seine Symptome. Wenn Sie ohne Sorgen Maßnahmen ergreifen und auch mit der Freiheit, daß die Klienten, wenn Sie wollen, ihren Auftrag in der Familie erfüllen und Sie nicht die Verantwortung für all das übernehmen, haben alle im System größere Kraft. Sobald ein Therapeut in einem System eine Verantwortung übernimmt, die eigentlich den Eltern zukommt, sind die Eltern nicht mehr fähig, dem Kind zu helfen, und das Kind kann sich von den Therapeuten nicht helfen lassen. Deshalb ist die innere Disziplin so wichtig.

Bei dir, Papa, schmeckt's mir (Bulimie)

Auch die Mütter bulimischer Töchter sagen zu diesen: „Nur was von mir kommt, ist gut; was vom Vater kommt, darfst du nicht nehmen." Dann nimmt die Patientin das Essen und spuckt es wieder aus. In dem Vorgang ist das Nehmen die Achtung der Mutter und das Spucken die Achtung des Vaters. Die Lösung ist, daß die Tochter sich vorstellt, auf dem Schoß des Vaters zu sitzen und jetzt bei jedem Bissen, den sie nimmt, den Vater anschaut und sagt: Von dir Papa nehm ich es gerne... Bei dir, Papa schmeckts mir. Noch wirksamer ist es, wenn sie sich vorstellt, daß sie es im Angesicht der Mutter macht.

Lieber verspiele ich mein Geld als mein Leben (Spielsucht)

Das folgende Beispiel ist aus dem Supervisionsseminar in der Psychosomatischen Klinik Bad Herrenalb entnommen. Bevor der Klient seine Herkunftsfamilie selbst aufstellte, erfragte Bert Hellinger auch hier einige Informationen über besondere Geschehnisse und Schicksale in der Familie und erfuhr folgendes:

Als Kind, schilderte der jetzt 22jährige, sei er immer wieder gestürzt und habe fünfmal eine Gehirnerschütterung gehabt. Als Bert Hellinger in der Familie nach jemandem sucht, der etwas am Kopf hat (Hirnverletzung etc.), fällt dem Klienten nichts ein. Seine Therapeutin erinnert ihn aber daran, daß er berichtet habe, daß seine Mutter öfters an Depressionen gelitten habe, einmal in einer psychiatrischen Klinik war und in der Familie den Ruf hatte, „im Kopf nicht richtig" zu sein. Die Mutter hat eine Zwillingsschwester, die geschieden ist, und eine weitere jüngere Schwester. Der Vater des Klienten starb ein Jahr zuvor im Alter von fünfzig Jahren an einem Herzversagen, und der Großvater väterlicherseits starb in Kriegsgefangenschaft an Ruhr, als der Vater sechs Jahre alt war.

Genogramm der Herkunftsfamilie des Spielsüchtigen:*

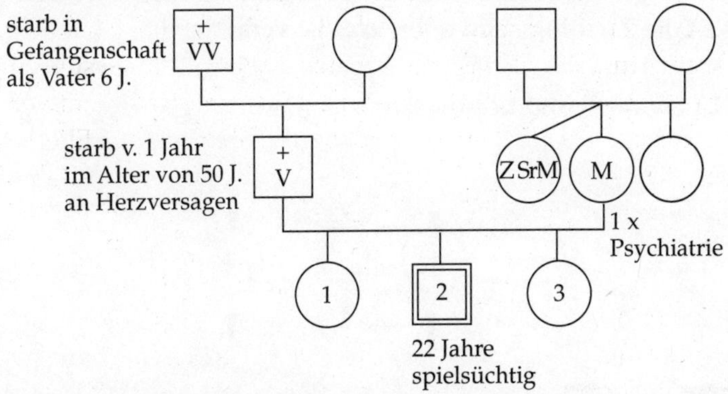

Der Klient stellt dann sein Ursprungssystem auf.

Ausgangskonstellation:

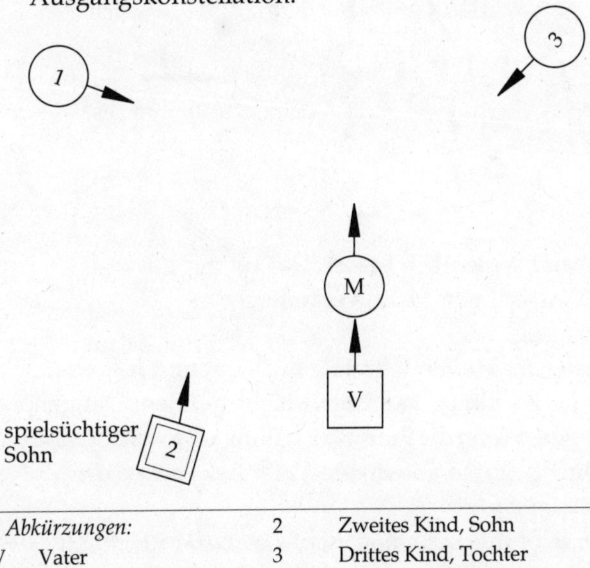

** Abkürzungen:*		2	Zweites Kind, Sohn
V	Vater	3	Drittes Kind, Tochter
M	Mutter	VV	Vater des Vaters
1	Erstes Kind, Tochter	ZSrM	Zwillingsschwester der Mutter

(danach):
Bert Hellinger: Wie geht's dem Vater?
Vater: Ich fühle mich bedrückt.
Mutter: Mir geht's nicht gut, ich fühle mich verlassen.
Erste Schwester: Ich fühle mich einsam und alleine.
Stellvertreter des Klienten: Irgendwie besinnlich fühle ich mich hier.
Zweite Schwester: Mir geht es auch nicht gut. Mir fehlt hier Kraft.
Bert Hellinger (stellt eine Frau rechts neben die Mutter; Bewegung 1): Das ist die Zwillingsschwester. Was ist verändert?

Übergangs- und Lösungskonstellation:

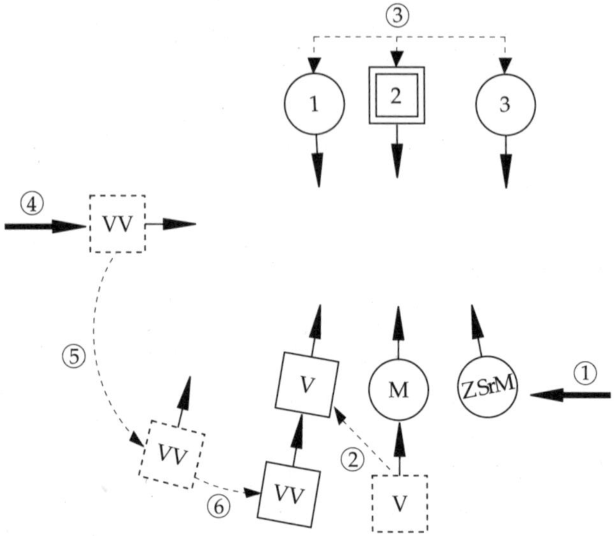

Mutter: Es geht mir wesentlich besser. Das tut mir gut.
Bert Hellinger: Was ist beim Mann verändert?
Vater: Ich bin traurig.
Zwillingsschwester der Mutter: Ich fühle mich gut und fest hier.
Bert Hellinger: Ja, Zwillinge kann man nicht trennen. Die gehören einfach zusammen. Wenn die Frau ein Zwilling ist, muß der Mann sie mit dem Zwilling heiraten. (Stellt den Vater links neben die Mutter; Bewegung 2) Was ist jetzt?
Erste Schwester: Ich fühle mich noch schlechter. (Bert Hellinger stellt die Kinder gegenüber den Eltern und der Zwillingsschwester auf, Bewegung 3).

Stellvertreter Klient: Das hat mich jetzt gerettet. Dahinten ging es mir nicht gut.
Bert Hellinger: Wen ahmt er nach? Mit wem ist er identifiziert?
Teilnehmer: Mit dem Großvater.
Bert Hellinger: Ja, genau, mit dem Großvater, der in Gefangenschaft an Ruhr gestorben ist. Er nahm dessen Position ein. (Stellt links im Bild einen Mann auf; Bewegung 4) Das ist der Großvater, der im Krieg geblieben ist. Hat sich was verändert? Steht er richtig?
Mutter (nimmt diesen und stellt ihn links hinter den Vater): Ich hätte ihn gern da. (Bewegung 5)
Stellvertreter Klient: Ich muß jetzt dahin gucken.
Bert Hellinger: Das ist genau der Platz, wo du (Klient) vorher gestanden hast. (Stellt den Großvater direkt hinter den Vater Bewegung 6) Wie ist es so? – Das ist eine gute Achse. (Vater und Großvater) Noch jemand, der sich verändern möchte? (Großvater rückt noch näher an den Vater) Es ist jetzt sehr gut zu sehen, wie die einzelnen sich sammeln, wie sie fühlen. Das ist ein markanter Unterschied zur ersten Konstellation. Das ist jetzt viel genauer als vorher. Man sieht den Ernst und die Sammlung an den Gesichtern.

(Zum Klienten) Wollen Sie sich einmal an Ihren Platz stellen. (Der tut es und beginnt heftig zu weinen. Nach einer Weile geht die Stellvertreterin der Mutter auf ihn zu, um ihn zu trösten, und Bert Hellinger stoppt sie. Er führt dann den Klienten an einen Platz vor dem Vater und dem Großvater) Schau sie ruhig und offen an, mit offenen Augen! (Nach einer Weile umarmen sich Vater und Sohn.) Tief atmen! Genau! Das ist es! (nach einer ganzen Weile) Tief atmen, mit offenem Mund, dann gelingt das Nehmen besser! – Mund auflassen, warten, bis es gut ist. – (Lehnt ihn mit dem Rücken an den Vater) Und der Vater lehnt sich an den Großvater. Nun schau geradeaus! Atmen! (Klient beginnt zu lächeln) Genau, die guten Gefühle kommen lassen. Das gibt Kraft. – Tief atmen, mit offenem Mund! (Klient atmet ganz tief) Augen auflassen und klar nach vorne schauen! – Jetzt geh zurück an deinen Platz. – (Nach einer Weile führt er ihn noch einmal auf den Platz vor den Vater und den Großvater) Sag zum Vater: Du bist tot, ich bleibe noch ein bißchen. Dann sterbe ich auch. (Läßt ihn das mehrmals wiederholen) Sag es auch zum Großvater. (Klient tut es) Hinschauen! Hinschauen ist besser! Klar hinschauen! Genau, dein Vater und dein Großvater schauen auf ihren Sohn und Enkel, der noch lebt, und der sagt: Ich bleibe noch. (Klient wiederholt: „Ich bleibe noch.“) Ein bißchen. (Klient wiederholt auch das) Gut so! Das war's dann. (Der Klient nimmt Bert Hellingers Hände, dankt ihm bewegt.) Ich habe es gerne für deinen Vater und deinen Großvater getan. (Klient geht). Wir machen jetzt erst einmal eine Pause, das brauchen wir jetzt, damit es in der eigenen Seele noch ein bißchen nachwirken kann.

(Nach der Pause)
Bert Hellinger: Ich komme noch einmal auf die Konstellation zurück. Warum ist der in der Klinik, ich weiß ja gar nicht, was der hat?
Arzt: Wegen Spielsucht.
Bert Hellinger: Sag ihm, wenn er wieder spielt, soll er sagen: „Lieber verspiele ich mein Geld, als mein Leben.“ Das ist die Dynamik. Es war klar, daß das ein Todeskandidat war.
Teilnehmer: Der läuft auch immer in schwarzer Kleidung herum.
Bert Hellinger: Dafür sprechen auch die Unfälle. Das ist die Nachahmung und die Identifizierung mit dem Großvater.
Teilnehmer: Er fühlt sich auch der Gruppe der Grufties zugehörig.
Bert Hellinger: Genau, was immer das bei dem bedeutet, der Name sagt es schon.
Teilnehmer: Da fällt mir auch noch etwas ein.
Bert Hellinger (unterbrechend): Nein, jede weitere Beschreibung bringt den therapeutischen Prozeß bei ihm und den Therapeuten zum Stillstand. Ich lasse es einmal hier.

*

Beim Zigarettenrauchen ist es nützlich, bei jedem Lungenzug dem Vater zu sagen, daß es schmeckt.

*

Selbstmord: die Entscheidung respektieren

In einem der Seminare stellt ein Teilnehmer eine Frage zum Thema des Selbstmords.
Jens: Ich weiß nicht, wie ich mit etwas umgehen soll. Mein Vater hat mich einmal informiert, daß meine Mutter nicht wissen soll, daß sich in seiner Familie viele Frauen umgebracht haben. Er hat einen minu-

tiösen Stammbaum gemacht und ihn mir in einer Zeit gezeigt, in der ich eher konfrontierend mit meiner Mutter umging. Er erzählte, daß seine Mutter sich umgebracht hat und daß auch meine Mutter mal suizidal gewesen sei. Er wollte mich wohl drauf hinweisen, daß ich sie schonen solle. Nun hat sich vor zwei Jahren meine Schwester umgebracht, und ich weiß nicht genau, ob ich damit etwas zu tun habe oder ...

Bert Hellinger (unterbrechend): Okay, die Fragestellung ist klar. Wenn eine solche Deutung gegeben wird: Die haben sich umgebracht, weil die Männer despotisch sind – das kann man vergessen. Deshalb bringt sich niemand um. Die Ursachen liegen sehr viel tiefer. Das sind Verstrickungen. Wenn, dann wird es aus Liebe getan, identifiziert und das Schicksal mit jemandem teilend. Wenn das aus Rache scheint, dann ist das nur vordergründig.

Das zweite ist: Wenn es aufgrund einer Tat anderen später schlimmer geht, dann wird die Tat noch einmal schlimmer. Also, wenn sich einer umgebracht hat, und ein anderer bringt sich deswegen auch um, dann muß es für den, der sich zuerst umgebracht hat, noch schlimmer sein, weil dann aus seiner Tat zusätzliches Unglück gekommen ist. Wenn man aber sagt: Ich achte dein Schicksal und deine Entscheidung, und du darfst jetzt deinen Frieden haben, und du sollst wissen, daß es gut weitergeht und daß es jetzt gut sein darf, dann hat der Tote seinen Frieden und die Lebenden sind frei.

Erich: Kannst du das noch einmal sagen?

Bert Hellinger: Nein, sowas darf man nicht wiederholen. Es sitzt ja eh. Es ist ja so, daß man sich die ganz wichtigen Sachen nicht merken kann. Wenn man sie sich merken würde, dann gingen sie kaputt.

Ein Beispiel aus den Seminaren:

Am vierten Tag des zweiten Seminars arbeitet Bert Hellinger mit Sarah an der unterbrochenen Hinbewegung. Sie klagte, sie habe das Gefühl, als atme sie nur ein. Dabei sei sie ganz angespannt, und es tue ihr in der Brust so weh.

Bert Hellinger (nachdem er die Hinbewegung zum Ziel geführt hat): Das war jetzt unterbrochene Hinbewegung. Asthma ist unterbrochene Hinbewegung. Einatmen heißt Nehmen und Ausatmen Hinbewegung zu. Bei Asthma kann der nicht ausatmen. Das zeigt, daß es eine unterbrochene Hinbewegung ist.

Später am selben Tag

Sarah (mit ängstlicher und weinerlicher Stimme): Ich merke, daß der Druck bei mir auch mehr mit dem Selbstmord meines Vaters zu tun hat. Seit du darüber sprichst, wird der Druck wieder mehr. Und ich habe gedacht: Es ist nicht meine Verantwortung.

Bert Hellinger: Wie hat der sich umgebracht?

Sarah: Er hat sich in die Badewanne gelegt und sich die Pulsadern aufgeschnitten.

Bert Hellinger: Wie alt warst du?

Sarah: Sechsundzwanzig.

Bert Hellinger: Wer könnte deinen Vater hier spielen?

Sarah: Bevor ich das von Eckhard wußte, habe ich an ihn gedacht. Jetzt möchte ich jemand anderen suchen.

Bert Hellinger: Ne, ne, der ist gut dafür. – Eckhard, willst du auf gute Weise Sühne leisten? (Der nickt) Ich mache einmal eine andere Übung mit dir. (Fordert Eckhard auf, sich auf den Boden zu legen, und dieser legt sich auf den Rücken.) Bert Hellinger zu Sarah: Leg dich auf den Rücken neben ihn. (Sarah legt sich daneben.) Ganz nah! (Sarah beginnt zu weinen.) Stell dir vor, du schaust auf den toten Vater in der Badewanne.

Sarah (laut weinend): Nein.

Bert Hellinger: Nein, nicht so, das macht man mit Liebe. – Und mach die Augen auf! – Näher ran, näher ran – und sag zu ihm: Lieber Papa, ich lege mich neben dich (Sarah wiederholt es). Ruhig atmen! (Sarah weint) Nein, das bringt nichts, wiederhole es ganz ruhig!

Sarah: Lieber Vati, ich lege mich neben dich.

Bert Hellinger: Genau. Das war's. Jetzt bleib ruhig bei dem Gefühl und atme. – Das ist die Aufhebung der Identifizierung. (Zur Gruppe): Wenn sie neben ihm liegt, kann sie nicht mehr mit ihm identifiziert sein. Die Beziehung ersetzt die Identifizierung und löst sie auf. – Das war's. Eckhard, danke! (Beide setzen sich wieder auf ihre Plätze).

Friedemann: Das war ein ganz großer Unterschied in der Gefühlslage.

Bert Hellinger: Ja, man muß aus dem Drama weg. Das gesammelte Gefühl ist ohne Emotion. Wenn es ganz still gesagt wird, dann stimmt es. Man muß deshalb von dem Lauten weg, und am Ende muß es ganz einfach sein. Das ist dann die Lösung.

Später

Sarah: Mir geht's viel besser, ich merke unten noch ein leises Ziehen. Das ist aber eher wie ein Gewitter, ein Grollen, das sich zurückzieht.

Bert Hellinger: Es erinnert dich, daß das Gewitter vorbei ist.
Sarah: Andererseits bin ich verwundert, weil ich an alle möglichen Zusammenhänge zwischen meinem Vater und mir gedacht hätte, bloß nicht an eine Identifizierung. Mein inneres Interesse verschiebt sich jetzt auf berufliche Fragen und zur Partnerschaft.
Bert Hellinger: Okay, gut!

Genogramm der Herkunftsfamilie Sarahs:*

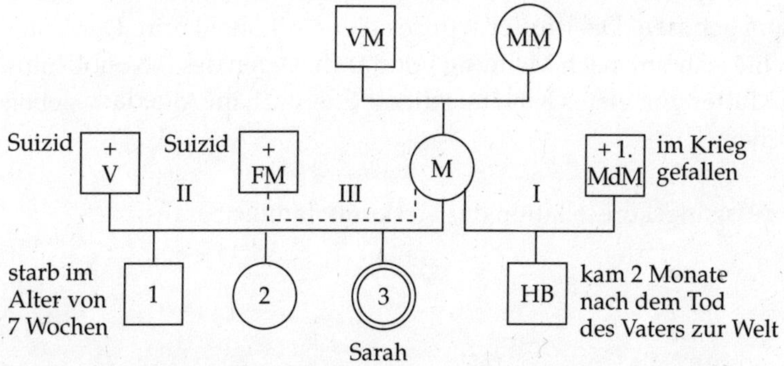

Am fünften Tag

Sarah: Ich habe seit heute morgen ein schnelles Herzklopfen. Mir fällt immer der Name meines ersten Geschwisters ein. Ich habe einen Stiefbruder und dann einen Bruder, der gestorben ist. Der ist mir auch sehr stark vor meinem Schwangerschaftsabbruch eingefallen. Deshalb habe ich noch einmal Druck, die Konstellation aufzustellen.
Bert Hellinger: Ja, das machen wir auch.

Am fünften Tag nachmittags

Bert Hellinger (zu Sarah): Sarah, du siehst ja fast schon glücklich aus, mit Farbe ...
Sarah: Ja, und das Schöne ist daran, daß die Schmerzen in den Ileosakralgelenken, die ich vorher hatte, weg sind. Ich fühle mich

---

* *Abkürzungen:*

V	Vater	VM	Vater der Mutter
M	Mutter	MM	Mutter der Mutter
1	Erstes Kind, Sohn	1. MdM	Erster Mann der Mutter
2	Zweits Kind, Tochter	HB	Halbbruder Sarahs
3	Drittes Kind, Sarah	FM	Freund der Mutter

ganz leicht im Becken, und das Hüpfen paßt dazu. Da kommt so eine hüpfende Freude in mir auf, und mein Herz klopft so wie Vorfreude, und ich habe weniger Angst. Ich danke dir für den Schubs, der war wichtig.
Bert Hellinger: Dafür bin ich ja da. (Er fordert sie dann auf, ihr Herkunftssystem aufzustellen.)

Wichtige Informationen, die bei der Aufstellung herauskommen: Der erste Mann der Mutter ist im Krieg gefallen. Der aus dieser Ehe hervorgegangene Sohn wurde zwei Monate nach dem Tode seines Vaters geboren. Die Mutter wurde später Alkoholikerin. Der Vater brachte sich um, nach Meinung von Sarah wegen des Alkoholismus der Mutter. Ein erstes Kind aus dieser Ehe starb im Alter von sieben Wochen.

Ausgangskonstellation der Herkunftsfamilie Sarahs:

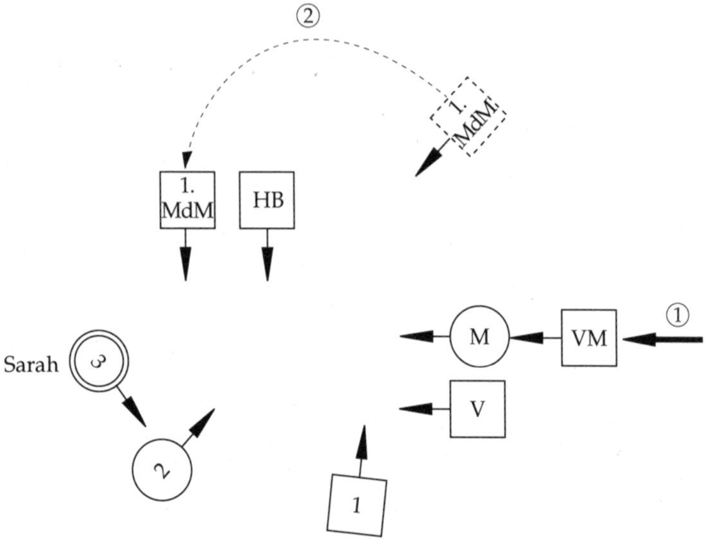

Nachdem Sarah ihre Herkunftsfamilie aufgestellt hat:
Bert Hellinger (zur Mutter): Wie geht's dir?
Mutter: Ich fühle mich bedroht. Es sind zwei Sachen: Links mein Mann und andererseits hier (zeigt rechts auf den Sohn aus erster Ehe). Er ist so haltlos, als ob ich ihn nicht fassen könnte.
(Bert Hellinger stellt erst ihren Vater hinter sie, Bewegung 1; dann ihren ersten Mann rechts neben den Sohn, Bewegung 2.)

Mutter: Im allerersten Moment war es schön, und dann war die Bedrohung wieder da.
Bert Hellinger: Was ist denn mit ihrem Vater gewesen?
Sarah: Ich kann nur sagen, daß ihre Mutter die wichtigere Person in der Ehe war.
Bert Hellinger: Das ist immer so bei Alkoholikern.
Sarah: Er hat ihr das Taschengeld zugeteilt, aber sie hatte die Macht. – Ich habe noch etwas vergessen. Nachdem meine Mutter schon mit meinem Vater verheiratet war und mein Vater noch im Krieg war, hat sie wohl einen andern Mann sehr geliebt, und der hat sie, da sie Ärztin war, am Ende des Krieges gefragt, ob sie ihm Zyankali besorgen kann für ihn und seine ganze Familie. Das hat sie dann getan (Erschrecken in der Gruppe). Dieser Mann hat sich dann das Leben genommen, und seine Frau und seine Kinder haben es nicht gemacht.
Bert Hellinger: Das ist es, was bedroht (stellt den Halbbruder und den ersten Mann der Mutter ein Stück zurück). Euch müssen wir erst einmal in Sicherheit bringen, und du (Vater der Mutter) kannst dich setzen. Das ist hier eine andere Dynamik. (Stellt den Freund der Mutter auf, der sich mit Zyankali umgebracht hat; langes Schweigen).
Bert Hellinger: Wer mußte sich umbringen?

Veränderte Aufstellung:

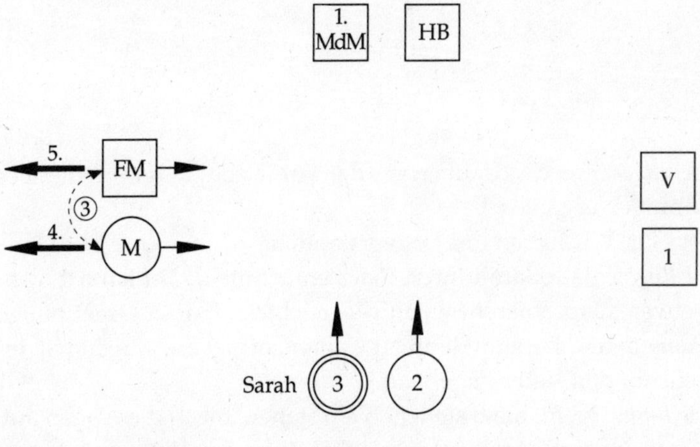

Mirjam: Die Mutter.
Bert Hellinger: Und wer hat's gemacht? – Der Vater. Das ist manchmal so.
Freund der Mutter: Ich finde das ganz komisch hier, besonders wenn

sie mir so nah ist (Sarahs Mutter). (Bert Hellinger fordert beide auf, die Plätze zu wechseln, Bewegung 3. Als auch dieses die Unbehaglichkeit nicht ändert, läßt er sie beide sich nach außen drehen und schließlich die Mutter und später auch den Freund den Raum verlassen; Bewegung 4 und 5)
Stellvertreterin Sarah: Jetzt kann ich wieder hochgucken.
Bruder: Und mein Groll wird etwas weniger.
Schwester: Und ich kann zum erstenmal zum Vater schauen.
Vater: Es ist für mich wie ein langsames Aufwachen aus einer Todesstarre. Es war furchtbar.
(Anschließend probieren die Kinder mehrere Stellungen in bezug auf den Vater, bis sie ihren Platz finden.)

Lösungskonstellation der Herkunftsfamilie Sarahs:

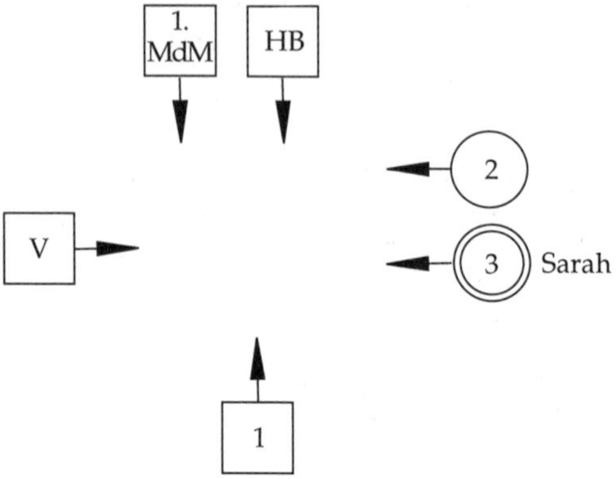

Bert Hellinger (holt die draußen vor der Tür wieder herein): Wie ist es euch draußen ergangen?
Mutter: Gut. Wir haben uns gut verstanden.
Bert Hellinger (läßt Sarah ihren Platz einnehmen): Du kannst auch noch etwas ausprobieren, wenn du möchtest. (Sarah atmet einige Male tief ein und beginnt dann zu weinen, öffnet die Augen wieder und will auf den Vater zugehen.)
Bert Hellinger: Nein, bleib stehen, bleib stehen, mach die Augen auf. Ganz ruhig. (Sarah atmet ruhiger, schaut klar den Vater an)
Bert Hellinger: Ruhig atmen, ganz ruhig. Bleib bei der gesammelten Kraft. (Sarah schaut den Vater weiter ruhig an) Vier tote Männer in diesem System.

Da war einmal ein Ehepaar in der Gruppe, und in einer Sitzung ist der Mann ganz ausgeflippt und ganz euphorisch geworden. Was auffiel, daß er immer schwarze Kleidung trug. Am nächsten Tag ging ihm auf, daß sich in seinem System sieben Männer wegen ihrer Frauen umgebracht haben; sieben Männer! (nach einer Pause) Okay, Sarah, gut. (Alle setzen sich.)

Ich möchte noch etwas sagen über Schicksalsverschiebungen in Systemen. In Lindau habe ich einmal eine Gruppe gehabt, in der sagte einer, er sehe die Leute um ihn herum manchmal ohnmächtig werden. Da schieße ihm immer durch den Kopf: Das ist doch alles Schwindel. Wir haben dann sein System aufgestellt. Seine Mutter hatte einen jüdischen Freund, und in der Konstellation stand dann die Mutter mit dem jüdischen Freund und den drei Kindern zusammen, und der Vater von den drei Kindern stand weit entfernt im Abseits. Der leibliche Vater meldete sich dann zur Luftwaffe. In diesem System hat der Vater das Schicksal des Juden übernommen, und der Jude nahm den Platz des Vaters ein. Das gibt es. Es ist schwer, jemand sein Schicksal zuzumuten, doch keiner kann es für einen anderen übernehmen. Bei dir, Sarah, kann es sein, daß dein Vater das Schicksal der Mutter übernommen hat, indem er sich umbrachte. (Pause)

Ich hatte einmal einen ähnlichen Fall. Da war einmal eine Teilnehmerin hier, deren Mutter hatte, bevor sie heiratete, einen Freund. Der Freund war früher verlobt gewesen und hatte am Kriegsende dieser Verlobten und deren Mutter Zyankali gegeben, und die hatten sich vergiftet. Dieser Mann war oft in der Familie und war ein Intimfreund der Mutter, so nebenbei. Die Teilnehmerin war selbstmordgefährdet. Etwas später kam ihre Mutter in eine Supervisionsgruppe, und da hab' ich ihr davon erzählt und ihr noch gesagt, daß der, der sich eigentlich umbringen müßte, der Freund sei. Die Tochter sei identifiziert mit dessen früherer Verlobten. Da sagte die Mutter: Der trägt immer Zyankali bei sich.
Sarah: Mein Vater wollte immer, daß meine Mutter sich mit ihm zusammen umbringt. (Schweigen)

Bert Hellinger: So laufen Systeme. An solchen Schicksalen kann man ablesen, was Läuterung oder Reinigung heißt. In der spirituellen Tradition gibt es ja die Vorstellung des Reinigungsweges und der tiefen inneren Reinigung. Sowas kann man überhaupt nicht persön-

lich machen, indem man sich zum Beispiel von seinen Sünden oder seinen Begierden reinigen will. Die eigentliche Reinigung ist die Lösung aus den Verstrickungen des Systems. Ohne eine solche Reinigung gibt es kein Weitergehen, und das kann auch durch die Sammlung nicht erreicht werden. Noch irgendwelche Fragen dazu?
Angela: Ich weiß nicht, ob ich es überhört habe: Hast du auch nach der Familie ihres Vaters gefragt?
Bert Hellinger: Nein, wenn so etwas Massives da ist, deckt das alles andere zu. Wenn in der Gegenwart etwas so Brisantes ist, braucht man nicht weiter zurückzuschauen. Für dich, Sarah, ist es wichtig, daß du den Toten ihre Ruhe läßt, allen, und daß du deiner Mutter ihre Schuld läßt und dich mit den guten Kräften im System verbündest, und das ist dein Vater.

*

Sarah: Es ist gut mit meinem Vater. Ich nehme Abschied.
Bert Hellinger: Nein, das würde ich nicht. (Sarah versucht zu widersprechen) Nein, nein, nein.
Sarah: Also, ich bin traurig, und das stimmt.
Bert Hellinger: Ja, weil du ihn tot sein läßt. Du kannst sagen: Lieber Papa, in mir lebst du noch, und es soll dir gutgehen. – (zur Gruppe) Das hat sie gar nicht gehört.
Sarah: Doch!
Bert Hellinger: Was habe ich gesagt?
Sarah: In mir lebst du noch, und dir soll es gutgehen. Und ich habe gedacht, eigentlich stimmt das.
Bert Hellinger: Die Zustimmung kommt zu früh. Wenn du es erlebt hast, brauchst du dem nicht zuzustimmen. Die Zustimmung ist manchmal Ersatz fürs Erleben. – Also, was sagst du ihm?
Sarah: In mir lebst du noch.
Bert Hellinger: ... und ich lasse dich teilhaben an dem, was ich tue.
Sarah: Und ich lasse dich teilhaben an dem, was ich tue.
Bert Hellinger: Das ist die Versöhnung. Ihr Vater ist das Opfer einer Verstrickung. Es ist gut, wenn aus dem Opfer eine Kraft kommt, die sich auf andere gut auswirkt. Das ist dann die Versöhnung. Dann war es nicht umsonst.
Sarah: Ja, ich möchte so gerne, daß es nicht umsonst ist. Unsere Familie stirbt aus, und der Name verschwindet ...

Bert Hellinger: Nein, nein, nein, du lenkst ab. – Du bist ein hoffnungsloser Fall, und da lasse ich es. Aber vielleicht erscheint dir dein Vater nochmal im Traum und sagt dir, was wesentlich ist. – Vielleicht hörst du dem mehr zu als mir. Noch was, Sarah?
Sarah: Nein, ich höre auch von dir gerne, was wesentlich ist.
Bert Hellinger: Ich lasse es einmal da. Das Wesentliche habe ich gesagt und nun muß ich vertrauen, daß daraus etwas Gutes entsteht.

Einer, der seine Symptome vergaß

Vor einiger Zeit hielt ein guter Kollege von mir einen Vortrag über Krebskranke. Er hat folgendes Beispiel gebracht: In den USA wurde ein Mann in eine Klinik eingeliefert, und als sie ihn operierten, haben sie gesehen, daß er voller Metastasen war, und haben ihn sofort wieder zugemacht und nach Hause geschickt. Der Mann war schon ziemlich alt, hat aber noch zehn Jahre weitergelebt und ist dann ganz friedlich gestorben. Danach hat die Frau der Klinik einen Brief geschickt und ausgedrückt, daß die Klinik damals sehr gut geholfen habe. Er sei so gut gesund geworden, und sie hätten noch so lange glücklich gelebt. Die Ärzte in der Klinik wunderten sich und schauten in der Krankengeschichte nach, und in der stand, daß er damals voller Metastasen war. Sie hatten aber damals der Frau gesagt: Es geht ihm ganz gut, und er braucht nur etwas Pflege und sonst nichts besonderes. – Der hat seine Symptome vergessen. Drum war er gesund.

d. Leiden ist leichter als Handeln: Therapeutische Vignetten

Wenn das andere nicht klappt

Alexis: Da kommen mir noch Gedanken, daß mein Gegenwartssystem so verzwickt ist.
Bert Hellinger: Du bist doch glücklich, hast du gesagt. Was ist denn da verzwickt dran?
Alexis: Dann sag' ich eben das Gute. Ich habe gestern nach Griechenland angerufen, und da war meine Frau am Telefon, und sie hat von mir geredet und hat gesagt: Du kommst ja zurück, und dann will ich bei dir im Bett liegen. Und dann hab ich gedacht: Mein Gott, das ist es doch. Was soll denn all das andere?
Bert Hellinger: Genau. Das ist es.
Alexis: Es läuft doch richtig. Wir sind zusammen und alles geht gut. Ich habe mir dann gestern noch gedacht: Ich sag' das, wenn das andere nicht klappt (lautes Lachen).

Bert Hellinger: Man sagt ja, die Griechen seine gute Geschäftsleute.
Alexis: Schon gut, ich mach's dann allein.

*

Alexis: Ich habe mir eine Übung gemacht aus dem Starkbleiben oder in die Schwäche gehen. Also wenn ich schlechte Gefühle oder Gedanken hatte, konnte ich damit dann besser umgehen, und ich glaube, daß ich in meinem Leben oft in die Schwäche gegangen bin und daß das jetzt sehr gut für mich ist. Eins bringt mich noch ins Wanken. Das hängt mit meiner Konstellation zusammen. Ich bin da unsicher, ob ich zu meiner Liebe stehen soll oder nicht.
Bert Hellinger: Merkwürdig ist, daß ich schon einige Leute gesehen habe, die mit falschen Entscheidungen glücklich wurden.
Alexis: Also besser das Glück als die richtige Entscheidung (alle lachen).
Bert Hellinger: Genau!

Die Schlittschuh-Schule

Ludwig: Ich habe gerade überlegt, ob ich auch ein Esel bin (Lachen). Ich schäme mich noch für etwas, was ich gestern am Schluß gesagt habe.
Bert Hellinger: Ist okay. Da war einmal ein Mann, der hatte eine Tochter, die er sehr liebte, und die Tochter wollte gern Schlittschuh laufen lernen. Er hat ihr ein Paar Schlittschuh gekauft und sie in einer Schule angemeldet, in der man Schlittschuh laufen lernen kann. Die Tochter ist dorthin gegangen und kam strahlend zurück und sagte: Es war wunderbar, ich bin kein einziges Mal hingefallen. Beim nächsten Mal kam sie wieder zurück und strahlte und sagte: Es war wieder wunderbar, ich bin kein einziges Mal hingefallen. Da sagte der Vater: Ich nehme dich von der Schule, die ist nicht gut. (Ludwig lacht zunehmend lauter.)
Noch etwas, Ludwig?
Ludwig: Im Moment nicht.

Der zweite Wasserhahn

Ilse berichtet, daß sie nicht einschlafen konnte, weil sie die ganze Zeit darüber nachgedacht habe, wie sie die Mitglieder ihrer Familie stellen könnte.

Bert Hellinger: Das ist natürlich ein müßiges Vorgehen, weil, wenn du's dann tatsächlich machst, ist es sowieso ganz anders.
Ilse: Es war nur so, daß ich es nicht stoppen konnte. Ich wollte es stoppen, aber es ging nicht.
Bert Hellinger: Weißt du, wie man sowas stoppt?
Ilse: Schäfchen zählen oder sowas.
Bert Hellinger: Nein, man macht es noch ein bißchen mehr bewußt. Wenn einer zum Beispiel nicht einschlafen kann, weil ein Wasserhahn tropft, braucht er sich nur zwei Wasserhähne vorzustellen (allgemeine Heiterkeit) oder drei. Man nennt das Diffusion.

Meine „Beziehung"

Max: Ich habe viele Eindrücke. Ich weiß nicht, was ich sagen soll.
Bert Hellinger: Ein Anliegen?
Max: Ja, ich möchte gelegentlich meine Beziehung aufstellen.
Bert Hellinger: Weißt du, was Beziehung an dieser Stelle heißt?
Max: Nein.
Bert Hellinger: Es hält nicht.
Gruppenmitglied: Sondern?
Bert Hellinger: Ja, wenn es etwas anderes wäre, würdest du es anders nennen. Noch was, Max?
Max: Nein, das reicht.

Zu viel Worte

Klaus: Mir kommen immer wieder Bilder von meinen Großvätern hoch. Sie waren beide abgewertet, der Vater meines Vaters galt als strenger Despot, der hat äußerlich durchaus Ähnlichkeiten mit mir und trug einen Vollbart. Der andere galt als Luftikus und Frauenverführer, ein Unverantwortlicher, der sich gedrückt hat, und ich merke, wenn ich die wieder zum Leben erwecken will, muß ich richtig Kraft anwenden. Überhaupt, wenn ich das männliche Prinzip sich aufrichten lassen will, finde ich einfach keinen Platz dafür.
Bert Hellinger (provozierend): Das wird helfen, wenn du so weiter machst!
Klaus: Ich mag die Kerle schon als Bild, aber da ist irgend etwas im Weg, was ich nicht zu fassen kriege.
Bert Hellinger: Du mußt diese Männer im Angesicht ihrer Frauen anschauen, und dann wirst du wissen, was Mut ist.
Klaus: Ich sehe da einen Zusammenhang, wenn du sagst, im Angesicht der Frauen. Zum einen kann ich den Mann gut verstehen ...

Bert Hellinger: Das sind jetzt zu viel Worte. Du hättest es in der Zwischenzeit schon machen können.

Aufpassen auf die Quelle

Alexis: Meine Frau hat aus Saloniki angerufen, und sie hat mir Vorwürfe gemacht, daß ich sie nicht angerufen habe. Ich habe gesagt: „Okay, laß die Vorwürfe. Ich liebe dich und ich denke an Euch." Da war es gut. Und als ich dann vom Telefon wegging, habe ich wieder die Liebe wie gestern gespürt, und dann kam auch ein Schluchzen wieder hoch. Unter normalen Umständen kann ich nicht weinen, und ich erlebe das als eine sehr große Einengung. Ich kann das nur in dieser therapeutischen Umgebung.
Bert Hellinger: Das ist so wie mit der Arbeit und dem Urlaub. Man hat etwas weniger Urlaub als Arbeit. Diese Affektäußerungen sind wirksam, wenn sie sparsam und selten sind.
Alexis: Das ist also mein Urlaub.
Bert Hellinger: Genau.
Alexis: Das hat dann auch ein Gewicht für mich. Ich fühle mich wieder belebt und ...
Bert Hellinger: Es gibt auch Leute, die, wenn sie eine Quelle in ihrem Garten entdecken, sich davorsetzen und aufpassen, daß sie nicht versiegt.

Sich verteidigen ist überflüssig

Lydia: Ich habe den Eindruck, daß wir in unserer Partnerschaft beide die Familien des anderen nicht entsprechend würdigen. Ich nehme oft eine Schutzhaltung ein, ziehe mich zurück, sage nicht, was ich fühle und denke, und werde dann an einer anderen Stelle aggressiv. Ich habe mir dann gedacht, daß die Lösung wäre, daß ich meine eigene Herkunftsfamilie positiv sehe und würdige und dann nicht mehr so kämpfen muß.
Bert Hellinger: Ja, das kann ich mir gut vorstellen. Dann ruhst du in dir. Es ist ja so: Wenn jemand im Unrecht ist, braucht er sich nicht zu verteidigen, und wenn er im Recht ist, auch nicht. Du kannst ihm auch sagen: Wenn es bei uns in der Familie nicht so gut gewesen wäre, könnte ich dich nicht so lieben.

Fügungen

Josef: Ich bin spazierengegangen, und da ist mir in Erinnerung gekommen, daß meine Geburt auch sehr dramatisch gewesen sein soll. Ich habe Nabelschnurumschlingung gehabt, und meine Mutter wäre beinahe wegen einer Nachblutung verblutet.

Bert Hellinger: Das ist eine wichtige Information. – Und was macht man da?

Josef: Meine Mutter hat nachher mich als Retter ihres Lebens gesehen, nachdem ich durch mein Schreien Schwestern herbeigerufen habe für sie, und ich merke für mich: Das paßt nicht.

Bert Hellinger: Mir fällt eine Geschichte ein, und ich weiß gar nicht, warum ich sie jetzt erzähle:

Das Gottvertrauen

Während einer großen Überschwemmung betete ein Rabbi, daß Gott ihm helfe. Das Wasser stieg jedoch immer höher, und er kletterte schließlich auf das Dach seines Hauses.
Als ein Boot vorbeikam und ihn auflesen wollte, lehnte er ab: „Ich warte, daß Gott mir hilft", und er betete weiter.
Dann überflog ihn ein Hubschrauber und wollte ihn holen, er aber antwortete: „Nein, nein, ich warte, bis Gott mir hilft." Schließlich ist er ertrunken, und als er vor Gott kam, beschwerte er sich: „Jetzt habe ich so gebetet, und du hast mir nicht geholfen." – „Doch", sagte Gott, „ich habe dir ein Boot und einen Hubschrauber geschickt."

(Nach längerem Schweigen)

Ich bin noch ein bißchen bei dir. Was wäre der innere Vollzug, der für dich wirklich lösend wäre? –

Josef: Danken.

Bert Hellinger: Genau, aber wie? – Es muß etwas sein im Sinne von: Es hat sich etwas gefügt. Und wie sich Dinge fügen, kann man ja nicht wissen.

Da hat ein Kapuziner mal eine Besinnungspredigt gehalten. Als er dann in die Sakristei gegangen ist, kam eine Frau und hat gesagt: Jetzt bin ich bekehrt, das hat mich so gerührt. Der Kapuziner war neugierig. Das hätte er nicht sein dürfen. Er fragte nach: „Was an meiner Predigt hat Sie denn so gerührt?" Da sagte sie: „Ja, Sie haben sich mal umgedreht und geschnäuzt. Da habe ich mir gedacht: Wenn sich Gott so wegdreht von mir, dann geht's mir schlecht." – Das ist der Unterschied von eigenem Handeln und göttlicher Fügung.

VII. Die Hinbewegung zum Ganzen

Die Ordnungen der Liebe, die uns in früheren Beziehungen begleitet haben, gelten nur in engumschriebenen Bereichen. Sie sind anders für die Beziehung des Kindes zu den Eltern, anders für die Beziehung der Eltern zu den Kindern, anders für die freien Bünde und anders zwischen Paaren.

Wendet man sie darüber hinaus an, zum Beispiel auf Gott, das Schicksal oder das Ganze, werden sie zur Un-Ordnung und absurd. Manche beziehen sich auf Gott wie die Kinder auf die Eltern und suchen dann einen Vatergott und eine Große Mutter, glauben wie ein Kind, hoffen wie ein Kind, vertrauen wie ein Kind, lieben wie ein Kind, fürchten sich vor ihnen wie ein Kind und, wie ein Kind, fürchten sie sich auch, vielleicht, zu wissen.

Oder wir beziehen uns auf das geheimnisvolle Ganze wie auf die Ahnen und die Sippe, wissen uns als seine Blutsverwandten in einer Gemeinschaft der Heiligen, aber auch, wie in der Sippe, verworfen oder auserwählt nach einem unerbittlichen Gesetz, ohne daß wir seinen Spruch verstehen oder auf ihn Einfluß nehmen können.

Oder wir verhalten uns zum Ganzen wie zu einem Gleichberechtigten in einer Gruppe, werden seine Mitarbeiter und Vertreter, lassen uns auf Handel und Geschäfte mit ihm ein, schließen einen Bund mit ihm und regeln durch Vertrag die Rechte und Pflichten, das Geben und das Nehmen und den Gewinn und den Verlust.

Oder wir verhalten uns zum geheimnisvollen Ganzen, als seien wir mit ihm in einer Paarbeziehung, in der es einen Geliebten und eine Geliebte gibt und einen Bräutigam und eine Braut.

Oder wir verhalten uns zu dem geheimnisvollen Ganzen wie Eltern gegenüber einem Kind, sagen, was es falsch gemacht hat und was es besser machen müßte, stellen ihm sein Werk in Frage und wollen, wenn uns diese Welt, so wie sie ist, nicht paßt, uns und andere aus ihr erlösen.

Oder aber, wenn wir uns auf das Geheimnis dieser Welt beziehen, lassen wir die Ordnungen der Liebe, die wir kennen, hinter uns und vergessen, als seien wir schon auf dem Meer und die Flüsse und alle Wege am Ziel.

Der Schöpfungs- und der Offenbarungsglaube

Der Vater eines Seminarteilnehmers trat aus einem Orden aus, gründete eine Familie und hatte mehrere Kinder mit seiner Frau. In der Konstellation stand er zwischen dem Orden und seiner Familie.

Bert Hellinger: Wenn man diese Konstellation sieht, dann hätte es sein Vater im Kloster leichter gehabt. Das ist sehr häufig so, und deshalb spreche ich es an. Wenn jemand Gott oder der Kirche gehört hat oder Gott gehören sollte, und er verläßt den Orden oder die Kirche, dann schränkt er sich häufig ein und lebt anschließend eingeschränkter, als wenn er ein Kirchen- oder Ordensmann geblieben wäre. Bei den Katholiken wirkt das noch mehr als bei den Protestanten, weil dort die Einschränkungen (zum Beispiel durch den Zölibat) noch größer sind. Wenn jemand weggeht, kann das nur gelingen, wenn er den ganzen Weg geht; das heißt, er muß vom Glauben abfallen, – hin zum größeren Glauben.

Das ist nämlich ein schlimmer Glaube, der sich vorstellt, daß man Gott besonders gehören könne oder dürfe oder müsse und daß dieser Gott böse ist, wenn man etwas tut, was der Schöpfung entspricht. Glaube und Unglaube sind in der Seele wie Unschuld und Schuld untrennbar verbunden, und wie es immer ein Zusammenspiel von Unschuld und Schuld gibt, gibt es auch ein solches zwischen Glaube und Unglaube. Der Glaube an den Offenbarungsgott verlangt den Abfall vom Schöpfungsgott und damit von der Schöpfung, wie wir sie wahrnehmen. Der Offenbarungsglaube vermittelt uns in vieler Hinsicht, daß die Welt schlecht sei. Wenn ich das glaube, muß ich verleugnen, was ich wahrnehme, und muß von der Schöpfung abfallen und mich einem Offenbarungsgott zuwenden, von dem man nichts weiß, außer daß einer gesagt hat, er habe gesagt. Das ist alles, was wir von ihm wissen. Es gibt keine Erfahrung von ihm, sondern nur Berichte von Erfahrungen, von denen einige sagen, sie hätten sie gemacht. Der Glaube an einen Offenbarungsgott ist also immer der Glaube an ein Zeugnis, das jemand ablegt, und dessen Zeugnis ist dann für mich bindend. Es ist also immer ein Glaube an einen Menschen.

Diese Art von Religion wird kulturell durch Familientraditionen vermittelt. Der Offenbarungsglaube ist dann notwendig, wenn ich zu einer bestimmten Familie gehören will, die diesen Glauben teilt. Der Abfall von diesem Glauben ist immer ein Abfall von der Familie. Alle, die von einer Religion abfallen, haben das gleiche Gefühl, ganz gleich, ob sie protestantisch, mohammedanisch oder katholisch sind. Die Schlußfolgerung ist, daß es mit den Inhalten nichts zu tun haben kann. Es ist vorrangig eine Systemdynamik, die sich da abspielt. Der Offenbarungsglaube dient dazu, bestimmte Gruppen zusammenzuhalten. Der Schöpfungsglaube dagegen umfaßt die Zustimmung zur Welt, wie sie ist, und ist menschenverbindend. Die Religionen bauen Grenzen auf. Beim Schöpfungsglauben gibt es keine Grenzen. Hat jemand Achtung vor der Schöpfung, vor dem, wie es ist, kann er nicht bei einer einzigen Gruppe bleiben. Wer sich dem, was die Schöpfung ist, zuwendet, der muß über die Grenzen seiner Familie oder seiner Gruppe hinaus. Das hat eine ganz unterschiedliche Qualität.

Vor ein paar Tagen habe ich einen Brief gelesen, der dem Indianerhäuptling Seattle in den Mund gelegt wurde: In diesem Brief ist der Schöpfungsglaube – im Deutschen gibt es dafür das schöne Wort Weltfrömmigkeit – wunderbar beschrieben. Ich lese einen ganz kleinen Teil davon:

„Der Präsident in Washington läßt uns wissen, daß er unser Land zu kaufen wünscht, aber wie kann einer den Himmel kaufen oder verkaufen? Dieser Gedanke ist uns fremd. Wenn wir die Frische der Luft und das Glitzern des Wassers nicht besitzen, wie könnt ihr sie kaufen? Jeder Teil dieser Erde ist meinem Volk heilig. Jede schimmernde Kiefernnadel, jedes sandige Ufer, jeder Nebelschwaden im dunklen Wald, jede Wiese, jedes summende Insekt.

Alle sind dem Andenken und Erleben meines Volkes heilig. Wir kennen den Saft, der durch die Bäume strömt, wie wir das Blut kennen, das durch unsere Adern strömt. Wir sind ein Teil der Erde, und sie ist ein Teil von uns. Die duftenden Blumen sind unsere Schwestern. Der Bär, der Hirsch, der große Adler, sie sind unsere Brüder. Die Felsgrate, die saftigen Wiesen, die Körperwärme des Ponys, der Mensch, alle gehören derselben Familie an ...

Wenn wir euch unser Land verkaufen, denkt daran, daß die Luft uns kostbar ist, daß die Luft allem Leben, das sie erhält, ihren Geist mitteilt. Der Wind, der einst unserem Großvater seinen ersten Hauch eingab, empfängt auch seinen letzten Seufzer. Der Wind gibt auch unseren Kindern den Geist des Lebens. Wenn wir euch also unser Land verkaufen, müßt ihr es unberührt und heilig erhalten als eine Stätte, die ein Mensch aufsuchen kann, um den Wind zu schmecken, den die Wiesenblumen süßen ...“

In der Zeit, als Bert Hellinger als katholischer Ordenspriester und Schulleiter in Südafrika war, lernte er eine Art Gruppendynamik kennen, die sich von der in Deutschland damals praktizierten grundlegend unterschied. Die Trainer kamen aus dem anglo-amerikanischen Kulturraum, und die Ausbildung war ganz praxisorientiert. An ihr konnte nur teilnehmen, wer in einer Institution arbeitete und das Gelernte unmittelbar anwenden wollte. Die Seminare waren ökumenisch und die Teilnehmer unterschiedlicher Hautfarbe.

„Der wesentliche Unterschied, der mich beeindruckte, war der große Respekt, den die Trainer vor den einzelnen hatten. Sie waren hart, aber immer mit allergrößtem Respekt. Es gab nie einen Mißbrauch von seiten der Trainer. Einen Trainer, David, habe ich noch vor Augen. Das ist ein Vorbild, das in meiner Seele wirkt. Der entscheidende Impuls, den ich damals bekam, war die Frage, die mir damals von ihm gestellt wurde: ‚Was ist dir wichtiger: Ideale oder Menschen? Was opferst du wem?' Da habe ich die ganze Nacht nicht geschlafen. Ich bin ihm sehr dankbar."

„Das habe ich dann praktiziert und das ging in meine Arbeit ein, nachdem ich nach Deutschland zurückgekehrt war. Ein weiteres einschneidendes Ereignis war dann das erste Gestalttherapieseminar, das Ruth Cohn in Deutschland durchgeführt hat. Ich war der erste auf dem ‚heißen Stuhl' und traf in dieser Sitzung eine grundlegende Entscheidung für mein Leben. Später kam ich von der Gestalttherapie ab, weil mir die Konfrontation von Underdog und Topdog oft wie ein Spiel vorkam. Damit will ich aber nicht die Gestalttherapie abwerten. Das zweite war dann eine psychoanalytische Ausbildung in Wien. Während eines Wochenendtreffens der Ausbildungskandidaten – wir experimentierten mit unterschiedlichen Dingen – schlug eine Frau vor: ‚Schreien wir doch einfach einmal auf den Buchstaben A.' Wir haben das mit Spaß gemacht, und als ich meinem Analytiker darüber erzählte, sagte er, vielleicht sei ich an einem Buch interessiert, das er bekommen habe. Es war Janovs *The Primal Scream*. Er hatte es selbst nicht gelesen. Ich schaute rein und war von der Direktheit hingerissen und auch davon, wie schnell man damit ans Ziel kam. Schon im nächsten gruppendynamischen Training, das ich hielt, wandte ich einiges davon an und war von der Wirkung überrascht."

Es kam dann zu einem Eklat, als Bert Hellinger in der psychoanalytischen Vereinigung über das Buch und die Arbeit Janovs referierte, und man verweigerte ihm die Anerkennung als Psychoanalytiker. Da er sowieso vorhatte, die Primärtherapie zu lernen, ging er für neun Monate zu Janov nach Los Angeles und praktizierte, nachdem er mit seiner Frau, Herta Hellinger, noch ein Primärtherapie-Institut in Denver/Colorado besuchte, mit ihr zusammen Primärtherapie in eigener Praxis.

„Dazwischen liegt noch etwas Entscheidendes: Ein Gestalt-Workshop von vier Wochen Dauer mit Hilarion Petzold. In diesem Seminar erwähnte Fanita English die Transaktions- und die Skriptanalyse, und sie verwies mich auf das Buch von Eric Berne: *Was sagst du, wenn du Guten Tag gesagt hast*. Als ich zum Aufnahmeinterview zu Janov flog, kaufte ich mir das Buch, und glücklicherweise hatte das Flugzeug wegen eines Motorschadens acht Stunden Verspätung. Ich las in dieser Zeit fast das ganze Buch durch und wandte einige Dinge sofort in dem Seminar an, das gleich nach meiner Rückkehr begann. Das Wenige, was ich begriffen hatte, wirkte sofort."

„Danach habe ich meine Vorgehensweisen umgestellt und in meinen Kursen vor allem mit der Skriptanalyse gearbeitet. Bei der Arbeit mit der Skriptanalyse ist mir dann eine wichtige Einsicht gekommen. Die Transaktionsanalytiker haben die Skripts auf Botschaften zurückgeführt, die einem vermittelt wurden. Ich stellte fest, daß das unabhängig von direkten Botschaften wirkt durch Geschehnisse, die im System passiert sind. Es handelt sich da meist nicht um Geschehnisse, die derjenige erlebt hat. Sie konnten auch woanders und zu einer anderen Zeit passiert sein und dann in dem Skript zum Vorschein kommen. Plötzlich kam da ein systemischer Mehrgenerationenaspekt zum Vorschein. Dann habe ich nur noch systembezogene Skriptanalyse gemacht, und im Lauf der Zeit wurde mir klarer, nach welchen Gesetzen es zu Identifizierungen kommt und wie man die Skripts auflöst, indem man die Identifizierungen auflöst. Danach habe ich die Skriptarbeit dann nur noch als Ergänzung betrachtet."

„Inzwischen hatte ich auch das Buch *Unsichtbare Bindungen* von Ivan Boszormenyi-Nagy gelesen. Die Idee des Ausgleichs beeindruckte mich, obwohl ich damals vieles wegen seiner schwierigen Sprache nicht verstand. Das Prinzip, daß es einen Ausgleich über Generationen gibt, hat mir aber geholfen, solche Prozesse sorgfältiger zu beobachten."

Bert Hellinger sieht den Ausgleich von Nehmen und Geben aber nicht unter ethischen Gesichtspunkten. „Ich sehe nur das Gefälle, und das Gefälle von Gewinn und Verlust erzeugt eine Dynamik, die nach einem Ausgleich sucht."

„Anschließend habe ich mich dann mit der Familientherapie befaßt und bei Ruth Mc Clendon und Leslie Kadis gelernt. Bei ihnen habe ich auch zum erstenmal die Arbeit mit Familienaufstellungen gesehen. Ich war beeindruckt von deren Arbeit, konnte aber die Konzepte noch nicht umfassend verstehen. Die Familientherapie hat mich dann aber so angesprochen, daß ich dachte, ich müßte eigentlich Familientherapie machen. Dann habe ich meine bisherige Arbeit betrachtet und mir gesagt: Sie ist gut, und ich gebe sie nicht auf, bevor ich das andere nicht kenne. Ich habe einfach weitergemacht, und nach einem Jahr war bei mir alles familientherapeutisch, und hinzu kam die ganz wichtige Entdeckung der Ursprungsordnung. Das hatte auch einen Hintergrund. Ich las einen Artikel von Jay Haley, in dem es um das ‚perverse Dreieck' ging. Diese Dynamiken führten mich zur Ursprungsordnung. Das war ein Schlüsselerlebnis, das es mir ermöglichte, viele andere Lösungen zu finden. Die Familienaufstellungen haben mich dann bei Thea Schönfelder angeregt. Nach einer gewissen Zeit wurden mir die Prinzipien klar und wo dann die Ordnung liegt, und seitdem kann ich das machen."

„Wichtig ist noch die Beeinflussung durch Milton Erickson und das neurolinguistische Programmieren. Das wichtigste an NLP war für mich, daß man auf die Lösung schaut und nicht auf das Problem. Angeregt hat mich auch Frank Farelly mit seiner provokativen Therapie. Ericksons Art, Therapie zu machen, hat mich unglaublich beeindruckt. Von ihm kam natürlich auch die Arbeit mit Geschichten. Die erste Geschichte, die ich in einer Therapiegruppe erzählte, war die von den beiden Orpheus: ‚*Zweierlei Glück*'".

Anhang

Stichwortverzeichnis

Junge zu seinem älteren Bruder, der von den Nazis umgebracht wurde:
Du bist tot. Ich lebe noch ein bißchen, dann sterbe ich auch. Ich verneige mich vor deinem Schicksal, und du bleibst immer mein Bruder. 34

Kind zur Mutter, die bei seiner Geburt starb:
Ich nehme das Leben zum Preis, den es dich gekostet hat und den es mich kostet, und ich mache etwas daraus, dir zum Andenken. 35

Kind zur Mutter, die bei seiner Geburt einen Beckenbruch erlitt:
Liebe Mama, ich nehme es zum Preis, den es dich gekostet hat, und gerade deshalb halte ich es in Ehren und mache etwas daraus, dir zur Freude. Es soll nicht umsonst gewesen sein. Gerade weil es dich soviel gekostet hat, zeige ich dir, daß es sich gelohnt hat. 38

Kind zu seinen Eltern, die es an kinderlose Verwandten weggeben haben:
Ich tue es gerne für euch alle. 39

Mann zu seiner Mutter, die ihn nach der Geburt weggegeben hat:
Mama, ich freue mich, daß du mich geboren hast. 54

Kinder, die ihren Vater hassen, der von ihnen getrennt lebt, zur Mutter:
Das mit dem Haß gegen den Vater erledigen wir für dich. 57

Mutter zu diesen Kindern:
Ich habe euren Vater geheiratet, weil ich ihn geliebt habe, und wenn ihr so werdet wie euer Vater, stimme ich dem zu. 59

Tochter zur Mutter, wenn sie Intimes über ihren ersten Mann erzählt:
Für mich ist nur der Papa zuständig; was zwischen dir und dem ersten Mann war, will ich nicht wissen. 62

Gebet am Morgen des Lebens

Liebe Mama/ liebe Mutti,
ich nehme es von Dir, alles, das Ganze,
mit allem Drum und Dran,
und ich nehme es zum vollen Preis, den es Dich gekostet hat
und den es mich kostet.
Ich mache was daraus, Dir zur Freude
(und zum Andenken).
Es soll nicht umsonst gewesen sein.
Ich halte es fest und in Ehren,
und wenn ich darf, gebe ich es weiter, so wie Du.
Ich nehme Dich als meine Mutter,
und Du darfst mich haben als Dein Kind
(als Deinen Sohn, als Deine Tochter).
Du bist für mich die Richtige, und ich bin Dein richtiges Kind.
Du bist die Große, ich der (die) Kleine.
Du gibst, ich nehme.
Liebe Mama!
Ich freue mich, das Du den Papa genommen hast.
Ihr beide seid für mich die Richtigen. Nur ihr!

(Es folgt das gleiche in bezug auf den Vater.) 64

Mutter zum Sohn, dessen Vater Alkoholiker ist:
Ich stimme zu, wenn du wirst wie dein Vater. 68

Kind zu den Eltern:
Ich nehme, was ihr mir geschenkt habt; es ist eine Menge und reicht.
Den Rest mache ich selbst, und jetzt lasse ich euch in Frieden. 69

Vater zum Sohn, der vorehelich gezeugt wurde und jetzt zählt und fragt:
Wir haben es nicht mehr ausgehalten. 72

Kind zu den Eltern bei Inzest:
Mama, für dich tue ich es gerne.
Papa, für die Mama tue ich es gerne. 91

Kind zum Vater, wenn die Mutter dabei ist:
Ich tue es für die Mama, für die Mama tue ich es gerne. 91

Therapeut zum Mädchen, das Inzest erlebt hat:
Das Röslein duftet noch. 96

Kind zu einem der Eltern oder zu beiden:
Du hast mir großes Unrecht getan, und ich werde dir das nie verzeihen.
Ihr seid's, nicht ich; ihr müßt die Folgen tragen, nicht ich. 96

Vater zum Kind:
Es tut mir leid.
Ich habe dir Unrecht getan. 96

Tochter zum Vater:
Mutter ist ein bißchen besser. 104

Vater zur Tochter:
Du bist fast so gut wie deine Mutter. 105

Tochter zur Mutter:
Schau, wir zwei beiden. 127

Therapeut zu einer eifersüchtigen Frau:
Du wirst deinen Mann verlieren, über kurz oder lang. Genieße ihn in der Zwischenzeit. 129

Partner zueinander, wenn sie sich trennen:
Ich nehme, was du mir geschenkt hast. Es war eine Menge, und ich werde es in Ehren halten und mitnehmen. Was ich dir gegeben habe, habe ich dir gerne gegeben, und du darfst es behalten. Für das, was zwischen uns schief gelaufen ist, übernehme ich meinen Teil der Verantwortung und überlasse dir deinen. Und jetzt lasse ich dich in Frieden. 143

Tochter, die krank wurde, als die Mutter sich vom Vater getrennt hat:
Du mußt die Folgen tragen. 144

Schwester zu ihrer Halbschwester, die lange verleugnet wurde:
Du bist meine Schwester und ich bin deine Schwester. 157

Tochter zur Mutter, die vor der Ehe mit einem anderen verlobt war (indem sie auf den Vater zeigt):
Der ist für mich der Richtige, mit dem anderen habe ich nichts zu tun. 159

Tochter zum Vater:
Du bist für mich der Richtige, mit dem anderen habe ich nichts zu tun. 159

Mann, dem gekündigt wurde:
Es geschieht euch recht, daß ihr mich verloren habt. 161

Priester zur Mutter, die ihn schon vor der Geburt Gott geopfert hat:
Mama, für dich tue ich es gerne. 170

Frau zum Mann, der sich noch nicht von seiner Mutter gelöst hat:
Ich achte die Liebe zu deiner Mutter. 193

Tochter zur Mutter, die ihre Kinder mißhandelt und sie zu töten versucht hat:
Liebe Mama, wenn das mein Schicksal ist, stimme ich ihm zu.
Das ist sehr schlimm.
Das verzeihe ich dir nie.
Du mußt es tragen. 218

Tochter zum Vater, der SS-Offizier war und später untertauchte:
Lieber Vater, ich achte dein Schicksal und deine Entscheidung, und ich lasse dich in Frieden. 218

Tochter zum Vater, dessen erste Frau Jüdin war und sich 1938 von ihm getrennt hat:
Mit der habe ich nichts zu tun. Ich gehöre zu meiner Mutter. Nur sie ist richtig für mich. 220

Zweite Frau zur ersten:
Du hast den Mann verloren; ich habe ihn noch ein bißchen, dann verliere ich ihn auch. 221

Enkel zum Großvater, der sein Vermögen verloren hat (Hans im Glück):
Segne mich, wenn ich es behalte. 239

Mutter zum Sohn, der bei einem Autounfall starb und um den sie immer noch trauert:
Ich achte dein Leben und deinen Tod. 267

Tochter zum Vater, der im Krieg fiel als sie noch klein war:
Lieber Vater, in mir bist du noch da. 272

Frau zu jenen, die sie auffordern: du mußt das und das tun:
Mach' ich, mach' ich, mach' ich. 286

Schwester zum Bruder, über dessen Sohn sie sich Sorgen macht.
Du bist der beste Vater für deinen Sohn. 287

Tochter zur Mutter, die sagt, sie sei eine Hure:
Ich bin's ein bißchen. 289

Frau, die, wenn ihr jemand etwas Ungerechtes sagt, sofort widersprechen will:
Etwas ist dran. 289

Tochter zur Mutter, als sie die gleiche Schilddrüsenkrankheit bekommt und meint, sie ahme die Mutter nach:
Ich mache das schon für dich. Zwei Kröpfe sind besser als einer. Durch den zweiten geht der erste weg. 293

Magersüchtige Tochter zum Vater:
Lieber Papa, auch wenn du gehst – ich bleibe. 295

Magersüchtige Tochter zur Mutter:
Mama, ich bleibe bei dir. 300

Bulimische Tochter zum Vater:
Von dir, Papa, nehm ich es gerne. Bei dir, Papa, schmeckt's mir. 302

Spielsüchtiger Patient zum Vater und Großvater, denen er nachfolgen will:
Du bist tot, ich bleibe noch ein bißchen. Dann sterbe ich auch.
Lieber verspiele ich mein Geld, als mein Leben. 305–306

Jemand zu einer geliebten Person, die sich umgebracht hat:
Ich achte dein Schicksal und deine Entscheidung. Du darfst jetzt deinen Frieden haben. Du sollst wissen, daß es gut weitergeht und daß es jetzt gut sein darf. 307

Tochter zum Vater, den sie mit aufgeschnittenen Pulsadern tot in der Badewanne fand:
Lieber Vati, ich lege mich neben dich. 308
Lieber Vati, in mir lebst du noch, und es soll dir gutgehen. Und ich lasse dich teilhaben an dem, was ich tue. 314

Verzeichnis der Geschichten

Abkürzungen für die grafische Darstellung von Familiensystemen

(V)	Vater
(M)	Mutter
(K)	Kind
(PV)	Pflegevater
(PM)	Pflegemutter
(PK)	Pflegekind
(B)	Bruder
(Sr)	Schwester
(aB)	adoptierter Bruder
(PSr)	Pflegeschwester
(VV)	Vater des Vaters
(VM)	Vater der Mutter
(MV)	Mutter des Vaters
(MM)	Mutter der Mutter
(BV)	Bruder des Vaters
(BM)	Bruder der Mutter
(SrV)	Schwester des Vaters
(SrM)	Schwester der Mutter
(Mn)	Mann
(F)	Frau
(S)	Sohn
(T)	Tochter
(aS)	adoptierter Sohn
(aT)	adoptierte Tochter
(VMn)	Vater des Mannes
(VF)	Vater der Frau
(MMn)	Mutter des Mannes
(MF)	Mutter der Frau
(BMn)	Bruder des Mannes
(BF)	Bruder der Frau
(SrMn)	Schwester des Mannes
(SrF)	Schwester der Frau
(GT)	Großtante
(GO)	Großonkel

Veröffentlichungen von und über Bert Hellinger

Bücher

Carl-Auer-Systeme Verlag

Mitte und Maß.
Kurztherapien
1999. 276 Seiten. ISBN 3-89670-130-4
Den in diesem Buch erstmals dokumentierten 63 Kurztherapien ist gemeinsam, daß sich die Lösungen unmittelbar aus dem Geschehen ergeben und daher jedesmal anders und einmalig sind. Dazwischen gibt Hellinger weiterführende Hinweise, zum Beispiel über die Trauer, die Toten, die Hintergründe von schwerer Kranheit oder von Selbstmord, und er beschreibt den Erkenntnisweg, der zur Vielfalt der hier dokumentierten Lösungen führt. Man kann diese Kurztherapien lesen wie Kurzgeschichten, manchmal aufwühlend, manchmal erheiternd, manchmal voller Dramatik und dann wieder besinnlich und still.

Was in Familien krank macht und heilt.
Ein Kurs für Betroffene
2000. 286 Seiten. ISBN 3-89670-123-1
Dieses Buch führt die bereits veröffentlichten Dokumentationen über das Familien-Stellen mit Kranken in wesentlichen Punkten weiter. Es vermittelt vertiefte Einsichten in die familiengeschichtlichen Hintergründe von schwerer Krankheit und Selbstmordgefährdung und dokumentiert das Familien-Stellen in neuen Zusammenhängen, wie Sucht, religiöser Verstrickung, Trauma und tragischen Schicksalsschlägen.

Der Abschied.
Nachkommen von Tätern und Opfern stellen ihre Familie.
1998. 2. erw. u. überarb. Auflage 2000. 336 Seiten. ISBN 3-89670-102-9
Wie Schuld und Schicksal von Tätern und Opfern des Nationalsozialismus auf deren Nachkommen wirken, dem ist Hellinger seit Jahren in seinen Kursen für Kranke begegnet. Mit den Kranken mußte er sich den Tätern und Opfern in ihren Familien stellen und versuchen, im Einklang mit ihnen das Leid für ihre Nachkommen zu mildern und vielleicht zu beenden. Dieses Buch dokumentiert diese Versuche. Dabei kommen sowohl die Überlebenden und die Nachkommen zu Wort, als auch die Schuldigen und die Toten. Wenn sie geachtet sind, ziehen sie sich still zurück, und die Lebenden ziehen frei über die Grenze, die sie von den Toten trennt.

Wie Liebe gelingt.
Die Paartherapie Bert Hellingers.
Herausgegeben von Johannes Neuhauser.
1999. 2. Aufl. 2000. 348 Seiten. ISBN 3-89670-105-3
„Wie Liebe gelingt" ist ein Buch für Frauen und Männer aller Altersstufen, die sich nach einer erfüllten Partnerschaft sehnen. Bert Hellingers 25jährige Erfahrung in der Arbeit mit Paaren ist hier erstmals übersichtlich und umfassend dokumentiert. Johannes Neuhauser hat als Herausgeber die Einsichten Bert Hellingers zum Lebenszyklus von Paarbeziehungen in das Zentrum gestellt: das erste Verliebtsein, die Bindung aneinander, die gelingende Paarbeziehung, gemiensame Elternschaft oder Kinderlosigkeit, klare Trennung oder Neubeginn, schmerzhafte Paarkrisen, Verstrickungen mit den Herkunftsfamilien und deren Lösung, das gemeinsame Altwerden und der Tod.

Zweierlei Glück.
Die systemische Psychotherapie Bert Hellingers
Herausgegeben von Gunthard Weber.
1993. 13. Auflage 2000. 338 Seiten. ISBN 3-89670-005-7
In lebendigem Wechsel von Vorträgen, Fallbeispielen und Geschichten führt Gunthard Weber umfassend in die Denk- und Vorgehensweisen Bert Hellingers ein. Das übersichtlich gegliederte Buch beschäftigt sich ausführlich mit den verschiedenen Aspekten von Beziehungen, mit den „Bedingungen für das Gelingen", dem „Gewissen als Gleichgewichtssinn in Beziehungen", den „Beziehungen zwischen Eltern und Kindern" sowie den Paarbeziehungen, den systemischen Verstrickungen und ihren Lösungen sowie abschließend mit der Praxis systembezogener Psychotherapie.

Ordnungen der Liebe.
Ein Kursbuch
1994. 6., völlig überarb. u. akt. Auflage 2000. 528 Seiten. ISBN 3-89670-000-6
Dies ist ein Kursbuch in mehrfachem Sinn. Erstens werden ausgewählte therapeutische Kurse wortgetreu wiedergegeben. So kann der Leser an der Suche nach Lösungen teilnehmen, als wäre er selbst mit dabei. Zweitens werden Hellingers therapeutische Vorgehensweisen ausführlich dargestellt und erläutert, vor allem seine besondere Art, Familien zu stellen. Drittens nimmt Hellinger den Leser auf den Erkenntnisweg mit, der zum Erfassen der hier beschriebenen Ordnungen führt. Abschließend erläutert Hellinger in einem längeren Interview seine Einsichten und Vorgehensweisen. Im Anhang sind die Inhalte ausführlich nach Themen geordnet.

Familien-Stellen mit Kranken.
Dokumentation eines Kurses für Kranke, begleitende Psychotherapeuten und Ärzte
1995. 3. Auflage 1998. 339 Seiten. ISBN 3-89670-018-9
Ein praxisnaher Einführungskurs in das Familien-Stellen mit Kranken und in die familiengeschichtlichen Hintergründe von chronischer und lebensbedrohender Krankheit. Im Anhang finden sich Rückmeldungen und Ergänzungen ein Jahr nach dem Kurs.
In gekürzter Form auch als Video erhältlich.

Verdichtetes.
Sinnsprüche – Kleine Geschichten – Sätze der Kraft
1995. 5. Auflage 1999. 109 Seiten. ISBN 3-89670-001-4
Die hier gesammelten Sprüche und kleinen Geschichten sind während der therapeutischen Arbeit entstanden. Sie sind nach Themen geordnet: „Wahrnehmen, was ist", „Die größere Kraft", „Gut und Böse", „Mann und Frau", „Helfen und Heilen", „Leben und Tod". Ihr ursprünglicher Anlaß scheint manchmal noch durch, doch reichen sie weit darüber hinaus. Gewohntes Denken wird erschüttert, verborgene Ordnungen kommen ans Licht.
In den „Sätzen der Kraft" verdichtet sich heilendes Sagen und Tun. Sie bringen eine Lösung in Gang, wenn jemand in ein fremdes Schicksal verstrickt ist oder in persönliche Schuld, und machen für Kommendes frei.

Schicksalsbindungen bei Krebs.
Ein Kurs für Betroffene, ihre Angehörigen und Therapeuten
2. Aufl. 1998. 206 Seiten. ISBN 3-89670-008-1
Dieses Buch dokumentiert am Beispiel von Krebs, wie Schicksalsbindungen in der Familie schwere Krankheiten mitbedingen und aufrechterhalten. Und es zeigt, wie die Liebe, die krank macht, sich löst in Liebe, die heilt.
Etwas gekürzt auch als Video erhältlich unter dem Titel: „Bert Hellinger arbeitet mit Krebskranken".

Haltet mich, daß ich am Leben bleibe.
Lösungen für Adoptierte
1998. 240 Seiten. ISBN 3-89670-092-8
Der hier dokumentierte Kurs für erwachsene Adoptierte zeigt, wie die Bindung des Kindes an seine leiblichen Eltern weiterwirkt. Es zeigt aber auch, wie diese Bindung auf eine Weise gelöst werden kann, die es dem Adoptivkind ermöglicht, sich seinen neuen Eltern zuzuwenden und von ihnen den Halt und die Liebe zu nehmen, die sie ihm schenken.
Auch als Video erhältlich.

In der Seele an die Liebe rühren.
Familien-Stellen mit Eltern und Pflegeeltern von behinderten Kindern
1998. 120 Seiten. ISBN 3-89670-093-6
Eltern, die ein behindertes Kind haben, und Pflegeeltern, die ein solches Kind aufnehmen, werden vom Schicksal dieser Kinder auf eine besondere Weise in Dienst genommen. Wie ihre Liebe an diesem Schicksal und dieser Aufgabe wächst, wird uns in diesem Buch bewegend vor Augen geführt.
Auch als Video erhältlich.

Wo Schicksal wirkt und Demut heilt.
Ein Kurs für Kranke
1998. 309 Seiten. ISBN 3-89670-029-4
Mit diesem Buch beschließt Bert Hellinger seine Dokumentation über das Familien-Stellen mit Kranken und über die familiengeschichtlichen Hintergrün-

de von schwerer Krankheit, Unfällen und Selbstmord. Darüber hinaus enthält es zahlreiche Beispiele von Kurztherapien.
Auch als Video erhältlich.

Touching Love, Volume 2.
A Teaching Seminar with Bert Hellinger and Hunter Beaumont
1999. ca. 200 Seiten. ISBN 3-89670-122-3
This is a documentation of a teaching workshop held in USA iin 1998 by Bert Hellinger and Hunter Beaumont in which they demonstrate the use of family constellations in working problems ranging from suicidal impulses to satanic sexual abuse of children.

Familien-Stellen mit Psychosekranken.
Ein Kurs mit Bert Hellinger. Herausgegeben von Robert Langlotz
1998. 232 Seiten. ISBN 3-89670-101-0
25 Aufstellungen von manisch depressiven und schizophrenen Patienten sind dokumentiert, zum Teil mit Follow-up und Kommentar. Der Herausgeber, selbst Psychiater mit eigener Aufstellungserfahrung gibt einen Überblick über Familiendynamiken bei Psychosen.

Praxis des Familien-Stellens.
Beiträge zu systemischen Lösungen nach Bert Hellinger
Herausgegeben von Gunthard Weber
1997. 2. Aufl. 1998. 540 Seiten. ISBN 3-89670-090-1
Dieser Band gibt den Stand der Entwicklung des Familien-Stellens im deutschsprachigen Raum wieder. Er umfaßt 58 überarbeitete Beiträge der ersten Arbeitstagung „Praxis des Familien-Stellens" vom März 1997 in Wiesloch: grundlegende Vorträge und Berichte über die Übertragung dieses Ansatzes auf unterschiedliche Settings, Klientengruppen und Anwendungsbereiche (etwa auch auf Organisationen).

Bert Hellinger literarisch

Der späte Rilke. Der Weg zu den Elegien und Sonetten.
Mit einem Vorwort von Bert Hellinger
268 Seiten. ISBN 3-89670-134-7
Die großartigen Visionen in Rilkes *Duineser Elegien* und den *Sonetten an Orpheus* haben sich in der intensiven Begegnung mit menschlichen Schicksalenals wegweisend und hilfreich erwiesen. Vielen gewagten Schritten, die Hellinger beim Familien-Stellen geht, liegen Einsichten zugrunde, die sich ihm aus diesem Buch eröffneten. Sie lösten am Ende in den Beteiligten Erfahrungen aus, die weit über den unmittelbaren Anlaß und die naheliegende Lösung hinauswachsen. Andererseits hat das Familien-Stellen viele der gewagten Aussagen Rilkes als gültige Erfahrungen und Einsichten bestätigt.

Rainer Maria Rilke: Duineser Elegien
Eingeführt und gelesen von Bert Hellinger
Doppel-CD. ca. 135 Min. ISBN 3-89670-169-X

Rilkes *Duineser Elegien* und seine *Sonette an Orpheus* haben Bert Hellinger lange begleitet. Hellinger führt in diese Dichtungen ein und liest Rilkes Werke einfühlsam und gesammelt, so daß ihr Sinn sich der Seele erschließt.
Die *Duineser Elegien* sind Klagelieder, und sind zwar von jener seltsamen Art, die den Verlust, den sie geklagen, am Ende als Fortschritt und Vollendung erscheinen lassen. In den *Duineser Elegien* stellt sich Rilke den letzten Wirklichkeiten: dem Tod, der Verwandlung und dem Sinn – und fügt sich ihnen; doch so, daß er dennoch das uns verbleibende Hiesige feiert und preist.

Rainer Maria Rilke: Sonette an Orpheus
Eingeführt und gelesen von Bert Hellinger
Doppel-CD. ca. 90 Min. ISBN 3-89670-168-1

Die *Sonette an Orpheus* atemen die gelöste Klarheit der Vollendung. Was Rilke in den *Duineser Elegien* erst nach langem inneren Ringen gelang, wird hier ohne Bedauern bejaht und gefeiert: das Ganze des Daseins, wie es sich wandelt im Entstehen wie im Vergehen und Lebende wie Tote gleichermaßen umfaßt. Als Sinnbild für diese Ganze dient Rilke die Figur Orpheus. In ihm verdichten sich beide Bereiche zu Musik und Gesang.

Videos, CDs, Audiocassetten

Professionell gestaltet unter der Regie von Johannes Neuhauser.
Alle Videos und CDs sind im Carl-Auer-Systeme Verlag erschienen.

Wo Ohnmacht Frieden stiftet.
3 Videos. 6 Stunden. ISBN 3-89670-082-0
Das Video zum Buch Wo Ohnmacht Frieden stiftet. April 2000

Was in Familien krank macht und heilt. Ein Kurs für Betroffene.
3 Videos. 9,5 Stunden. ISBN 3-89670-160-6
Das Video zum Buch Was in Familien krank macht und heilt.

Wie Liebe gelingt.
Die Paartherapie Bert Hellingers.
5 VHS-Cassetten. 1999. ca. 15 Stunden. ISBN 3-89670-087-1
Das Video zum Buch Wie Liebe gelingt.

Die Toten. Was Opfer und Täter versöhnt.
1 Video. 60 Minuten. ISBN 3-89670-163-0

Das Überleben überleben.
Nachkommen von Überlebenden des Holocaust stellen ihre Familie.
1 VHS-Cassette. 1998. 2,5 Stunden. ISBN 3-89670-074-X
Das Video zum Buch Der Abschied.

Ordnung und Krankheit.
Vortrag und therapeutisches Werkstattgespräch
1 VHS-Cassette. 1994. 130 Minuten. ISBN 3-931574-74-1
Der Vortrag „Ordnung und Krankheit" beschreibt, was in Familien zu schweren Krankheiten, Unfällen und Selbstmord führt, und was solche Schicksale wendet. Im therapeutischen Werkstattgespräch erläutert Hellinger anhand von dreißig Fragen seine Psychotherapie und erzählt aus der Praxis seiner Arbeit. Die Fragen stellt Johannes Neuhauser.

Familien-Stellen mit Kranken.
Ein Kurs für Kranke, begleitende Psychotherapeuten und Ärzte.
3 VHS-Cassetten. 1995. 10 Stunden. ISBN 3-927809-55-1
Das Video zum gleichnamigen Buch.

Bert Hellinger arbeitet mit Krebskranken.
Ein Kurs für Betroffene, ihre Angehörigen und Therapeuten.
2 VHS-Cassetten. 1996. 7 1/2 Stunden. ISBN 3-89670-007-3
Das Video zum Buch Schickalsbindungen bei Krebs.

Haltet mich, daß ich am Leben bleibe.
Lösungen für Adoptierte
2 VHS-Cassetten. 1997. 7 Stunden. ISBN 3-89670-061-8
Das Video zum gleichnamigen Buch.

In der Seele an die Liebe rühren.
Familien-Stellen mit Adoptiveltern und Eltern von behinderten Kindern.
1 VHS-Cassette. 1998. 3 Stunden. ISBN 3-89670-064-2
Das Video zum gleichnamigen Buch.

Wo Schicksal wirkt und Demut heilt.
Familien-Stellen mit Kranken.
3 VHS-Cassetten 1998. 9 1/2 Stunden. ISBN 3-89670-060-X
Das Video zum gleichnamigen Buch.

Organisationsberatung und Organisationsaufstellungen.
Werkstattgespräch über die Beratung von (Familien-)Unternehmen, Institutionen und Organisationen – 26 Fragen an Bert Hellinger.
1 VHS-Cassette. 35 Minuten. ISBN 3-89670-077-4

Die Mitte fühlt sich leicht an
Eine CD- und Video-Edition des gleichnamigen Buches.
CD-Package: **Die Mitte fühlt sich leicht an.** ISBN 3-931574-47-4
Video-Package: **Die Mitte fühlt sich leicht an.** ISBN 3-931574-57-1